개념사란 무엇인가

개념사란 무엇인가
── 역사와 언어의 새로운 만남

초판 4쇄 발행 2018년 10월 31일
초판 1쇄 발행 2011년 1월 17일

지은이 나인호
펴낸이 정순구
책임편집 정윤경
기획편집 조원식 조수정
마케팅 황주영
디자인 조원식

출력 블루엔
용지 한서지업사
인쇄 한영문화사
제본 한영제책사

펴낸곳 (주) 역사비평사
등록 제300-2007-139호 (2007. 9. 20)
주소 10497 경기도 고양시 덕양구 화중로 100, 506호(화정동 비전타워21)
전화 02-741-6123~5
팩스 02-741-6126
홈페이지 www.yukbi.com
이메일 yukbi88@naver.com

ⓒ 나인호, 2011
ISBN 978-89-7696-418-2 93900

책값은 표지 뒷면에 표시되어 있습니다.
잘못 만들어진 책은 구입하신 서점에서 바꾸어 드립니다.

개념사란 무엇인가
역사와 언어의 새로운 만남

나인호 지음

책머리에

얼마 전 존경하는 동료가 내게 물었다.

"대체 개념사가 뭐예요?"

한마디로 답하라는 그의 주문에 촌철살인†鐵殺人의 말재주가 없는지라 몹시 당혹스러웠다. 원하는 대답 대신 그에게 다음과 같은 말을 들려주고 싶다.

"베스트셀러 『정의란 무엇인가』의 독후감을 올려놓은 블로그를 방문한 적이 있었는데요. 블로그 작성자는 이 책을 읽고 나니 오히려 정의라는 것이 무엇인지 헷갈린다고 고백하고 있습니다. 글쓴이가 시쳇말로 '개념'이 없는 사람이어서 그런 것일까요? 아니라고 생각합니다. 그는 개념의 본질을 정확히 인지하고 있다고 볼 수 있어요.

역사상 수많은 개념들이 표어와 슬로건으로 유행하긴 했지만, 정작 그 뜻은 여럿이거나 모호한 경우가 다반사였지요. 자유, 평등, 민주주의, 진보, 평화, 제국주의 등 그 예를 일일이 꼽는 것조차 불가능할 정도예요. 마찬가지로 국가나 사회 같은 일반화된 개념들 역시 과연 그것이 무엇인지 물어본다면 누구도 명확한 답을 주기 어렵다고 생각합니다.

물론 사람들은 이런 개념들을 정의定義하려 합니다. 그러나 유감스럽게도 이견이 없는 개념 정의는 없지요. 하나의 개념 정의는 또 다른 개념 정의를 낳습니다. 개념의 정의는 오히려 논란을 불러일으키고 논쟁을 낳습니다. 그리고 여기에는 정치·사회적 갈등과 투쟁이 개입되지요. 이처럼 개념은 정치·사회·이데올로기적 투쟁과 갈등의 장으로서 역할을 수행하고 있으며, 개념을 정의하는 것 자체가 하나의 정치 행위라고 할 수 있지요. 최근 정부가 내건 '공정사회'라는 개념이 이를 잘 보여주지 않습니까? 서로 다른 공정사회 개념이 정의되고 논란과 논쟁을 불러일으키고 있지요? 바로 이러한 역사적 현상에 착안해 출현한 것이 개념사입니다. 어느 정도 궁금증이 가셨나요?"

2001년도에 개념사에 관한 첫 논문을 발표한 뒤 많은 시간이 흘렀다. 그 사이 나는 광야에서 홀로 외치는 자가 된 느낌이었다. 그러나 국내외적으로 개념사의 중요성을 인식하는 많은 학문적 동지들이 각자의 방식대로 정진하고 있으며, 또한 많은 성과를 내고 있음도 알게 되었다. 그래서 이제는 외롭지 않다.

나의 개념사 편력은 처음에는 개념사를 국내에 소개한다는 가벼운 의도에서 시작되었다. 그러나 개념사는 어느새 내게 뭔가 성과를 내지 않고는 도저히 빠져나올 수 없는 깊은 늪 같은 것이 되어버렸다.

현재의 내가 있기까지 나를 가르치신 여러 선생님들이 생각난다. 서양 지성사의 세계로 이끌어주시고 석사논문을 지도해주신 최선홍 교수님, 코젤렉이라는 거목을 알게 해주시고 박사논문을 지도해주신 휠셔 교수님, 그리고 무엇보다 그 사이 나의 멘토가 되었고 이제는 극복의 대상이 된 돌아가신 코젤렉 교수님께 진심으로 감사를 드린다.

때로는 몇 안 되는 소중한 추억이 삶의 힘이 된다. 문화사와 종교사를 주제로 한 휠셔 교수의 콜로키움에서 많은 대화를 나눈 나의 옛 독일 친구들, 또한 생산적인 자극과 긴장을 준 한림과학원의 여러 선생님들, 바쁜 와중에도 기꺼이 개념사를 위해 글을 써주고, 인간적으로 격려해주었던 김학이 형 등과의 만남이 그것이다.

전에 발표했던 논문들을 상당 부분 수정해 이 책을 완성했다. 물론 완전히 새로 쓴 부분도 적지 않다. 게으른 필자를 탓하지 않고 인내로 기다려주신 역사비평사의 김백일 사장님과 조원식 편집장님, 그리고 원고를 맡아 수고해주신 정윤경 선생님께도 감사의 인사를 전한다. 끝으로 원고 마무리 과정에서 귀찮은 작업을 도와 수고해준 제자 김성호, 류승하 군에게도 고마움을 전해야겠다.

쉽게 쓰려고 했지만 결과적으로 조금은 어려운 글이 되고 말았다. 하지만 어쩌랴, 이 이상은 쉽게 쓸 재주가 없으니 말이다. 나머지는 독자들의 몫이다. 나는 독자들을 믿는다. 독자들은 자신의 지성을 용감하게 사용하는 데 결코 주저하지 않을 것이다.

―2010년 11월 30일
문천지를 바라보며

개념사란 무엇인가
역사와 언어의 새로운 만남

차례

책머리에 | 005

머리말 | 012

1부 개념사란 무엇인가?

1. 개념이란 무엇인가? | 027

이념/관념과 개념 | 034
담론과 개념 | 040
단어와 개념 | 050
개념과 실재 | 057

2. 개념사의 다양성 | 068

기본개념의 구조사 — 개념에 쌓인 시간적 중층구조 읽기 | 070
사회사적 의미론 — 일상 영역을 포괄하는 개념의 사회적 영향력 읽기 | 082
핵심어 연구 — 일상 영역에서 관철되는 자본주의 사회의 헤게모니 읽기 | 092
기본개념이 아닌 개념의 연구 — 비대칭적 반대개념을 중심으로 | 112

3. 근대 비판으로서의 개념사 — 코젤렉의 성찰적 역사주의에 대하여 | 119

    역사의 패배자에서 '위대한 아웃사이더'로 | 123
    근대의 시원을 찾아서 — 정신사 연구에서 사회사 연구로 | 130
    사회사적 개념사의 출현 | 133
    언어혁명과 근대 세계의 출현 | 142
    끝없는 과도기로서의 근대, 영원한 위기로서의 근대성 | 152
    근대의 이데올로기, 역사 | 162

2부 여섯 개의 개념으로 근대 읽기

1. 근대 — 근대 개념의 새로운 이해를 위한 단상 | 169

    '근대'와 '모던' | 172
    역사상 최초의 새로운 시대 | 177
    근대 개념의 문제 | 183

2. 문명과 문화 — 핵심어로 읽는 유럽인의 근대적 정체성 | 186

    문명과 문화 개념의 출현 | 190
    진보낙관주의와 유럽중심주의의 표현, 문명과 문화 | 197
    '문명 대 문화' — 민족주의와 근대문명 비판의 슬로건 | 206

3. 미국과 아메리카니즘 — 독일인이 정형화한 미국 | 225

    미국 '문명'과 독일 '문화' | 228
    문화적 '아메리카니즘'과 경제적 '아메리카니즘' | 239

4. 여자 — 비대칭적 반대개념의 병리학 | 262

'남자'와 '여자'의 근대적 변화 | 266
팜므 파탈과 새로운 남성성 | 272
'남성동맹'의 적, '여자' | 286

5. 역사 — 근대적 역사 개념의 새로움 | 299

전통적 역사개념 | 301
근대적 역사개념 | 311

6. 자본주의 정신 — 신조어로 표현된 세기말의 근대 비판 | 328

'자본주의 정신'의 탄생 과정 | 330
세 가지 유형의 자본주의 정신 | 340

•

부록
미주 | 358
참고문헌 | 389
찾아보기 | 393

머리말

모든 언어는 역사적으로 조건 지어져 있고, 모든 역사는 언어적으로 조건 지어져 있다.

— 라인하르트 코젤렉

최근 국내 학계에서 개념사라는 말이 유행하고 있다. 역사용어 사전, 개념어 사전, 사회과학 개념 형성사, 개념사 총서, 개념사 시리즈 등 많은 단행본이 개념사의 이름으로 출간되었거나 출간될 예정이다. 그런데 그중 상당수는 한편으로 일반적인 용어사用語史에 지나지 않거나, 다른 한편 전통적인 이념사나 관념사, 혹은 넓은 의미의 낡은 사상사가 새롭게 포장된 것에 지나지 않는다 해도 과언이 아니다. 또한 개념사는 인문·사회과학 전반의 보조 학문으로서 중요하되 그 자체로서는 그다지 새로울 것이 없는 분야라는 인식이 일반화되어 있다. 그런 이유로 국내 역사학계에서 개념사는 아직 학문적 시민권을 얻지 못하고 있다.

그러나 개념사는 1970년대에 독일에서 체계를 갖춘 이후 전세계적 연구 네트워크와 학술지를 갖춘 실험적 연구 분야로 성장하면서 지평을 넓혀가고 있는 일반 역사학의 새로운 전문 분과이다. 이 책은 개념사의 문제의식과 주제, 이론적 설계 및 방법론적 연구 전략, 그리고 연구 사례를 소개한다. 역사 속의 개념이나 개념의 역사를 실제로 연구해본 사람은 개념사를 전통적 이념(관념)의 역사나 용어(단어)의 역사와 혼동하는 관행을 벗어나기가 얼마나 어려운지 경험해봤을 것이다. 이 책은 무엇보다 개념사를 실제로 연구하는 데 도움을 주기 위한 지침서로 의도되었다. 특히 '동아시아 기본개념의 상호소통사업' 같은 개념사 연구 프로젝트가 진행되고 있으며, 『개념과 소통』이라는 개념사 잡지가 창간되고, 국제 개념사 학술대회가 개최되는 등, 개념사에 대한 진지한 접근이 본격적으로 이루어지고 있는 현 상황에서 이 책의 의미는 더욱 크다 할 것이다.

개념사는 언어와 정치·사회적 실재, 혹은 언어와 역사의 상호 영향을 전제한 채 이 둘이 서로 어떻게 얽혀 있는지를 탐구하는 역사의미론(historical semantics)의 한 분야이다. 역사의미론이 지향하는 바는 사람들이 어떻게 자신들이 처한 삶의 현실을 인식하고 해석하며 표현했는가, 또한 이 주관적 인식과 내면적 경험의 세계가 시간의 흐름을 따라 어떻게 변화했는가를 재구성하는 것이다.

정치사나 사회사 같은 전통적 역사학에서, 언어는 단지 과거가 실제로 어떠했는가, 혹은 과거가 실제로 어떻게 변했는가를 파악하기 위한 수단으로 여겨지고 있다. 그러나 역사의미론에 의하면, 오히려 언어가 과거의 실상, 다시 말해 역사적 실재를 구성한다. 이는 이중의 의미에서 그렇다. 먼저, 역사가 실제로 일어난 것을 의미한다면, 여러 행태의 언어 행위 혹은 언어적 매개체 없이는 어떤 사건도 완성될 수 없고 어떤 정치·사회적 시스템도 존재할 수 없다. 모든 정치·사회·경제적 행위는 말하기와 답변, 계획의 발표, 논쟁, 밀약, 명령, 규약의 작성, 합의와 이견의 선언 등을 통해 이루어진다. 이처럼 모든 사건의 발생, 모든 제도의 형성과 변화는 이미 언어에 의해 규정된다. 또한 역사가 일어난 것에 대한 이야기를 의미한다면, 언어 없이는 어떤 역사적 사실, 나아가 과거의 정치·사회적 현실 세계 전반의 전달과 재구성도 불가능하다. 유물이나 유적 등의 비언어적 전승물도 결국 언어에 의해 구성되고 유의미하게 경험될 수 있을 뿐이다. 한마디로, 과거의 사실은 언어가 없다면 존재할 수도 경험할 수도 없고, 그것에 대해 어떤 시식도 얻을 수 없다.

물론 '언어가 없다면 역사는 존재할 수 없다'는 생각은 역사적으로 오래된 것이다. 이미 그리스 철학자 에픽테트(Epiktet)는 "말의 힘이 없다면 인간의 행위와 고통을 경험하는 것은 어려우며, 그것의 전달은 절대로 불가능하다"고 하지 않았는가![1] 그러나 서구 역사학계에서 이런 오래된 생각이 다시 빛을 발한 것은 비교적 최근의 일이다. 이른바 '언어적 전환'이라는 슬로건 아래 등장한—흔히 '신문화사'라 불리는—여러 형태의 문화주의적 연구는, 역사적 실재란 기본적으로 언어적 구성물, 다시 말해 텍스트라는 전제하에서 역사 행위자들이 언어 및 상징 행위를 통해 표현한 여러 의미의 성층들을 파헤쳐 새롭게 질서 지으면서 역사의미론을 역사 연구의 핵심 요소로 발전시켰다.

역사의미론은 서구 각국의 상이한 지적 배경에 따라 서로 다른 형태로 역사 연구에 수용되었다. 이를테면, 프랑스에서는 무엇보다 미셸 푸코(Michel Foucault) 식의 담론 연구 및 이와 관련해 단어의 출현 빈도와 용법을 계량화하는 어휘통계학(lexicométrie)이 출현했다. 영국에서는 이른바 케임브리지 학파의 존 포콕(John Pockock)과 쿠엔틴 스키너(Quentin Skinner)에 의해 푸코와는 다른 이론적 전제 하에서 전개된 정치 담론 연구, 그리고 가렛 스테드먼 존스(Gareth Stedman Jones)의 정치 언어 연구가 특징적으로 이루어졌다. 미국에서는 클리포드 기어츠(Clifford Geertz)의 문화 이론에 기반한 역사인류학이나 로저 샤르티에(Roger Chartier)의 영향을 받은 독서의 역사 등이 넓은 의미의 역사의미론적 이해 속에서 탐구되었다. 반면 해석학(Hermeneutik)의 전통이 강한 독일에서는 개념사가 발전했다.

이렇게 역사의미론으로서의 개념사는 언어와 텍스트에 의해 역사적 실재가 어떻게 구성되었는가를 연구한다는 점에서, 가깝게는 담론의 역사, 멀게는 문화인류학에서 영감을 얻은 신문화사와 친척뻘이라고 할 수 있다. 다만 언어 현상 중 개념에 초점을 맞춘다는 점이 다를 뿐이다. 개념사는 역사 행위자들이 개념을 사용하면서 표현하고자 했던 여러 의미의 성층을 파헤쳐 새롭게 질서 지으면서, 그들의 경험과 기대, 경험을 해석하는 방식, 세계관과 가치관, 사고방식이나 심성, 그리고 희망과 공포 등을 읽어내는 데 초점을 맞춘다.

그러나 여기서 개념사라는 용어 자체는 새로운 것이 아니라는 사실 또한 지적해야 할 것이다. 독일에서도 개념사는 철학, 문학, 수사학, 음악학 등 문헌학적 전통에 입각한 여러 인문학 분과 내에서 보조 학문으로 발전했던 사전과 편람 형태의 용어사와 오랫동안 관행적으로 동일시돼왔다. 개념사라는 용어는 특히 독일의 철학사 연구 전통과 밀접한 관련이 있다. 이미 18세기 중엽 이후 독일에서는 철학 용어 사전들이 출간되었다. 이후 헤겔이 이 용어를 그의 철학사 강의에서 사용한—혹은 사용했다고 주장된—이래, 개념사는 단순한 철학사전학을 뛰어넘어 철학적 문제들의 역사를 다루는 철학사의 한 분과가 되었다. 이 전통은 20세기 초 루돌프 아이슬러(Rudolf Eisler)가 편찬해낸 『철학 개념사전(Wörterbuch der philosophischen Begriffe)』을 발전시킨 요아힘 리터(Joachim Ritter)의 『철학 역사사전(Historisches Wörterbuch der Philosophie)』에 잘 반영되고 있다. 1971년 이후 간행되어온 이 사전은 철학적 개념사 연구를 대표하고 있다. 철학적 개념사의 최대 관심은 철학 전문용어들에 대한 역사 발생학적 연구를 통해 철학적 개념 체계 안에서 이것들이 갖는 기능적 위치를 해명하려는 철학적 의미론에 있다.[2]

역사의미론으로서의 개념사를 본격적으로 체계화한 것은 라인하르트 코젤렉(Reinhart Koselleck, 1923~2006)이었다. 그는 철학적 개념사나 역사학계에서 유행하던 기존의 이념사가 이념이나 개념을 구체적인 정치·사회적 맥락 속에서 다루지 않는다고 비판했다. 이념이나 개념은 역사 세계와 동떨어진 것이 아니라, 정치적·사회적, 혹은 경제적 요소와 마찬가지로 역사 세계를 구성하면서 이것들과 상호 영향을 주고받는다는 것이 그의 강조점이었다. 구체적으로 그는 정치·사회적 담론에서 사용된 기본개념들의 변화와 정치·사회구조의 변화 사이의 상호 관계를 면밀히 탐구하는 '사회사적 개념사'라는 역사학의 새로운 전문 분과를 확립시켰다. 이를 통해 코젤렉은 인간의 의식과 정신세계의 중요성을 강조하면서, 부드러운 심성적 재현과 주관성에 관심을 가져온 사상사 지향적 역사가들과 물적인 것의 중요성을 강조하면서 단단한 실재(사실)와 객관성에 관심을 가져온 사회사가들을 매개하는 다리를 놓으려 했다. 그러나 이런 소통의 시도는, 본문에서 언급하겠지만 그다지 성공적이지 않았다.

코젤렉은 역사학의 '언어적 전환'이 본격적으로 시작되기 전인 1972년, 중세 법제사가 오토 부룬너(Otto Brunner)와 사회사가 베르너 콘체(Werner Conze)와 함께 『역사 기본개념. 독일의 정치·사회적 언어 역사사전(Geschichtliche Grundbegriffe. Historisches Lexikon der politisch-sozialen Sprache in Deutschland)』이라는 개념사 사전의 첫 번째 권을 출판했다. 이 사전은 애초에 한 권 분량을 목표로 시작되었지만, 1998년에 완성되었을 때 120개가 넘는 기본개념이 약 7천여 쪽에 걸쳐 서술된 8권 분량의 방대한 성과물로 확대되었다.[3] 『역사 기본개념』 사전은 이론적 독창성과 경험 연구의 방대함에서 타의 추종을 불허한다. 각 주제어(개념)의 서술은 평균 57쪽이 넘고, 그중에는 300쪽에 달하는 것도 있다. 이 사전은 대표적인 학제간 연구의 성과물이다. 상당수의 항목들은 단일 저자가 아닌 여러 명의 전문가들에 의해 공동으로 작성되었다. 이 사전의 집필에는 역사학자 외에도 법학, 경제학, 문헌학, 철학, 신학, 정치학, 사회학 등의 전문가들이 참여했다.

『역사 기본개념』사전은 "20세기 후반 서양 역사학계 최대의 성과"라는 찬사[4] 속에서 이후의 개념사 연구에 큰 영향을 끼쳤다. 곧바로 코젤렉의 개념사 연구에 자극받은 독일의 롤프 라이하르트(Rolf Reichardt)가 한스 위르겐 뤼제브링크(Hans-Jürgen Lüsebrink), 에버하르트 슈미트(Eberhard Schmitt) 등과 함께 1985년 이후『프랑스 정치·사회 기본개념 편람 1680~1820(Handbuch politisch-sozialer Grundbegriffe in Frankreich 1680~1820)』(2000년까지 20권)을 출간했고,[5] 독일 학계를 뛰어넘어 포콕과 스키너가 대표하는 케임브리지 학파의 영향하에 영미권에서도 테렌스 볼(Terence Ball) 등이『정치적 혁신과 개념의 변화(Political Innovation and conceptual Change)』(1989)라는 개념 연구서를 펴냈다. 코젤렉의 개념사 사전은 이밖에 유럽의 주변부에도 자극을 주어 네덜란드, 스페인, 헝가리, 핀란드 등지에서 개념사 연구가 활성화되었다.[6]

21세기 들어 개념사 연구는 일국사적 틀을 벗어나 개념의 번역과 문화적 전위라는 통언어적(translingual) 실행 및 개념의 비교사에 초점을 맞추는 초국가사(transnational)적 연구의 차원으로 발전하고 있다. 우선 유럽연합의 성립과 함께 유럽 공동의 개념사 사전을 만들려는 '유럽 정치사전 프로젝트'가 구상되면서, 독일의 루치앙 횔셔(Lucian Hölscher)는 개념의 다중심적 비교사를 제안하고 있다.[7] 브라질의 호아오 페레스(João Feres Júnior)는 비교사적 관점에서 스페인과 라틴아메리카 4개국에서 진행된 개념의 번역과 수용·변형·형성의 문제를 연구하는 프로젝트를 진행시키고 있다.[8] 국내에서도 이와 유사하게 앞서 언급한 한림과학원 주관의 '동아시아 기본개념의 상호소통사업'이 진행 중이다. 더 나아가 개념사 연구는 라틴아메리카와 중국, 일본 등 아시아를 포괄하는 문자 그대로 국제적 차원의 네트워크 속에서 전개되고 있다. 1998년 핀란드의 후원으로 국제 개념사 연구단체인 '정치·사회적 개념사연구회(HPSCG)'가 창설되어 매년 개념사 국제학술회의를 개최하고 있으며, 이 연구회의 후원으로 창설된 '국제 개념사 및 정치 사상 연구원(CONCEPTA)'도 활발한 학술 및 교육 활동을 하고 있다. 한편 이 연구회는 2005년 페레스의 주도하에 브라질의 칸디도 멘데스 대학 소속 '리우데자네이루 페스퀴사스 대학연구소(IUPERJ)'의 후원으로 국제 개념사 잡지 『개념사 논고(Contributions to the History of Concepts)』를 창간했다.

개념사 연구의 이런 확대·발전 과정에서 코젤렉의 개념사는 가장 중요한 작업 모델이었다. 물론 이는 코젤렉의 프로그램을 단순히 수용하고 모방했다는 의미가 아니라, 코젤렉을 넘어서기 위해 필요한 모델이었다는 의미이다. 한때 그의 학술 조교였던 라이하르트는 코젤렉을 준거틀로 하여 나름대로 그를 뛰어넘었다. 케임브리지 학파를 중심으로 한 영미권의 개념사가들에게, 코젤렉의 개념사는 정치 담론의 역사를 더욱 정교하게 수행하기 위한 모범적인 비교 틀이었다. 나아가 코젤렉이 시도하지 못했던 새로운 개념사적 실험, 즉 번역과 전위, 그리고 비교라는 개념의 트랜스내셔널 히스토리를 개척하고 있는 연구자들, 또한 '말해진 것'이 아닌 '말해질 수 있었던 것', 다시 말해 주류 담론에서 배제된 하위주체(subaltern)를 침묵시키는 개념들, 구체적으로 공적 논쟁의 핵심어인 기본개념에서 배제된 개념들, 특히 타자를 불평등하게 규정하는 비대칭적 반대개념들에 주목하면서 브라질의 서발턴 개념사 연구의 가능성을 타진하는 페레스에게도, 코젤렉은 이론적·방법론적 영감의 원천이 되고 있다.[9]

특히 흥미로운 것은 코젤렉 개념사의 수용과 개념사 연구가 영국·프랑스 같은 서구나 미국보다 유럽의 주변부, 라틴아메리카, 그리고 동아시아 등지에서, 그것도 유럽중심주의의 극복과 주체적 학문 연구의 기치하에 활발하게 전개되었다는 사실이다. 어째서일까?

코젤렉의 개념사는 서구와 미국을 모델로 '좋은 근대'와 '발전'을 강조하는 근대화론을 비판하고, 개념 연구를 통해 근대성의 숨겨진 이면을 역사적으로 성찰하려는 문제의식에서 출발했다. 이런 문제의식은 언어혁명과 근대성의 기원이라는 연구 주제로 발전했다. 구체적으로, 코젤렉의 개념사는 영국·프랑스 같은 서구 선진국을 모델 삼아 근대화를 이루어야 했던 18세기 중엽부터 19세기 중엽까지의 독일에 연구의 초점을 맞추면서, 전통적인 세계관과 상징체계를 근본적으로 바꾼 개념의 혁명적 변화가 근대를 출현시키고 각인시킨 주요 동인이었음을 밝히려 했다. 바로 이런 문제의식과 연구 주제가, 서구와 다르게 진행된 자국의 근대 경험을 주체적으로 해석하려는 비서구 세계 학자들의 주목을 받았다. 특히 이들에게 개념이 문제가 되었던 것은, 비서구 세계의 근대화에는 예외 없이 서구어의 번역과 번역을 통한 무수한 신조어의 출현이라는 개념의 혁명, 그리고 그에 따른 지적 아노미 현상이 수반되었기 때문이다.

예를 들어 동아시아의 근대는 '번역된 근대'라는 말로 특징지어지곤 한다. 우리나라의 경우, 의리義理, 예禮, 경장更張, 붕당朋黨, 정전井田과 같은 유학의 개념들이 조선시대에 많은 논쟁을 불러일으킨 중요한 정치·사회적 기본개념이었다. 그러나 이 개념들은 오늘날 국사 교과서에나 나오는 낯선 개념이 되어버리거나, 의리나 예와 같이 일상에서는 많이 쓰이지만 그 의미도 변하고 정치·사회적 역할도 대단히 축소된 주변부적 개념으로 전락하기도 했다. 반면 서구에서 유래한 많은 개념들이 이들의 빈자리를 대신했다. 전통 개념의 좌절과 서구 근대 개념의 수용, 그리고 이에 따른 지적 아노미 현상—이것이 우리의 근대 경험이 갖는 중요한 특징 중 하나임을 부정할 수 없다.

이처럼 개념사 연구를 통한 근대 성찰이야말로 코젤렉이 비서구 세계의 연구자들에게 남겨준 커다란 지적 유산이다. 특히 혼란스러울 정도로 매우 역동적인 근대를 경험해왔고 지금도 경험하고 있는 우리나라의 경우, 경험에 의미를 부여하며 미래에 대한 기대를 담고, 이데올로기와 정치적 힘으로 작용하고 있는 근대적 기본개념들에 대한 본격적인 연구의 당위성이 매우 크다고 할 수 있다.

그러나 다른 비서구 세계 연구자들이 그렇듯이 우리 또한 코젤렉을 넘어서기 위해 진지한 노력을 기울여야 한다. 그가 설계한 이론과 방법론적 전략, 그리고 연구 대상 및 강조점을 우리 실정에 맞게 비판적으로 수용하고, 때로는 리모델링하며, 궁극적으로 새로운 개념사 모델을 만들어야 한다. 이 책은 주체적 개념사를 정립하기 위한 지적 장정의 첫 걸음이다.

이 책은 2부로 구성되어 있다. 1부에서는 역사 연구 분과로서 개념사란 무엇인가를 다룬다. 먼저 개념사는 개념을 어떻게 규정짓고 있는지 논의한다. 개념사의 이론적 정체성과 방법론적 연구 전략은 바로 개념에 대한 이론적 정의에 기반을 두고 있으며, 대부분의 개념사가들과 케임브리지 학파의 정치 담론 연구자들은 기본적으로 이를 공유하고 있다. 물론 이들 간에 개념의 이해를 둘러싸고 차이가 전혀 없는 것은 아니므로, 그 차이점도 언급될 것이다. 다음으로, 개념사의 다양한 연구 모델들이 소개될 것이다. 여기서는 코젤렉, 라이하르트, 레이먼드 윌리엄스(Raymond Williams), 그리고 페레스의 개념사 연구가 지닌 전략적 특징과 문제의식이 조명된다. 마지막으로, 개념사의 대부 격인 코젤렉의 근대의 기원과 근대성에 대한 연구를 그의 역사 이론 및 역사철학적 맥락에서 재조명한다. 그 과정에서 코젤렉의 생애와 지적 계보, 그리고 독일 개념사의 이데올로기적 기원 등이 지성사적 맥락에서 조명되며, 그의 이른바 '사회사적 개념사'의 연구 성과인 언어혁명론과 서구인들의 근대적 역사적 시간 의식 및 근대성에 관한 이론, 그리고 그의 역사적 시간 이론에 기반을 둔 성찰적 역사주의가 언급될 것이다.

2부에서는 필자가 개념사 이론에 준거해 실험적으로 수행한 개념 연구의 결과들이 제시된다. '근대', '문명과 문화', '미국과 아메리카니즘', '여자', '역사', 그리고 '자본주의 정신' 개념이 그것이다. 이 개념들은 모두 근대의 경험공간과 기대지평의 특징을 잘 보여주고 있다. '근대' 개념에 대한 연구는 '모던'과 그 번역어 '근대'에 관한 본격적인 비교사를 위한 단상이다. '문명'과 '문화'는 대표적인 근대적 기본개념이다. 서구인들은 이 개념들을 통해 자신들의 근대적 정체성을 표현하고, 또한 새롭게 만들어냈다. 여기서는 이런 사실이 연구된다. '미국과 아메리카니즘', 그리고 '여자' 개념에 관한 연구는 나와 타자를 불평등하게 구분 짓는 이른바 비대칭적 반대개념들을 다룬다. 이를 통해 비대칭적 반대개념들이 빚어내는 다양한 의미론적 내용과 기능을 읽을 수 있다. '역사' 개념에 관한 연구는 동서양에 공통된 전통적인 역사 개념과 서구에서 출현한 근대적 대문자 역사 개념을 대비시킨다. 이를 통해 근대적 혹은 서구적 역사 개념의 새로운 특징이 무엇인지 조명될 것이다. 마지막으로 '자본주의 정신'에 대한 연구는 코젤렉이 강조하지 않았던 시기인 19/20세기 전환기를 다룬다. 독일에서 '자본주의 정신'이라는 신조어가 출현한 과정, 그 의미 내용 및 정치적·이데올로기적 기능을 담론적·정치적·생애사적 맥락에서 분석한다.

개념사의 세계는 다양하고 풍요롭다. 그리고 끊임없이 확장되고 있다. 마치 역사학의 세계가 그러하듯이.

1부 개념사란 무엇인가?

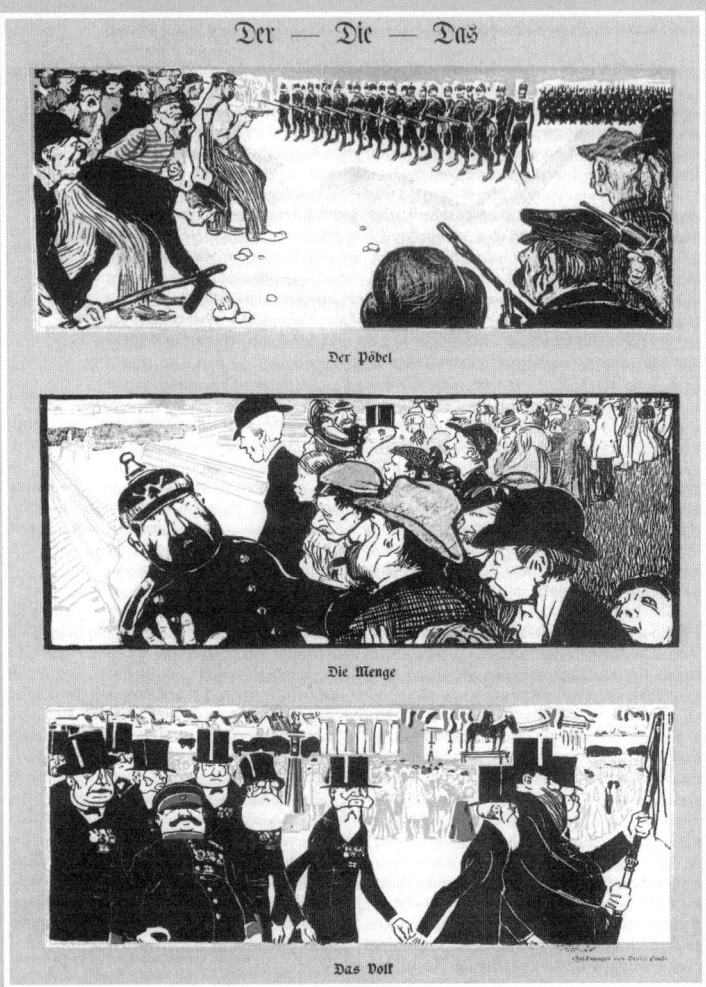

그—그녀—그것

정치풍자잡지 『Simplicissimus』(1897)에 실린 풍자화. 이 그림은 지배층에 의해 민중(people)이 서로 다른 의미를 지닌 '폭민(暴民)', '대중', 그리고 '국민'으로 개념화되고 있음을 풍자하고 있다. 남성명사 '폭민(Der Pöbel)'에는 '굶주리고 무식하며 반란을 일으키는 못된 놈들'이라는 부정적 함의가 담겨 있다. 여성명사 '대중'에는 '성숙되지 못하고 무질서한 시정잡배들'이라는 부정적 함의가 담겨 있다. 반면 중성명사 '국민'에는 '어른스럽고 당당한 제국의 시민'이라는 긍정적 함의가 담겨 있다.

당시 독일 민족주의 역사학은 민중이 '폭민'(1848년 혁명기)에서 '대중'(산업화가 본격화된 19세기 중후반)으로, 다시 '국민'(빌헬름 2세 치하의 제국주의 독일)으로 성장했다고 선전했다.

1. 개념이란 무엇인가?

독일의 사회사가 한스 울리히 벨러(Hans-Urlich Wehler)는 개념에 대한 역사가들의 일반적인 태도를 잘 보여준다. 그는 제국주의에 대한 연구를 '제국주의' 개념의 학술적 정의에서부터 시작한다.

제국주의라는 개념은 무엇보다 이 개념이 어떻게 정의되어야 하는가 라는 문제를 제기한다. 이는 이론의 여지없이 옳다. 이 단어는 수십 년 동안 정치적 논쟁에서, 근래에는 동서 냉전 속에서 양진영이 취한 전형적인 선전, 그리고 반식민주의 해방투쟁운동 속에서 무수히 사용됨으로써 마치 닳아빠진 동전처럼 되어버렸다. 따라서 이 단어에서 무엇을 이해해야 하는가를 명료하게 정의하는 것만이 이 단어가 주는 실제적인 의의가 될 것이다.[1]

이처럼 개념을 정의하려는 태도에서 우리는 개념 혹은 단어는 단순히 실재의 모호한 반영물이며, 따라서 개념 혹은 단어가 지칭하는 실제적 내용—그것이 사상적 혹은 이론적 실재이든, 아니면 정치·사회적 실재이든—을 탐구하는 것이 역사가의 주된 목표라는 전통적인 입장을 발견할 수 있다. 그리고 역사가의 탐구를 방해하는 단어와 개념에 쌓인 모호한 의미들의 때를 벗겨내면 단어와 개념은 역사적 실재를, 즉 이데올로기적 실재와 정치·사회적 실상을 올바르게 파악하기 위한 이론적 도구가 된다는 생각도 읽을 수 있다. 이런 생각에는 언어와 그에 의해 지칭되는 실재 사이에는 안정적인 기표-기의 관계가 형성되어 있다는 소박한 전제가 깔려 있다. 이런 태도를 따르자면, 예를 들어 '제국주의'라는 단어와 그 단어가 표현하는 특정 개념은 그것이 올바르게 정의됨으로써 특정한 이념 및 이론으로 표현된 이데올로기, 특정한 대내외 정책 및 정치적 사건, 혹은 특정 단계의 자본주의 사회구성체 등 여러 실상을 명확히 반영할 수 있게 된다. 이처럼 역사가들은 일반적으로 단어와 개념, 그리고 이념과 정치·사회적 실재를 하나로 일치시키려는 경향을 보인다.

그러나 언어의 역사와 실재의 역사 사이에는 결코 안정적인 관계가 형성되어 있지 않으며, 따라서 실재와 실재를 지칭하기 위해 사용되는 개념 사이에는 기본적으로 균열과 불일치가 존재한다. 예컨대 경제적 의미로 정의된 '제국주의'는 결코 인종적 우월감, 선교 및 문명화의 사명의식, 민족주의, 남성우월주의, 이국풍異國風에 대한 동경 등 매우 복잡하게 얽혀 있는 이데올로기적 태도와 이와 관련된 대내외 정책의 다양한 전개 과정이라는 복잡한 역사적 실상을 충분히 파악할 수 없다. 또 경제적 의미로 정의된 '제국주의'는 '자본주의'뿐만 아니라 '제국', '식민주의', '문명', '인종', '선교' 등 여러 유관 개념과 관계를 맺으며 변천해온 제국주의의 다양하고 유동적인 의미들을 결코 포괄할 수 없다.

따라서 개념사가에게 개념이란 정의의 대상이 아니라 해석의 대상이다. 니체(Friedrich Nietzsche)가 『도덕의 계보』에서 말했다시피, 정의될 수 있는 것은 단지 비역사적인 개념뿐이다. 언어와 실재의 관계는 모호하다. 역사적으로 언어도 변화했고 현실도 변화했다. 언어의 변화는 현실의 변화에, 현실의 변화는 언어의 변화에 서로 영향을 미치면서 이 둘은 관계를 맺고 있다. 그러나 양자의 변화는 시간적으로 일치하기도 하지만, 다르게 전개되기도 한다. 또 양자 간에는 변증법적 지양도 일어나지만, 해결되지 못할 대립 관계가 존재할 수도 있다. 개념을 해석한다는 것은, 언어의 역사와 실재의 역사 간의 이런 모호하고도 복잡한 긴장 관계를 탐구한다는 의미이다. 개념 속에는 이렇게 모호하고도 복잡한 긴장 관계가 집약되어 있기 때문이다.

따라서 개념의 해석 방식은 다차원적으로 진행된다. 개념사는 한편으로는 역사적 실재의 개념화 과정, 즉 당시 현실에 대한 과거 행위자의 주관적 재현과 의미부여 과정을 분석하고, 다른 한편 당시 현실이 그의 개념 사용을 조건 짓는 과정을 동시에 분석한다. 이를 통해 실재를 조건 짓는 언어와 언어를 조건 짓는 실재 사이의 긴장 관계가 탐구되는 것이다. 그런데 '실재'란 달리 보면 후대의 역사가가 만든 언어적 구성물이라 할 수 있다. 그러므로 언어와 실재 사이의 긴장을 탐구한다는 것은, 곧 통시적으로 볼 때 과거 행위자가 자신이 경험한 세계를 표현해놓은 사료의 언어와, 그가 경험한 것 이상의 사실을 표현하려는 현재 역사가의 언어가 갖는 긴장 관계를 탐구한다는 의미이다. 그런 맥락에서 볼 때 언어와 실재 사이의 긴장이란 과거 행위자들이 당연한 현실이라고 생각했던 것, 즉 '과거의 현재'와 오늘날의 우리가 재구성한 당시의 현실, 즉 '현재화된 과거' 사이의 긴장이기도 하다. 노벨 문학상을 받은 로마사가 테오도르 몸젠(Theodor Mommsen)은 매번 첫 수업 시간마다 '고대 로마인들과 그들에 대해 더 많은 것을 알고 있는 역사가 중 어느 쪽이 진실된 로마사를 쓸 수 있는가?'를 물었다고 한다. 몸젠의 질문은 바로 이런 점을 학생들에게 주지시키기 위해서였다. 만약 개념사가가 그의 질문에 답한다면, 진실된 로마사를 쓰기 위해서는 양자가 힘을 합쳐야 한다고 대답할 것이다. 과거 행위자의 관점과 현재 역사가의 관점 모두가 고려되어야 하기 때문이다.

개념사의 이런 특징은 사학사적으로 중요한 의미를 지닌다. 예를 들어, 앞서 언급한 벨러 같은 사회사가에게는 현재의 역사가가 오늘날의 경험지평 위에서 획득한 학술적 언어를 가지고 구성한 이른바 '객관적 실재'만이 역사적 진실성을 갖는다. 이런 시대착오성에 대한 반발로, 문화인류학에 입각한 신문화사는 과거 행위자의 경험과 그가 자신의 경험 맥락 속에서 스스로에게 부여했던 의미들이 역사적 진실성을 지닌다는 것을 강조한다. 발리 섬의 닭싸움이 발리인들에게 지녔던 의미를 재현했던 기어츠의 말을 빌리면, "닭싸움은 발리인의 경험을 발리인이 읽는 것이며, 자신의 이야기를 스스로에게 말하는 것이다."[2] 그에 의하면, 역사적 실재란 과거 행위자가 자신의 언어로 만들어낸 주관적 의미 체계이다. 그렇다면 과거 행위자가 구성한 역사적 실재와 현재 역사가가 구성한 역사적 실재 가운데 어느 것이 더 진실한가? 어느 것이 더 의미가 있는가?

이 난제에 대해 역사학계가 제시한 하나의 해결책을 우리는 개념사의 다차원적 연구 방식에서 찾을 수 있다. 구체적으로 개념사의 연구 방식은 과거 행위자가 경험한 '현재'를 표현하고 있는 사료의 언어와 우리가 경험한 '과거'를 표현하고 있는 현재의 언어 사이의 차이점을 밝히고, 전자를 후자로 번역하면서 양자가 어느 지점에서 수렴될 수 있는가를 밝히는 절차로 이루어져 있다. 이를 통해 개념사는 과거 행위자가 구성한 역사적 실재와 현재 역사가가 만든 역사적 실재를 의미 있게 소통시키려 한다.

개념사 연구의 선구라 일컬어지는 뤼시엥 페브르(Lucien Febvre)의 라블레(F. Rabelais)에 대한 연구를 통해 이를 논의해보자.[3] 페브르의 문제제기는 당대인들에게 '무신론자'라고 비난받았던 라블레가 과연 근대적 의미의 무신론자였는가 하는 데 초점을 두었다. 페브르는 여기서 그가 살았던 16세기 프랑스 사회에서 통용되던 '무신론자'의 의미를 근대적 용어로 번역했다. 페브르에 의하면 '무신론자'란 20세기의 '무정부주의자'나 '공산주의자'와 마찬가지로 일상의 담화에서 비주류 및 반골로 분류되는, 따라서 자신들에게 손해를 입힐 수 있는 사람들에 대한 욕설에 불과했다.

1936년경 파리에서 수다쟁이들은 장광설을 늘어놓고 정치 집회를 자주 찾아다니는 소시민을 '위험한 사람'이라고 선언했다. 그러고 나서 그들은 목소리를 낮추어, 그러나 1900년에는 '무정부주의자'라고 불렀을 바로 그 톤으로 '공산주의자다'라고 말했을 것이다. 사회적 문제가 다른 무엇보다도 중요한 관심사인 우리 시대의 언어이다. 16세기에는 오직 종교만이 세상을 색칠했다. 그래서 모든 문제에 관해서 모든 사람들처럼 생각하지 않는 사람, 대담무쌍한 언어를 구사하고 거리낌 없이 비판하는 사람에 대해서, 당시 사람들은 "불경한 자, 신을 모독하는 자,—그리고 마지막에 가서는—무신론자!"라고 외쳐댔다.[4]

이를 통해 그는 16세기 프랑스인들에게는 근대적 의미의 '무신론' 개념이 없었고, 따라서 이들이 근대적 의미의 무신론자도 될 수 없었음을 밝힌다. 물론 페브르의 연구는 아직 완벽한 의미의 개념사는 아니다. 왜냐하면 개념사는 사료에 서술된 용어의 의미를 오늘날의 용어로 번역함과 동시에, 역으로 현재적 관점에서 정의된 학술 개념이 과거에 적용되었을 때 역사적으로 얼마나 타당한가를 시험하고, 궁극적으로는 어느 지점에서 양자가 수렴되었는가, 다시 말해 과거의 개념이 언제 어떻게 현재의 개념으로 변화되었는가를 파악해야 하기 때문이다. 이를 '무신론' 개념과 연관시켜보자면, '16세기에는 과연 근대적 무신론 개념으로 포착할 수 있는 현상이 없었는가', '혹시 무신론이 다른 용어로 표현되지는 않았는가' 등이 질문되어야 하고, 최종적으로는 무신론을 표현하던 당시의 용어들이 언제 어떻게 근대적 '무신론' 개념으로 수렴되었는가, 즉 16세기의 무신론이라고 할 수 있는 개념이 언제 어떻게 오늘날의 무신론 개념으로 변화했는가가 파악되어야 한다.

페브르의 연구가 지닌 약점은 이미 농민 문화를 통해 당시의 종교적 심성구조의 균열을 밝힌 카를로 진즈부르그(Carlo Ginzburg)에 의해 지적되었다. 진즈부르그의 연구를 개념사적으로 전용하자면, 농민들은 '치즈'와 '구더기'라는 단어를 통해 근대적 의미의 '무신론'을 은유적으로 표현했다.[5] 이처럼 16세기의 무신론을 표현하고 있는 사료의 용어들을 찾는 일이 중요하다. 아무튼 여기서 강조하고 싶은 것은, 개념사는 언어를 매개로 과거와 현재가 어느 지점에서 만나는가를 탐구한다는 사실이다.

이처럼 개념과 실재 사이의 긴장은 사료의 언어(개념)와 학술 언어(개념) 간의 긴장으로 표현된다는 점을 부각시키면서, 개념사는 과거의 사회적 담론뿐만 아니라 현재의 사회적 담론을, 혹은 과거 행위자의 주관성뿐만 아니라 현재 역사가의—이른바 객관적인 것으로 주장되곤 하는—주관성을 동시에 고려한다. 이런 다차원적 관찰을 통해 개념사는 역사 인식이 과거 행위자의 경험과 기대, 그리고 우리의 경험과 기대가 포괄될 수 있는 방식으로 이론화되어야 함을 강조하고 있다. 이런 점에서 개념사가 추구하는 역사의미론은 신문화사의 그것과 차이가 난다.

개념사를 분과 학문으로 발전시킨 코젤렉에 의하면, '역사적 실재' 혹은 '역사적 진실'이란 언어와 언어외적 실재, 혹은 정신과 삶,

의식과 존재, 허구적인 것과 사실적인 것, 그리고 역사 행위자의 주관성과 역사학적 객관성—이 둘이 서로를 조건 지으면서 구성되며, 따라서 그중 어느 하나로 환원될 수 없다. 그러므로 하나의 역사를 재구성하는 일은 '단단한 사실'과 그것의 '부드러운' 심성적 재연, 사료가 언급하는 '행위' 및 '사건'과 사료의 진술 바깥에 있는 '구조', 사료의 언어(개념)와 연구자의 언어(학술 개념), 그리고 이에 내포된 '과거의 관점'과 '현대의 관점', 이런 것들의 상호 긴장 관계까지, 모든 것들을 고려하면서 다차원적 방식으로 진행되어야 한다는 것이다.

이를 위해 개념사는 무엇보다 개념을 이념/관념이나 단어/용어와는 다른 것으로 구별하면서, 개념을 이론적으로 특별히 정의한다. 이를 통해 개념은 공시적으로 역사 행위자의 주관성과 정치·사회적 실재 간의, 통시적으로 과거와 현재 간의 모호하고도 복잡한 신상 관계를 독해할 수 있는 해석학적 매체가 된다. 그렇다면 개념이란 구체적으로 무엇인가?

이념/관념과 개념

'이념/관념'과 '개념'은 서양의 철학 담론에서 종종 동의어로 쓰인다. 양자의 차이는 특정한 이론적 맥락에서 정의될 수 있을 뿐이다. 다시 말해 어떤 관점에서 정의하는가에 따라 이념(관념)과 개념

간에 차이가 날 뿐이다. 그러나 우리는 앞에서 이미 코젤렉의 개념사가 독일의 전통적 이념사(Ideengeschichte)를 비판하고 나왔음을 지적한 바 있다. 이와 유사하게 영미 권의 포콕·스키너 등의 케임브리지 학파는 이념사의 변형인 아서 러브조이(Arthur O. Lovejoy)의 관념사(history of ideas)를 비판하면서 개념 연구가 근간이 된 정치 사상사를 추구했다. 그렇다면 이들이 주장하는 개념은 이념사 및 관념사에서 말하는 이념/관념과 어떻게 다른가?

이념사와 관념사에 의하면, 이념/관념은 지속적으로 사용되면서 실제 역사적 맥락, 즉 각 시대의 구체적 정치·사회적 맥락을 초월해 핵심적 의미의 내용이 변하지 않는 단단한 실재이다. 예컨대 독일 역사가 프리드리히 마이네케(Friedrich Meinecke)는 국가이성에 관한 자신의 책에서 종교전쟁 시대부터 절대주의 시대를 거쳐 부르주아 국민국가 시대에 이르기까지 300년 이상 지속적으로 반복 사용된 '에토스'와 '지배(kratos)', '도덕성'과 '정치', 그리고 '선'과 '악' 같은 대립 이념들을 다룬다. 그러나 그는 이런 이념들이 각 시대마다 완전히 다른 기능을 수행했다는 사실은 언급하지 않고 있다.[6]

미국의 러브조이는 독일의 이념사를 이론화했다. 특히 러브조이는 오늘날 대표적인 관념사 연구로 인식되고 있는 『관념사 잡지(The Journal of the History of Ideas)』와 『관념사 사전(The Dictionary of the History of Ideas)』 프로젝트에 깊이 관여한 인물이기 때문에 중요하다. 그는 "소수의 심오한 사상가나 위대한 작가의 견해나 주의(doctrine)뿐만 아니라, 다수의 집단적 생각 속에 들어 있는 특정한 단위관념들(unit-ideas)을 명료화 하는 데" 특별한 관심을 기울였다. 그에 의하면 관념사란 "널리 확산된 채 많은 사람들의 생각(mind)의 뿌리"가 된 관념을 연구하는 것이다.[7] 예컨대 '기독교(Christianity)' 나 '물질주의(materialism)'는 단위관념이 아니다. 이것들은 단지 그 안에서 서로 모순을 빚을 정도로 얽혀 있는 여러 관념들의 복합체에 지나지 않는다. 따라서 관념사 연구자는 마치 분석화학자가 그렇듯이 이런 사상의 복합체 안에 들어 있는 요소들을 용해시켜 순결한 결정체, 즉 단위관념을 만들어내야 한다.[8]

이처럼 러브조이가 말하는 '관념'이란, 여러 사상들로부터 구체적인 정치·사회적 맥락과 다양한 이데올로기적 불순물 및 역사적 영향을 제거한 뒤 남는 순결한 '단위관념'을 의미한다. 그리고 그 '단위관념'은 마이네케의 '이념'과 마찬가지로 시대와 역사적 맥락을 초월해 핵심적 의미 내용이 변하지 않은 채 여러 시대의 여러 사상('관념복합체')들에 지속적인 영향을 끼치는 상수常數이다. 또한 상수로서의 관념은 초경험적·초역사적·형이상학적 차원에서 진행되는 생성, 발전, 완성이라는 고유의 장기지속의 역사를 갖는다. 그에 의하면, 궁극적으로 관념사는 "한 시대나 운동 속의 성스러운 단어나 문구들" 속에 내포된 의미들의 "모호함"과, 이로 인한 "(단위)관념들의 혼란스러운 연관"을 밝히고, 어떻게 이 모호함과 혼란스러움이 주의(-ism)나 성(-nity)으로 끝나는 이데올로기나 철학 체계의 발전에 영향을 주었는가를 인과 관계 속에서 설명함으로써, 이데올로기나 철학 체계의 "오류"를 밝히려는 "철학적 의미론"을 지향한다.[9]

예를 들어 러브조이는 우주의 구성 패턴에 대한 단위관념인 '존재의 대연쇄' 관념의 발전을, 플라톤에 의한 형성 단계에서 고대의 신플라톤주의, 중세 신학 사상들, 근대 계몽주의를 거쳐 19세기 진화론적 철학 사상에 이르기까지 추적한다. 여기서 '존재의 대연쇄' 관념은 각 시대의 구체적인 정치·사회적 맥락 속에서 형성된 여러 사상과 이데올로기들에 지속적인 영향을 끼치는 객관적 실재이다. 이처럼 지속적인 영향을 끼치는 상수로 작용하면서 '존재의 대연쇄'라는 단단한 실재는 역사적·사회적 맥락과 동떨어진 채 장기적 인과 관계의 고리 속에서 스스로 발전한다. 러브조이에 의하면 '존재의 대연쇄' 관념은 그것이 형성된 뒤 장구한 세월을 거치면서 '스스로 완전한 타자적 세계의 절대성'과 '현 세계에 내재하는 신(God)'이라는 두 개의 의미를 지닌 관념으로 발전했으며, 19세기 이후로는 '신' 자체가 시간화되면서 '논리적 필연을 지닌 진화'라는 관념으로 발전했다는 것이다.[10]

이념/관념사는 국내 학계에도 큰 영향을 끼쳤다. 예를 들어 『역사용어 바로쓰기』(역사비평사, 2006)에 실린 「백성, 평민, 민중」 항목을 보자. 이 글에서는 '민중'이라는 용어로 표현되는 지속적 개념, 즉 민중 이념의 탄생과 진화가 목적론적 관점에서 탐구된다. '백성', '평민', '민중'은 '역사의 주체로서의 피지배자 집단'이라는 핵심 내용을 공유한다. 그리고 '백성'에서 '민중'으로의 발전은 사후적事後的 관점에서 역사적 필연성의 논리로 포장된다. 즉 몰주체적이었던 '백성'은 조선 후기 들어 지배층의 폭정을 비판하는 '평민'으로 그

주체의식을 발전시키며, 개항기 이후 인간 해방, 신분 해방, 민족 해방이라는 역사적 자기정체성을 자각하는 '민중'으로 진화한다. 그리고 1930년대 이후로는 이와 더불어 계급 해방이라는 새로운 역사적 정체성을 자각하는 현대적 '민중'으로 완성된다. 이처럼 헤겔의 역사신학을 방불케 하는 목적론적 이념/관념사에서 '백성'은 '평민'에 의해, 또다시 '평민'은 '민중'에 의해 규범적으로 정의되고 재단되며, 이 용어들에 내포된 여러 의미와 함의들 가운데 민중 이념의 진화 과정에서 일탈된 것들—예를 들어 비정치적 의미들이나 '국민' 혹은 '황국 신민'과 관련된 의미들은—역사적으로 무가치하게 처리된다.

이상에서 본 것처럼 이념/관념사는 사후적事後的 관점에서 이념/관념이라는 객관적 실재를 목적론적으로 재구성한 객관성 지향의 역사이다. 그런 점에서 관념사는 물적物的 실재론實在論에 입각한 사회사의 관념론적 쌍둥이라 할 수 있다. 사회사가 그런 것처럼 이념/관념사는 전형적으로 객관성, 설명, 목적론이라는 근대 역사학의 공리에 기반하고 있다.

그러나 개념사는 이와 달리 개념을 인간의 경험 세계, 즉 역사적·사회적 맥락을 초월해 불변하는 단단한 실재가 아니라 구체적인 역사적·사회적 맥락 속에서 서로 다른 의미를 내뿜고 서로 다른 기능을 수행하는 유연하고 유동적인 언어적 구성물로 본다. 이념/관념사가들과 달리 개념사가들은, 어떤 이가 어떤 상황에서 누구에게 어떤 어휘를 어떤 의도로 어떻게 사용하는가를 중시한다. 즉 특정한 정치·사회적 맥락 속에서 일어나는 '개념'의 이데올로기적 사용과 의미에 관심을 두는 것이다. 코젤렉이 마이네케의 이념사를 비판하면서 말했듯이 "개념사는 그 속에서 개념이 발전하고 특정한 화자에 의해 사용되는 특정한 상황의 특정한 언어 사용"을 연구한다.[11]

따라서 이념/관념사가들에게는 '오류'의 원인이 되는 개념(관념/이념)의 다양성과 모호함, 혼란스러움이 개념사가들에게는 '개념'의 진정한 특징이 된다. 이런 맥락에서 볼 때 '관념(이념)'은 진화할 수 있지만 '개념'은 진화할 수 없고, 단지 변화하는 것이다. 그리고 그 변화 양상은 매우 다양할 수 있다. 이때 한 개념에 통시적으로 누적된 의미와 함의들은 각각의 고유한 역사적 권리를 갖는다.

이상과 같이 개념사는 개념을 이념(관념)이라기보다는 각 시대의 구체적인 정치·사회적 맥락에서 수행되는 언어 행위(speech act)의 한 구성 요소로 본다. 코젤렉에 의하면, 공시적으로 모든 '개념' 속에는 특정 사회집단들이 자신을 위해 산출해내는 그들만의 정치·사회적 함의가 담겨 있다. 따라서 개념은 현실을 "통합시키고, 각인시키며, 폭발시키는" 힘을 지닌다. 그리고 이런 언어 행위를 통해 통시적으로 모든 개념은 역사적 변화 과정 속에서 기존 의미가 변형되거나 새로운 의미가 첨가되는 등 일련의 의미 변화를 겪는다. 그는 이런 맥락에서, 공시적으로는 단어와 개념의 사회적 콘텍스트성을 분석하는 언어의 사회사가, 통시적으로는 의미의 변화와 지속 과정을 분석하는 역사의미론이, 개념사의 특징을 이룬다고 말한다.[12]

특히 케임브리지 학파는 "단어는 행위이다"라는 구호 아래서 언어 행위에 연구의 초점을 맞춘다.[13] 특정 시점과 상황에서 진행되는 개별 언어 행위 속에서 개념(용어, keyword)이 어떻게 사용되는가, 그리하여 개별 언어 행위를 통해 산출된 개념의 독특한 의미와 기능은 무엇인가를 규명하는 데 관심이 있다. 따라서 스키너가 말했다시피 "개념의 역사는 존재할 수 없고, 단지 특정 주장 속에서 그것이 사용된 방식의 역사만이 존재할 수 있다"는 것이 이들의 입장이다.[14] 구체적으로 이들은 개별 텍스트에서 사용되는 개념(용어)의 의미와 기능을 "언어정치의 패러다임"(J. Pocock), 혹은 "언어적 관행들로 구성되는 이데올로기"(Q. Skinner) 등으로 불리는 특정한 정치언어적 콘텍스트, 즉 "정치 담론의 전통"(J. Pocock / T. Ball) 속에서 파악한다. 이에 기초하여 이들은 궁극적으로 한 시대의 정치 담론과 그 시대적 변동을 재구성한다.

담론과 개념

언어가 지닌 일련의 정치·사회적 의미와 기능, 그리고 이것들의 역사적 변화를 탐구하기 위한 역사의미론 연구는, 크게 개념사와 담론사로 나뉜다. 그중 가장 영향력이 크고 일반화된 연구 방식이 담론사이다. 물론 담론이 무엇인가에 대한 이해 및 그에 따른 담론사의 연구 경향은 매우 다양하다. 담론은 일반적 수준에서 담화나 말하기, 혹은 하나의 텍스트를 구성하는 문장들로 생각될 수 있다. 아니면 앞서 언급한 케임브리지 학파의 의미에서, 예컨대 '공화주의'라는 동일한 정치 철학을 공유하는 이들이 쓴 텍스트와 발언의 공통적 특징으로 이해될 수도 있다. 혹은 언어학적 관점에서 단어, 문장 및 텍스트가 구조화된 의미 관계 속에 놓여 있는 텍스트의 조합으로 간주될 수도 있다. 더 나아가 가장 넓은 의미에서, 푸코가 말한 특정 시대의 특정 지식을 만들어내는 제도화된 말하기 방식 및 생각의 방식으로 이해될 수도 있다. 그러나 여기서는 공통적으로 분석 대상이 여러 문장으로 구성된 언술 행위 및 의사소통의 체계로 확대되며, 텍스트 전체 혹은 상호 관련성을 가진 일군의 텍스트들에 초점이 맞춰진다.

반면 개념사는 분석 대상을 하나의 개념이나 몇몇 유관 개념들로 한정하며, 이를 위해 무엇보다 단어에 초점을 맞춘다. 그런 이유로 개념사는 좀 더 체계적인 역사의미론을 지향하는 많은 연구자들의 비판을 받았다.[15] 특히 코젤렉이 『역사 기본개념』 사전에서 시도한 바와 같이 알파벳 순서를 따라 배열한 '개별 개념'에 대한 연구는, 광범위한 언어적 콘텍스트들을 거의 무시한 것이라는 비판을 받았다.[16] 사실 약간의 언어학적 지식을 가진 사람들에게 이런 비판은 타당하게 느껴진다. 예를 들어 단어의 의미는 문장의 맥락 속에서 결정된다는 구문론적 명제는 설득력이 있다.

그러나 비판자들의 주장, 즉 개념사는 언어적 혹은 담론적 맥락을 무시하고 단어를 추상적인 개념으로 고립시켜 과거의 언어적 실재와 일치하지 않는 독자성과 자율성을 단어에 부여함으로써 낡은 이념사와 차별성을 보이지 않는다는 주장은 정확한 비판인가? 한마디로 말해 이 비판은 개념사의 일부 연구 결과만 놓고 본다면 타당할지 몰라도, 개념사의 이론과 제대로 된 실행 방식을 놓고 본다면 잘못된 것이다. 하나씩 지적해보자.

① 개념사는 개념 분석을 위해 그 개념과 관계된 다양한 언어적, 더 나아가 비언어적인 맥락들을 강조한다. 코젤렉은 개념의 의미와 기능을 파악하기 위해서는 텍스트 전체의 문맥, 저자와 독자의 상황, 그 시대의 정치·사회적 상황, 언어 공동체를 이루는 동시대인들과 이전 세대의 언어 관행과 용법 등이 고려되어야 하며, 나아가 더 구조적인 경제학적·사회학적·정치학적 문제제기들이 수반되어야 한다고 역설한 바 있다.[17] 개념사의 이런 강조점은 담론사가 언술의 분석을 위해 언어적·비언어적 맥락들을 중요시하는 것과 유사하다. 예를 들어 위에서 언급한 이유 때문에 코젤렉의 개념사를 비판하면서 그 대안으로 담론사를 주창한 독문학자 디트리히 부세(Dietrich Busse)는, 언어소통이 행하는 기본적인 사회적 기능과 그 복잡성을 파악하기 위해서는 언술 행위자(발화자)의 의도적 역할, 그가 처한 상황 및 세계 인식, 그가 기대하는 것과 언술 행위의 형식, 동시에 청취자의 기대 및 발화자의 언술 행위에 대한 인식, 이 둘을 결합시키는 배경, 사회적 행위 규칙 등을 고려해야 한다고 했다. 이처럼, 라이하르트가 적절히 지적했듯이 코젤렉의 개념사는 언어 행위의 사회사 및 심성사를 추구한다는 점에서 부세의 담론사와 궁극적으로 큰 차이가 없다.[18] 단지 분석 대상이 다를 뿐이다.

② 개념사와 담론사는 연구 방식 면에서 밀접한 관련을 맺고 있다. 개념사는 개념의 의미를 담론적 맥락 속에서 파악하며, 역으로 담론사는 개념을 담론 분석의 지렛대로 활용한다. 푸코는 담론 분석을 위해 개념을 활용한 대표적 사례에 속한다.[19] 예컨대 그는 『성의 역사』에서 '동성애자', '성도착' 등의 개념이 의학, 과학, 교회, 법률 등 여러 영역의 성 담론들 속에서 어떻게 다양하게 의미화되었는지 살펴보면서, '정상적 성'을 만들어내는 성 담론의 실행 과정을 확인한다. 푸코의 연구를 따르면, 담론은 개념을 탄생시키고 그 의미를 만들어낸다. 이때 개념은 어떤 담론에 편입되느냐에 따라 의미가 달라진다.

개념사가들 사이에서도 담론적 맥락에서 개념을 분석하는 것은 일반화된 관행이다. 정치 담론의 전통 속에서 개념을 연구하는 케임브리지 학파는 말할 것도 없고, 코젤렉의 개념사 모델을 비판적으로 전유하고 있는 몇몇 연구자들은 개념 연구에서 담론적 맥락을 특별히 강조한다. 예를 들어 라이하르트는 푸코와 유사한 방식으로 해당 개념이 사용된 지식 분야, 즉 철학·신학·법률·경제 같은 담론 영역과 해당 개념의 다른 담론 영역으로의 전위를 중시한다. 특정 영역에서 무슨 의미로 얼마나 많이 사용되었는가, 새로운 영역으로 이 개념이 전위되었을 때 의미의 변화가 어떻게 일어났는가 등을 살펴봄으로써, 개념의 강조점 변화와 의미의 확대 및 축소를 읽어낼 수 있다는 것이 그의 주장이다. 또한 페레스는 대중매체, 정치, 사회과학, 문학, 대중문화 등 담론 양식의 차이가 개념의 의미 내용을 결정한다고 강조하면서, 담론 양식을 개념 분석의 중요한 범주로 확립시켰다.

그렇다면 비판의 표적이 된 코젤렉은 어떤가? 『역사 기본개념』에 실린 「역사(Geschichte)와 역사(Historie)」, 「민중, 국민, 대중, 민족주의」, 「신분과 계급」, 「혁명, 봉기, 내전」, 「문명과 문화」 등의 항목은 유사 개념 및 반대개념들의 관계를 역사적으로 추적한 것들이다. 이를 보면 부분적으로 담론사와 유사한 방식으로 개념 분석이 이루어지고 있음을 알 수 있다. 여기서는 기본개념이 유사 개념을 대체하거나 이전의 반대개념으로 전환되는 과정이 파악되고 있는데, 이는 개념들의 계열, 공존, 간섭을 분석한 푸코를 연상시킨다.

이처럼 개념사가 담론의 맥락 속에서 개념을 분석하고, 담론사가 개념을 중심으로 담론을 분석한다면, 양자 사이에 명확한 경계는 없다고 할 수 있다. 그런 맥락에서 일부 개념사가들은 개념사를 담론사로 통합하려고 한다. 정치적 개념은 특정한 정치 담론의 구성 요소일 뿐임을 주장하면서, 궁극적으로 개념사 연구를 정치 담론 연구에 통합시키려는 케임브리지 학파는 말할 것도 없고, 라이하르트 역시 인간의 의식과 행위를 강제하는 사회적 지식 체계의 전모, 즉 푸코적 의미의 담론을 밝히기 위해 개념사를 연구하고 있다.

개념사를 독자적 연구 분과로 확립시킨 코젤렉 또한 이런 가능성을 부정하지 않았다. 그에 의하면 모든 개별 주장(언어 행위)이나 개별 텍스트, 더 나아가 담론은 개념들을 중심으로 전개된다. 반면 개념을 분석하기 위해서는 담론이 제공하는 맥락들을 포함한 여러 언어적·비언어적 맥락이 필요하다는 것이다. 따라서 개념사는 개별 주장의 역사, 더 나아가 담론의 역사와 자연스럽게 연결된다. 코젤렉에 의하면, 개념사와 담론사의 차이는 언어 현상들에 대한 역사 연구에서 연구의 초점을 어디에 맞출 것인가의 문제이며, 이는 결국 연구자의 관심과 문제제기에 달려 있다.[20]

이상에서 살펴본 것처럼, 개념사는 어찌 보면 개념 분석을 중심으로 한 일종의 담론사라고 할 수도 있다. 그러나 개념사는 전적으로 담론사로 환원되지는 않는다. 개념사는 고유의 정체성을 갖는다. 이는 개념이 단순히 특정 담론을 구성하는 요소, 즉 담론을 구성하는 단어 이상이기 때문이다. 구체적으로 말해보자.

① 개념은 특정 담론의 구성 요소일 뿐만 아니라, 그 자체가 특정 담론의 의미론적 상징이 된다. 다시 말해 개념은 발화자와 청취자, 텍스트와 독자의 소통을 가능케 하는 언어 행위들, 즉 담론의 전체적 의미 내용을 표현하는 기호이다. 예를 들어보자. 19세기 후반 독일의 자유주의 성향의 민족주의자들은 소위 '민족적 사회주의' 이념을 전파하고자 민족사회협회라는 정당을 만들었다. 이 정당의 여러 정치 집회에서 교회법사학자 루돌프 조옴(Rudolph Sohm)은 다음과 같이 발언했다.

> 보통선거권을 얻은 대중은 모래더미에 불과하며 원자화되어 있고 특색 없는 다수에 불과하지만, 진정한 국민(Volk)은 (…) 규칙적으로 질서 잡힌 조직화된 전체이다.[21]

대중은 국민(Volk)이 아니다. 대중은 감정적이고 미련하며 무능력하다. 대중은 비#국민(Unvolk)이다. (…) 확실한 것은 대중이 국민(Volk)으로 변해야 한다는 것이다.²²

조옴의 발언에서 직접적으로 드러나는 '대중'과 '국민'은 모두 공통적으로 선거권을 갖게 된 다수의 하층민을 지칭하고 있지만, 전자는 부정적이고 후자는 긍정적인 함의를 갖는다. 그리고 전자는 후자로 변화되어야 한다. 그러나 발화자인 조옴이나 청취자 모두에게 '대중'과 '국민'의 의미는 주어진 발언의 맥락으로만 한정되지 않는다. 이 개념들 자체가 많은 연상 작용을 일으켜 그 발언에 등장하지 않는 여타의 무수한 의미들, 예를 들어 '국민'과 관련해서는 민족 공동체, 민족혼, 유기체, 제국, 도덕과 종교 등을, '대중'과 관련해서는 당파, 사회, 계급, 이해관계의 갈등, 더욱 구체적으로 배금주의, 사회문제, 무신론, 사회주의, 혁명, 공화국 등의 의미들을 상기시키면서 무엇인가를 표현하고, 이해하도록 만든다. 이때 '대중'과 '국민' 개념은 곧 민족적 사회주의 담론, 더 나아가 민족주의 담론의 내용을 총체적으로 표현하는 의미론적 상징이 된다.

② 개념은 담론보다 훨씬 유동적인 언어적 단위이다. 개념은 전혀 다른 담론과 담론 사이를 이동한다. 이는 앞서 살폈듯이 동일한 주제에 관해 다양한 지식 영역에서 다양한 양식을 취하면서 실행되는 여러 담론들 사이를 이동한다는 뜻이 아니라, 이를 넘어서 서로 다른 주제의 담론 사이를 이동한다는 의미이다. 예를 들어 서양에서

'enlightenment(계몽)'는 17세기에는 날씨를 묘사하는 담론의 맥락에서 사용되었다. 그러나 18세기에는 철학과 역사 담론으로 편입되어 지식과 행동 양식의 발전을 의미하는 메타포로 사용되었다. 최근 유행어가 된 'political correctness(정치적 올바름)'는 원래 북미의 다문화주의 담론과 관련된 개념이었지만, 독일에서는 나치 과거 청산과 관련된 정치 담론의 핵심 개념으로 사용되고 있다. 뒤에서 살피게 될 혁명 개념도 천체 운행과 관련된 자연과학 담론에서 정치적 담론으로 전위되면서 이와 유사한 변화를 겪었다. 따라서 개념사는 한 담론에서 다른 담론으로 전위되면서 풍부해지는 개념의 의미론적 질에 주목하면서 여러 담론을 횡단하여 개념을 추적한다.[23]

③ 개념들은 경우에 따라 장기적으로 지속되는 의미구조를 형성한 채 특정한 역사적 상황에 등장하는 담론들에게 반복해서 영향을 끼친다. 그 대표적인 예가 불평등하게 서로를 대비시키면서 '우리'와 '타자'를 지칭하는 비대칭적 반대개념들이다. 고대 그리스의 '헬레네인'과 '야만인', 서구 중세의 '기독교도'와 '이교도', 혹은 중국의 전통적인 '화華'와 '이夷', 그리고 근대에 들어 유행한 '서양'과 '동양'의 대립쌍에서 알 수 있듯이, 이런 개념 쌍은 비록 그때그때 다른 이름으로 등장하지만 기본적으로 동일한 의미구조와 의미론적 기능을 지닌다. 물론 여기에는 인종 학살의 비극으로 이어진 '초인'과 '비인간'의 대립쌍도 포함된다. 그 외에도 역사상 동일한 의미구조를 지닌 수많은 비대칭적 반대개념들이 있었음은 주지의 사실이다.[24]

이 밖에 개념사와 담론사는 부분적으로 역사적·사회적 실재는 언어적 구성물에 불과하다는—흔히 '포스트모더니즘'이라는 수식어가 붙는—급진적 구성주의의 관점 유무에 따라 차이가 난다. 그러나 사회적 실재는 곧 언어적 구성물이라는 전제하에 연구를 진행하는 라이하르트 같은 일부 연구자들을 제외하면, 대다수 개념사가들은 언어가 실재를 구성하는 중요한 요소이자 실재에 접근할 수 있는 유일한 수단이기는 해도 실재 그 자체는 아니라는 입장을 갖고 있다. 따라서 대다수 개념사가들은 앞서 언급한 바와 같이 담론이 개념을, 더 나아가 지시대상(reference), 즉 주체와 대상마저 만들어낸다는 푸코의 초역사적 입장을 받아들일 수 없다. 이들이 볼 때, 개념을 만들어내는 것은 담론이 아닌 인간이다. 바로 이 인간 주체가 개념과 담론을 만들어내고 변화시키며, 이를 통해 생각하고 의사소통한다. 더불어 이들은 언어가 언어 바깥의 지시 대상과 맺는 관계를 중요한 이론적 범주로 간주한다.

코젤렉에 의하면, 언어 없이 역사적 실재는 스스로 완성될 수도, 경험될 수도, 또 재구성될 수도 없지만, 동시에 언어는 스스로가 언급하는 실재 자체는 아니며, 또한 그러한 실재가 있어야만 비로소 의미를 지닌다. 한마디로, 언어 없이 역사는 불가능하지만 역사는 결코 언어로 환원될 수 없다. "모든 언어는 역사적으로 조건 지어져 있고, 모든 역사는 언어적으로 조건 지어져 있다"는 것이다.[25]

특히 코젤렉은 역사적 실재를 언어와 텍스트로 환원시킨 자신의 스승 가다머(Hans-Georg Gadamer)의 철학적 해석학을 "언어결정론적 태도"라고 비판하면서, 이런 태도는 결국 역사 연구를 위해 텍스트, 즉 사료가 갖는 의미론적 의의 자체를 훼손하게 됨을 주지시킨다. 언어결정론적 태도는 역사를 순전히 "의식의 역사"로 환원시키고, 이때 텍스트는 텍스트 바깥의 무언가를 언급하고 있는 일련의 의미들을 파악하려는 역사가에게 무용지물이 되고 만다는 것이다.[26]

이런 비판과 더불어 코젤렉은 과거 행위자가 기록한 텍스트로부터 발견할 수 없는 요소들 또한 역사적 실재를 구성하고 있음을 강조한다. 먼저, 예를 들어 인구 변화 같은 텍스트적 진술로부터는 발견할 수 없는 구조의 변동 역시 역사를 구성하고 있다는 것이다.[27] 아울러 그는 사후에야 파악할 수 있는 이런 구조의 변동뿐만 아니라, 이미 과거 행위자들의 행위 속에 내재되어 있는 "전언어적前言語的, 언어외적言語外的, 그리고 후언어적後言語的" 요소들 또한 역사를 구성하고 있음을 지적한다. 탄생, 사랑, 죽음, 식사, 굶주림, 가난과 병, 행운, 약탈, 승리, 살인, 항복과 같은 원초적이고 생물학적이며 지리적이고 동물적인 조건들에 속박된 요소들이 그것이다. 더 나아가 그는 모든 역사들은 본질적으로 비언어적인 "선험적" 범주들에 의해 조건 지어져 있다고 한다. 이런 선험적 범주들의 예로서, 그는 공간적으로 멀고 가까움에서 나오는 '적과 동지', '안과 밖', '위와 아래' 및 '비밀과 공공성' 간의 긴장들, 시간적 차이, 즉 '먼저 혹은 나중'에서 나오는 세대 간의 차이 및 세대들의 연속, 또한 남성과 여성의 자연적 대비 등을 꼽고 있다.[28]

단어와 개념

일반적으로 개념은 단어와 같은 말로 쓰인다. 개념사가 언어적 맥락을 무시한 채 단어만을 다룬다는 앞서 언급한 비판에서도 드러나듯이, 개념과 단어를 동일시하는 관행이 널리 퍼져 있다. 물론 단어 속에는 개념이 표현되어 있다. 혹은 코젤렉의 표현을 빌리자면 개념은 "단어에 포박되어" 있다. 그러나 개념과 단어가 언제나 일치하는 것은 아니다. 개념은 단어 이상이다.

먼저, 개념은 반드시 단어로만 표현되는 것은 아니다. 개념은 때로 문장으로 표현될 수도 있다. 예를 들어 '애국심'이라는 개념은 일상어에서 "나는 우리나라를 사랑해요"라고 표현될 수 있고, '진보'라는 개념은 "친구여, 어제보다 오늘이 더 좋았으니, 내일 또한 희망적일 것이네"라고 표현될 수 있다.

또한 개념은 때로 그림이나 조형물로 표현되기도 한다. 1949년 3월 9일자 『뉴욕 헤럴드 드리뷴』에 실린 캐리커처는 좋은 예가 될 것이다. 이 그림은 냉전 기류 속에서 나치 독일과 소련 모두를 '노예수용소'로 규정하는 미국의 시각을 담고 있다. 여기서 우리는 '전체주의'라는 개념의 의미 내용 및 정치적 기능을 읽어낼 수 있다.

다음으로, 개념사는 개념과 단어를 분명히 구별하고 있다는 사실이 중요하다. 이는 개념사가 단순히 단어의 뜻을 풀이하는 것이 아니라, 단어 속에서 개념을 찾아내 그 의미론적 내용 및 역할을 읽어내려 하기 때문이다. 바로 여기서 개념사의 이론적 독특성을 찾을

노예수용소 다른 말 속에 담긴 같은 의미

수 있다. 그렇다면 개념사는 개념과 단어를 어떻게 구별하는가?

모든 개념은 단어가 될 수 있지만, 역으로 모든 단어가 개념이 되는 것은 아니다. 그렇다면 단어는 어떻게 개념이 되는가? 실용적 차원에서 언급하자면 한 단어가 다의적多意的이면 다의적일수록, 한 단어가 모호한 뜻을 내포하면 할수록 단어는 개념에 가까워진다. 코젤렉은 말한다. "단어는 사용되면서 명확해질 수 있다. 반면 개념은 개념이 되기 위해 다의적이어야 한다."[29] 이런 점에서 단어와 개념의 차이는 결정적으로 그것의 의미들이 정의定意될 수 있는가 아니면 단지 해석의 대상인가에 달려 있다. "단어의 의미들은 정의에 의해 정확히 결정되지만, 개념들은 단지 해석할 수 있을 뿐이다."[30]

이를테면 명확하게 정의될 수 있는 순수한 기술적 용어나 전문용어들은 개념이 아니다. 반면 각 시대의 구체적인 상황 속에서 진행되는 공적 논쟁에 동원되는 용어들은 개념이 된다. 이 용어들은 각 정파나 사회집단 및 개인의 경험과 기대, 그리고 이해관계에 따라 각자의 관점에서, 때로는 의도적으로 현실을 왜곡시키면서 다양하게 정의되고 사용된다. 따라서 그 용어들은 항상 다의적이며, 더 나아가 그 안에 상호 모순과 충돌을 일으키는 논쟁적인 의미들을 쌓고 있기 마련이다. 이처럼 개념은 정치·사회적 갈등과 투쟁 장소의 역할을 수행하면서 논쟁을 불러일으키며, 사용되면 될수록 일련의 다양한 의미들이 추가되어 더욱 모호해진다. 그런 의미에서 개념은 해석의 대상이 될 수밖에 없다.

이런 구분에 의하면, 예컨대 '민주주의'는 단어가 아니라 개념이다. 혹은 범위를 한정시켜 박정희 독재가 내세웠던 '한국적 민주주의'라는 용어도 개념이다. 조금 더 부연설명을 해보자. 국어사전을 보면 '민족'이란 단어는 "일정한 지역에서 오랜 세월 동안 공동생활을 하면서 언어와 풍습, 종교 등 문화상의 공동성에 기초하여 역사적으로 형성된 사회집단"이라고 정의되어 있다. 백과사전은 이 정의에 덧붙여 부족, 종족, 국민 등과 부분적으로 중복된다는 설명을 달고 있다. 이처럼 단어로서의 민족은 비교적 명확한 정의에 기초하고 있다. 그러나 '민족이란 무엇인가?'라고 묻고, 그것은 "매일 매일의 국민투표"라고 규정한 에르네스트 르낭(Ernest Renan)의 정의[31]를 보는 순간, 민족의 명료한 의미는 사라지고 만다. 이 지점에서 '민족'은 개념이 된다. 르낭의 정의는 학술적 정의가 아니라 정치적 언어 행위이다. 우리는 르낭의 언어 행위를 통해 '민족' 개념은 정의할 수 있는 그 무엇이 아니라는 것, 오히려 '민족' 개념은 시대적 이슈로 작용하면서 매우 다의적이고 논쟁적인 의미들의 집합체로 이루어진 모호한 현상이었음을 확인할 수 있다.

개념이 갖는 의미는 그것들이 관계하는 시대적, 정치·사회적 맥락과 논쟁의 맥락, 그리고 담론적 전통 등 다양한 언어적 비언어적 맥락들에 따라 다르며, 경우에 따라서 원래의 단어적 의미와 분리될 수 있다. 한마디로 말해 단어가 개념이 되려면 역사성을 갖고 있어야 한다. 코젤렉에 의하면, "단어가 사용되면서 지칭해온 수많은 정치적·사회적 의미와 경험의 맥락들이 그 단어 속에 한꺼번에 유입"되어 있어야 비로소 단어는 개념이 된다. 예를 들어 '국가'라는 단어 속에 "통치, 행정 구역, 시민층, 입법, 사법, 행정, 조세, 군대 등의 모든 의미들이 유입될 때 그것은 개념이 될 수 있다. 각자 고유한 전문술어와 용어들로 지칭되는 모든 다양한 사실(실상)들이 '국가'라는 단어로 파악되면서 이것들을 공통적으로 지칭하는 하나의 개념이 되는 것이다."[32]

단어와 개념의 이런 구별은, 이론적으로 개념사가 언어학적 관점과 다른 방식으로 개념을 정의하기 때문에 생긴다. 언어학적 관점에서 개념이란 단어-의미-대상(사실)이라는 삼각구도 속에서 대상에 대해 '한 단어가 갖는 뜻'이다. 그리고 이 단어의 뜻은 단어가 쓰인 문장의 맥락 속에서 결정된다. 따라서 단어의 뜻은 그 용례에 따라, 즉 어떤 문맥에서 어떻게 쓰였느냐에 따라 정의된다. 그러나 개념사에서 말하는 개념은 용례에 따라 정의되는 단어의 뜻이 아니다. 앞서 '대중'과 '국민' 개념의 사례를 통해 살펴보았듯이, 개념은 주어진 문장의 맥락을 벗어나 그 자체로서 여러 함의를 지닌 채 논증과 관념을 전달하는 수단이다. 그런 점에서 개념사는 한 단어의 생성과 그것의 문맥에 따른 용례를 명확히 하고, 그에 따른 의미의 변화를 추적하는 단어(용어)의 역사나, 역사 문헌 자료를 가지고 문맥에서 강조된 단어들의 용례를 일일이 세어나가면서 어떤 단어가 얼마나 자주 출현하고, 그 단어가 어떤 단어들과 함께 출현하는지 계량적으로 분석하는 프랑스의 어휘통계학(lexicométrie)과 구별된다.

이와 같이 단어와 개념이 구분되어야 한다면, 개념이 단어를 통해 표현되는 복잡한 방식에도 유의해야 한다. 개념이 표현되는 방식은 크게 세 가지로 유형화할 수 있다. 개념은 한 단어와 일치할 수도 있고, 한 단어가 갖는 여러 의미 중 하나가 될 수도 있으며, 이와는 반대로 여러 단어가 지칭하는 하나의 대상이 될 수도 있다. 각각의 경우를 살펴보자.

① 개념은 한 단어와 일치할 수 있다. 일반적으로 개념은 다의적 의미를 지닌 하나의 추상명사로 표현된다. 코젤렉이 말하는 기본개념은 보통 그런 형태를 띠고 있다. 그러나 일상적인 단어나 구체적 상징도 개념을 표현할 수 있다. 예를 들어 프리울의 방앗간지기 메노키오가 사용한 '치즈'와 '구더기'라는 단어는 특정한 상황에서 그의 비기독교적 세계관, 교회의 농민 공동체에 대한 지배의 한계와 전통적인 농민 문화의 고유성을 드러내면서 양자의 균열을 불러일

으켰다. 이때 이 단어들은 개념이 된다.[33] 또한 라이하르트가 연구한 '바스티유'도 감옥을 상징하지만 역시 개념으로 간주될 수 있다.

이밖에 형용사와 명사의 형태로, 혹은 명사와 명사가 결합되어 만들어진 신조어新造語의 경우를 언급할 수 있다. 이런 신조어는 어떤 개념을 기존의 단어로 표현할 수 없을 때 나타난다. 'democracy'는 원래 고대 아테네에 존재했던 헌정 제도의 한 형태를 지칭했다. 그러나 이는 프랑스 대혁명을 경과하면서 이상적인 정치에 대한 새로운 정치·사회·문화적 기대감을 표현하는 '민주주의' 개념으로 바뀌었다. 이때 무엇보다 '민주화'라는 신조어가 개념의 이러한 변화를 표현했다. 또 다른 예를 보자. 19세기 중반 날로 성장하던 노동운동은 부르주아지의 정치적 기대와는 다른 기대를 개념화하기 위해 '사회적 민주주의'라는 신조어를 사용하기 시작했다. 우리는 이런 과정을 도식화시킬 수 있다. 대개의 경우 새로운 복합어들로 표현되는 개념은 어느 시점부터 다시 하나의 단어로 고착된다. '사회적 민주주의'라는 새로운 복합어는 오늘날 '사회민주주의'라는 하나의 용어로 변화되었다. 이처럼 개념이 한 단어로 표현되는 경우 위에서 말한 단어와 개념의 차이에 특히 유의해야 한다.

② 하나의 단어 속에는 다양한 대상을 지칭하는 여러 의미들이 들어 있을 수 있다. 이때 각각의 의미 내지 의미의 결합체들은 여러 개의 개념이 될 수 있다. 예를 들어 'Revolution(혁명)'이란 단어 속에는 천체의 순환, 헌정 체제의 순환, 격변, 봉기, 반란, 내전, 사회적 전환 등, 시대에 따라 첨가되기도 하고 변화하기도 한 여러 의미

가 들어 있다. 이때 천체의 순환과 관련된 'Revolution' 개념과 정치 체제의 폭력적 전복과 관련된 'Revolution' 개념은 다른 개념으로 간주될 수 있다.

③ 반면 하나의 개념이 여러 단어로 지칭될 수도 있다. 언어 바깥의 대상 혹은 실상이 하나의 개념과 상응하는 경우이다. 이를테면 '자유' 개념은 liberty나 freedom으로 지칭된다. 물론 여기에는 크고 작은 뉘앙스 차이가 있다. 근로자, 피고용인, 프롤레타리아 등의 단어들로 지칭되는 '노동자' 개념은 사회적 이해관계와 정치적 입장의 차이에 따른 의미의 다양성을 함축하고 있다. 또 다른 사례를 들어보자. 18세기가 경과하면서 독일에서는 '여러 개별 역사들을 통합하는 즉자 대자卽者對者적 역사' 개념, 즉 스스로를 성찰할 수 있는 통일적 역사를 의미하는 '역사 자체' 내지 '역사 일반'[34]이라는 신조어가 생겨났다. '역사' 개념의 이런 개념화 과정에서, 실제 일어난 것으로서의 역사를 지칭했던 Geschichte와 그것을 탐구하고 서술한다는 의미가 담긴 Historie가 각각 원래적 의미로부터 벗어져 나와 서로 뒤섞이면서 동일하게 근대적 '역사' 개념을 지칭하는 단어들이 되었다.

이처럼 한 단어가 하나의 개념을 표현할 수도, 여러 개념을 표현할 수도 있으며, 반대로 하나의 개념이 여러 단어로 표현될 수도 있다. 개념사는 개념과 단어의 관계가 갖는 이런 측면들에 착안해 고유한 연구 방법을 발전시켰다. 개념사는 한 단어에 깃들인 의미를 가능한 한 모두 찾아내 그 변화를 연구하는 어의론(semagioloisch)적 분석과, 한 대상 혹은 개념에 대한 다양한 지칭어들과 동의어, 반대어 등 유관 용어들을 연구하는 명칭론적(onomasiologisch) 분석을 교대로 시행한다. 이를 통해 단어의 의미 변화와 사실(실재)의 변화, 상황의 변화와 새로운 지칭어의 출현 과정(개념화 과정)이 갖는 다양한 관련들이 밀도 있게 분석된다.

개념과 실재

"개념은 실재의 지표이자 요소"라는 코젤렉의 명제는 실타래처럼 복잡하게 얽혀 있는 언어와 정치·사회적 실재, 언어와 역사의 관계를 정리하기 위한 중요한 지침이다. 개념은 한편으로 정치·사회적 사건이나 변화 과정을 반영하는 거울이다. 그러나 동시에 개념은 정치·사회적 사건과 변화의 실제적 요소가 된다. 다른 말로 하면, 개념은 현실의 주관적 반영물이면서 역으로 현실의 무언가를 변화시킨다. 이에 따르면, 우리는 '근대화' 개념을 통해 근대화라는 특정 방향의 사회 변화를 읽을 수 있다. 그러나 동시에 '근대화' 개념은 사람들로 하여금 근대화라는 특정한 사회 변화의 목표에 맞게 실제로 사회를 변화시키도록 한다. 좀 더 일반적인 예를 들어보자. 프랑스 대혁명은 수많은 정치·사회적 신조어들을 양산했다. 이 신조어들은 프랑스 대혁명의 실제 진행 과정을 증언하는 지표들이다. 그러나 동시에 혁명을 특정 방향으로 몰아가는 정치 행위의 요소들로 작용하면서 프랑스 대혁명이라는 사건을 실제로 진행시켰다고 볼 수 있다.

개념이 실재의 지표가 된다는 생각은 사실 개념사만의 고유한 생각은 아니다. 앞서 언급한 바처럼 사회사가를 비롯한 역사가들 일반이 이런 생각을 공유하고 있다. 반면 개념이 실재의 요소라는 생각은 개념사만이 갖는 독특한 공리이다. 사람들은 개념을 통해 현실을 인지하고 경험하며, 자신의 경험을 해석하고 장래에 대한 기대를 표현한다. 그 과정에서 사람들은 또한 개념을 통해 자기 생각과 행동을 정향시키고 조직하며, 감정을 표현한다. 이처럼 개념은 역사 행위자가 사용하는 정치·사회·문화적 실천의 도구이다. 역사 행위자는 개념이라는 도구를 통해 현실을 변화시키거나 왜곡시키기도 하고, 현실을 지배하거나 현실에 대항하기도 한다. 예를 들어 개념은 공적 논쟁에서 이해관계의 갈등을 표출하는 정치적·사회적 도구가 되기도 하고, 지배 헤게모니를 구축하기 위한 이데올로기적 도구가 되기도 하며, 번역을 통해 문화를 전위시키는 분화적 도구가 되기도 한다. 물론 혹자는 개념의 번역 또한 정치 행위로 간주하면서, 그 경우에도 개념이 정치적·이데올로기적 도구로 쓰인다고 말할 수도 있다.

좀 더 구체적으로 논의해보자. 같은 사실을 말해도 어떤 개념을 사용하여 표현하느냐에 따라 의미가 달라지며, 그로 인해 서로 다른 사회적 태도와 행위를 유발시킨다. 예를 들어 동네 꼬마들이 과수원에 몰래 들어가 참외를 훔쳤다는 사실은 '서리'로 표현될 수도 있고, '특수절도'로 표현될 수도 있다. 그러나 그 의미는 사뭇 다르며, 이는 사람들의 규범과 관행에 영향을 끼친다. 이번에는 역사적 사례를 들어보자. '망명자'와 '난민'이라는 단어는 쫓겨난 사람들이라는 동일한 사실을 언급하지만, 제2차 세계대전 이후 일부 서독 정치가들이 오늘날 폴란드 땅이 된 동부 독일 지역에서 서독으로 이주한 사람들을 '난민'이 아닌 '망명자'라고 불렀을 때, 그것은 곧 동부 지역으로부터 이주해온 사람들에게 '당신들은 부당한 정치권력의 희생자이며, 다시 그곳으로 돌아갈 수 있다'는 희망을 약속하는 정치 행위가 된다. 이때 '망명자'는 특정한 맥락 속에서 전쟁의 희생자로서의 독일 민족, 반공주의, 승전국 소련에 대한 적대감, 영토 회복 등 여러 의미를 동시에 암시하는 정치적이고 이데올로기적인 개념으로 작동한다. 이후 '망명자'는 수많은 실향민들을 정치화시켜 자신들의 이해관계를 관철하기 위한 단체를 조직하는 데 중요한 역할을 수행했다. 이처럼 개념은 현실의 일부로서 작동한다.

따라서 개념사는 '그가 무엇을 이야기하는가'에 관심이 있는 것이 아니라, '그가 어떤 개념을 사용하면서 그것을 이야기하는가'에 관심이 있다. 개념사는 구체적인 상황 속에서 벌어진 개념 사용의 역사를 탐구한다. 이를 위해 개념사는 코젤렉이 언어의 사회사라고 명명한 공시적(synchronic) 분석과 개념의 지속 및 변화를 시간의 흐름을 따라 분석하는 통시적(diachronic) 분석을 동시에 진행시킨다.

개념에 대한 공시적 분석은 개념이 어떤 언어적·비언어적 맥락과 관련을 맺은 채 사용되었으며, 어떤 힘을 발휘했는가 등을 묻는 절차이다. 여기서는 단순히 특정 개념이 취하는 단어의 의미 내용들뿐 아니라, 이 개념 속에 감춰진 여러 함의들, 특히 정치·사회적 의미 내용 및 숨은 의도, 그리고 그 개념의 기능 및 영향력 등이 파악되어야 한다. 이를 위해 연구자는 예를 들어 개념 사용이 어떤 정치·사회적, 혹은 개인적 상황 속에서 이루어졌는가, 발화자와 청취자 혹은 저자와 독자의 관계는 어땠는가, 이 개념은 어떤 논쟁 혹은 담론의 맥락에서 쓰였는가, 어떤 담론의 양식을 통해 표현되었는가, 이전 시대 및 동시대인들의 언어 관행과 비교해볼 때 이 개념이 긍정적으로 쓰였는가 아니면 부정적으로 쓰였는가, 또한 이 개념의 반대개념 및 유사 개념은 무엇이며 어떤 의미론적 관계를 맺고 있는가, 더 나아가 이 개념이 어떤 정치·사회집단에 의해, 어떤 정치·사회집단을 위해, 혹은 어떤 정치·사회집단에 반대해 쓰였는가 등을 조사해야 한다. 이런 공시적 분석을 통해 비로소 개념의 당시 의미와 의미론적 기능, 그리고 사실 관련적 맥락이 우리의 이해지평 속으로 번역되고 해석될 수 있다.

개념에 대한 통시적 분석은 과거 행위자의 언어와 우리의 언어가 수렴되는 지점을 확인하는 작업이다. 공시적 분석을 통해 우리 이해지평 속으로 번역된 개념은, 시대의 흐름에 따른 통시적 추적 절차에 따라 그 외연과 의미 내용, 그리고 의미론적 기능에서의 지속과 변화 과정이 확인된다. 여기서는 어의론적 관점에서 어떤 의미가 추가되었는가, 혹은 사라졌는가, 아니면 의미의 강조점이 바뀌었는가가 질문되어야 하며, 명칭론적 관점에서 기존의 단어 형태가 유지된 채 의미만 변했는가, 아니면 새로운 신조어가 출현했는가, 반대개념 및 유사 개념과의 의미론적 관계가 바뀌었는가 등이 질문되어야 한다. 이런 질문들 속에서 개념의 외연 및 드러난 의미와 감춰진 함의의 내용적 변화가 파악되어야 한다. 동시에 이 개념이 어떤 담론적 맥락으로 새롭게 편입되었는가, 이 개념에 대한 사람들의 태도가 바뀌었는가, 이 개념이 사회적으로 혹은 지리적으로 확산되었는가, 혹은 축소되었는가, 그렇다면 어떻게 어째서 그러했는가, 그리고 그 정치·사회적 원인은 무엇인가 등을 질문하면서, 다양한 각도에서 언어적·비언어적 맥락의 변화도 함께 조사해야 한다.

영민한 독자는 알아차렸겠지만, 개념이 실재를 구성하는 요소가 될 수 있는 것은 그것이 실재를 반영하는 지표가 되기 때문이다. 즉 개념은 "실재의 지표이자 요소"인 것이다. 이것이 개념이라는 언어적 구성물이 언어외적 실재와 얽혀 있는 방식이다. 앞서 상술한 통시적이고 공시적인 분석 절차는 '실재의 지표이자 요소'라는 개념의 이중적 의미를 전제로 개념의 역사와 실재의 역사가 서로 관계를 맺으면서 엮어내는 다양한 역사적 현상들을 분석하기 위한 발견적(heuristic) 해석 절차이다.

그런데 여기서 주의할 점이 있다. 개념의 변화와 실재의 변화 사이에 어떤 직접적 연관 관계가 있다고 가정하는 것은 소박한 생각이다. 물론 개념과 실재의 변화가 거의 동시에 일어나는 경우도 있다. 이를테면 한 개념이 신조어를 통해 표현되거나, 혹은 새로운 의미가 추가되면서 새로운 역사적 상황을 언급할 수 있다. 앞서 예를

든 '혁명' 개념의 변화가 바로 이 경우에 해당한다. 이 개념은 천체의 순환에 빗대어져 이전의 올바른 헌정 체제로 되돌아간다는 의미를 지니고 있었으나, 프랑스 대혁명을 경과하는 동안 '반란', '격변', '폭동', '내전' 등의 개념들과 결합되면서 질적으로 새로운 시대를 여는 과정이라는 근대적 의미로 바뀌었다. 또한 '프롤레타리아' 개념의 출현에서 볼 수 있듯이, 산업자본주의 사회라는 새로운 사회의 출현이 동시에 새로운 개념을 수반하면서 나타나기도 한다. 이처럼 개념과 실재는 조화를 이루면서 변화되기도 한다.

그러나 개념의 변화, 즉 언어로 표현되는 변화가 반드시 실재적 변화와 일치해야 하는 것은 아니며, 그 변화의 내용도 반드시 같은 것일 필요는 없다. 예를 들어, 자본주의는 근대 초 유럽에서 혹은 그 이전 시기에 중국 등지에서 확립되었다. 그러나 '자본주의' 개념은 이보다 훨씬 늦은 1830년대에 이르러서야 프랑스에서 처음으로 출현했다. 반면 '사회주의'라는 용어는 이미 18세기 후반에 나타났고, 늦어도 19세기 초에는 우리가 이해하는 개념으로 쓰이기 시작했다. 하지만 사회주의 체제가 출현한 것은 20세기 들어서이다.

물론 『역사 기본개념』의 기획 단계까지의 개념사는, 코젤렉의 비판적 협력자인 하이너 슐츠(Heiner Schultz)가 올바르게 지적했듯이 개념과 실재가 서로 조화를 이루면서 변화하는 과정에 초점을 맞췄던 게 사실이다. 하지만 이후 개념사는 양자의 불일치성을 분석하는 데도 무게를 실어왔다. 슐츠가 언급한 여러 유형의 불일치성, 즉 실재는 이미 변화했지만 개념은 그대로 머물러 있는 경우, 실재는 변하지 않았지만 개념이 변화한 경우, 그리고 마지막으로 두 번째와 반대로 실재가 빠르게 변화하고 있지만—나아가 이전과 정반대로 진행되고 있지만—개념은 아직 이전 상태에 머무르고 있는 경우. 이런 것들이 경험 연구를 위한 기본적 지침으로 작용하고 있다.[35] 코젤렉이 강조했듯이 개념은 단순한 정치·사회적 실재의 반영물이 아니라, 그 자체의 고유한 역사를 갖는다. 그리고 개념의 역사는 정치사나 사회사와는 다른 시간의 층위 속에서 전개된다.

이처럼 개념의 역사와 실제의 역사는 때로 수렴되기도 하지만 때로 균열과 불일치를 드러내는 긴장 관계에 놓여 있다. 개념사는 이 균열과 불일치를 명료하게 드러내는 역사 서술을 지향함으로써 과거와 새롭게 대면하는 방식을 실험 중이다. 바로 여기서 우리는 개념사의 의의를 발견할 수 있다.

먼저, 개념사는 '개념=실재'라는 소박한 실재론이 일면적임을 폭로한다. 혹자는 '국가'라는 개념이 중세에는 없었으므로 국가는 존재하지 않았다고 주장할 수 있다. 이 말은 실제로 독일의 중세사가 오토 부룬너의 주장이기도 했다. 역사가들의 논쟁을 보면 비슷한 취지의 발언들이 많이 있음을 알 수 있을 것이다. 국내의 예를 들어보면, 경제사가 이영훈 교수는 민족주의 사관을 비판하기 위해 민족은 근대의 산물임을 강조했다. '민족' 개념이 전통사회에는 없었기 때문에 그렇다는 것이다. 과거 행위자의 관점에 서 있는 이런 실재론의 극단에는 또 다른 실재론이 존재한다. 이른바 '과거로부터는 단지 사실 자료만을, 현재로부터는 개념을'이라는 구호로 표현되는 사

1. 개념이란 무엇인가? 63

회사가들의 '실재론 물신주의'(L. Hölscher)가 그것이다. 사회사가들은 사회과학적으로 정의된 '국가', '민족' 등의 이론 개념을 가지고 전통사회의 지배 질서와 정치 공동체를 파악한다. 이들에게 중세 국가나 고대 민족은 분명한 역사적 실재이다. 여기서 각각의 문제점을 지적하자면, 전자의 입장은 근대 이전의 과거가 우리에게 주는 의미를 전혀 파악하지 못하게 하는 반면, 후자는 과학과 객관성의 미명하에 현재적 편견의 일방적 우위를 주장하고 있다.

둘째, 개념사는 실재의 변화와 이와는 다르게 전개되는 개념의 변화를 관련지어 탐구함으로써 과거의 인식지평과 현재의 인식지평을 포괄하는 통일적인 역사 서술이 어떻게 이루어져야 하는가를 보여주고 있다. 그리고 이를 통해 지나간 시대의 역사 행위자의 관점과 오늘날 역사가의 관점, 사료의 언어와 현재의 언어 사이의 일방적인 관계를 다시금 성찰하도록 요구하면서, 과거와의 의미 있는 소통을 시도한다. 예를 들어보자.

특히 사회사를 비판하며 수행된 루치앙 휠셔(Lucian Hölscher)의 '산업화' 개념에 대한 연구는, 과거 행위자의 경험과 기대, 그리고 우리의 경험과 기대의 차이를 보여주면서 동시에 양자가 어떻게 얽혀 있는지 보여준다. 여기서 휠셔는 다차원적 분석을 시도한다. ① 근대화론에 입각한 사회사가들의 산업화 이론과 분석 개념들, ② 실제적인 산업화 과정, ③ 산업화에 대한 당시 유럽인들의 인식 및 인식 변화를 표현한 개념들을 비교한 뒤, 그 세 가지의 관계를 분석한다. 그의 분석을 요약해보자.

유럽 사회는 실제로 18세기 말 이후 산업화 과정, 다시 말해 상공업 발달, 대도시 발달, 인구 성장 등의 부단한 사회경제적 변화를 겪었다. 그러나 1900년경에 이르러서야 비로소 오늘날 통용되는 의미의 '산업화' 개념, 즉 지난 백여 년 동안 부단히 한 방향으로 진행되어온 전반적인 사회 발전 과정이라는 의미를 지닌 목적론적 '산업화' 개념을 소유할 수 있었다.

이 시기 이전의 유럽인들에게는 산업 발전이 필연적으로 다른 경제 부문—특히 농업 부문—의 희생을 가져올 것이라는 경제철학이 일반적이었다. 더 나아가 이렇게 불균형한 경제 발전은 반드시 사회적 위험을 초래하리라는 우려가 '산업주의'라는 개념으로 표현되기도 했다. 하지만 1900년경 관세 논쟁의 와중에 일부 자유주의적 경제학자들 사이에서 새로운 사고의 전환이 일어났다. 그들에 의하면, 산업적 생산방식의 원리는 단지 산업(상공업) 분야에만 국한되지 않고 농업 등의 다른 경제 분야, 나아가 문화 및 사회 전반에 확대될 수 있다는 것이었다. 경제 진행 과정 전반은 산업적 원리에 의해 일정한 방향으로 조종될 수 있고, 나아가 전체 사회 역시 발전을 향해 효율적으로 조직화될 수 있다는 이 기대가, 바로 '산업화' 개념을 통해 표현되고 대중 속에 유포되었다. 이로써 '산업화'는 '근대화'라는 목적론적인 역사철학의 본질적 요소가 되었다. 이제야 비로소 유럽인들은 산업화 개념이 정착되기 훨씬 전인 18세기 후반부터 이미 산업화라는 역사적 진행 과정이 시작되고 있었음을 깨닫게 되었다는 것이다.[36]

그의 연구를 따르자면 산업화 과정은 18세기 이후 시작되었다고 할 수 있지만, 그것이 오늘날처럼 거역할 수 없는 전반적인 사회 근대화 과정으로 인식된 것은 1900년경 이후였다. 이처럼 개념사는 기존의 관행, 즉 '그들을 소재로 한 우리의 이야기'를 만들어냄으로써, 과거를 친숙하게 인식하는 관행에 제동을 걸고 있다. 개념사의 강조점은 그들, 즉 과거 행위자들의 경험과 기대, 그리고 이를 표현하는 그들의 목소리를 존중함으로써, 우리가 당연하다고 생각하는 역사적 '현실'을 상대화시키는 것이다. 그러나 동시에 이른바 신문화사로 분류되는 여러 연구가 그러하듯이, 과거를 현재와 단절된 '낯선 공간'으로 묘사하며, 과거 행위자들의 '낯선' 목소리를 그대로 재현하려는 시도와도 선을 긋고 있다. '산업주의'에서 '산업화'로의 변화를 분석한 위의 연구에서 보듯이, 개념사가는 과거의 개념과 현재의 개념이 조우하는 지점을 밝힘으로써, 과거 행위자들의 '낯선' 목소리를 우리가 이해할 수 있는 언어로 번역하기 때문이다.

따라서 과거를 낯설게 보려는 신문화사가에게 개념사의 작업은 불철저한 것으로 보일 수도 있다. 그러나 개념사가는 역사가의 현재적 관점이 완전히 배제된 채 그럴듯하게 역사를 쓰는 것은 불가능하다고 고백한다. 이는 곧 신문화사가에 대한 비판이기도 하다. 개념사가를 따르자면, 신문화사가는 과연 자신이 그들의 목소리를 제대로 재현하고 있는가를 판단할 준거점을 갖고 있지 못하다.[37] 그럼에도 양자 간에는 비슷한 점도 많다. '역사는 하나의 총체적이고 통일적인 실재'라는 공리에 입각해 과거에 대한 '단 하나의 올바른 묘사'를 주장하는 근대 역사학을 비판하고, 당연하다고 여겨지는 단단한 역사적 현실(실재)을 해체하려는 성찰적 태도가 그것이다.[38] 이런 점에서 개념사는 하나의 두드러진 장점을 갖고 있다. 개념 세계와 실제 세계의 대조를 통해 개념이 실재를 제대로 재현하는가, 아니면 이를 방해하고, 더 나아가 왜곡하는가를 탐구함으로써, 현재의 지배 담론이 구축한 '당연한 현실' 이데올로기를 명료하게 폭로할 수 있기 때문이다.

2. 개념사의 다양성

　개념의 연구를 공공연히 담론의 역사에 통합시키려는 케임브리지 학파를 제외하고라도, 개념사는 연구자의 문제의식과 관심에 따라 다양하게 전개되고 있다. 각각의 연구 경향과 프로그램은 개념사가 무엇을 해야 하는가에 대한 생각의 차이를 선명하게 드러낸다. 여기서는 코젤렉이 시도한 기본개념의 구조사, 라이하르트의 사회사적 의미론, 레이먼드 윌리엄스의 핵심어 연구, 그리고 페레스의 '기본 개념이 아닌 개념'의 연구가 언급될 것이다. 앞의 세 개는 그간 경험 연구의 성과로 인해 국제적으로 영향력을 발휘하고 있는 개념사 연구 모델들이며, 마지막 것은 비서구 세계에서 이제 막 실험되고 있는 것으로서, 특별히 국내의 독자적인 개념사 연구 모델을 탐색하기 위한 실용적 사례가 될 것이다.
　코젤렉은 기본개념들이 오랫동안 반복되어 사용됨으로써 체계화된 의미론적 구조를 갖고 있음을 강조한다. 이런 개념의 의미구조는 마치 경제구조나 정치구조와 마찬가지로, 사건의 배경을 이루는 사회구조이다. 구체적으로 개념의 의미구조는 물적 구조들과 더불어 언어 행위라는 사건의 전제조건을 만든다. 그가 추구한 기본개념의 구조사는 이런 전제에서 출발한다.

라이하르트는 코젤렉의 모델을 비판적으로 극복하기 위해 개념의 사회적 영향력을 정확히 측정할 수 있는 연구 모델을 제시했고, 코젤렉이 다루지 않은 일상용어를 연구 대상으로 삼았다. 그의 '사회사적 의미론'은 코젤렉이 말한 '언어의 사회사', 즉 개념의 공시적 분석을 특별히 강조한다. 코젤렉의 연구가 통시적 관점에서 '개념의 역사'에 치중하고 있다면, 라이하르트의 연구는 공시적 관점에서 '역사 속의 개념'에 치중하고 있다.

반면 윌리엄스의 핵심어 연구는 전혀 다른 지적 풍토에서 나온 개념사 모델이다. 그는 핵심어, 즉 기본개념이 자본주의 사회의 헤게모니 관철을 위한 문화적 도구임을 간파하고 있다. 따라서 그의 개념사는 궁극적으로 개념사의 정치를 지향한다. 아울러 그는 라이하르트와 마찬가지로 일상 영역에서 관철되는 개념의 의미론을 탐구한다.

브라질의 개념사 연구에 적합한 모델을 만들기 위해 페레스는 코젤렉의 기본개념 연구와 비대칭적 반대개념 연구를 비판적으로 수용한다. 그는 공적 논쟁에서 많이 말해진 기본개념이 모든 사회적 경험을 반영하지 않는다는 전제하에 기본개념이 아닌 개념들, 특히 불평등한 의미론적 대립구도 속에서 열등한 타자와 우월한 자신을 규정하는 비대칭적 반대개념들을 주의 깊게 살펴볼 것을 강조한다.

하위주체(subaltern)들을 묘사하고 통제하기 위해 사용된 비⧧기본개념들, 특히 비대칭적 반대개념들을 그 안에 내재된 모순, 모호함, 공백 등을 추적하면서 비판적으로 탐구하면, 역설적으로 하위주체들의 침묵이 내뿜는 여러 의미를 읽을 수 있지 않을까?[1]

그러나 이런 다양성에도 불구하고 위의 연구 경향 및 모델들은 모두 근대 세계의 시원 및 근대 세계의 특징을 밝히려 한다는 점에서 공통점을 갖고 있다. 그런 맥락에서 보자면, 개념사란 무엇보다 근대 및 근대성의 의미를 독해하기 위한 역사의미론이라고 규정할 수 있다. 그러나 개념사가 구체적으로 근대 및 근대성을 어떻게 읽고 있는가 하는 것은 나중에 다루도록 하자. 여기서는 각각의 이론 및 방법론적 특징이 간략하게 묘사될 것이다.

기본개념의 구조사
— 개념에 쌓인 시간적 중층구조 읽기

코젤렉은 『역사 기본개념』이 일반적인 역사용어 사전처럼 단순히 역사학의 전문용어를 모아놓은 사전이 아니며, 정치와 사회, 예를 들어 권력과 불평등에 관한 현재의 담론 속에서 계속 사용되는 기본개념들을 통해 "구세계의 해체와 근대 세계의 출현"을 탐구한다는 목적으로 편찬된 것임을 명시하고 있다. 달리 말해 이 사전은 근대 세계가 어떻게 언어적으로 파악되었는가, 즉 개념들을 통해 근

라인하르트 코젤렉(Reinhart Koselleck)

대 세계가 어떻게 의식되었고, 또한 개념들은 어떻게 근대 세계에 대한 의식을 만들어냈는가 하는 것들을 현재적 관점에서 탐구한다.[2] 이처럼 그의 개념사는 근대의 시원 및 근대성의 탐구라는 분명한 주제의식을 담고 있다.

그러면 여기서 그가 말하는 기본개념이란 무엇인가? 그에 의하면 "역사의 운동을 선도하는 개념들"이 기본개념이다. 따라서 기본개념은 역사 진행 과정을 표현하면서 "시간이 흐름에 따라 역사 연구의 대상이 되고 있는" 개념들이다. 이를 풀어보면, 그가 말하는 기본개념은 공적인 담론과 논쟁에 빈번하게 사용되면서 정치·사회·이데올로기적 투쟁과 갈등의 장으로서 역할을 수행했던 개념들, 따라서 개념의 다의적이고 모호한 특징이 전형적으로 나타난 개념들이라고 정리할 수 있다.[3] 바로 이런 개념들이 "역사의 운동을 선도하는 개념들"이며, 역사가들의 관심을 끄는 개념들이기 때문이다.

아울러 코젤렉은 기본개념의 유형을 소개하고 있는데, 보충설명을 곁들여 제시하자면 아래와 같다.

- 헌정 개념, 예를 들어 '민주주의', '독재', '기본권' 같은 개념들.
- 정치·경제·사회단체들의 핵심어, 예를 들어 '평등', '이해관계', '공공성', '계약' 같은 개념들.
- 이런 정치·사회적 현상들을 파악하는 제 학문의 자기 호명, 예를 들어 '역사', '교육학', '사회학' 같은 개념들.
- 정치·사회운동의 표어 및 슬로건, 예를 들어 '노동', '계몽', '자유', '평등' 같은 개념들.
- 주요 사회계층과 직업집단의 명칭, 예를 들어 '귀족', '농민', '중간층', '기업가' 같은 개념들.
- 인간의 행동공간과 노동의 세계를 실서 짓는 여러 이데올로기와 이론적 핵심 개념들, 다시 말해 정치·사회적 질서에 대한 상상과 갈등의 장을 개념화하는 여러 이론적 핵심 개념, 예를 들어 '평화', '인종', '문명/문화' 같은 개념들.[4]

『역사 기본개념』은 대략 1700년에서 1900년경까지의 시기를 중점적으로 다룬다. '근대적' 개념성, 즉 단어의 낡은 의미와 근대적 의미가 서로 겹쳐지고 전위되면서 수렴되는 현상이 이 시기에 이루어졌기 때문이다. 그러나 이런 수렴 현상을 좀 더 거시적으로 보기 위해, 이 사전은 이 시기뿐만 아니라 그 전후의 시기도 같이 다룬다. 해당 개념을 표현했던 단어들의 역사를 살피기 위해 고대로부터 중세, 르네상스와 종교개혁에 이르는 시기도 다루며, 한편으로는 해당 개념이 근대적 개념성을 획득한 이후의 전개 과정을 살피기 위해 1900년경부터 오늘날에 이르는 시기도 함께 다룬다. 구체적으로 이 사전에서 각 개념들의 연구는 세 부분으로 나뉘어 진행된다. 먼저 서론에 해당하는 부분에서는 고대부터 1700년경까지 해당 개념과 관련된 여러 단어와 개념 사용의 역사가 고찰된다. 그리스·로마 시대의 고전적 개념들, 교회의 전통과 르네상스 인문주의에서 그 개념들이 사용된 사정, 각국에서 그 개념의 번역어들이 사용된 역사가 사실사事實史적 진술과 결합되어 언급된다. 다음으로 본격적인 연구가 진행되는데, 여기서는 무엇보다 해당 개념이 본질적으로 변화함으로써 그 개념이 결코 원래의 의미로 환원될 수 없게 된 과정이 조명된다. 구체적으로 1700년대 후반 및 1800년대 초반부터 대략 20세기 초반까지의 기간 동안 일어난 한 개념의 지속, 변화, 그리고 의미 및 기능에 있어서 새로운 점들이 각 시기별 순서대로 고찰된다. 그리고 결론 부분에서 지금까지 살펴본 개념이 오늘날 어떻게 사용되고 있는가가 간략하게 조망된다.[5] 이처럼 이 사전은 고대부터 오늘날까지 장기적 관점에서 개념의 지속과 변화를 탐구한다.

코젤렉이 『역사 기본개념』 편찬 작업을 통해 궁극적으로 의도했던 것은, 개념의 다의성多意性을 시간의 축을 가지고 해명하는 것이었다. 그에 의하면 한 개념의 여러 의미들은 시간적으로 서로 다른 시대에서 연유한다. 따라서 "개념은 다양한 시간의 층을 지닌다. 다시 말해 개념의 다양한 의미들은 서로 다른 시간의 지속성을 갖는다."[6] 이런 맥락에서 그는 "한 개념에 포함되어 있을 수 있는 비동시적인 것의 동시성"에 주목한다고 했다.[7] 마치 아날 학파가 역사를 단기적 사건의 층위, 그 밑의 중기적 변화, 그리고 보다 깊은 곳의 장기지속이라는 세 범주로 구분했듯이, 코젤렉은 개념의 역사를 개별 언어 행위(사건), 중기지속, 그리고 장기지속이라는 시간적 구조 속에서 파악한다. 따라서 그에 의하면 한 개념이 다양한 역사적 맥락에서 사용될 때 다양한 의미들이 나타나는 것은, 단순히 정치적 당파성, 사회적 이해관계, 혹은 그 개념의 정치·사회적 기능상의 차이 때문만이 아니라, 그 속에 내포된 각 의미들의 다양한 시간적 지속의 차이 때문이기도 하다.

예를 들어 '민주주의' 개념 속에는 한편으로 구체적인 정치·사회적 사건의 맥락 속에서 개별 화자에 의해 표명되는 일회적 의미가 포함된다. 그러나 동시에 이 개념은 다양한 맥락 속에서 발생하는 모든 의미의 차이 및 변화들에도 불구하고 지속적인 의미들을 갖고 있다. 한편 이 지속적 의미들 역시 부분적으로는 변화해왔으며, 마침내 18세기를 경과하면서 단순히 고대 아테네에 존재했던 헌정 체제의 하나라는 의미를 뛰어넘어 온갖 종류의 이상적 기대가 담긴 새로운 의미들이 첨가되면서 구조적 의미 변화를 겪기도 했다. 그럼에도 '민주주의' 개념 속에는 모든 의미의 변화에도 불구하고 매우 오랫동안 반복적으로 사용되고 수용되면서 고대 아테네 이후 지속되어온 거의 변하지 않는 의미도 들어 있다. 이런 맥락에서 그는 개념사의 과제를 강조한다. "개념사의 과제란 어떤 의미의 가닥이 지속되는가, 즉 어떤 의미의 가닥이 번역될 수 있으며, 반복해서 적용될 수 있는가, 한편으로 의미의 어떤 가닥이 폐기되었으며, 어떤 의미의 가닥이 새롭게 더해졌는가를 묻는 것이다."[8]

이처럼 코젤렉의 개념사 연구는 특정한 역사적 상황 속에서 개별 언어 행위를 통해 발생하는 개념의 일회적 의미와 기능을 묻는 사건사적 관심을 넘어서, 보다 장기적인 시간지속 속에서 반복되는 개념에 축적된 일련의 구조화된 의미들을 조명하려는 구조사적 관심에 기반하고 있다. 그러면 개념에 축적된 중장기적으로 지속되며 반복되는 의미론적 구조들을 밝혀내는 것은 무슨 의미가 있을까? 코젤렉에 의하면, 이 구조들의 연구는 다양한 정치·사회적 환경 속에서 이루어지는 개별적인 개념 사용(언어 행위)이 어떤 틀 속에 이미 조건 지어져 있는가, 또한 개념상의 혁신이 어떤 조건들 속에서 발생하며, 그 폭과 내용은 어떻게 한계 지어져 있는가를 알 수 있게 해준다. 더불어 그는 이런 구조들 덕분에 외국어로 된 기본개념들의 번역과 수용이 가능하다고 하면서, 이 구조들을 연구하면 서로 다른 정치·사회 공동체 내에서 기본개념이 수행하는 구조적 유사성이나 기능적 유사성이—혹은 차이점이—보다 정밀하게 해명될 수 있음을 강조한다.

또한 이처럼 여러 세대를 경과하며 반복적으로 번역과 수용을 통해 축적된 기본개념의 의미론적 구조들은, 단순히 정치나 사회의 변화와 지속을 보여주는 언어적 증거물의 역할을 뛰어넘는다. 그것들은 정치·사회적 구조와 같은 언어외적 구조들을 정의하면서 개념을 사용하는 언어 행위뿐만 아니라, 더 나아가 정치·사회적 사건 자체를 규정짓는 전제조건이 된다. 이와 동시에 언어외적 구조들 또한 기본개념의 의미론적 구조, 즉 언어적 구조와 마찬가지로 개념을 사용하는 언어 행위에 영향을 끼치는 전제조건이 된다. 이처럼 언어적·언어외적 구조들은 정치적·사회적 사건들에 의해 유발되는 변화의 내용과 폭을 제한한다.[9] 따라서 개념의 구조사적 연구는 한편으로 언어적 구조와 언어외적(정치·사회적) 구조 사이의, 다른 한편으로 언어적 사건과 개념의 의미 변화, 정치·사회적 사건과 개념의 의미 변화 사이의 상호연관을 분석하면서, 어떻게 정치사나 사회사가 유사한 구조 속에서 반복될 수 있는가를 밝히는 지표를 제공한다.

그렇다면 개념의 구조사적 연구는 어떤 성과를 만들어냈는가? 코젤렉은 예를 들어 독일어 'Volk'와 프랑스어 'nation'의 의미론적 유사성과 상이성을 명료하게 밝혔다. 같은 방언을 쓰는 공동체를 의미했던 라틴어 'natio'가 절대주의 시대와 프랑스 대혁명을 거치면서 patria, gens, populus 등 유관 용어와 함께 국민/민족이라는 근대적 개념성을 획득한 이후, 프랑스에서는 nation이, 독일에서는 프랑스어 peuple과 마찬가지로 populus에서 유래한 Volk가 이런 근대적 개념성을 표현했다. 그런데 nation은 독일어의 Volk가 지닌 모든 의미를 포괄하여 사용되었을 뿐만 아니라, 더 나아가 Staat(국가)의 의미까지 담아냈다. 그러나 시민혁명이 실패한 독일에서 Volk는 Staat(국가)의 의미를 담아내지 못했다. 물론 독일에서도 nation이라는 외래어를 사용하여 시민=국민(민족)=국가의 삼위일체를 달성하려 했던 일부 자유주의 지식인의 노력이 있었지만, 사회적 영향력은 없었다. 독일에서는 20세기까지도 Staat(국가)가 프랑스어 nation과 같은 기능을 하는 개념적 등가물로 쓰였다.[10]

좀 더 체계적인 예를 들어보자. 코젤렉은 기본개념에 대한 구조사적 관심을 말년에 그가 주도한 근대 영국, 프랑스, 독일에서의 '시민사회' 개념에 대한 비교사 연구에서 더욱 명료화시켰다.[11] 이 연구에서는 먼저 아리스토텔레스의 koinonia politike나 이를 번역한 키케로의 societas civilis 이론이 표명된 이후 지속적으로 번역·수용되어왔고, 그리하여 오늘날에도 기본적으로 통용되는 '시민사회' 개념에 담긴 장기지속적 의미가 파악된다. 물론 koinonia politike나 societas civilis의 의미들 가운데, 예컨대 '스스로 지배하는 정치 공동체'라는 의미는 오늘날까지 지속되어온 것은 아니며, 또한 이 두 용어들에는 고대 그리스의 폴리스나 로마 공화정의 특수한 정치·사회적 맥락 속에서만 타당한 일회적이고 특수한 의미들도 들어 있다. 하지만 이미 koinonia politike를 통해 아리스토텔레스가 염원했던 좋은 사회, 즉 비교적 평등한 재산을 기반으로 한 자유로운 시민의 공동체라는 규범적 요소는 현재까지도 타당하다.

또한 이 연구에서는 장기지속적인 의미의 파악과 더불어 '시민사회' 개념의 구조적 변동이 연구된다. 이 연구는 중세와 근대 초까지 통용되었던 신분사회적 정치 공동체로서의 '시민사회' 개념이 계몽주의와 프랑스 대혁명을 거치면서 어떻게 변화되었는가, 즉 어떤 의미들이 폐기되었으며 어떤 의미들이 새롭게 첨가되었는가를 조명한다. 그 과정에서 무엇보다 정치적 공동체로서의 '시민사회'의 탈정치화와 경제적으로 정의된 '시민사회' 영역의 등장, 만인평등과 정의라는 의미의 (재)부각 등이 '경제' 개념과의 명칭론적 비교 분석을 통해 밀도 있게 분석된다.

더 나아가 이 연구는 유럽 각국에서 '시민', '부르주아지', '중간계급' 등으로 번역되었던 특정 계층이 사회적 헤게모니 장악을 위해 벌인 여러 형태의 정치·사회적 투쟁에서 근대적 의미의 '시민사회' 개념이 중심적인 역할을 수행했음을 밝힌다. 구체적으로 이 연구는 19세기 영국, 프랑스, 독일 등 각국의 다양한 참정권 논쟁과 선거법 개정운동 속에서 '시민사회' 혹은 '시민' 개념이 어떻게 투쟁 개념으로 기능했는지 분석한다. 그 과정에서 각국의 서로 다른 역사 전통과 정치·사회적 맥락들이 논의되며, 이런 개별적 맥락들 속에서 발생했던 일회적이거나 개별적인 다양한 의미들이 포괄적으로 고찰된다. 이를 통해 이 연구는 '시민', '시민사회'에 대한 개별적 언어 행위들이 각국에서 상이한 방식으로 반복되어온 의미구조들에 의해 이미 프로그램화된 상태에서 진행되었음을 밝힌다. 이를 바탕으로 마침내 이 연구는 19세기 유럽 사회가 실제적으로는─사회·경제적 의미에서도─아직 시민사회가 아니었지만, 시민들의 다양한 미래 프로그램과 이상적 기대들이 끊임없이 '시민사회' 개념에 의해 인도되었던 과도기였음을 밝힌다.

그런 점에서 코젤렉의 구조사적 연구는 자연스럽게 '경험공간과 기대지평의 변화와 지속'에 대한 연구로 이어진다. 여기서 근대적 시간에 대한 코젤렉의 중요한 명제인 '경험공간과 기대지평의 균열'을 언급해보자. 18세기가 경과되면서 유럽인들의 의식 속에서 경험의 공간과 기대지평 사이의 간극은 점점 빠른 속도로 멀어지게 되었다. 다시 말해 이 시기를 경과하면서 현존하는 정치·사회적 실재에 대한 경험과 미래에 달성되어야 할 이상적 상태에 대한 기대 사이의 간극이 점점 멀어지고, 새로운 경험이 빠른 속도로 축적되는 것과 비례해서 기대지평은 빠른 속도로 점점 먼 미래를 향해 멀어지게 되었다는 것이다.[12]

이런 의식 변화는 바로 개념의 의미 변화를 통해 가시화되었다. 예를 들어 '공화주의' 개념은 18세기 이후 더 이상 현존하는 정치적 사실 관계를 묘사하는 개념이 아니라 미래에 달성되어야 할 완전한 공화국의 이상이라는 기대를 담은 개념이 되었다. 또 다른 사례를 들자면, 이 시기 이후 이른바 '-주의(ism)'로 표현되는 근대적 개념들이 무수히 출현했다. 이 개념들은 경험과 기대 간의 점점 증대되는 긴장에 의해 특징지어진 '운동 개념'들이다. 이를테면 '자유주의', '사회주의', '공산주의' 같은 개념들은 종래 신분사회의 질서가 서서히 붕괴되면서 생겨난, 장래에 이룩되어야 할 새로운 사회에 대한 기대를 담고 있다. 이 개념들은 그와 상응하는 실상이 존재하기 이전에 발명된 개념들이다. 이후 계속해서 이 개념들 속에 새로운 경험들이 쌓이고 그와 비례해 새로운 기대지평들이 기록되면서, 오늘날까지 지속적으로 의미가 확장되었다. 이처럼 개념 속에는 과거의 경험, 현재의 실재, 미래에 대한 기대가 포함되어 있다. 따라서 코젤렉은 개념사 연구란 개념 속에 성층화되어 있는 시간의 구조, 즉 개념에 퇴적되어 있는 과거, 현재 그리고 미래적 요소들을 하나 하나 벗겨서 질서 짓는 작업임을 강조한다.[13]

같은 맥락에서 코젤렉은 개념의 구조사적 연구를 위한 사료 또한 시간적 성층구조에 따라 분류한다. 일차원적인 사건사의 관점에서 개념을 분석하기 위해서는 무엇보다 신문, 편지, 메모, 연설 등이 중요하다. 다음으로 보다 깊은 시간의 층에 위치하는 비교적 지속적인 의미구조의 역사를 위해서는 백과사전 등의 사전류가 유용하다. 끝으로 장기지속적으로 되풀이되어 차용·수용되는 의미구조의 역사를 위해서는 고전古典이 적절하다고 한다.[14]

그런데 여기서 코젤렉의 개념사란 어찌 보면 결국 자신이 비판한 이념사의 재판에 불과한 것 아닌가 하는 비판이 정당하게 제기될 수 있다. 그의 프로그램이 궁극적으로는 장기적인 관점에서 지속적으로 반복되는 개념의 의미구조를 탐구하는 것이기 때문이다. 물론 코젤렉 스스로도 이 점을 지적했다. 그러나 동시에 그는 개념사와 이념사의 차이를 분명히 했다. 그의 말을 들어보자.

옛 개념들의 일부 요소들이 어떻게 다시 적용되는가를 기록하는 한, 개념사는 이념사와 흡사하다. 그러나 이 요소들이 형이상학적인 의미에서, 혹은 경험을 초월할 것을 주장하는 플라톤적인 의미에서 지속적으로 존재하는 것이라고 말할 수는 없다. 오히려 구체적이고 반복적인

어휘 사용에 입각한 증거를 통해 개념 사용의 지속성이 강조되어야 한다.[15]

이처럼 코젤렉의 개념사는 구체적 상황 속에서 진행되는 개별 언어 행위에 초점을 맞춘다. 그러나 동시에 개념의 장기지속적 의미구조를 강조함으로써 개념의 역사적 일회성에만 초점을 맞추는 포콕, 스키너 등의 케임브리지 학파와도 분명한 선을 긋는다.

코젤렉은 개념의 역사적 일회성에만 초점을 맞추는 사건사적 시각을 다음과 같이 비판한다. 개념은 특정 상황 속에서 특정 화자에 의해 사용되면서 유일무이한 의미만을 가질 수 있다. 물론 이런 점이야말로 모든 개념 분석의 전제조건이다. 하지만 포콕이나 스키너는 개념을 단지 개별적 언어 행위의 도구로만 파악하면서, 개념이 지니는 보다 일반적인 의미론적 성격을 무시하고 있다는 것이다. 여기서 코젤렉은 소쉬르(Fernand de Saussure)가 구분한 언어의 이중성, 즉 랑그(langue)와 빠롤(parole) 이론에 의지하여, 개념의 시간적 구조에 대한 연구를 정당화시킨다. 특정 시점, 특정 상황에서 말해지거나 기록된 단어들은 소쉬르가 말한 빠롤처럼 유일무이하다. 하지만 그 단어들에 내포된 의미론적 체계는 유일무이하지 않고, 랑그처럼 반복적이다. 언어의 장기지속은 바로 반복을 통해 구성된다. 언어가 되풀이될 수 있는 것은 바로 이 의미론적 체계 때문이다. 이미 현존하는 의미론적 체계 때문에 청중(독자)들은 개별적 메시지나 언어 행위를 이해할 수 있다. 또한 의미론적 체계를 통해 생각이 조직화되고 방향이 설정된다. 따라서 모든 일회적 언어 행위는 반복되는 의미론적 체계에 의존하고 있다는 것이다.[16] 이처럼 케임브리지 학파가 역사 속의 개념 사용을 중시했다면, 코젤렉은 이를 넘어서 개념의 고유한 역사를 재구성하려 했다.

  1990년대 이후 개념에 쌓인 의미론적 중층구조를 독해하려는 코젤렉의 관심은 전사자 숭배 및 전쟁 기념비에 대한 연구로 확장되었다. 그는 이런 역사 도상해석학 연구를 통해 전쟁과 죽음의 경험이 시간의 흐름에 따라 어떻게 집단적 기억으로 제도화되며, 어떤 정치적 의미를 부여받는가를 장기적 관점에서 조명했다. 이처럼 단어에 초점을 맞추던 그의 구조사적 개념사는 비언어적 상징과 아이콘(icon)에 대한 연구까지 포괄하는 역사기호학 전반으로 확장되었다.[17]

사회사적 의미론
— 일상 영역을 포괄하는 개념의 사회적 영향력 읽기

  독일의 역사 비평가 페터 쇠틀러(Peter Schöttler)는 『역사 기본개념』 사전에 나타난 코젤렉의 개념사 연구는 단지 "사회사적 문제제기와 방법으로 재교육된 이념사"에 불과하다고 혹평한다. 코젤렉의 개념사는 단지 특별히 "의미 있는" 단어들의 장기적인 전개 과정에만 집중하면서, 이론적 설계와는 달리 실제적으로는 언어적 맥락 및

롤프 라이하르트(Rolf Reichardt)

사회적 맥락을 중시하는 공시적 관점에서의 개념 분석을 소홀히 했다는 것이다. 그 근거로서 코젤렉의 개념사는 개념의 사회사, 즉 특정 정치 당파나 특정 사회계층을 위한 개념의 기능과 용법에 관심을 기울였음에도, 사회 속에서 언어에 의해 의미(Sinn)가 산출되는 과정을 구체적으로 밝혀줄 수 있는, 예를 들어 담론 분석 같은 절차를 결여하고 있다는 것이 강조되고 있다. 반면 쇠틀러는 이전에 코젤렉의 조교였던 라이하르트의 개념사를 이런 결점들이 보완된 연구로서 호평하고 있다.[18]

이처럼 라이하르트의 개념사는 코젤렉의 개념사 연구에 아직 남아 있는 "이념사적 잔재"를 떨쳐버리고, 개념과—언어적이고 비언어적인—사회적 콘텍스트의 관계를 보다 정교하게 분석하기 위해 구상되었다. 라이하르트는 특히 코젤렉의 개념사 연구가 이론적 의도와 달리 그 실행에서 지식인들과 대사상가들의 텍스트에 치중하는 "정상에서 정상으로의 이동"이라는 종래의 이념사적 관행을 벗어나지 못했다고 비판한다. 그리고 이런 '위로부터의' 연구 관행 대신 보통사람들의 '아래로부터의' 관점까지 포괄하는 새로운 이론과 방법론을 강조한다. 그 내용을 간략히 요약하면 다음과 같다.

라이하르트에 의하면, 개념사 연구가 의미를 지니려면 무엇보다 개념의 사회적 대표성, 다시 말해 개념에 담긴 의미론의 사회적 영향력을 읽을 수 있어야 한다. 그리고 개념의 사회적 대표성은 보통사람들이 사용했던 일상용어의 연구를 통해 비로소 정확히 측정될 수 있다. 이런 관점에서 그는 무엇보다 일상 생활 세계에 초점을 맞추면서, 개념 속에 어떤 일상적 경험과 기대가 반영되었는가, 그리고 일상의 경험과 기대가 개념화되는 과정에서 어떤 방식으로 말하기 전략이 조직화되고, 어떤 이데올로기적인 요소들이 담기게 되었는가에 초점을 맞춘다.[19]

구체적으로 라이하르트가 편집했던 『프랑스 정치·사회 기본개념 편람』을 보면, 코젤렉의 『역사 기본개념』에서 기본개념의 지위를 얻지 못했던 단어들이 대거 등장한다. pauvres(빈민), pauvreté(빈곤); petits-maîtres(멋쟁이), Muscadins(멋 부리는 밉상), incroyables(멋쟁이 남자들), merveilleuses(멋쟁이 여자들); philosophe(철학자), philosophie(철학); politique(정치), machiavélisme(마키아벨리즘); préjugés(편견); privilèges(특권); propriéte(재산), province(지방) 같이 18세기부터 19세기 전반에 쓰였던 일상적 용어들이 그것이다. 더 나아가 사태를 추상화한 '개념'이 아닌 실물과 역사적 사건도 라이하르트의 기본개념에 포함되었다. 전제정과 음모의 상징으로서 '바스티유(Bastille)'라는 건

물과 '성 바르텔레미(Saint-Barthélemy)'라는 16세기 종교전쟁의 와중에 벌어진 위그노 교도 대학살 사건이 그것이다.[20]

또한 개념과 관련된 각 단어들은 그것이 유래한 텍스트가 속해 있는 사료의 유형에 따라 분류되는데, 당대의 저명한 학자 및 정치가들의 저서와 고급 사전 외에 코젤렉의 연구에서 무시되었던 민중을 겨냥한 문답형 사전, 팸플릿, 민중클럽의 회의록, 교리문답서, 연감, 풍자시, 익살극, 노래, 조형 상징물, 연감, 전단지의 그림 등 민중의 언어가 담긴 사료들이 취급된다.[21]

라이하르트의 개념사는 이론적 측면에서 한스 울리히 굼브레히트(Hans-Urlich Gumbrecht)가 페터 베르거(Peter L. Berger)와 토마스 룩크만(Thomas Luckmann)의 지식사회학 이론을 결합·발전시킨 '사회사적 의미론'[22]에 토대하고 있다. 이 이론은 언어의 사회적 역할, 즉 언어의 여과 기능과 선험적 질서 부여의 기능을 강조한다. 언어야말로 개별 사회구성원들을 강제하며, 표현의 자유와 선택의 가능성을 제한하는 "규범"이라고 본다. 이들은 더 나아가 사회적 실재는 언어적 구성물로서만 존재할 수 있다고 본다. 왜냐하면 언어(특히 일상언어)라는 매개체 속에서, 언어의 상징 시스템을 통해 사회구성원 공통의 경험과 지식이 전달되고 축적되며, 이것들에 보편적 의미가 부여되면서 객관화되고, 사회적 적법성이 확립되기 때문이다.

'사회사적 의미론'에서는 개념의 '뜻(의미, Bedeutung)'이라는 언어학적 콘셉트가 지식사회학적인 '유형(Typus)'으로 대체된다. '유형'은 사회적 지식의 저장물에 속하는 것으로, 지나간 경험들 속에 침전된 통일적인 특정 요소들의 관계들, 혹은 언어 공동체에 의해 명백한 것으로 전제되고 인정된 제도화된 의미(Sinn) 창출의 맥락들로 정의된다. '유형'은 단순하고 비교적 안정적인 의례적 지식보다 변화무쌍하며 역사적이다. '유형'은 의미(Sinn) 창출의 과정을 조종한다. 다시 말해 '유형'은 뭔가를 인지할 때 주제에 뚜렷한 윤곽을 부여하며, 과거 경험들에 의거해 이를 해석한다. 그 과정에서 '유형'을 통해 무의식적 표상과 의식적인 행동의 모티브가 유도되고 제공된다. 또 '유형'은 기대와 예견을 명료화하는 토대로 기능한다.

이처럼 '사회사적 의미론'은 코젤렉이 말한 개념의 이중성, 즉 '실재의 지표이자 실재의 요소로서의 개념'이라는 테제를 변형시켜, 개념이 갖는 실재의 요소로서의 측면에 더욱 비중을 둔다. 이에 의하면 개념은 이미 그 자체로 사회적 생산물일 뿐만 아니라, 나아가 그것이 언급하는 물적인 사실에 직접적으로 관련되어 있지 않다. 그것은 그 자체의 역동성을 지닌다. 개념의 역동성은 사회적으로 제도화된 지식 스스로의 관성과 성취 능력으로 이해할 수 있다. 또한 사물이 언어를 통해 비로소 사회적·심리적으로 존재한다면, 사회적 지식을 위해서는 물적인 실재보다 더 현실적인 것이 개념이다. 나아가 개념은 행위를 위해 사실 관련 자체도 촉발시키고, 한 방향으로 몰아갈 수 있다. '개념의 의미들'을 사회구성원 공동의 오리엔테이션의 규칙과 '유형'으로 정의한다면, 개념의 의미들은 사회적 삶의 지표라기보다는 사회적 삶의 요소들이다. 개념의 의미들이야말로 집단 경험을 엮어내고, 한 시대의 심리적·문화적인 인프라구조에 속하면서 사람들의 표상과 심성을 각인시킨다. 또한 소통과 공동의 행위를 가능하게 하고, 사람들의 태도와 행위를 일정한 방향으로 몰아가며, 사회적 기본 가치를 응고시킨다. 한마디로 개념은 사회경제적 요소들과 마찬가지로 실제적인 사회적 요소이다.

라이하르트의 개념사는 연구의 실행 측면에서 코젤렉의 개념사보다 더욱 엄격한 작업 방식을 갖고 있다.[23] 개념에 담긴 의미들의 구조적 변화 과정을 살펴보는 데 있어서, 무엇보다 개념의 사회적 영향력의 정도와 그것의 정치·사회적 기능을 보다 구체적으로 추적하는 것이 일차적인 목표가 된다. 이를 위해 용어 및 어휘들의 대표성의 정도, 즉 같은 말, 비슷한 말, 뜻을 공유하는 말, 반대말 등 한 개념에 관련된 단어들의 일정 기간에 걸친 사용 빈도가 측정되며, 이 단어들이 어떤 역사적 상황에서 출현하고 사용되었는지 체계적으로 고찰된다. 또한 라이하르트는 해당 개념이 사용된 지식 분야, 즉 담론 영역과 그 변동을 중시한다. 그는 해당 개념이 사회 전반적으로 사용되었는가, 아니면 예컨대 철학, 신학, 법률, 경제 등의 특정 지식 분야에서 사용되었는가, 이때 무슨 의미로 사용되었는가, 그리고 한 분야에서 얼마나 많이 사용되었는가, 또한 새로운 분야로 이 개념이 전위되었을 때 의미의 변화가 어떻게 일어났는가 등을 살펴봄으로써, 개념의 강조점이 어떻게 변화했으며, 이때 의미가 확대되었는가 혹은 축소되었는가를 읽어낸다. 이를 위해 일정 텍스트 군群을 대상으로 컴퓨터를 이용한 프랑스의 어휘통계학(lexicométrie)과 푸코식 담론 분석 방법들이 부분적으로 채용된다. 또한 개념과

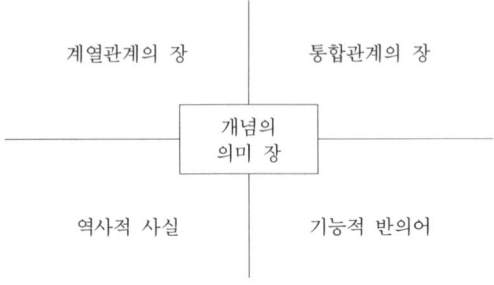

 관련된 각 단어들이 속한 텍스트가 사료 유형별로 분류되는데, 앞서 언급했듯이 이때 민중 친화적 사료들도 광범위하게 취급된다. 아울러 "정상에서 정상으로의 이동"이라는 이념사적 관행을 피하기 위해 개념의 구체적 수용 과정, 즉 그것의 사회적 반향과 차용의 과정을 꼼꼼히 추적한다.
 라이하르트는 연구에 보다 정확성을 기하기 위해 어떤 개념이 특정 텍스트 속에서 갖는 '의미의 장場'을 구조화시킨다. '의미의 장'은 언어학적 이론으로서, 이 이론에 따르면 한 단어는 고립되어 존재하는 것이 아니라 유관 단어들, 즉 같은 말, 비슷한 말, 뜻을 공유하는 말, 반대말 등과 함께 상호작용하는 구조화된 총체를 이루어 존재하며, 특정 단어의 특화된 의미는 그 구조 속에서 비로소 분명해진다는 것이다.[24] 여기서 우리는 라이하르트가 개념을 언어학적 입장에서 단어의 특정한 의미로 생각한다는 것을 알 수 있다. 이는 그가 언어학적 이론과 다른 견지에서 단어와 개념을 엄격하게 구별하려는 코젤렉이나 케임브리지 학파의 태도와 상당한 거리를 취하

고 있음을 보여준다.

구체적으로 라이하르트는 해당 개념(단어)과 관련된 모든 단어와 사용 범례들을 포착하여 의미의 장을 구성하는 네 개의 범주 속에 편입시킨다. 그에 의하면, 이 네 개의 범주가 해당 개념의 의미를 발생시킨다. 이 범주들은 개념을 직접적으로 정의하는 단어들 및 이 단어들과 비슷한 의미를 지니고 있는 단어들로 구성된 '계열관계(paradigmatisch)'의 장, 그 개념들을 내용적으로 채우고 설명하고 특징짓는 단어들로 구성된 '통합관계(syntagmatisch)'의 장, 모든 체계적 반대개념으로 구성된 '기능적 반의어'의 장, 그리고 역사적 사건, 인물, 원인 등 그 개념과 관련된 구체적인 '역사적 사실'의 장으로 이루어진다. 그리고 그는 개념과 관련된 모든 단어 및 용례들의 등장 빈도수를 이 네 개의 범주로 나누어 순위화한 도식을 작성한다. 이처럼 한 개념의 의미의 장을 시간의 흐름에 따라 구성해보면, 그 개념의 변화가 가시화될 수 있다.

그러면 '바스티유' 개념에 대한 라이하르트의 사례연구를 통해 이 연구 방식이 구체적으로 어떻게 수행되는지를 살펴보자.[25] 그는 1774년부터 1790/91년까지 하나의 장르를 형성했던 반反바스티유 팸플릿들을 이용해 '바스티유' 개념의 의미가 프랑스 대혁명을 전후하여 어떻게 변화되었는지 추적한다.

이 과정에서 그는, 1774년에는 바스티유를 직접 정의하는 단어나 동의어 및 유사어로 이루어진 '계열관계'의 장에 '감옥', '요새'처럼 특별한 가치가 부여되지 않은 중립적인 단어들이 가장 빈번하

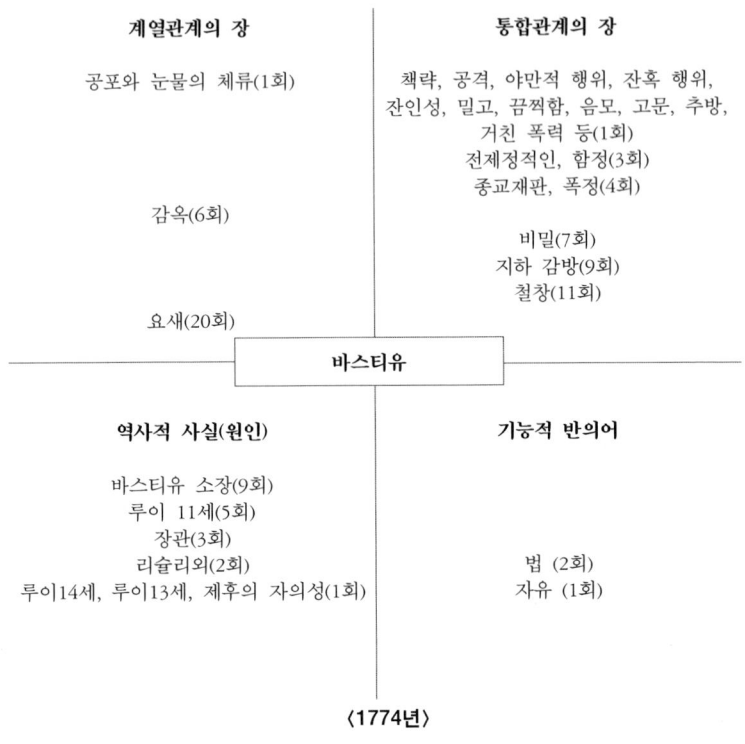

⟨1774년⟩

게 등장했지만, 1789년에는 이 중립적 단어들 외에 부정적으로 강조된 다양한 표현들, 예컨대 '전제정의 봉헌', '지긋지긋한, 무시무시한 감옥', '무서운 요새' 같은 단어들이 빈번히 등장했음을 밝힌다. 이를 통해 그는 '바스티유' 개념이 정치화되었음을 밝히고, 나아가 이 정치화가 어떻게 진행되었는지 분석한다. 이 기간 동안 바스티유의 뜻을 설명하는 '통합관계'의 장에 등장하는 단어 및 용례의 빈도수는 전반적으로 감소한 반면, '계열관계'의 장에서는 점점

⟨1789년⟩

증가했다. '전제정'은 심지어 부분적으로 '통합관계'의 장에서 '계열관계'의 장으로 전위되었다. 한편 '바스티유'의 책임 원인에 대한 '역사적 사실' 범주에서는 '바스티유 소장'이 지속적으로 제1위[26]를 차지했지만, 바스티유에 대한 반대 어휘의 등장 빈도수('기능적 반의어')는 전체적으로 1789년에 1774년의 10배로 증가했다. 도표에서 볼 수 있듯이, 바스티유에 대한 반대 어휘로서 1774년에는 '법'이 두 번, '자유'가 한 번, 모두 세 번에 걸쳐 등장했지만, 1789년에는 반대 어휘가 무려 스물세 번에 걸쳐 등장했다. 그중 '자유'가 열세 번으로 가장 많이 등장했으며, 이 밖에도 '애국심'(5회)과 '인류애'(2회)가 새롭게 부상했다.[27]

이런 작업 과정을 거쳐 라이하르트는 결론을 내렸는데, 그에 의하면 이 기간(1774~1789) 동안 '바스티유' 개념이 '전제주의 비판을 위한 표어'에서 '정치적 행동의 의무를 강조하는 개념'으로, 그리고 다시 '국민적 통일과 프랑스 혁명 이후의 민족적 정체성을 반#강제적으로 강요하는 민족주의의 상징'으로 변화했다는 것이다.

이후 라이하르트의 '바스티유' 개념 연구는 바스티유 상징의 역사라는 독자적인 문화사 연구로 발전했다.[28] 그의 개념사가 상징의 역사로 확장되는 사이에, 그가 극복하고자 했던 코젤렉의 개념사 역시 앞서 언급한 것처럼 이와 유사한 방향으로 나아갔다. 이처럼 개념사는 이제 단어의 세계를 뛰어넘어 이미지와 상징, 그리고 의례와 조형물에 표현된 역사 행위자들의 의미 체계를 읽고자 하는 역사기호학 전반으로 확대되고 있다.

핵심어 연구
— 일상 영역에서 관철되는 자본주의 사회의
 헤게모니 읽기

영국의 사회주의 문예이론가이자 문화비평가인 레이먼드 윌리엄

레이먼드 윌리엄스(Raymond Williams)

스(Raymond Williams)는 이른바 핵심어(keyword)를 연구했고, 그 결과 사전 형식의 『핵심어. 문화와 사회의 어휘(Keywords. Vocabulary of Culture and Society)』(1판: 1976, 2판: 1983)를 편찬했다. 그런데 이 책은 아직까지 개념사 연구로 정당하게 호명 받지 못하고 있다. 저자 스스로 밝혔듯이 이 책은 문화사·역사의미론·관념사·사회비평·문학사·사회사 등으로 분류된다.[29] 이 점은 한편으로 영국 학계에 무엇이 개념사인가에 대한 일반적인 이해가 결핍되어 있음을 보여주지만, 다른 한편 개념사의 개념이 포괄하는 함의가 어떤 것인가를 예시하고 있다.

물론 윌리엄스의 『핵심어』 사전은 단순한 용어 사전이 아니다. 이 책은 여타의 사회과학 및 역사학 용어 사전들과 그 목표부터 다르다. 예를 들어 '자본주의'에 대한 사회과학 사전은 용어에 대한 정의에서부터 시작된다. 그리고 용어가 지칭하는 역사적 사실 및 역사적 현상에 대한 기본적인 정보를 전달한 뒤, 마르크스주의자 및 서구 경제학자들의 논의 과정에서 이 용어가 어떻게 쓰였는가를 학술사적으로 정리하고 있다. 한마디로 이런 종류의 사전들은 올바른 용어 사용에 대한 학술적 지침을 제공한다는 목표를 갖고 있다.[30] 하지만 윌리엄스의 책은 학술적으로 부적절한 표현과 용어 사용을 바로잡기 위한 용어 정의를 시도하지 않을 뿐만 아니라, 용어가 지칭(준거)하는 역사적 사실의 내용 자체를 중시하지도 않는다. 단지 '자본주의' 및 그 파생 단어들의 의미와 용례가 어떤 맥락에서 어떻게 변해왔는가를 밝힘으로써, 독자들이 이 용어로 표현된 개념성을 역사적으로 성찰하고 해석할 수 있게 해준다.[31] 이처럼 그의 사전은 개념사 연구의 문법을 충실히 따르고 있다.

그렇다면 윌리엄스의 핵심어 연구가 여타의 개념사 연구들과 공유하는 바는 무엇이며, 또한 어느 지점에서 차이를 보이는가? 그의 핵심이 연구가 갖는 독특성은 무엇인가?

먼저 『핵심어』 사전을 중심으로 윌리엄스의 연구가 여타 연구들과 공유하는 개념사로서의 면모를 살펴보자. 앞서 우리는 개념사가 '관념'이 아닌 '개념'을 다룬다고 했다. 이런 맥락에서 그의 발언을 경청해보자.

> 일반적으로 그 기원을 참조하면서 한 단어의 '적절'하고도 '엄밀한' 의미를 말하는 것이 관행이다. 일종의 고전 교육의 효과 중의 하나는

(…) 현재의 저속한 오해와 오용에 대한 불평과 더불어 기껏해야 단어에 대한 신성한 태도라고 불릴 수 있는 것을 만들어낼 수 있다는 점이다. 단어들이 갖는 원래적 의미들은 언제나 흥미롭다. 그러나 가끔은 나중에 나타난 변화가 가장 흥미롭다. (…) 언어의 역동성은 모든 종류의 확장, 변형 그리고 전위를 포함하며, 이것이야말로 과거에 일어난 진정한 변화와 마찬가지로 우리 시대의 진정한 변화이다.[32]

이처럼 의미의 적절성과 엄밀성을 반대하고, 의미의 변화를 중시하며, 또한 자신의 연구를 단어의 "의미들의 진행 과정"에 대한 분석[33]이라 명명한다는 점에서, 윌리엄스의 연구는 '관념'을 다루는 게 아니라, 여타의 개념사와 마찬가지로 '개념'을 다룬다고 말할 수 있다. 이 점은 윌리엄스가 "의미들의 진행 과정"에 대한 자신의 분석이 궁극적으로 "사회적이고 역사적인" 콘텍스트 속에서 행해지는 역사의미론을 지향한다고 명시함으로써 더욱 분명해진다.[34]

내 분석의 강조점은 신중하게도 사회적이고 역사적이다. 지시대상과 그 적용의 문제와 관련하여 (…) 의미에 내포된 가장 적극적 문제들은 언제나 무엇보다 실제적인 관계성 속에 뿌리내리고 있다는 것을 주장할 필요가 있다. 또한 의미와 관계들 모두는 전형적으로 특정한 사회적 질서들의 구조 내에서, 또한 사회적·역사적 변화 과정 속에서 다양하고 가변적이라는 것을 강조할 필요가 있다.[35]

이런 역사의미론적 강조와 더불어, 윌리엄스는 언어가 단순히 현실을 반영하는 지표일 뿐만 아니라 현실을 만들어내는 힘을 지니고 있음을 강조한다. 단어의 의미 변화는 곧 사회적·역사적 변화의 실제적 한 측면을 이루고 있다는 것이다.

> 언어가 단순히 사회와 역사의 진행 과정을 반영한다는 의미가 아니다. 이와는 반대로, 이 책의 중심적 목표는 중요한 사회적·역사적 진행 과정들은 일정 부분 언어 내부에서 일어난다는 것을 보여주려는 것이다. 이는 의미와 관계들의 문제가 실제로 얼마나 완벽히 섞여 있는지 지적하는 방식을 통해 이루어진다.[36]

이처럼 개념의 이중성, 즉 '사회적·역사적 실제의 지표이자 동시에 실제를 구성하는 요소로서의 개념'을 강조하면서, 윌리엄스는 기본적으로 역사의미론과 언어 행위 연구에 초점을 맞추는 여타의 개념사와 유사한 이론적 입장에 도달하고 있다.

그렇다면 윌리엄스의 개념사는 여타의 개념사와 어떤 점에서 차별성을 지니는가? 먼저, 윌리엄스는 '개념'이란 말을 쓰지 않는다. 대신 그는 '핵심어' 혹은 '핵심적 의미'[37]라는 말을 쓴다. 그럼 무엇이 핵심어인가? 윌리엄스는 우선 전문 분야에서 쓰이는 전문적 어휘가 아닌 일상 생활에서 쓰이는 "강하고, 어렵고, 설득력 있는 어휘들"에서부터, 처음엔 전문적인 맥락에서 시작되었지만 이제 우리의 경험과 생각을 묘사하는 데 공통적으로 쓰이는 친숙한 단어들에 이르기까지 일상용어들에서 핵심어를 찾는다.

다음으로 그는 이 일상용어들 중에서 자신의 연구 목적에 맞는 것들을 핵심어로 정의한다. 그의 연구 목적은 익숙한 단어의 유용하면서도 계속 발전하고 있는 의미들을 찾고, 사람들이 계속 어떤 식으로 의미를 형성해왔는지 밝히는 것이다. 이를 통해 "우리의 핵심적 경험들 다수"를 "논의"하는 방식뿐만 아니라, 그것을 "바라보는" 방식을 조명하려 한다.

그가 정의하는 핵심어란 ① 특정한 행위들과, 그 행위들을 해석할 때 이것들을 엮어주는 의미심장한 단어들, ② 특정한 형태의 생각들 속에서 암시를 주는 의미심장한 단어들이며, 양자의 의미는 서로 연결되어 있다. 그리고 핵심어들이 사용된 기록들을 검토하면서 이 단어들에 내포된 이슈와 문제들을 분석하면, 문화와 사회를 바라보는 특정한 방식들을 결합시켜줄 수 있고, 또한 우리 모두 지금보다는 훨씬 많이 의식할 필요가 있는 이슈와 문제들을 명료하게 인식시켜줄 수 있다고 한다.[38]

이런 정의는, 자의적이고 기능적이라는 점에서 전통 세계의 근대 세계로의 전환 과정을 연구의 핵심 주제로 삼는 코젤렉의 기본개념에 대한 정의와 유사하면서도, 내용적으로는 훨씬 추상적이다. 코젤렉이 기본개념을 유형별로 분류한 반면 윌리엄스는 그런 시도를 하지 않았기 때문이다. 그러나 양자 모두 강조하듯이, 모든 단어가 (기본)개념이나 핵심어가 되는 건 아니다. 우선 전문적 담론에서 쓰이는 의미가 한정적인 술어는 배제된다. 이와 더불어 특정한 역사적·

사회적 맥락 속에서, 또한 역사적·사회적 맥락을 위해 특정한 기능을 하는 단어만이 핵심어나 개념이 되는데, 이를 위해서는 단어의 의미가 다양하고 모호해야 한다. 그리고 단어의 의미가 다양하고 모호하려면 역사적·사회적 변화 속에서 다양하게 사용되면서 지속적으로 의미가 변해온 것이어야 한다. 이런 점에서 코젤렉의 기본개념이나 윌리엄스의 핵심어는 개념사 연구를 위해 이론적으로 동일한 기능을 갖는다고 할 수 있다.

물론 윌리엄스는 단어의 의미와 개념 사이의 특별한 이론적 구별을 시도하지 않는다.『핵심어』1판을 보면 단어와 개념이 동일시되거나 개념이 단순히 단어 속에 "구체화된 것"으로 이해되고 있다. 예컨대 윌리엄스는 '민주주의'를 논의하면서, 어떻게 민주주의 개념이 로드 아일랜드(Rhode Island)나 해밀턴(Hamilton)이 사용하는 민주주의라는 단어 속에 구체화되었는지 설명하고 있으며, '자연' 항목을 논하면서 "단어와 개념"을 동일시하고 있다.[39] 비록 2판에서는 "단어와 개념 사이의 어려운 관계"를 인정했지만, 윌리엄스는 양자의 관계에 대한 본격적인 이론적 분석을 시도하지 않는다. 이로 미루어볼 때, 윌리엄스는 특정한 정치·사회적 맥락에서 개념의 의미는 원래의 단어적 의미로부터 분리될 수 있음을 지적한 코젤렉이나, 언어와 정치·사회적 변화 사이의 관계를 밝히려면 "그가 어떤 단어를 쓰는가가 아니라 어떤 개념을 소유하는가"를 연구해야 한다고 강조하면서 단어와 개념의 체계적 관계를 세밀히 분석한 스키너보다, 이론적으로 취약하다고 볼 수도 있다.[40]

이런 이유 때문에 예컨대 코젤렉의 『역사 기본개념』과 윌리엄스의 『핵심어』는 연구의 초점에서 큰 차이를 보인다. 예를 들어 '자본주의'를 살펴보자. 코젤렉의 사전에서 '자본주의' 개념은 기본개념이라기보다 '자본적/자본가' 등과 함께 '자본'이라는 기본개념의 의미 변화의 지표이자 이런 의미 변화를 추동하는 (중요한) 신조어 중 하나로 다뤄진다. 반면 윌리엄스의 사전에서는 '자본적/자본가', 그리고 '자본'이 19세기 중엽 이후로는 궁극적으로 모두 '자본주의'라는 핵심어에 흡수되어 다뤄진다. 그 결과 두 용어는 "발전하는 부르주아지 사회의 산물"로서 '자본주의'라는 전체 의미를 구성하는 부분적 의미로서 다뤄진다. 그러나 코젤렉의 사전이 지적하다시피 '자본' 및 '자본적/자본가'라는 용어는 위와 같은 의미의 '자본주의'와 결합되어 사용되기도 했지만 이와 다른 개념으로 사용되기도 하면서 또 다른 고유의 역사를 갖고 있다.

그 결과 윌리엄스는 산업사회의 특정 생산방식과 관련된 개념 및 이에 내포된 여러 함의 중 단지 이데올로기적인 함의, 즉—코젤렉식으로 말하면—정치·사회적 투쟁 개념 및 이와 관련된 역사철학적 시대 개념만을 분석하게 된다. 이는 곧 한 개념 및 유관 개념들에 내포된—가치중립적인 것까지 포함하는—복잡한 의미의 장을 충분히 파악하기엔 윌리엄스의 연구가 협소하다는 의미가 된다.[41]

그러나 윌리엄스는 개념과 단어의 관계에 대한 이론적인 논의를 의식적으로 회피한다. 그리고 의도적으로 단어 그 자체에만 집중하고 있다. 그는 다음과 같이 말한다. 역사의 연속과 불연속, 또한 가치와 신념의 깊은 갈등과 투쟁이 핵심어들의 역사에 관여하고 있다. 이 진행 과정들은 물론 직접적인 방식으로 묘사될 수 있다. 즉, 서로 다른 사회적 가치들과 개념의 체계를 분석하면서 묘사될 수 있다. 그러나 그의 의도는 "어휘 자체를 통해" 이루어지는 특별한 종류의 연구라는 것이다.[42] 그렇다면 어째서 윌리엄스는 이런 연구 전략을 구사하는가? 이에 대해서는 결론 부분에서 자세히 논할 것이다.

또한 윌리엄스는 역사의미론을 표방하면서도 실제 연구 과정에서는 단어의 의미 변화와 역사적 콘텍스트 사이의 관련성을 본격적으로 다루지 않는다. 이는 사회사와 개념사 사이의 접점을 강조하면서 사회사적 개념사의 연구 이론과 방법론적 전략을 발전시킨 코젤렉이나, 역사 행위자들의 개념과 언어적 콘텍스트, 그리고 사회도덕적 태도 및 실행 사이의 관계를 치밀하게 분석하는 스키너 등 케임브리지 학파의 개념사[43]에 비해 윌리엄스의 연구 전략과 실행이 매우 취약해 보이게 만든다. 물론 윌리엄스 스스로도 이 문제를 잘 알고 있다. 그의 말을 들어보자. "다른 종류의 분석, 즉 이론적으로 확장된 주장이나 상세한 사회적·역사적 탐구가 필요한 바로 그 지점에서 나는 중단해야만 했다." 그렇다면 왜 중단해야 했을까? 이런 방향의 연구는 논의해야 할 단어의 숫자와 범위를 제한하기 때문이라는 게 그의 답이다.[44] 일견 일리 있는 주장이다. 코젤렉이나 케임브리지 학파의 개념사 연구는 집단적으로 수행된 학제간 프로젝트 아니겠는가. 한 개인의 힘으로 이런 프로젝트에 비견될 만한 성과를 만들어낼 수 없음은 자명하다.

그러나 윌리엄스의 또 다른 핵심어 연구 저작인 『문화와 사회 1780~1950(Culture and Society 1780~1950)』[45]을 봐도, 윌리엄스의 연구 전략 및 성과의 취약성에 대한 혐의는 가시지 않는다. 그의 사전 『핵심어』는 본래 이 책의 부록으로 기획된 것이었다. 그리고 이 책은 『핵심어』와 달리 다섯 개의 단어만 다루고 있다. 그러나 여기서도 단어의 의미 변화와 역사적 콘텍스트 사이의 관련성이 본격적으로 다뤄지지 않는다. 단지 수십 명의 사상가 및 작가들의 논쟁과 토론(텍스트) 속에 나타난 의미의 변화가 읽히고 있을 뿐이다. 그의 또 다른 흥미로운 개념사 연구인 『시골과 도시(The Country and the City)』[46]도 이와 유사한 성격을 지닌다. '시골과 도시'라는 두 개의 핵심어에 담긴 여러 의미들, 즉 이 두 개념을 통해 표현되는 보편적인 관념의 변화가 여러 작가의 텍스트를 통해 추적될 뿐이다. 물론 여기서도 '왜' 그리고 '어떤 맥락'에서 이런 변화가 일어났는가에 대한 상세한 추적이 결여되어 있다. 따라서 자기 연구의 "중심적 목표"가 "중요한 사회적·역사적 진행 과정들은 일정 부분 언어 내부에서 일어난다는 것을 보여주려는 것"이라고 한 윌리엄스의 이론적 선언은 "어떻게"라는 방법론적 전략과 연결되지 못한 공허한 목소리로 들린다. 그런 맥락에서 윌리엄스는 "언어를 단지 사회적 실제의 거울"로만 취급하고 있다는 스키너의 비판은 옳다.[47]

그러나 이런 취약점에도 불구하고—아니면 바로 그 취약점 때문에—윌리엄스의 개념사는 독특한 면모를 보인다. 코젤렉이나[48] 케임브리지 학파의 연구가 개별 개념 중심으로 진행되면서 개념과 개념 사이의 관계, 더 나아가 여러 개념들 사이에 어떤 구조적 특징이 있는가를 거의 밝혀주지 못하고 있는 데 비해, 윌리엄스는 그것들 사이의 상호 관계, 즉 특정 단어들의 "내적 구조"를 조명한다. 윌리엄스에 의하면 특정 단어들의 의미의 확장, 변형, 전위는 유관 단어들에서 보이는 비슷한 변화와 상호 영향 관계에 놓여 있다. 심지어 이 단어들은 서로 원인이자 결과로서 작용하면서 구조적 관계에 놓이게 된다는 것이다. 따라서 윌리엄스의 핵심어 연구는 개별 개념의 개념사를 넘어서 정치·사회적 어휘 체계의 통합적 재구축을 통해 전체 담론의 특징적 변화를 읽을 수 있는 담론사적 개념사로 발전했다고 할 수 있다. 앞서 언급한 『시골과 도시』는 '시골과 도시'라는 두 핵심어 사이의 내적 관계의 변화를 추적함으로써 근대 영국의 문명과 사회에 대한 보편적 담론의 특징을 잘 보여주고 있다.

이런 특징은 무엇보다 그의 사전 『핵심어』의 원형인 『문화와 사회』에서 더욱 명료해진다. 이 책에서 윌리엄스는 18세기 후반~19세기 초반 이후 '산업·민주주의·계급·예술·문화'라는 다섯 개의 서로 관련된 핵심어들이 사용되면서 발생한 의미 변화의 구조를 추적한다. 여기서 윌리엄스는 코젤렉이 "언어혁명" 혹은 "개념의 혁명"이라 명명했던 것처럼, 새로운 단어들의 등장과 전통적 단어들 속으로의 새로운 의미의 유입이라는 언어의 혁명적 변화를 강조한다. 구체적으로 살펴보자.

먼저 이른바 산업혁명 시기에 '산업'이 종래의 '숙련·근면·끈기·

성실' 같은 인간의 특성을 호명하는 용도 외에, 새로이 제조업 및 생산 제도들, 그리고 이 제도들의 일반적 활동을 지칭하는 집합명사로 쓰이게 되었다. 이후 제조업 및 생산 제도의 비중이 급속히 증대되면서, 1830년대에 이르면 '산업주의(Industrialism)'라는 새로운 경제 시스템이 만들어지는 것처럼 보였다. 이 신조어 속에는 부분적으로는 일련의 중요한 기술적 변화와 이를 통한 생산방식의 효율성 증대에 대한 인식이 내포되어 있었지만, 다른 한편 이런 급진적 변화가 전체 사회에 미친 혁명적 결과에 대한 인식도 내포되어 있었다. 마침내 프랑스 대혁명과의 유사성을 강조하기 위해 사용된 '산업혁명'이라는 신조어가 바로 이런 사회적 변화와 인식의 변화를 입증한다.

다음으로 '민주주의'도 변화했다. 종래에는 고대 그리스 폴리스와 관련하여 '인민에 의한 정부'라는 의미로 문학의 특수 담론에서나 쓰이던 용어가, 미국 혁명과 프랑스 대혁명 시기에 일반적 정치 용어로 쓰이기 시작했다. 이 시기에는 이 용어가 과격한 '자코뱅주의'나 '폭도 정치'와 유사어로 쓰이면서 부정적인 함의를 내포했다. 하지만 이후 '민주주의'와 '민주주의자'가 일상적인 용어로 쓰이면서 마치 산업혁명을 표현하는 '산업' 및 '산업주의'처럼, 프랑스 대혁명의 영향하에 민주적 대의 제도를 위해 전개되는 혁명적이고 급진적인 투쟁의 양상을 표현하는 말로 쓰이게 되었다.

'계급'도 비슷한 시기에 유사한 근대화 과정을 겪었다. 이 단어는 전통적으로 '학교의 학급/학년'이나 '학문의 등급'이라는 의미를 지녔다. 그러나 18세기 말 이후 '하층계급'에서부터 '중간계급', '상층계급' 및 '중하층계급'과 같이, 혹은 '계급의식', '계급 갈등'과 같이 시간의 흐름에 따라 순차적으로 출현한 일련의 신조어에서 알 수 있는 것처럼 점차 사회적 의미를 지니는 유행어로 쓰이게 되었다. 그러면서 사회적 분류의 모호한 성격을 내포한 채 당시의 급변하던 사회구조, 그리고 정치적 민주주의를 향한 사회적 감정을 반영하는 일상용어가 된 것이다.

'예술(art)'은 '산업'의 의미 변화와 매우 유사한 변화 과정을 밟았다. 인간의 속성과 관련된 전통적 '숙련/기술'의 의미에서 '상상의 예술(기예)', '창조적 예술(기예)' 같은 특정 종류의 행위의 총체라는 제도의 의미로 바뀌었다. 1840년대에 이르러, '예술'은 '상상된 진리'라는 의미로 격상된다. 그에 따라 신조어 '미학(aesthetics)'이 등장하며, '천재성'과 '재능', '예술가'와 '기능인(artisan)', '예술가'와 '기능공(craftsman)'이 구별되었다. 이런 변화는 '예술'의 속성 및 목적에 대한 관념, 그리고 여타의 인간 활동 및 사회 전반과 이 단어의 관계가 변했음을 보여준다.

마침내 '문화' 역시 이 시기에 유사한 변화를 겪게 된다. 이 시기 전까지 이 단어는 작물의 경작이나 짐승의 사육과 같은 '자연적 성장의 육성', 그리고 이로부터 유추된 '인간의 계발 및 육성 과정'을 의미했다. 그런데 후자의 의미로 사용된 용법, 즉 '무엇의 문화'가 18/19세기에 대상이 사라진 '문화 자체'로 변했다. 이를 통해 '문화'는 인간의 완전성에 대한 관념과 결부된 채 먼저 '정신의 일반적 상태나 습속', 다음으로 '사회 전반에서 진행된 일반적인 지적 발전 상태', 그리고 '예술의 일반적 총체'로 의미의 추상적 변화를 겪었으며, 마침내 19세기 후반에는 '물질·지성·정신에 걸친 총체적 생활 방식'의 의미로 그 폭이 전반적으로 확대되었다.

핵심어들의 이런 변화는 근대적 요소를 출현시킨 이 시기의 역사적 대변화를 재현한 것이거나 그 대변화에 대한 대응이다. 물론 이 외에도 이 시기에 출현한 수많은 신조어들 및 새로운 의미들은 이런 근대적 변화를 반영한다. 그중에서도 특히 '문화'라는 단어의 변화·발전 과정은 사회·경제·정치적 생활에서의 근대적 변화들에 대한 중요하고도 지속적인 대응을 기록하는 지표가 되며, 더 나아가 이런 실제적 변화들의 속성을 탐구하고 성찰할 수 있는 지도가 된다. 왜냐하면 그 의미의 추상성·절대성이 심화되면서, '문화'야말로 관념과 지시 대상이 가장 복잡한 단어 중 하나로 발전했고, 따라서 이런 실제적 변화와 주관적 재현 및 대응 사이의 복잡한 관계를 가장 잘 포괄해왔기 때문이다. '문화'라는 단어 속에는 두 가지 방식의 일반적 대응이 결합되어 있다. 빠르게 변화하는 근대사회의 강압적 힘으로부터 특정한 지적·도덕적 활동의 실제적 분리를 허용하는 것, 이런 영역을 인간이 호소할 수 있는 심급으로 강조하면서, 실제적인 사회적 판단 과정을 감독하고 중재하며 대안을 주고자 하는 것, 이 두 가지의 대응이 결합되어 있는 것이다.

'문화' 단어의 발전은 나머지 네 개의 단어들이—의미의 변화를 겪으면서—표현하고 있던 사회적 실재의 변화 및 문제들을 반영했다. 즉 '산업주의'라는 신조어가 표현하고 '민주주의'의 새로운 의미가 지시하는 새로운 정치·사회적 발전들에 대한 대응일 뿐만 아니라, '계급'으로 지칭된 사회집단들의 새로운 문제들에 대한 복잡하고도 급진적인 대응이었다. 동시에 '문화' 단어의 이런 발전은 개인적이고 사적인 경험 영역과도 관련을 맺으면서, '예술' 단어의 사용과 의미 변화에 필연적으로 영향을 끼쳤다.[49]

이상이 '문화'의 근대적인 의미가 형성된 첫 번째 단계인 1790년부터 1870년까지의 역사이다. 윌리엄스는 계속해서 20세기 후반에 이르기까지 '문화'의 변화·발전 과정을 중심으로 상기한 핵심어들이 관계하는 내적 구조의 진행 과정을 추적한다. 그는 이 시기를 1870년에서 1914년까지, 그리고 1914년, 특히 1945년 이후 현재까지의 두 단계로 나누어 각각의 특징을 조명한다. 특히 '산업', '민주주의', '예술'과 같은 단어들에 내포된 사람들의 태도 변화가 '문화' 단어의 함의 및 사용 방식의 변화와 어떤 관련을 맺고 있는가 하는 것이 그 중심을 이룬다.

그의 결론을 요약하면, '산업'이라는 단어와 관련해서는 지금까지 살펴본 바와 같이 첫째 단계에서는 기계 생산과 공장제로 인한 새로운 사회관계에 대한 반발이, 두 번째 단계에서는 기계 자체에 대한 반발이, 마지막 단계인 20세기에는 산업사회의 사회관계 자체에 대한 문제가 중심적 함의로 부상되었다. '민주주의'를 통해서는 먼저 대중에 대한 공포가, 다음 단계에서는 '개인주의'와 구별되는 공동체와 유기적 사회 이념이 우세하게 표현되었고, 마지막 단계인

20세기에는 '대중매체'와 '대중민주주의'라는 신조어를 통해 대중에 대한 부정적 감정이 또 다시 표현되었다. '예술'의 함의 변화는 먼저 예술의 독자성과 예술이 보통사람들의 생활에 주는 의미의 강조, 다음으로 예술 자체가 갖는 독자적 가치의 강조와 일상 생활과의 분리, 마지막으로 '커뮤니케이션'이라는 신조어를 통해 표현되듯이 양자의 재통합 노력 순으로 이뤄졌다. 그에 의하면 이 단어들의 함의 변화는 시대에 따른 사람들의 관심의 변화를 대변하며, 이는 마침내 '문화' 단어를 통해 종합적으로 표현되어왔다는 것이다.[50]

특정 단어 사이의 내적 구조를 조명하는 윌리엄스의 방식은 사전 형태의 『핵심어』 편제 속에서는 잘 드러나지 않는다. 그러나 그는 특별히 보완 장치를 마련해놓았다. 각 항목의 끝부분을 보면 참조할 단어들이 명시되어 있다. 예를 들어 '신화' 항목의 끝부분에는 '창조적·허구·역사·이미지·합리적'과 같은 참조어들이 명기되어 있다. 이 단어들이 '신화'와 내적 구조 속에 있는 핵심어들인 것이다.[51]

지금까지 살펴본 것처럼, 개념들 사이의 상호 관계, 즉 특정 단어들의 "내적 구조"를 조명하는 윌리엄스의 연구는 다음과 같은 의의를 지닌다.

① 윌리엄스는 오늘날도 지속되고 있는 근대사회의 엄청난 변화 과정을 영국인들이 일상 생활 속에서 어떻게 경험해오고 있으며, 여기에 어떤 의미를 부여해오고 있는가를 총체적으로 읽을 수 있고 더 나아가 성찰할 수 있는 일종의 개념사 지도를 만들어냈다. 그의 개념사 지도는 점점 더 정교해졌다. 『핵심어』 1판(1976)에는 60개

의 어휘가 수록되었는데, 1983년의 2판에서는 그 사이 중요성이 증대된 21개의 새로운 단어들, 예를 들어 '환경/생태·세대·인종적·성(sex)·서양' 등이 핵심어로서 새롭게 연구되었다. 이처럼 윌리엄스의 개념사 지도는 코젤렉이 만든 것보다 광범위한 시기를 포함한다. 만약 한국의 근대 경험을 성찰하기 위한 개념사적 비교 모델을 찾는다면, 윌리엄스의 연구는 다음과 같은 장점을 지닌다. 그의 연구는 코젤렉이 다룬 기본개념이 20세기에 들어와서 어떻게 사용되었는가에 대한 정보를 더 많이 줄 수 있다. 또한 코젤렉이 다루지 않은 더욱 현대적이고 시사적인 개념들의 역사에 대한 지식을 줄 수 있다.

② 윌리엄스의 연구가 지니는 또 다른 중요성은 그의 연구가 의거하는 관점에 있다. 그의 연구는 아래로부터의 개념사, 혹은 개념의 일상사라 부를 수 있다. 그는 『문화와 사회』에서 밝히기를, "실용 언어", 즉 "특정한 남자와 여자들이 그들의 경험에 의미를 부여하려는 시도 속에서 사용한 단어 및 일련의 단어들"을 연구하기 위해 의도적으로 논쟁이나 토론을 통해 개인 주체들이 한 말에 집중했다고 밝혔다.[52] 또한 『핵심어』에서 명시했다시피 "나의 직접적 경험", "나의 직접적 세계", "우리들의 공적(일반적) 생활"에서 경험한 사회의 변화와 언어의 변화를 관계 짓는 것이 자신의 연구 주제라고 말했다. 이런 점에서, 앞서 언급한 그의 이론적·연구 전략적 취약성은 의도된 것이라고 할 수 있다. 이론과 가설로 도배된 전문적인 개념사 연구는 개념을 문자 그대로 전문적이고 특수한 학문 담론 속에 속박하는 것이며, 이는 결코 일반성과 다양성, 그리고 복잡

성과 모호성을 생명으로 하는 일상의 개념과 언어를 분석하는 태도가 아니라고 그는 믿고 있는 것이다.[53]

바로 이 지점에서 그의 연구는 이를테면 유사한 문제의식을 지닌 라이하르트의 연구와도 구별된다. 라이하르트는 개념이 일상에 미치는 영향력의 크기와 그 정치·사회적 기능을 보다 구체적으로 추적하기 위해 다양한 이론적 설계와 방법론을 화려하게 동원하고 있다. 반면 윌리엄스는 역설적이게도 라이하르트가 "정상에서 정상으로의 이동"이라고 비판하는 고전적 이념사(관념사)의 방법을 의도적으로 동원하면서, 일상적 개념을 살펴보고 있다.

③ 윌리엄스의 소박한 개념사 연구는 궁극적으로 정치적 함의를 내포하고 있다. 사회와 문화를 아래로부터, 혹은 일상으로부터 성찰하고 재해석할 수 있는 "의식의 첨예한 날"을 세워보자는 게 그의 연구가 지향하는 정치적 목적이다. 그는 자신의 연구가 결코 "중립적인 관점에서 행해지는 의미들에 대한 리뷰"가 아니며, "사회·문화적 토론이라는 결정적 장에서 쓰인 어휘들을 탐구하는 것"이라고 했다. "계급의 의미가 지닌 복잡성을 이해하는 것이 실제적 계급투쟁과 계급 간의 논쟁을 해결하는 데는" 거의 기여하지 못하지만, "많은 결정적 의미들이 지배계급에 의해 형성되어온 사회사"를 정확하게 보는 "의식의 첨예한 날"을 세우는 데는 기여할 것이라는 의미이다. 이와 관련하여 그는 하나의 희망을 피력한다. 언젠가 수백만의 사람들이 어휘들을 "배워야 할 전통이나 받아들여야 할 합의, 혹은 자연적 권위를 지닌 것"으로 받아들이지 않게 될 때, 우리

가 우리 언어와 역사를 만들어내면서 변화가 필요할 때는 언제든지 그것들을 변화시키고, 우리 고유의 방식으로 어휘를 사용할 수 있다는—현재와 근본적으로 다르고도 매우 중요한—관점에 입각해서 어휘들은 실제 환경 속에서 만들어지는 것이라는 적극적인 생각을 하게 될 때, 그때야말로 사회·문화적 토론의 장이 의식적이고 비판적인 장으로 바뀔 수밖에 없다는 것이다.[54]

바로 이 점이 윌리엄스의 개념사가 여타의 개념사와 명백히 다른 점이다. 마르크스주의자라는 말보다 '혁명적 사회주의자'라는 말을 더 듣기 원했던 그의 개념사 연구 작업은, 새로운 사회를 만들어보려는 정치적 실천과 결부되어 있다. 그는 사회적 의식이란 특정 계급 및 그 안의 특정 분파들 내에서뿐만 아니라, 여러 계급 및 여러 분파 사이에서 형성되는 것임을 항상 강조했다.[55] 그런 맥락에서 그의 개념사 연구는 특정 계급의 개념 사용이나 특정 계급에 한정된 의미를 밝히기보다는, 공적 생활에서 사용되는 보편적 용례와 의미를 추적한다.

④ 따라서 그의 개념사 연구는 강고한 자본주의 사회가 구축한 헤게모니의 뿌리를 파헤쳐 이를 부수려는 그의 문화사회학 연구를 심화시키는 데 기여했다. "극도로 끈질긴 지적이고 교육적인 작업을 통해 자본주의 사회가 산출해낸 의미와 가치들의 체계는 일반적으로 또한 미세한 부분까지 박멸되어야 한다"는 신념에 입각한 그의 문화사회학 연구가 개념사 연구, 즉 핵심어 연구를 통해 의미들의 문화적 구성의 문제를 더욱 정교하게 주장하고 사유할 수 있는

단계로 발전한 것이다.[56]

 말년에 그의 개념사 연구는 정치적 실천과 더욱 직접적으로 접목되었다. 이른바 '핵심어의 역사'에서 '핵심어의 정치'로 전환한 것이다. 대표적으로 그가 1985년에 광부 파업 사태와 관련해 쓴 「의미를 캐기(Mining the Meaning)」[57]에서 그 전환을 읽을 수 있다. 여기서 그는, 사회주의자들은 끈질긴 파업에 참가한 이들의 위대한 집단 경험으로부터 무언가를 배우면서, '경영·경제성·법과 질서'라는 광부 파업과 관련된 핵심어들을 명료하게 밝혀야 한다고 강조했다. 윌리엄스가 보기에 광부 파업은 이 단어들을 통해 특수하고 지엽적인 이해관계의 갈등을 넘어서서 정치적·이데올로기적으로 보편적인 의미를 획득한다. 그에 의하면 이 핵심어들은 한편으로 새로운 단계의 무모한 자본주의가 어떻게 작동되는지 보여준다. 그러나 동시에 파업 참가자들은 자신들의 이해관계를 보호하기 위해 이 단어들의 파괴력에 도전하면서 새로운 대안적 원리와 대안적 질서를 정치적으로 명료화하려고 노력하는 새로운 민중 세력으로 전화되고 있다는 것이다.

 이렇듯이 윌리엄스의 개념사 연구는 그의 문화사회학 연구와 정치적 실천을 매개하는 교량 역할을 하고 있다. 바로 그 점이 그동안 국내외적으로 주목받지 못했던 윌리엄스의 새로운 면모라고 할 수 있으며,[58] 동시에 문화사로서의 개념사 연구가 지닌 새로운 잠재력이라고 할 수 있다.

기본개념이 아닌 개념의 연구
── 비대칭적 반대개념을 중심으로

브라질의 역사가 페레스는 비서구적 관점에서 코젤렉의 개념사를 비판적으로 수용하기 위한 실험을 하고 있다. 앞의 연구 모델들과 비교해볼 때 아직 구체적인 연구 성과는 떨어지지만 그의 문제의식은 많은 시사점을 갖고 있다. 특히 비유럽 세계 지식인의 관점에서 코젤렉의 개념사에 내재된 유럽(서양)중심주의를 극복하고자 하는 시도는 눈여겨볼 만하다.

페레스가 보기에 코젤렉의 기본개념의 구조사는 그 유용성에도 불구하고 두 가지 문제점을 지니고 있다. 하나는 코젤렉의 근대성 개념에 담긴 보편주의이며, 다른 하나는 기본개념이라는 개념에 내재된 보편주의이다. 주지하듯이 보편주의는, 정확히 말해 유럽(서양) 보편주의는 다른 한편 유럽예외주의, 이와 관련하여 오리엔탈리즘과 같이 타자들을 불평등한 대립 관계 속에서 규정하는 정신적 습속과 함께 유럽(서양)중심주의의 핵심적 요소이다. 특히 유럽보편주의는 유럽인의 역사적 경험을 일반화시켜 비유럽 세계의 역사적 경험을 이른바 '특수'한 것, 혹은 '일탈'된 것으로 간주하면서 주변화할 뿐만 아니라, 극단적으로 배제하기까지 한다. 그 결과 비유럽인들은 침묵하는 하위주체로 전락하는 것이다. 동일한 방식으로 유럽(서양)보편주의는 유럽(서양)사회 내에 존재하는 사회적 소수자들의 경험을 주변화 혹은 배제시키고, 그 소수자들을 침묵하는 하위주체로 만들어버린다. 그러면 여기서 페레스의 코젤렉 비판을 구체적으로 살펴보자.

먼저, 그는 코젤렉의 개념사란 근대성의 기원, 정확히 말해 근대 서구적 역사의식의 기원이라는 문제의식으로 근대로의 이행과 근대의 구성에 대한 질문을 던지는 목적론적 연구 모델임을 밝힌다. 그런데 문제는 그의 근대(성) 개념이 '경험공간'과 '기대지평'의 관계에서 형성된 보편적 구조로 환원됨으로써 시간적·공간적 특수성이 무시되고 있으며, 그로 인해 구체적인 역사주체들, 그리고 '경험공간과 기대지평의 균열'(Koselleck)에 대한 그들의 구체적인 경험이 도외시되고 있다는 것이다. 이와 더불어 페레스는 그의 근대(성) 개념은 현재=근대라는 선험적 전제에 입각해 있다는 비판과 함께, "현재는 근대(성)라는 논란 많은 개념으로 요약될 수 있는 명료하고 단순한 구조를 갖고 있지 못하다"는 점을 지적하고 현재의 다양성과 모순성을 강조한다.[59]

이와 관련해 그는 코젤렉의 기본개념을 비판한다. 앞서 말했듯이 코젤렉이 제시한 '기본개념'은 공적 담론과 논쟁에 빈번히 사용되면서 정치·사회·이데올로기적 투쟁과 갈등의 장으로서 역할을 수행했고, 그러면서 역사가들의 주목을 받았다. 하지만 페레스에 의하면 "사회적 갈등을 상당히 정확하게 반영하고 표현하는" 기본개념들은 언어적 논쟁의 형태로 공적인 무대에 등장하지 못한 사람들이 겪은 일련의 경험들을 제외시킨다. 다시 말해 사회적 경험 중 중요한 일부는 언어의 공적인 사용 속에서는 표현되지 않는다는 것이다.[60]

호아오 페레스(João Feres Júnior)

이런 문제의식으로 페레스는, 보편성과 구조적 관점에 입각한—따라서 유럽중심주의로부터 자유롭지 못한—코젤렉의 개념사와는 대조적인, 지리적으로 비유럽적이고 사회적으로 소수자들의 하위문화적 특수성을 포괄하는 개념사, 즉 인간 주체와 경험, 다양성과 모순성을 포괄할 수 있는 '비기본개념의 개념사'를 지향한다. 이런 개념사는 서발턴의 침묵마저 포괄하는 '아래로부터의' 개념사라고 할 수 있다.

'기본개념이 아닌 개념'의 연구를 위해, 페레스는 비대칭적 반대개념들에 내포된 의미론적 구조의 역사를 탐구할 것을 제안한다.[61] 그런 맥락에서 페레스는 미국에서 표상된 '라틴아메리카' 개념의 역사를 탐구했다. 여기서 그는 코젤렉이 '헬레네인'과 '야만인', '기독교도'와 '이교도', '인간'과 '비인간' 및 '초인'과 '하등인간'의 개념 쌍을 분석한 「비대칭적 대응개념의 사적·정치적 의미론」 연구를 준거 틀로 삼았다.[62] 여기서 코젤렉은 '승리자'의 자기정당화 발언과 '패배자'의 침묵을 대비시켰다. 반면 페레스는 '승리자'와 '패배자'라는 코젤렉의 보편적 범주를 '서양 백인사회'와 '제3세계 유색인사회'라는 범주로 구체화시켰다.

'라틴아메리카' 개념은 정작 라틴아메리카로 분류되는 나라 사람들은 거의 쓰지 않지만, 미국의 백인사회는 근 2백 년간 '아메리카'의 이상화된 집단적 자기 이미지의 반대개념으로 '라틴아메리카'를 정의해왔다. 여기서 페레스는 온갖 부정적 이미지로 도배된 '라틴아메리카' 개념의 의미론적 장을 문화적·시간적·인종적 구역이라는 세 가지 의미론적 구역으로 나눠 살펴보았다. 그가 분석한 바에 따르면, 라틴아메리카는 문화적으로 가톨릭적이고 권위적이며, 조합주의적이고, 시간적으로 발전되지 못했으며, 원시적이고 어린애 같은, 인종적으로 다수의 유색인과 메스티소(mestizo)가 사는 땅으로 정형화되어왔다. 반면 '아메리카'는 개신교적이고 민주적이며 다원적이고 근대적인, 발전된 백인 앵글로색슨의 땅으로 표상되어왔다. 그리고 이런 의미론적 장은 지난 2백 년간 거의 바뀌지 않았다.[63]

이런 분석에 근거하여 페레스는, 기본개념이 논쟁과 정치적 갈등의 싸움터가 되면서 종종 모순적이고 갈등을 유발하는 여러 개념 정의를 통해 의미론적 장을 확대해온 것과 달리, '라틴아메리카' 같은 반대개념은 논쟁 과정에서 제외되었음을 강조한다. 왜냐하면 반대개념들은 선택된 정치 공동체의 경계 밖에 있거나, 내부에 하위주체로 존재하는 인간 집단을 호명하기 위해 사용되기 때문이라는 것이었다. 그에 의하면, 이런 인간 집단은 제도적인 정치적 채널들에 접근할 수 없고, 따라서 개념을 둘러싼 공적 논쟁에서 배제된다. 그러나 이 개념들이 사회적 혹은 정치적으로 무용지물인 것은 아니다. 기본개념이 되지 못한 반대개념들과 기타의 주변부적 개념들은, 특정 인간 집단들의 박해와 배제가 지속될 때는 결정적인 도구, 즉 매우 효과적인 사회적 통제수단으로 쓰인다는 것이다. 여기에 덧붙여 페레스는 방법론적으로 중요한 세 가지를 지적한다.

① 반대개념의 수용 과정에서 일어나는 작동 방식의 변화 : '라틴아메리카' 개념의 예에서 보듯, 반대개념은 기본개념만큼 급격한 의미론적 단절을 겪지는 않지만 서서히 변화한다. 그 변화는 영토 합병, 식민화, 보호, 근대화나 권위주의적 억압 및 지정학적 통제 등 다양한 담론·이론·실행을 통해 여러 세대에 걸쳐 이루어지는 개념의 수용을 통해 일어난다. 의미론적 내용 자체의 변화는 크지 않다. 그러나 그 수용 과정에서 반대개념에 의해 투사된 기대 및 행동지평이 변한다. 예를 들어 '헬레네인'이 '야만인'의 존재를 인정하고 자신의 우월한 위치를 강조한 것처럼, '라틴아메리카' 개념을 통해 미국인들은 역사적으로 후진적인 이 지역과 자신의 차이점을 표현했다. 그러나 이 개념이 근대화론의 맥락에서 쓰였을 때는 '기독교도'가 '이교도'를 개종시키려 한 것처럼 '라틴아메리카'를 미국화(서구화)하려는 의도 속에서 사용되었다.

② 담론 양식의 차이에 따른 의미의 차이 : 대중매체, 정치, 사회과학, 문학, 대중문화 등 담론 양식의 차이가 반대개념의 의미론적 내용을 결정한다. 예를 들어 '라틴아메리카' 개념은 일상 언어 속에서 사용될 때와 사회과학의 전문적 담론에서 사용될 때 커다란 의미의 차이를 보였다. 일상 언어 속에는 시간적·문화적·인종적 상반성相反性이 강하게 남아 있었다. 그러나 학계의 기술적 담론에는 인종적 상반성이 거의 남아 있지 않았다.

③ 서구에서 유래한 개념들의 수용과 번역의 문제 : 기본개념들은 비서구 사회에서 번역의 과정을 거치지만, 그 사회 내의 하위주체들을 호명하는 개념, 혹은 이들과 관련된 개념들은 새롭게 번역되지 않고 옛날 용법 그대로 사용된다. 예를 들어, 역설적이게도 스스로를 '서양에 속한 민족'이라 생각하는 브라질에서, '공화국', '국가', '민주주의', '자유', '시민권', '민족/국민' 같은 서양 각국에서 유래한 기본개념들은 번역이 되었지만, negro, preto, mulato와 같이 낙후된 동북부 지역에 거주하는 흑인 및 메스티소와 관련된 단어들은 1888년 노예제 폐지 이후 그대로 사용되고 있다. 이는 이 용어들이 기본개념의 지위에 도달하지 못했다는 증거이다.

한편 코젤렉은 작고하기 직전에 가진 인터뷰에서, 페레스의 연구에 자극을 받아 비대칭적 반대개념의 연구가 갖는 의의를 다시 한 번 강조했다.[64]

비대칭적 반대개념들은, 매우 일방적이고 경멸적인 방식의 진부한 개념화를 통해 우리 집단에 속하지 않은 타자들을 순전히 부정적인 의미론적 장으로 환원시키면서 그들의 여러 특성을 묘사하는 수단들이다. 이와 비슷한 것이 전사자 기념비에서도 발견된다. 전사자 기념비들은 뭔가를 보여주면서도 동시에 침묵하고 있다. 그것들은 뭔가를 보여주지만, 나머지 것들에 대해서는 침묵한다. (…) 침묵과 의사표명 사이의 관계를 통해―그 의사표명이 언어를 통한 것이든, 상징을 통한 것이든―끊임없는 문제가 제기된다. 그 문제란 기본개념으로 간주할 수 없는 침묵하는 정치적 개념을 탐구할 필요가 있다는 것이다. 따라서 나는 발터 벤야민(Walter Benjamin)이 했던 방식으로 이 문제를 다뤄야 한다고 생각한다. 벤야민은 말하기를, 우리는 패배했던 사람들 또한 기념해야 하며 그들의 관점에서 사물을 볼 수 있도록 그들을 초대해야 한다고 했다. 당연하지 않은가? 개념사가 배제된 사람들을 기념해선 안 될 이유는 전혀 없다. 비대칭적 반대개념들의 양 측면을 연구한다면 이를 탐구하기 위한 방법론적 암시를 얻을 수 있다. (…) 호아오(페레스를 칭함―인용자)의 작업은 일상 언어 뒤편에 숨겨진 침묵을 지적하고 있다.

서발턴의 침묵을 탐구하는 것이야말로 비서구 사회의 개념사 연구가 담당해야 할 몫일 뿐만 아니라, 비서구 사회의 개념사 연구가 지닌 잠재적 역량이 가장 돋보일 수 있는 분야가 아닐까? 한 가지 확실한 것은, 개념사가 식민주의 담론 연구 및 서발턴 연구와 접점을 이루는 지점에 페레스의 실험이 있다는 사실이다.

3. 근대 비판으로서의 개념사
― 코젤렉의 성찰적 역사주의에 대하여

2006년 2월 3일 코젤렉은 82세를 일기로 생을 마감했다. 수많은 애도의 글에 담긴 그에 대한 기억은 크게 두 가지로 요약된다. 한편으로 그는 『역사 기본개념』을 통해 개념사라는 새로운 연구 분과를 확립시킨 대표적인 독일 개념사학자로 기억되고 있다. 다른 한편 그는 포스트모던 역사 이론가 헤이든 화이트(Hayden White)가 프랑스와 영미의 역사철학에도 정통한 "금세기 후반기의 가장 중요한 역사 및 역사학 이론가 중 하나"로 평가한 바와 같이, 20세기 후반기를 대표하는 역사 이론가 내지 역사철학자로 기억되고 있다.[1] 그러나 총체적인 관점에서 그의 개념사 연구와 사론史論, 혹은 그가 주도한 『역사 기본개념』 프로젝트와 그의 역사철학 사이의 관계를 조명한 글은 그리 많지 않다. 여기서는 기본적으로 이 공백을 메우기 위한 논의가 진행될 것이다.

코젤렉에 대한 기억이 파편적인 것은, 무엇보다 그가 오랫동안 독일 역사학계의 아웃사이더로 머물러 있었기 때문이다. 그는 랑케에서 마이네케로 이어지는 이른바 '고전적 역사주의'의 적자도 아니요, 그렇다고 '역사적 사회과학'의 기치하에 역사주의의 폐해를 비판하며 등장한 비판적 사회사가의 반열에 끼지도 못했다. 그의 제자 크리스토프 디퍼(Christof Dipper)가 한탄했듯이, 1970/80년대 이후로 비판적 사회사가들이 문화적 권력[2]을 장악한 독일 역사학계의 지적 풍토에서, 코젤렉의 이른바 '사회사적 개념사' 연구와 그 성과물인 『역사 기본개념』은 사회사에 대해 언제나 짝사랑을 고백했음에도 거의 백안시당해왔다.[3]

사실 코젤렉과 사회사의 관계는 매우 깊다고 할 수 있다. 코젤렉은 1956년부터 베르너 콘체(Werner Conze)가 주도한 프로젝트 '근대 사회사 작업단(Arbeitskreises für moderne Sozialgeschichte)'에서 학술 조교 및 공동 연구원으로서 활동했으며, 1965년에는 콘체의 후원하에 교수 자격 논문을 썼다. 주지하다시피 콘체는 전후 독일에서 사회사를 개척함으로써 독일 사학사의 한 장을 차지하는 중요한 인물이다. 또한 콘체가 죽은 뒤 그가 단장을 맡은 '근대 사회사 작업단' 역시 1945년 이후 독일 사학사의 한 획을 긋는 프로젝트였다.

이후의 코젤렉의 경력 역시 사회사와 밀접한 관련을 맺고 있다. 그는 보훔 대학 정치학과 정교수(1966)와 하이델베르크 대학 근대사 강좌의 정교수(1968)를 거쳐, 1974년에는 신설 빌레펠트 대학의 근대사 및 역사 이론 강좌의 정교수로 부임했다. 특히 그가 정년 때까지 몸담은 빌레펠트 대학 사학과는 그가 구상한 작품이었다. 1966

년 이후 그는 이 대학 설립위원회의 역사학 분과 위원장으로 활약했으며, 1974년부터 1979년까지 이 대학의 '학제간 연구센터(ZiF)'의 발전에 지대한 영향을 끼쳤다. 또한 그는 이 대학에 재직하면서 최근까지 도쿄 대학, 파리 사회과학 고등연구원, 뉴욕 신사회조사연구원, 시카고 대학 등의 초빙교수로도 활동했다.[4]

그러나 외견상 화려해 보이는 이력에도 불구하고, 그는 비주류로 머물러 있었다. 빌레펠트 대학의 동료로 있던 비판적 사회사가들은 1972년에 시작된 그의 개념사 연구 프로젝트를 처음부터 비판적 현실인식을 결여한, 과학적 이론이 없고 생명력을 잃어버린 이념사로 특징지어지는 "고전적 역사주의"의 부활이 아닌지 의심했다.[5] 그런 맥락에서 빌레펠트 사회사의 대부 격인 벨러는 이미 1970년대 초에, 개념사가 지나치게 강조된다면 이로 인해 "개념사는 중기적으로 볼 때 막다른 골목에 이르게 될 것"이라고 예견하면서, 개념사에 대한 학문적 파산 선고를 내리기까지 했다.[6] 사회사가들에게 코젤렉의 개념사 프로젝트는 단지 사회사 연구의 보조 수단으로만 기능해야 했던 것이다. 이 틀을 넘어선 코젤렉의 인식론적 관심과 역사 이론은 그들의 관심 바깥에 있었다.

한편 역사 연구의 '언어적 전환'[7]이라는 슬로건 아래, 특히 독일 바깥에서 문화 지향적 역사가들이 코젤렉을 냉대해온 사회사가들에게 맞서 매우 강력한 전선을 형성하기 시작했다. 그러나 코젤렉의 어정쩡한 위치는 크게 달라지지 않았다. 그는 '언어적 전환' 슬로건이 나오기 이미 오래 전부터 역사 연구에서 언어 및 상징에 대한 연구에 천착했으므로, 마땅히 문화 지향적 역사가들의 선구로 평가 받을 자격이 충분했다. 그럼에도 미국 및 유럽의 문화사 지향의 역사가들 사이에서 그의 연구는 별반 언급되지 않았다. 더욱이 계몽주의와 근대성을 비판한 그의 박사학위 논문이 이미 1959년에 『비판과 위기(Kritik und Krise)』라는 제목으로 독일에서 출판된 뒤 이례적으로 영어, 스페인어, 이태리어, 불어, 심지어는 일본어로 번역되었음에도 말이다. 물론 여기에는 프랑스의 포스트구조주의, 더 나아가 미국의 포스트모더니즘으로 이어지는 근래의 문화주의자들의 이론적 지향점과 그의 역사 이론 사이에 상당한 거리가 있다는 결코 부정할 수 없는 이유가 있기도 하다.

이처럼 그는 상당히 오랫동안 국내외 역사학계에서 주목을 받지 못했다. 그의 개념사 연구는 독일 사회사가들에게 정당한 평가를 받지 못했고, 동시에 그의 역사 이론에 내포된 혁신성 또한 지금까지 충분한 평가를 받지 못했다. 그럼에도 코젤렉은 광야에서 홀로 외치는 예언자의 아우라(aura)를 계속해서 발산했다. 역사학 동업조합 내에서 어떤 학파에도 속하지 않은 채, 또한 스스로도 그 어떤 문화권력의 네트워크도 형성하지 않은 채, 자의 반 타의 반으로 고립되어가면서 철저히 혼자서 자신만의 독특한 학문적 색채를 구축해나갔다. 물론 그의 예언자적 외침은 어떤 이에게는 너무 빨랐고, 어떤 이에게는 너무 늦은 것이었다. 그러나 그는 언제나 시대의 주류 담론에서 소외되어 있었던 것이 아니라, 스스로 해방되어 있었다. 이 점이 그의 매력인 것이다. 그러면 그가 천착했던 주제인 근대(성) 연구와 그 성과를 중심으로 그의 개념사 연구와 역사 이론, 다시 말해 개념들을 통해 근대 세계가 어떻게 의식되고, 또한 개념들은 근대 세계에 대한 의식을 어떻게 만들어냈는가에 관한 그의 연구와 역사 철학과의 관계를 살펴보자.

역사의 패배자에서 '위대한 아웃사이더'로

근대 세계에 대한 코젤렉의 비판적 성찰은 일차적으로 그의 유년기와 청소년기 경험으로부터 나왔다. 영국 역사가 에릭 홉스봄(Eric J. Hobsbawm)이 '파국의 시대'라고 불렀던 전간기戰間期를 코젤렉은 역사의 패배자로서 살아야 했다. 그는 1923년 괴를리츠(Görlitz)에서 태어났다. 그의 아버지 아르노 코젤렉(Arno Koselleck)은 김나지움의 역사 교사였다가 후일 사범대학의 역사 교수가 된 인물이었다. 그의 어머니는 수세기 전 종교전쟁 당시 독일 지역으로 망명했던 위그노 교도 가문에서 성장했다. 이렇듯 그는 역사적으로 독일 사회의 주류였던 프로테스탄트 교양시민 가정에서 출생했다. 그러나 사회주의 작가 하인리히 만(Heinrich Mann)이 『운라트 교수』[8]에서 조롱한 바와 같이, 제1차 세계대전이 독일의 패배로 끝난 직후부터 교양시민이 누려왔던 전통적인 사회적 위세는 이미 사그라졌다. 이후 히틀러의 제3제국 치하에서 교양시민층은 기존에 누려왔던 독일 민족의 교육과 풍속의 발전을 이끄는 지도자로서의 존경받는 역할을 더 이상 담당할 수 없었다. 특히 그의 아버지 아르노 코젤렉은 변화된 정치 환경에 그다지 잘 적응하지 못했고, 경제적으로도 무능했던 것 같다. 1930년대 중반이 되면 독일 사회는 전반적으로 세계 경제공황의 위기에서 벗어나게 되지만, 코젤렉의 가족은 제2차 세계대전이 발발할 때까지도 경제공황의 여파에서 헤어나올 수 없었다. 코젤렉 가족은 독일 지역 동쪽 끝의 브레슬라우(Breslau)에서 서쪽 끝인 자르브뤼켄(Saarbrücken)에 이르기까지 다섯 군데의 도시를 떠돌아다녔으며, 소년 코젤렉은 그 와중에 여덟 번이나 전학해야 했다. 코젤렉은 이 시절의 빈번했던 전학에 대해 "두 번은 평범한 이유에서였지만 여섯 번은 세계 경제위기와 1933년을 거쳐 제2차 세계대전 때까지 일어난 경제적이고 정치적인 일들 때문이었다"고 회상했다.[9]

이처럼 경제공황과 나치의 권력 장악이라는 급작스러운 정치·경제적 환경 변화 속에서, 코젤렉의 가족은 부단히 물질적 고통에 시달렸고 지속적으로 사회적 불안정 상태에 처해 있었다. 그러나 그의 이 고단한 경험은 1941년 18세의 나이로 나치 독일군에 지원하면서부터 고통스런 경험으로 바뀌었고, 마침내 소련군에 잡혀 중앙아시아의 카자흐스탄에 위치한 '반파시즘 수용소'에서 겪은 포로 생활의 혹독한 경험으로 절정에 달했다.

훗날 코젤렉은 그가 군대에 지원한 이유를 '어차피 끌려가느니 자발적으로 복무하자는' 생각 때문이었다고 회고했다. 아무튼 1945년 소련군의 포로가 될 때까지 그는 주로 동부 전선에서 하사 계급을 달고 보병으로 싸웠다. 비록 중간에 1942년 스탈린그라드를 향해 진격하는 도중 대포 바퀴에 깔려 발이 으깨지는 중상을 당하기도 했지만, 육군병원 군의관의 '전투 수행 가능'이라는 소견서 때문에 다시 전선에 복귀해 종전 때까지 복무해야 했다. 어쨌든 보병 하사 코젤렉은 운 좋게 살아남아 종전을 목격할 수 있었다. 그러나 그는 생존의 대가로 또 다른 고통을 체험했다. 완전히 회복되지 않은 발로 러시아에서 체코의 보헤미아 지역까지 겨우 도망쳐온 코젤렉은 미군에 의해 다시 소련군에게 양도되었고, 다른 수천 명의 비슷한 운명의 독일군 포로들과 함께 유럽에서 평화의 종소리가 울려 퍼지던 1945년 5월 9일 체코의 메리쉬-오스트라우(Märisch-Ostrau)에서 줄지어 동쪽으로 하염없이 끌려가야 했다. 매일 50km씩 이어진 죽음의 강행군 끝에, 코젤렉은 마침내 1945년의 한여름에 카자흐스탄의 카라간다(Karaganda)에 있는 포로수용소에 도착할 수 있었다. 이곳 '반파시즘 수용소'에서 코젤렉은 수용소의 요구에 따라 "우리 전범들은 다시 태어나 속죄한 영웅으로서 고향에 돌아갈 것이다"라는 표어를 수용소 벽 여기저기에 그리는 임무를 매우 성실히 수행했다. 그 대가로 1945년 크리스마스 무렵에는 가족과 서신 교환을 할 수 있었다. 우편엽서의 교환을 통해 그는 "꿈에 그리던" 가족들의 근황을 알 수 있었다. 그의 동생은 폭격을 맞아 죽었고, 방어군의 장교로 동원되었던 형은 1945년 4월 15일 전사했다. 그러나 예비역 육군 소령으로 동원되었던 아버지는 미군 포로수용소에서 집으로 귀환한 상태였고, 어머니도 아직 살아 있었다. 그리고 그는 "별 탈 없이 잘 지내고 있어요"라고 부모님께 답장을 썼다. 그러나 이 무렵은 이미 수용소 포로들의 1/3 가량이 탈진과 기아로 사망하여 더 이상 "속죄한 영웅"으로서 귀향할 수 없게 된 시점이었다.[10]

코젤렉은 1946년 가을에 "운수 좋게도" 그리고 "우연히" 중앙아시아의 수용소에서 고향으로 돌아갈 수 있었다. 중병에 걸렸던 그는 이런 행운이 없었다면 그해 겨울을 넘기지 못하고 죽었을 것이다. 고향집이 있는 자르브뤼켄에서 누더기가 된 러시아제 수용소 의복을 걸친 그는 부랑자로 의심받아 독일 경찰에게 체포되기도 했지만 "이해심 많은" 프랑스군에 의해 석방되었고, 미국 침례교회가 기부한 새 바지와 웃옷, 그리고 포켓용 성경을 선물 받았다. 그리하여 그는 새 옷을 걸친 채 한 손에는 『성경』을, 다른 한 손에는 반파시즘 수용소를 떠날 때 교육관으로부터 선물 받았던 『공산당 선언』을 들고 부모님과 재회할 수 있었다. 이처럼 그의 개인사에서 제2차 세계대전의 종식은 1946년 가을에야 비로소 찾아왔으며, 이런 개인사적 종전은 새로운 비극적 사실의 경험과 함께 끝났다. 그는 세 분의 고모할머니들이 실종되었음을 알았고, 김나지움 급우들의 2/3가 다시는 고향에 돌아오지 못하게 되었음을 알게 되었다.[11]

훗날 코젤렉은 역사가로서 자신의 이 절대적이고 일회적인 "원초적 경험들"이 갖는 의미를 지속적으로 성찰하면서, 비록 한 개인의 "원초적 경험" 속에 역사의 진실이 담겨져 있긴 하지만, 전체적 진실을 담보하기에는 아직 충분하지 않다, 따라서 한 개인의 경험은 동시대를 살았던 타자의 경험과 엮이면서 생기는 새로운 경험들에 의해 끊임없이 수정되어야 한다고 강조했다.[12] 그의 이런 주장 역시 경험에 바탕한 것이었다.

코젤렉은 군대 생활 및 포로 생활을 통해 다른 종류의 패배자들인 유대인들의 경험을 자기 경험공간 안에 편입시켰다. 나치 독일군 하사 코젤렉은 처음엔 제3제국이 자행한 테러의 대표적 희생자인 유대인들의 경험을 자신의 경험과 접목시킬 수 없었다. 그가 유대인 학살에 대해 처음 들은 것은 1941년 키에프 후방 전선에서였다. 슈타인브뤼헨(Steinbrüchen)의 바비야르(Babi-Yar)에서 2만 명의 유대인이 학살당했다는 것이었다. "전광석화"와 같이 전해진 이 말을, 그는 당시 한 귀로 듣고 흘려버렸다. 그가 또 다시 유대인 학살에 대해 듣게 된 것은 1943년 2월 육군병원에서 퇴원하여 바이마르의 아주머니 댁을 방문했을 때였다. 아주머니 댁에서는 20여 명이 모여 단테협회의 소규모 회합을 진행 중이었고, 그 자리에서 그는 부헨발트(Buchenwald) 강제수용소의 무시무시한 상태와 전쟁이 필연적으로 끝날 것이라는 얘기를 들었다. 당시의 분위기상 현역 군인 신분으로 다른 사람들 앞에서 이런 말을 듣거나 발설하는 일은 매우 위험했다. 그의 어머니는 "침묵하는 것"이 좋다고 충고했다.

마지막으로 코젤렉은 1945년 5월 소련군의 포로가 되어서 아우슈비츠(Auschwitz)에 대해 알게 되었다. 그 전까지 그는 아우슈비츠라는 이름조차 들어본 적이 없었다고 한다. 동쪽으로 끌려가던 독일군 포로들은 아우슈비츠 수용소의 철거 작업에 동원되었다. 코젤렉을 포함한 포로들은 그곳에 막 도착했을 때 '어째서 빈 막사에서 잠을 재우지 않는가' 하고 의아해 했을 정도로 그곳에서 벌어진 일에 대해 무지했다. 머지않아 본 수용소에 도착했을 때 "수백만 명"이 이곳 비르케나우(Birkenau)에서 독가스로 학살되었음을 들었다. 시체를 태우던 화덕은 이미 파괴되어 있었고, 포로들은 처음에는 소련의 선전이겠거니 생각했다. 그러나 코젤렉을 포함한 일부는 시간이 지나면서 자발적으로 이 말이 진실임을 확신하게 되었다. 그의 이런 새로운 경험은 나치 강제수용소 출신 폴란드인을 통해 더욱 확실하게 다가왔다. 그 폴란드인은 코젤렉이 조장으로 있던 러시아군을 위한 감자 배급조의 감독자였다. 이 폴란드인 감독자는 감자 배급조가 일을 빨리 해내지 못하자 조장인 코젤렉의 머리를 의자로 내리치려다 갑자기 멈추고 "네 골통을 내리쳐서 뭘 하겠어, 네놈들은 수백만 명을 가스로 죽였는데"라 말하며 의자를 벽으로 던져 박살냈다. 코젤렉은 훗날 "이처럼 급작스럽고 당혹스러운 상황에서 나는 그의 말이 꾸며낸 것이 아니라 진실임을 명확히 깨달았다"고 회상했다. 이런 새로운 경험은 1940년에 나치 정권의 안락사 프로그램에 의해 죽은 그의 아주머니가 실은 가스로 안락사를 당한 것임을 훗날 알게 되었을 때 그의 경험공간 속에 완전히 자리 잡았다.[13]

이후 1946년 10월에야 겨우 귀환한 코젤렉은 만 24세의 만학도의 몸으로 1947년부터 1953년까지 하이델베르크 대학에서 역사, 철학, 공법과 사회학을 공부했고 1954년 박사학위를 받았다. 그러나 그는 훗날 독일 역사학계의 주류가 된 비판적 사회사가들처럼 한스 로젠베르크(Hans Rosenberg)의 학통을 이어받거나, 테오도르

쉬더(Theodor Schieder)의 제자 그룹에 속하지 않았다. 그의 박사학위 지도교수는 오늘날 사학사에서 무명에 가까운 요하네스 퀸(Johannes Kühn)이었다. 하지만 퀸은 19세기 독일 교양시민의 신인문주의적 규범과 이상을 체화한 마지막 세대의 역사학자였다. 코젤렉의 외삼촌이기도 했던 그는 막스 베버와 함께 하이델베르크의 자유주의적인 지적 환경(Milieu)을 대표했던 에른스트 트뢸취(Ernst Troeltsch)의 제자였다. 퀸은 트뢸취에 의존하여 사회·경제·정신 및 종교사를 일종의 '구조사' 속에 통합하고자 하였고, 『관용과 계시(Toleranz und Offenbarung)』라는 뛰어난 개념사 저작을 저술했으며, 역사학의 딜레마에 대한 역사 이론을 연구하기도 했다. 이런 퀸의 학문적 관심과 활동은 코젤렉에게 지대한 영향을 주었다.[14]

1956년부터 코젤렉은 콘체를 만나 전문 역사가로서의 이력을 착실히 쌓아갔다. 그 과정에서 그는 역사학자로서 외견상 성공적인 삶을 살았다고도 할 수 있다. 하지만 앞에서도 강조했듯이, 그는 내면적으로 독일 역사가 동업조합 내의 아웃사이더였다.

그러나 독일 인문·사회과학계 전반을 볼 때 그는 결코 '외로운 늑대'가 아니었다. 오히려 그는 20세기 독일 지성계의 한복판에서 활동했다고 할 수 있다. 그의 학문적 결은 앞서 언급한 퀸 외에도 철학자 마르틴 하이데거(Martin Heidegger), 유대계 철학자 카를 뢰비트(Karl Löwith), 실존주의 철학자 카를 야스퍼스(Karl Jaspers), 철학적 해석학을 정립한 한스 게오르그 가다머(Hans-Georg Gadamer), 법학자 카를 슈미트(Carl Schmitt), 그리고 헬무트 플레스너(Helmuth

Plessner)와 같은 하이델베르크에 포진했던 다양한 분야 사상가들의 영향하에 형성되었다. 그의 지적 동료는 슈미트의 제자 하노 케스팅(Hanno Kesting)과 베르너 좀바르트(Werner Sombart)의 아들 니콜라우스 좀바르트(Nicolaus Sombart)였다. 그는 역사 연구가이자 역사 이론가로서의 자기정체성을 철저히 견지한 채, 학문 분과를 뛰어넘어 부단히 학제간 연구를 기획하고 실행했다. 그는 '시학과 해석학' 연구 집단의 일원이자 '언어와 역사' 총서의 공동 편집인으로 활동했다. 그의 지적 세계는 역사 외에도 철학, 예술사, 정신분석과 문학을 넘나들었다. 이런 점에서 괴팅겐 막스 플랑크 연구소의 소장을 지낸 루돌프 피어하우스(Rudolf Vierhaus)는 코젤렉을 "18세기적 의미의 철학자"라고 부른다.[15]

신학자 빌헬름 그라프(Wihlem Graf)가 적절하게 지적했다시피, 코젤렉은 "위대하고도 성공적인 아웃사이더"가 되었다.[16] 코젤렉은 연방대통령이 수여하는 독일역사학회상(1989), '언어와 시학을 위한 독일 아카데미'에서 수여하는 지그문트 프로이트상(1999)을 비롯한 많은 상을 수상했다.

근대의 시원을 찾아서
— 정신사 연구에서 사회사 연구로

근대 및 근대성이야말로 코젤렉이 평생 몰두한 주제이다. 그의 일관된 문제의식은 근대 및 근대성을 역사화시키는 데, 달리 말하자면 근대 세계의 특징과 본질을 역사적으로 인식하는 데 있었다. 이를 위해 그는 무엇보다 근대 및 근대성의 시원을 밝히는 작업에 몰두했다. 현대사의 혹독함을 경험한 코젤렉이 1950년대 냉전 시기에 내린 근대에 대한 역사적 진단은 매우 비판적이었다. 카를 슈미트가 극구 칭찬한 그의 박사학위 논문 『비판과 위기. 시민세계의 질병의 기원(Pathogenese)』의 서론은 다음과 같이 시작된다.

> 세계적 강대국 미국과 러시아 간의 극단적 긴장에 의해 결정된 오늘날의 세계적 위기는 역사적으로 보아 유럽사의 결과이다. 유럽사는 세계사로 확대되었으며 이 안에서 완성되었다. 그러면서 유럽사는 세계 전체를 영원한 위기 상태로 빠트리고 있다.[17]

이처럼 코젤렉은 근대성의 지표를 무엇보다 '위기'에서 찾았으며, 근대의 진행 과정을 '역사'의 '세계사'로의 확대 과정에 상응하는 '위기'의 확산과 심화의 과정으로 보았다. 그리고 그는 근대 세계가 앓고 있는 이 "질병의 기원"을 18세기 절대주의의 정치구조와 계몽주의 역사철학 간의 복잡한 상호작용에서 찾았다. 계몽주의가 가능했던 것은 종교전쟁을 극복한 절대주의 덕분이었다. 그런데 계몽주의는 정치와 종교를 분리시키고, 국가를 비판적 이성의 법정 밑에 종속시키기까지 절대주의 국가를 비판하면서 근대적 역사철학을 발전시켰다. 계몽주의 역사철학은 유토피아적 미래 프로그램, 즉 정치적 유토피아주의를 발전시키면서 절대주의 국가의 붕괴와 프랑스 대혁명에 이르는 정치적 위기를 끊임없이 심화시켰다. 그러나 동시에 계몽주의 역사철학에 지배당했던 '근대' 부르주아지, 즉 '근대인'들은 급진적인 유토피아주의에 내포된 심각한 실제적 위기를 인식하지 못했다. 계몽주의 역사철학이 발전시킨 영구혁명, 테러, 전체적 국가, 이데올로기의 지배, 독재와 같은 유토피아들은 원래 의도와 다르게 근대 세계를 특징짓는 현실적 위기가 되었다.

이와 같이 이미 1950년대에 코젤렉은 계몽주의의 비판적 이성이 근대 세계의 보편적 위기를 낳았다고 주장함으로써 오늘날 보편화된 근대 비판적 태도를 선취했다. 근대의 특징적 현상을 '위기'에서 찾는 비판적 태도는 훗날 그의 '위기' 개념에 관한 연구에서도 엿볼 수 있다. 코젤렉은 이 연구에서 '위기' 개념이야말로 이미 1780년 이후 20세기에 이르기까지 가장 빈번하게 사용된 새로운 시간 경험의 표현이며, 따라서 지속적으로 우리 시대의 격변을 추동해온 역사적 요소이자, 끊임없이 우리 시대의 역사적 위기를 반영하는 지표로서 작용해온 근대의 최상위 기본개념임을 강조했다.[18]

이후 코젤렉은 콘체의 영향하에서 당시로선 새로운 사회사 연구에 몰두했고, 그 결과 교수 자격 논문으로 독일 근대화 과정에 관한 사회사를 저술했다. '1791년에서 1848년까지의 일반 지방법, 행정 및 사회운동'이라는 부제가 붙은 『개혁과 혁명 사이의 프로이센』이 그것이다. 이 책은 방대한 일차 자료를 중심으로 프로이센의 근대화 과정을 다룬 실증적 연구였다. 코젤렉은 사회구조사적 분석을 통해 랑케에 의해 시도되었던 기존의 프로이센 역사를 사건 중심의 정치사에서 사회사의 주제로 탈바꿈시키려 했다. 이 연구에서 그는 계몽주의적이고 자유주의적인 관료 슈타인과 하르덴베르크의 '위로부터의 개혁'은 사회 근대화의 측면에서 프랑스 대혁명에 상응하는 혁명적 과정이었음을 강조했다. 비록 신분제의 해체라는 측면에서 볼 때 정치적 근대화는 실패했지만, 자유주의적 관료 체제는 프로이센 사회를 절대주의적이고 전근대적인 사회에서 경제 활동의 자유가 확립된 근대 부르주아사회로 근본적으로 변모시켰기 때문이었다.[19]

사학사적으로 볼 때 1965년에 출판된 코젤렉의 이 연구는 1970년대 이후 본격화된 근대화를 주제로 한 독일 사회사 연구의 선구라고 할 수 있다. 그러나 동시에 이 연구에서 그는 방법론적으로 새로운 시도를 했다. 정치·사회적 구조, 즉 정치·사회적 "상태들"을 지칭하던 당시의 표어들, 예를 들어 '행정', '헌법/체제(Verfassung)', '신분', '계급' 같은 용어들을 둘러싼 당대인들의 정치·사회적 논쟁들과 새로운 정치용어들을 만들어내려는 노력들을 해석학적으로 분석했던 것이다. 이렇게 그는 이미 개념사적인 연구방법을 사회사 패러다임에 통합시키고자 시도하고 있었다.[20]

사회사적 개념사의 출현

코젤렉의 지적 오디세이는 곧바로 새로운 개념사 이론의 정립으로 이어졌다. 정치·사회적 맥락을 고려하지 않고 단지 텍스트 분석에만 의존해왔던 종래의 이념사 혹은 철학적 개념사를 지양하고, 새롭게 사회사적 개념사를 발전시키려는 코젤렉의 노력은, 마침내 앞서 언급한 『역사 기본개념』 프로젝트로 발전했다. 이 프로젝트를 위해 그는 인문·사회과학 분야의 다양한 전문가들과 역사의미론에 대한 공동 콜로키움 및 심포지움을 개최하여 사회사적 개념사의 이론 및 방법론을 논의하는 한편, 스스로 『역사 기본개념』의 서론에서 이 사전의 이론적 설계도를 명시했으며, 중요한 용어들에 대한 개념사 논문들을 직접 집필했다. 이처럼 『역사 기본개념』 프로젝트는 명목상 브룬너와 콘체가 공동 참여한 것으로 되어 있지만, 실제로는 코젤렉에 의해 주도적으로 기획되고 실행된 것이었다.

그럼에도 브룬너와 콘체가 코젤렉의 개념사 프로젝트에 끼친 영향을 무시할 수는 없다. 코젤렉의 아버지 세대에 해당되는 이 두 역사가는, 법학자 카를 슈미트와 함께 독일 개념사의 기초를 닦은 대표적 인물들로 손꼽힌다. 이론적으로 코젤렉은 그들에게서 직접적인 영향을 받았다. 코젤렉은 슈미트의 이른바 '정치적 인간학'의 개념을 자신의 개념사 이론에 적용했다. 정치적 인간학에 따르면 특정 개념들이 특정 시대를 다스린다. 이 개념들이 그 시대의 주의/주장을 지배하고 그 시대 사람들에게 명백하게 여겨지는 근거를 제공하기 때문이다.[21] 물론 슈미트의 이런 생각은 브룬너에게도 매우 강하게 드러난다. 그러나 브룬너는 다른 점에서 코젤렉에게 영향을 주었다. 그는 19세기야말로 사회적, 경제적, 그리고 정치적 단절뿐만 아니라 인식의 단절을 가져온 과거와의 급격한 단절의 세기라고 확신했다. 이런 생각은 이른바 '말안장의 시기'라는 코젤렉 개념사 이론의 핵심적 가정으로 구체화되었다. 이와 관련하여 브룬너는 개념사를 근대 세계와 전근대적 과거 사이에 놓인 인식의 심연을 연결하는 수단으로 간주했다.[22] 이 또한 코젤렉 개념사의 중요한 이론적 전제를 형성했다. 한편 콘체는 개념사를 '산업사회'의 출현을 연구하는 사회사에 통합시켰는데, 그 역시 코젤렉에게 중요한 영향을 끼쳤다.[23]

그런데 여기서 문제가 되는 것은 독일 개념사의 이데올로기적 기원이다. 독일 개념사의 기초를 닦은 이들 세 사람은 모두 반근대주의적 태도, 정확히 말해 반서구적이고 반자유주의적인 태도를 공유한 전투적 보수주의자들이었다. 이 점을 핀란드의 개념사가 카리 팔로낸(Kari Palonen)은 적절하게 지적하고 있다. 독일에서 개념사의 맹아는 이미 19세기의 니체나 막스 베버와 같이 개념 연구를 통해 현존하는 지식과 단단한 정치 질서를 변화시키려 했던 진보적 지식인에게서 발견되긴 하지만, 정작 독일 개념사의 직접적인 발전에 영향을 끼친 것은 역설적으로 19세기의 진보주의에 반대한 이들 "구세계를 그리워하던 자들"이었다는 것이다.[24] 더욱이 이들 모두가 한때나마 제3제국의 역사적 당위성과 정치적 적법성을 합리화시키는 데 정열을 쏟은 나치 독일의 이데올로그들이었음을 상기하면, 『역사 기본개념』으로 대표되는 코젤렉의 개념사 모델은 다분히 독일의 보수주의적이고 민족주의적인 전통의 영향을 받았다고 할 수 있다.

그러나 코젤렉의 개념사가 보수주의적이고 민족주의적인 이데올로기에 의해 각인된, 게다가 나치즘의 영향을 받은 역사 연구 모델이라고 주장할 수는 없다. 왜냐하면 그의 개념사 이론은 이들 급진 보수주의적 민족주의자들 말고도 이들과 정치적 입장을 달리한 여러 사상가들의 복합적인 영향 속에서 형성되었기 때문이다. 코젤렉은 전근대적 과거와 근대적 현재 사이에 존재하는 인식의 심연을 연결하는 구체적인 방법을 가다머의 해석학적 개념인 '번역'에서 찾았다.[25] 역사 자료를 이해하기 위해서는 자료의 언어를 우리의 언어로 번역해야 한다는 것이 가다머의 신념이었는데, 과거 행위자의 언어와 역사가의 언어를 동등한 관점에서 다루면서 양자의 수렴 과정을 탐구하는 코젤렉의 다차원적 연구 방식은 바로 이에 준거하고 있다. 또한 그가 근대적 시간 경험의 특징을 묘사하기 위해 사용한 '경험공간과 기대지평 사이의 균열'이라는 표현은, 나치의 박해를 피해 미국으로 망명했던 유대계 철학자 뢰비트의 세속사적 경험과 구속사적인 기대 사이의 불일치라는 역사철학적 명제에 뿌리를 두고 있다.[26] 이 밖에 앞서 언급한 것처럼 그가 역사가로서 입문할 당시 자유주의 역사가 쿤으로부터 받은 전반적 영향 또한 결코 무시할 수 없다.

여기서 이른바 '보수혁명'을 지향했던 독일의 급진적 보수주의자들에 대한 도발적 해석을 내리자면, 이들은 영국과 프랑스로 대표된 19세기의 서구 선진문명에 맞서 독일의 전통과 문화, 그리고 주체성을 수호하고자 했던 지식인들이었다. 물론 이들의 사상에는 많은 문제점들이 내포되어 있다. 특히 이들 중 다수가 나치 독일에서 민족 부흥의 희망을 찾았다는 사실은 결코 도덕적 비판을 비켜갈 수 없다. 그럼에도 이들의 문제의식을 '반근대주의', '반동적 근대주의', 더 나아가 '문화적 비관주의'라고 일관되게 부정적으로 묘사하는 영미 서구 학자들의 태도는 지나치게 일방적이다. 오늘날의 관점에서 볼 때, 오히려 이들의 서구에서 발원한 낯선 근대성에 대한 비판과 비유럽 세계 지식인들의 유럽(서양) 중심주의 비판 사이의 유사성이 강조될 수 있다. 여기에는 물론 이들의 대안적인 근대성 추구와 자신들의 근대화 경험을 주체적으로 해석하려는 노력 등도 포함된다.

따라서 코젤렉의 개념사가 급진 보수주의에 의해 각인된 개념사의 영향을 받았다는 말은, 그의 개념사가 근대 및 근대성에 대한 비판적 성찰이라는 문제의식을 유산으로 물려받았다는 뜻으로 재해석되어야 한다. 이처럼 근대 비판적인 문제의식 및 태도라는 공통점을 제외하면, 사실 코젤렉의 개념사는 일부 이론적 영향에도 불구하고 브룬너 및 콘체의 개념사와 현격한 차이를 보이고 있다.

중세사가 브룬너에게 개념사란 서구에서 발원한 자유주의에 대항하고 독일 민족의 전통을 복원하기 위한 지적·정치적 도구였다. 그는 19세기 자유주의적 부르주아지가 구축한 '헌정국가(Rechtsstaat)'를 역사적 필연성이 결여된 우연한 에피소드로 치부하면서, 이런 부르주아적 자유주의적 질서는 이제 나치 독일의 민족사회주의라는 새로운 질서에 의해 대체될 운명에 처해 있다는 신념을 견지했다.

이런 정치적 신념에 기초하여 그는 자유주의 역사 서술에 의해 왜곡된 역사학을 구원할 새로운 수단을 찾았는데, 그것이 개념사였다. 그는 부르주아 자유주의적 규범에 의해 각인된 현존하는 '기본개념'들이 과거의 실재를 왜곡시킨다고 비판하면서, 이 시대착오주의를 수정하기 위한 방편으로 과거의 개념 세계를 있는 그대로 복원할 것을 주장했다. 이런 점에서 볼 때, 그에게 개념사란 단순히 역사 연구의 한 방법이 아니라 역사가에게 부과된 인식론적 명령이었다.[27]

여기서 브룬너가 주장한 개념사의 이론적 특징이 나타난다. 그에게 과거의 개념 세계를 복원한다는 것은 곧 사료 자체로부터 직접적으로 역사가들의 인식 범주를 끌어내는 것을 의미했다. 따라서 개념사란 사료의 언어, 즉 과거인들이 사용한 '기본개념'을 충실히 복원하여 지속시키는 과제를 지닌다. 그에게 역사적 진리란 이른바 '국가', '사회', '신분', '계급' 등 자유주의 역사가들이 사용한 "추상적인" 근대적 기본개념들로는 결코 포착할 수 없는 과거 민중들의 "실제적인 삶에 내재된 구체적 질서" 속에 있었다.[28] 이런 "구체적 질서"는 오직 그들의 언어로만 포착할 수 있는 것이었다. 그러나 이런 개념실재론적인 태도 속에는 후대 연구자의 관점과 역사인식이 들어설 자리가 없다.[29]

가디 알가치(Gadi Algazi)가 비판한 바와 같이, 사료의 개념, 과거인들의 언어만을 강조한 브룬너의 개념사는 중세에 대한 그의 학문적 관심과, 다른 한편으로 나치 세계관에 상응하는 올바른 개념을 확립하기 위한 규범적 관심의 혼합물이었다. 그는 카를 슈미트를 비롯한 나치 법학자들이 체제의 적법성을 확립하기 위해 고안한 '구체적 질서 사상'이라는 규범적 개념을 역사 연구에 적용했다. 그리하여 그의 개념사 속에는 다양한 언어 사용, 다양한 정치·사회적 맥락을 고려하면서 사후적事後的 관점에서 행해지는 개념 분석과 개념 사용에 대한 이데올로기 비판이 빠져 있다. 전근대 시대를 살았던 과거인들의 개념이 학술적 묘사 개념으로 둔갑되어 지속적으로 반복될 뿐이다.[30] 이처럼 과거의 전통적 민족 공동체와 미래 지향적인 나치 독일의 민족 공동체 사이에 놓인 근대적 언어라는 심연을 제거하면서 브룬너의 개념사는 비非역사적인 어용학문이 되었다.

1945년 이후 독일 개념사는 탈나치화의 과정을 겪었다. 이제 독일 개념사는 서구적 근대성의 극복이라는 민족주의적 과제로부터 벗어나, 범 유럽적 관점에 입각해 근대 산업사회와 전통사회 사이에 놓인 인식의 심연을 이어주려는 사회사적 개념사로 변화했다. 브룬너도 이 새로운 개념사 모델에 찬성했지만, 이를 실제로 발전시킨 것은 콘체와 코젤렉이었다. 이 두 사람은 이전의 브룬너와는 달리 개념의 근대적 '변화'와 '발전', 즉 개념의 근대화를 탐구했다. 물론 독일 개념사의 이런 변화를 비판적으로 해석하자면, 나치의 부끄러운 과거를 감추고자 하는 시도로 읽힐 수도 있다. 팔로낸이 날카롭게 지적하다시피, 근대적 개념의 출현기인 '말안장의 시기'가 어째서 대략 1850년대에 끝나는가에 대해 명확한 답변을 주지 못한 코젤렉도 이런 혐의로부터 자유롭지 못하다. 그러나 독일 개념사를 정치적·이데올로기적 관점에서 연구하는 것은 향후의 과제이다. 다시 본론으로 돌아가 이론적 관점에서 논의를 계속해보자.

콘체는 브룬너가 그랬던 것처럼 "우리 역사에 나타난 언어 혼란에 대한 불쾌함"을 없애기 위해 개념을 명료하게 정리하려 했다.[31] 그리고 이런 의도는 과거의 실재를 객관적으로 포착할 수 있는 학술 개념의 구성이라는 목표로 구체화되었다. 이는 역설적으로 근대 학술 개념을 불신하고 과거 행위자의 언어를 복원시키려 했던 브룬너와는 정반대의 방향으로 나아갔음을 의미한다. 이와 관련하여 콘체는 언어를 근대화라는 사회사적 진행 과정의 지표로서만 간주하는 전형적인 사회사가의 태도를 견지했다. 그에게 개념의 변화는, 이를테면 경기지수의 변화와 유사하게 사회구조의 실제적 변화를 보여주는 증거물이었다.

예를 들어 「폭민暴民에서 프롤레타리아로」[32]라는 논문에서, 콘체는 전근대 세계에서 근대 산업세계로의 변화 과정에 연루된 사회집단 및 정치주체들에 대한 개념이 어떻게 변화했는가를 실증주의적 관점에서 추적했다.[33] 여기서 그는 신조어인 '프롤레타리아'가 전통적 표현인 '폭민'보다 정치·사회적으로 더 빈번하게, 또한 더욱 중요하게 사용되기 시작한 1840년대를 '폭민'이라 불리던 민중이 실제로 근대적 프롤레타리아 계급으로 변화된 시점으로 간주했다. 이처럼 콘체는 브룬너와는 또 다른 의미에서 언어와 실재를 일치시키는 소박한 실재론자였다.

반면 코젤렉은 이런 실재론을 극복했다. 그는 언어와 실재 간의 차이, 개념 변화의 역사와 사회사적 진행 과정 간의 내용적·시간적 차이를 강조했다. 이런 전제 아래서 양자의 긴장 관계 및 복잡한 상호 얽힘의 관계를 섬세하게 읽어내려 했다. 이런 태도는 언어가 근대화라는 사회사적 진행 과정의 지표일 뿐만 아니라, 동시에 이를 추동했던 요소라는 명제로 구체화되었다. 여기에는 그의 독특한 역사인식론이 작용했다. 그에 따르면, 앞서 언급한 바와 같이 역사적 실재 혹은 진실이란 사료의 언어와 현재 역사가의 언어, 즉 과거 행위자의 개념과 현재 역사가의 학술적 개념, 그리고 이에 내포된 과거의 인식지평과 현재의 인식지평 모두를 포괄하거나, 혹은 그 사이에 있는 그 무엇이다. 따라서 근대화의 역사를 재구성하는 것은 양자 모두의 관점에서 다차원적인 방식으로 진행되어야 한다는 것이었다. 이처럼 코젤렉은 브룬너처럼 전자만을 강조하는 텍스트 해석학적이고 정신사적인 방법과 콘체처럼 후자만을 강조하는 사회사적이고 실증주의적인 방법 모두를 넘어선 개념사 연구 모델을 정립했던 것이다.

이와 같은 코젤렉의 사회사적 개념사는 특히 근대화론에 입각한 독일 사회사 연구에 대해 비판적 대화자로서의 역할을 나름대로 수행했다. 그의 개념사는 근대화 연구에서 역사 행위자의 주관적 세계를 동등하게 다룸으로써, 사후적으로 구성된 이론 모델인 근대화론을 상대화시켰고, 근대에 대한 무비판적인 규범적 태도, 그리고 결정론과 목적론적인 역사인식을 특징으로 한 독일 사회사 연구의 일면성을 수정·보완하려 했다. 여기에는 초기부터 그가 견지하고 있던 근대에 대한 이데올로기 비판적 태도, 즉 근대화 및 근대가 반드시 올바르고 당위적인 것은 아니고, 치러야 할 대가 또한 만만치 않다는 인식이 작용했다.

언어혁명과 근대 세계의 출현

코젤렉은 개념사 연구를 통해 '실제 세계의 변화'와 역사 행위자들의 '의식의 변화' 사이의 복잡한 상호 관계를 재구성했다. 그 결과 그는 근대의 시원 및 근대의 특징에 대한 두 가지의 새로운 역사상을 제시했다. 먼저, 유럽의 전통사회로부터 근대사회로의 대전환기에 언어혁명이 있었고, 이 언어혁명을 통해 유럽 사회는 더욱 빠른 속도로 근대화되었다. 다음으로, 유럽의 근대는 본질적으로 새로운 '역사적 시간'의 경험에 의해 특징지어졌다. 다시 말해, 자연의 시간과 분리된 순수한 역사적 시간의 경험이라는 새로운 시간 경험이 서구적 근대성을 각인시켰다.

먼저, 그가 말하는 언어혁명이란 무엇인가를 살펴보자. 영국의 사회사가 홉스봄은 서구에서 두 가지 혁명, 즉 시민혁명과 산업혁명을 통해 본격적으로 전통사회가 해체되고 현대사회가 출현하게 되었음을 강조한다.[34] 서구 사회 근대화의 원동력을 정치혁명과 급진적 산업화에서 찾는 그의 '이중혁명' 이론은 서구 역사학자들의 일반적인 견해를 대변하는 주장이라고 할 수 있다. 그런데 코젤렉은 이 대전환기를 특징짓는 또 다른 혁명적 변화를 상정했다. 바로 '언어혁명'이다.[35] 코젤렉은 대략 1750년에서 1850년까지의 기간을 이른바 '말안장의 시대(Sattelzeit)', 말년에는 '문턱의 시대(Schwellenzeit)'[36]라고 은유적으로 명명하면서, 이 기간 동안 유럽 사회는 전통적 개념 세계에서 근대적 개념 세계로의 근본적인 변화, 즉 언어혁명을 겪었다고 한다. 그가 강조하다시피, 이 변화는 단순히 개념들 속에 담긴 몇몇 의미들의 변화가 아니라, 개념의 전통적 의미와 기능들이 비교적 제한된 기간에 본질적으로 바뀌면서 일어난 개념의 의미론적 구조 변화를 의미한다. 전통적인 세계관과 상징체계를 근본적으로 바꾼 이 개념의 혁명적 변화야말로 서구인들이 근대화 과정에서 경험한 가장 근본적인 문화적 혁명으로서, 근대 서구 사회를 탄생시킨 또 하나의 원동력이었다. 그가 구상한 『역사 기본개념』의 중심 주제는 바로 이 언어혁명의 과정을 사회 전반의 근대화 과정과의 관련 속에서 체계적으로 연구하는 것이었다.

개념의 혁명적 변화가 갖는 실제 양상은 복잡하다. 먼저, 새로운 정치·사회적 경험을 개념화한 무수히 많은 신조어(특히 -ism)가 출현했다. 그러나 동시에 기존 단어들 속에 새로운 의미들이 지속적으로 첨가되면서 이 단어들이 근대적 개념으로 변화되기도 했다. 세 번째로, 어떤 개념들은 철학과 문학의 담론을 위한 전문술어로부터 정치와 사회의 담론을 위한 술어로 확대되거나 전위되어 사용되면서 새로운 의미와 기능을 갖게 되기도 했다. 마지막으로, 이전에는 정치적·사회적으로 중요하지 않았지만 이제 중심적인 정치·사회적 개념으로 부각되면서 새로운 의미와 기능을 갖게 된 개념들도 있었고, 이와 정반대의 운명을 맞은 개념들도 있었다. 세 번째와 네 번째 경우는 조금 복잡하므로, 독자의 이해를 돕기 위해 적절한 사례를 드는 것이 좋을 듯하다.

먼저, 세 번째 경우에 해당되는 사례이다. 유토피아 개념은 토마스 모어의 소설 『유토피아』에 기원한다. 이후 이 개념은 현실비판 문학이라는 하나의 문학 장르를 지칭하는 데 쓰였다. 하지만 18세기를 경과하면서 정치사회적 개혁운동부터 새로운 종교적 공동체운동에 이르기까지 온갖 종류의 미래 지향적 개혁운동과 그 프로그램들이—주로 부정적인 의미에서—'유토피아'로 지칭되게 되었다. 이와 상응하여 '유토피아'의 의미도 멀리 떨어진 이상사회라는 공간적 의미에서 이상적인(혹은 허구적인) 미래사회라는 시간적 의미로 변화되었다.[37]

한편 '사회주의'와 '계급', '귀족'과 '신분' 같은 개념들은 네 번째 경우에 해당된다. '사회주의', '계급' 같은 단어들은 전형적인 근대적 기본개념으로 부각된 것들이다. 그러나 이 단어들은 18세기까지 정치·사회적 용어로서 그다지 중요한 역할을 하지 못했다. '계급'보다는 '신분'이 사회적으로 유의미하게 쓰였으며, '사회주의'는 단지 루소의 사회계약설 지지자들을 지칭하는 데 사용되었다. 이와는 반대로, 어떤 개념들은 전통적인 정치·사회적 중심개념으로서의 기능과 그에 상응하는 의미를 점점 잃어가고 있었다. 19세기 들어 '신분'은 점점 이전의 사회학적 의미를 상실해갔으며, '귀족'은 신

1780년대 파리의 대중을 위한 황색신문 제작소

분 개념이기보다는 보편적이고 은유적인 개념으로 점차 바뀌었다.

그리고 코젤렉은 이런 개념의 혁명적 변화 과정을 서로 밀접하게 관련된 네 가지 범주를 가지고 특징지었다. 그에 의하면 많은 개념들이 '민주화', '시간화', '이데올로기화', 그리고 '정치화'되면서 근대적 기본개념으로 변화되었다는 것이다. 좀 더 자세히 언급해보자.

민주화

신분사회가 해체되면서 많은 개념들의 사용 범위가 엘리트층을 넘어 점점 하부계층으로 확대되었다. 18세기 중엽까지만 해도 많은 정치 용어들은 상층 귀족, 학자, 법률가들에게만 한정되어 사용되었다. 하지만 이 시기가 지나면서 이 용어의 사용이 교양시민층 전반으로 확대되었고, 19세기 중엽이 되면 점점 많은 수의 하층민들까지 의식적으로 이 용어들을 사용하는 정치적 언어 공간 속에 편입되었다. 정치적 언어 공간의 확대에 상응하여 정치언어(정치 유행어, 정치 표어) 전반이 증대되었다. 나아가 종래의 신분 질서 속에서 사용되었던 특수한 개념들이 일반적인 개념으로 변화했다. 예를 들어 '명예'나 '존엄성' 같은 개념들은 신분 질서적 의미를 잃고, 민족이나 민중 전체를 위한 개념으로 확대되거나, 반대로 개인적 영역으로 사유화되었다. '시민' 개념 역시 이전의 신분 질서적 의미를 잃고 모든 신분을 포괄하는 일반적 개념으로 변화했다.

시간화

많은 개념들의 의미 내용이 점점 시간적 범주와 결합된 채 쓰이게 되었다. 다시 말해, 점차 그 개념들의 의미 내용 속에 이전에는 없었던 미래의 기대와 목표가 들어가게 되었다. 이를테면 '공화국' 개념은 모든 헌정 체제의 집합 개념이라는 이전까지의 의미를 잃고, '공화주의'라는 신조어와 결합되어 사용되면서 합법적인 유일한 헌정 체제라는 한 당파의 미래에 대한 기대를 표현하는 개념으로 전환되었다. 그 과정에서 '공화국'은 '민주주의' 개념과 동의어로 쓰이기도 했다. 이 경우 다시 '민주주의'는 더 이상 '귀족정'이나 '왕정'에 대한 특정한 정치 이론적 반대개념으로 쓰이지 않고, 자유주의, 사회주의 등과 결합하면서—예를 들어 '자유민주주의', '사회민주주의' 등의 형태로—내용적으로 다양한 미래에 대한 기대를 끊임없이 고양시키는 역동적인 개념으로 발전해갔다.

보통선거권 쟁취를 위한 집회

이처럼 어떤 헌정 체제의 상태를 기술하는 전통적인 개념들이 미래의 기대와 목표를 지닌 운동 개념으로 변화되었다는 명확한 증거는, 무엇보다 이 시기에 출현한 수많은 '-주의(-ism)'가 결합된 신조어들에서 발견할 수 있다. 동시에 이 '-주의'들은 이 변화 과정의 촉진제 역할을 했다. 그 과정 속에서 마침내 역사적 시간 자체를 명료화하는 표현들이 출현했다. '발전'이나 끝없는 '진보', 이전의 헌정 체제의 순환 과정의 의미에서 이제 끊임없이 새로운 시대를 여는 과정의 의미로 전환된 '혁명' 등의 개념이 그것이다.

이데올로기화

많은 개념들이 내용적 구체성, 혹은 역사적 사실과 사회적 실재와의 직접적인 관련성을 잃고 점점 더 추상화되었다. 많은 개념들의 의미의 다의성多意性이 증가했고, 그 과정에서 많은 개념들이 '집합단수(Kollektivsingular)' 형태로 표현되었다. 대표적 예를 '역사' 개념의 출현에서 찾아볼 수 있다.[38] 18세기를 경과하면서 페르시아 전쟁사나 로마사 같은 구체적·개별적 '역사들'을 종합하는 추상적 대표 단수 '역사 일반'이 출현했다. 이를 통해 '역사' 개념은 현실적 경험의 가능성과 이 경험에 대한 인식의 가능성을 모두 포괄하는 선험적인 그 무엇이 되었다. 개념들의 집합단수화의 예는 이 외에 특정 사실과 관련된 개별적 진보들로부터 '진보 자체'의 출현, 각 신분들이 지녔던 특권으로서의 '자유들'로부터 일반적인 '자유'의 출현 등에서 찾아볼 수 있다. 집합단수화를 통한 개념의 일반화·다의화·추상화 과정은 이제 개념이 발화자의 사회적 이해관계나 당파성에 따라 다양하게 사용될 수 있게 되었음을 의미한다. 이처럼 개념은 각각의 발화자의 관점과 결합된 채 지속적으로 이데올로기화되었다.

정치화

각각의 관점에 따른 용어 사용의 다양성과 개념의 이데올로기화의 경향은 사회 전반의 다원화 과정에 상응해 더욱 심화되었다. 그 과정은 필연적으로 개념 사용의 정치화로 귀결되었다. 더욱 많은 사람들이 말하고, 참여하고, 동원되고, 정적을 비난하기 위한 용어들이 증대하면서 이 용어들의 정치사회적 활용도와 영향력이 더욱 증대되었다. 아울러 논쟁적인 반대개념들이 점점 더 위력을 발휘했다.

8시간 노동 쟁취를 위한 대중집회

예를 들어 '혁명적'과 '반동적'이라는 논쟁적 반대개념들은 반대파와 자신을 동시에 지칭하는 기능을 수행하면서 19세기 동안 지속적으로 재생산되었다. 장기적으로 지속된 산업화 과정 속에서 정치 영역에서는 새로운 정치적 신조어와 이를 정치적으로 이용하는 이른바 '언어정치적 전략'의 중요성이 부각되었다. 더 나아가 정치 표어뿐만 아니라 이론적 개념들도 언어정치적 의도 속에서 사용되었다. 이 과정 속에서 경험적으로 검증되지 않은 순수한 미래적 개념들이 이제 정치·사회적 힘을 갖게 되었다. 예를 들어 '사회혁명' 같은 미래 설계를 위한 역사철학적 개념이 미래에서 현재로, 즉 현실 정치적 전략과 언어정치 속에 피드백되었다. 이는 곧 사회혁명을 통해 달성될 이상사회로의 진보를 위해서는 우선적으로 '사회혁명' 개념이 현실 정치적으로 먼저 수용되고 강조되는 것이 중요해졌다는 것을 의미한다.

이상이 개념의 혁명적 변화, 즉 언어혁명의 중요한 특징이다. 코젤렉은 여기에 덧붙여 언어혁명이 단순히 시민혁명과 산업혁명으로 특징지어지는 당시의 정치·사회적 근대화 과정을 반영하는 데 그치지 않고, 정치·사회적 근대화를 촉진시키고 특정한 방향으로 몰아갔던 요소임을 강조했다. 개념의 변화는 정치·사회 전반의 실제적 변화를 가속화시켰고, 실제 사회 변화가 더욱 빨라짐에 따라 개념의 변화 역시 더욱 가속화되었으며, 이는 다시 실제적 변화를 더욱 빠르게 촉진시켰다. 양자의 상호 영향 속에서 빠른 속도로 구세계가 해체되고 근대 세계가 형성되었다는 것이다.

코젤렉의 언어혁명론은 사후적 관점에 입각해 구성된 근대화론 및 그 영향을 받은 사회사가 산출한 역사상을 수정하는 데 기여했다. 그는 새로운 개념들을 통해 표현된 당시 서구인들의 경험과 기대를 근대화의 역사 전면에 부각시켰으며, 결정론적 시각에서 벗어나 근대화라는 역사 진행 과정을 인간이 주체적으로 대응하고 만들어간 과정으로 묘사했다. 이를 요약하면, 사람들은 새로운 개념들을 통해 종래의 경험과 미래 기대 사이에 놓인 차이를 새롭게 규정하고, 새로운 경험들을 축적했으며, 새로운 기대지평을 열었다. 또한 이 과정 속에서 사람들은 새로운 정치적 행동 공간을 열었으며, 새롭게 자신과 자신의 행위를 정당화하면서 현실 세계를 변화시켜나갔다.

물론 '말안장의 시대' 및 '문턱의 시대'라는 시대구분, 그리고 근대적 개념들을 특징짓기 위해 설정한 네 가지 범주는, 코젤렉 스스로 밝혔듯이, 여러 형태의 경험 연구를 통해 검증받아야 할 가설이다.[39] 그럼에도 그의 가설들은 각국의 근대화 과정을 근대화론에서 벗어나 새롭게 개념사적 방식으로 연구하려 한다면 한 번쯤 진지하게 고려해봐야 할 이론적 지침임에 틀림없다.

여기서 코젤렉과 유사하게 영국사 분야에서 개념과 언어의 문제에 착목해온 포콕(J. Pocock)의 입장은 하나의 좋은 사례가 될 것이다.[40] 그는 코젤렉의 가설이 비록 영국사의 많은 부분에 내용적으로 들어맞지는 않지만, 그럼에도 기본적으로 흥미를 끈다고 한다. 특히 그는 개념의 혁명적 변화의 시점인 이른바 '문턱의 시대' 가설을 영국 담론사 연구를 위해 적용해볼 수 있음을 지적한다. 물론 그는 이를 위해 많은 수정이 필요하다는 점도 지적한다. 포콕에 의하면, 영국사에서는 대략 1780년대에서 1830년대 사이가 코젤렉이 말하는 '문턱의 시대'에 해당될 수 있다. 또한 그에 의하면 코젤렉이 제안한 가설 중 '민주화', '이데올로기화', '정치화' 범주 역시 상당 부분 영국의 경우에도 해당될 수 있다. 하지만 포콕은 전반적으로 이 범주들이 영국의 '문턱의 시대'에 일어난 담론 변화를 분석하기 위한 이념형으로 적절치 못하다고 주장한다. 그가 주목하는 이 시기 영국에서의 담론 변화는 '행정 담론', '인구와 산업 담론', '노동계급 담론', 그리고 '전문가 계급 담론'의 지속적 증대와 이런 담론들의 근본적인 변화이다.[41]

그런데 초점을 동아시아로 돌려보면 코젤렉의 언어혁명론이 주는 또 다른 의미가 발견된다. 동아시아에서 가장 발 빠르게 서구 문물을 수용해 근대화를 이룬 일본의 예를 보자. 일본의 작가 가토 슈이치加藤周一는 정치 사상사가 마루야마 마사오丸山眞男와의 대화에서 일본의 근대화는 무엇보다 문화적 대전환을 통해 추진되었음을 지적한다. 그에 의하면 '근대화'의 첫걸음은 외국인 교사, 유학생, 사찰단, 그리고 번역에 있었다는 것이다.

이 가운데 그는 번역을 통한 무수한 신조어의 출현 현상을 강조한다. 이 신조어들은 기존 한자어들이 의미를 간직한 채 새롭게 조합되거나, 이전 한자어의 의미가 바뀌거나, 혹은 완전히 새롭게 발명된 것도 있었다는 것이다.[42] 이처럼 서구 문명과의 조우에서 발생한 새로운 경험들을 개념화하기 위해 신조어들이 등장했다는 사실은, 개별 개념의 수용사 연구를 넘어 동아시아의 근대화 과정을 언어혁명론적 관점에서 체계적으로 연구해야 할 필요성이 매우 크다는 것을 암시한다. 이때 코젤렉이 제시한 가설들이 하나의 이론적 지침으로 진지하게 고려될 수 있을 것이다.

끝없는 과도기로서의 근대, 영원한 위기로서의 근대성

코젤렉이 제시한 두 번째의 새로운 역사상은 자연적 시간과 다른 순수한 역사적 시간의 경험이라는 유럽 역사상 최초의 시간 경험이 서구의 근대가 갖는 진정한 새로움, 다시 말해 서구적 근대성의 근저에 놓여 있다는 것이다. 그는 언어혁명의 가장 중요한 측면이 당시 유럽인들의 새로운 역사적 시간 경험을 집약적으로 표현한 근대적 개념들의 출현이라고 보았다. 코젤렉의 개념사는 무엇보다 이 개념들의 연구에 집중되어 있다. 그는 '역사', '근대(Neuzeit)', '진보', '혁명', '위기', '해방', 그리고 '우연' 등 서로 중첩되는 의미 내용을 지닌 채 교환되어 사용되면서 당시 유럽인들의 새로운 역사적 시간 경험을 표현한 개념들을 직접 연구했는데, 그중 '근대'와 '우연'은 『지나간 미래』에, 나머지 개념들은 『역사 기본개념』에 수록되어 있다. 그의 연구는 이 개념들이 언어혁명을 통해 원래의 단어적 의미에서 벗어나 역동적 의미를 지닌 새로운 운동 개념들로 변화되었다는 것과, 이 과정 속에서 근대가 단순히 과거와 구별되는 현재가 아니라 신기원적 의미를 갖는 새로운 역사적 시대(epoch)로 인식되었다는 것을 밝혔다. 그러면 이 근대적 역사의식의 출현사를 그의 개별 연구들을 종합해 약술해보자.[43]

새로운 역사적 시대로서의 근대는 순환적이고 정적인 '자연적 시간'으로부터 진정한 의미의 '역사적 시간'이 해방되면서 출현했다. 전통적으로 역사는 두 종류의 자연적 시간 범주에 의해 서술되었다. 끊임없이 되풀이되는 별들의 순환, 그리고 통치자 및 왕조의 자연적 혈연 승계가 그것이다. 전쟁의 역사, 수도원의 역사, 도시의 역사, 가문의 역사, 왕조의 역사와 같은 수많은 개별적 역사들이 이 자연적 시간에 의거해 배열된 연대기에 따라 서술되었다. 유럽인들의 전통적인 시간관은 과거와 현재 및 미래 사이의 동질성에 기반한다. 코젤렉이 지적하듯이 각 주제마다 그 출발 시기부터—심지어는 창세기에서부터—현재까지의 역사를 요약하고 있는 중세의 연대기 서술에서, 이전 시기에 대해 다음 시기가 새로웠던 것은 단지 각 시기마다 계속 새로운 사건들이 일어났기 때문이었다. 중세의 역사가들은 자신들을 '계승자'로 생각했고, 자기 후예들이 "이 세계의 종말에 이르기까지 다음 시대에 일어날 새로운 사건들을 자신들의 저작에 덧붙여"주기를 바랐다. "역사는 시간의 흐름 속에서 일어나는 모든 것의 연대기"였다. 르네상스 인문주의적 역사 서술 역시 이런 정적인 시간관에 기초하여 역사란 시간을 초월하여 언제나 타당한 본보기임을 강조했다. 모든 역사들의 유사성과 구조적 동질성을 전제로 하여, 역사는 다음 세대들을 위한 교훈이 되어야 했던 것이다.

그러나 새로운 미래의 지평이 열리면서 과거와 미래 사이의 질적인 차이가 성찰되기 시작했다. 예를 들어 종교개혁 이후 유럽인들의 세계관을 지배하던 종말론이 약화되면서 미래는 신의 계시에 의해 점유된 닫힌 공간에서 인간에게 개방된 시간적 공간이 되었으며, 17세기 말엽부터 18세기 초까지 진행된 '고대인과 근대인의 논쟁'을 거치면서 고대의 권위, 마땅히 따라야 할 본보기로서의 '과거'에 종속되어 있던 '현재'는 조금씩 과거로부터 독립되어 하나의 독자적인 새로운 '시대'로 인식되었다. 이런 과정을 통해 18세기가 경과하면서 역사적 시간 경험이 탈자연화되고, 자연적 시간으로부터 독립된 순수한 역사적 시간이 발견되었다.

가장 먼저, 순환적 시간 도식 속에서 이해되었던 '계속 진행됨(Fortgang)'이 직선적 시간 도식 속의 '진보(Fortschritt)'로 바뀌었다. 그 밖에도 이 시기에 '민주정(민주주의)', '자유', '국가'와 같이 많은 개념 속의 미래 지향적 함의들이 증대되면서 그 개념들의 일련의 의미 속에 운동의 범주들이 증대했다. 더 나아가 역사적 시간 자체를 명료화시키는 표현들, 즉 운동 개념들이 출현했다. 예를 들어 근대적 '혁명' 개념이 대표적인 운동 개념이다. '혁명'은—앞에서도 언급했다시피—헌정 체제의 순환 도식 속에서 올바른 체제로의 '회귀'라는 뜻을 갖고 있었으나, 이제 끊임없이 새로운 시대를 여는 '과정'이라는 의미로 전환되었다.

'진보'에서 시작된 유럽인들의 "순수한 역사적 시간"의 발견 과정은 마침내 '역사'가 추상적인 집합단수 개념[44]으로 바뀌면서 완성되었다. 코젤렉이 강조하다시피, '역사'야말로 근대의 시작을 알리는 신호였다. 같은 맥락에서 그는 근대가 끝나버린다면 '역사' 또한 사라져버릴 것이라고 함으로써 '역사'와 '근대'의 밀접한 관계를 강조하고 있다.[45]

흔히 대문자 역사라고 불리는 '역사'는 무엇에 관한 개별 '역사들'의 단순 조합이 아니라, 시간적·공간적으로 현실 전체가 체계적으로 통합된 보편적 시스템을 의미했다. 시간적으로 과거와 현재뿐만 아니라 미래 또한 '역사' 속에 통일적으로 엮였다. 공간적으로 '역사'는 인류와 세계 전체를 포괄하는 세계사를 의미했다. 이와 함께 '역사'라는 하나의 개념 속에 실제로 일어난 일과 그에 대한 서술(이야기) 및 지식이 통합되었다. 이를 통해 역사 개념은 마치 시간과 공간처럼, 인간의 모든 경험의 가능성과 그 경험에 대한 모든 인식 가능성을 포함하는 인간 의식의 선험적 범주가 되었다. 따라서 '역사'는 이제 '누구의 역사'나 '무엇에 대한 역사'가 아니라, 자기 스스로 주체가 되고 자신을 성찰의 대상으로 삼는—따라서 초역사적인—'역사 자체'가 되었다. 이 '역사 자체'로서의 '역사'는 마치 신神처럼 인간과 세계에 심판을 가하는 최종심급이 되었다.

이런 즉자 대자적 '역사'는 자연적 시간과 본질적으로 다른 고유의 시간구조를 지닌 역사철학적 개념으로 인식되었다. "시간은 모든 역사들이 연출되는 형식일 뿐 아니라, 스스로 역사적 질을 획득한다. 역사는 시간 속에서 이루어지는 게 아니라 시간을 통해서 이루어진다. 시간은 역사 자체의 힘으로서 역동화된다"는 의식이 사람들을 지배하기 시작했다. 이제 역사가 연대기를 따라 서술될 것이 아니라, 연대기가 독자적 시간을 가진 역사를 따라야 했다. 이를테면 '세기' 개념이 100년이라는 도식적인 숫자와 분리되어 새로운 역사적 의미를 얻었다. '세기'는 단순한 연대기적 보조 수단에서 벗어나 일회적이고 반복 불가능한 독자적인 시간구조를 갖는 개념이 되었다. 이제 인간의 개별적인 역사적 시간 경험들은 '진보', '발전', '몰락', '가속', '지연' 등과 같은 역사 자체의 역동적인 시간구조 속에서 해석되었다. 이 역사적 시간의 역동성은 프랑스 대혁명 이후 더욱 '가속화'되었다.

또한 사람들의 의식 속에서 각각의 고유한 시간의 리듬을 지닌 개별적 역사들이 '역사' 자체 속에서 보편적인 '진보'의 체계 아래 질서 지어지자, '동시적인 것들의 비동시성'이 모든 역사적 기본 경험으로 작용했다. 그와 함께 과거에 대한 역사인식이 시간의 진보와 시대적 관점에 의해 필연적으로 달라져야 한다는 역사적 상대주의가 대두했다. 이를 통해 과거 역시 새로운 시대적 관점에 따라 끊임없이 변화하게 되었고, 전통적으로 힘을 발휘해왔던 "역사는 삶의 스승(historia magistra vitae)"이라는 경구는 이제 그 타당성을 잃었다.

마침내 근대는 하나의 신기원적 특징을 갖는 고유한 '시대'로서 역사적 질을 획득했다. '시대정신'이라는 당시의 유행어에서도 알 수 있듯이, '근대'는 단순히 과거에 비해 새로운 현재를 지칭하기 위해, 혹은 단순히 중세와 구별되는 새로운 시기를 규정짓는 연대기적 시기구분의 범주로 사용되어온 관례에서 벗어나, 하나의 고유한 역사적 시대를 지칭하는 개념이 되었다. 이 '근대' 개념은 내용적으로 '모든 것이 유동적으로 되었거나 그렇게 되고 있으며, 정해진 목적이나 목표도 없이 변화 자체만이 시대의 운동 속에서 나타나고 발전하고 있다'는 당시 유럽인의 의식을 표현했다. 이처럼 사람들은 새로운 변화와 과거와의 단절이 끊임없이 이어지는 새로운 역동적 시대 속에 살고 있다고 생각하게 되었다.

근대 개념을 표현하던 슬로건이 시간이 경과하면서 '새로운 시대'-'더욱 새로운 시대'-'가장 새로운 시대'로 변화한 데서 알 수 있듯이, 사람들이 종래에 가졌던 기대지평은 새로운 경험들에 의해 더욱 빨리 낡은 것으로서 폐기되었고, 새로운 기대지평은 더욱 더 빨리 미래를 향해 멀어졌다. 사람들의 의식은 미래는 우리 시대와는 매우 다르리라는 기대감, 그리고 이와 상응해 변화가 더욱 빨라지고 있다는 시간적 경험 리듬의 변화에 의해 특징지어졌다. 변화가 더욱 빨라지고 있다는 바로 이런 의식을 통해 '우리의 시대'가 과거와 구분되었다. "이질적 경험을 생산하는 시간 간격의 단축", "경험들을 소진시키는 변화의 가속" 같은 표현들이 유행했다. 끊임없이 스스로를 추월하는 시간의 운동 속에서 장기적인 의미를 지닌 '시대'와 이보다 짧은 '기간(period)', 그리고 새로운 시대로 진입하는 데 걸리는 시간과 그 시대가 지속하는 기간이 마침내 일치하게 되었다. 이제 역사의 섭리가 모든 것을 결정한다거나, 역사는 시간을 초월하여 항상 본보기가 된다는 생각은 사라지고, 모든 역사들이란 세계사적 진행 과정(process)에서 일회적으로 나타난 것이라는 역사의식의 시간화가 이뤄졌다. '신기원적인 일회성'이라는 의식이 지속적으로 확립되면서, 이것이 이른바 1870년 이후 출현한 '근대'의 독일어 표현인 'Neuzeit(새시대)'의 기준이 되었다.

이상과 같은 코젤렉의 명제를 정리해보자. 역사적 시간이 자연적 시간으로부터 해방되면서 새로운 역사적 시대로서의 근대가 출현하기 시작했다. 이 해방 과정은 역사적 시간 개념을 명료화시킨 '진보'라는 가장 순수한 운동 개념의 출현에서부터 시작해 '역사'라는 추상적 집합단수의 출현으로 완성되었다. 이제 역사는 자연적 연대기에서 해방된 채 스스로에 내재된 고유의 시간 리듬에 따라 전개되는 운동 개념이 되었다. 유럽인들은 '역사'를 '근대' 개념과 함께 경험 세계의 '시간화', '역동화', 또한 과거와의 단절과 변화의 '가속화'를 표현하는 기본개념으로 쓰면서, 자신들의 시간 경험에 역사적 질을 부여했다. 그것이 바로 새로운 시대의 영원한 연속, 즉 끝이 보이지 않는 과도기로서의 근대이다.

이 코젤렉의 명제를 조금만 유추해보면, 역사적으로 근대가 얼마나 새로운가를 명확히 알 수 있다. 근대는 세 가지 점에서 매우 새롭다.

① 근대란 열린 미래를 향해 끊임없이 진보하는 역동적인 '역사'가 스스로를 구현하는 시간의 형식을 의미하게 되었다. 이로써 인간은 '역사' 속에, 보다 정확히 말해 '역사의 과정' 속에 존재할 수밖에 없게 되었다. 인간이 역사 속에서 살아갈 수밖에 없다는 의식은 서구 역사상 처음으로 출현한 것이다.[46]

② 근대가 출현했다는 것은 인류 역사상 최초로 인간이 더 이상 과거의 역사를 필요로 하지 않는 자기 완결적 시대 속에서 살아야 한다는 것을 의미한다. 왜냐하면 앞서 말한 것처럼 근대란 단순히 과거에 비해 상대적으로 새로운 시대가 아니라, 그 자체가 스스로 질적으로 다른 새 시대를 끊임없이 산출하는 영원한 과도기(이행기)를 의미하기 때문이다.

③ 역동적인 시간구조 속에서 인간의 의식과 행위가 끊임없이 이데올로기화되고 정치화되고 있다는 점에서도 근대는 새롭다. 물론 시대의 새로움에 역사적 질을 부여했던 '진보'와 '역사' 개념 역시 이런 이데올로기화와 정치화 과정에서 예외가 아니었다. 끊임없는

과도기(이행기)의 경험으로 인해 인간의 의식 속에서 경험공간과 기대지평 사이의 괴리가 점점 벌어졌다. 이와 상응하여 수많은 정치·사회적 개념들 속에서 점점 경험이 차지하는 비중이 줄어들고 기대의 비중이 높아졌다. 이제 많은 개념들은 더 이상 사람들의 다양한 경험들을 공통적으로 엮어주는 기능을 잃어버렸다. 개념들은 지속적으로 추상화·일반화되면서, 종래의 경험보다 다가올 미래를 끊임없이 새롭게 상상하고 현재에 미리 상기시키는 이데올로기로 변모했다. 이를테면 'democracy'는 더 이상 과거 아테네에 존재했던 '민주정'이 아니었다. 그것은 미래에 달성되어야 할 '민주주의'였다. 그러나 나의 '민주주의'와 너의 '민주주의'는 서로 다른 유토피아적 목적을 지향했다. 이처럼 많은 개념들이 정치적 유토피아를 표현하기 위한 운동 개념으로 시간화되었다. 한편 점점 더 많은 사람들이 정치 언어의 사용공간 속에 편입되었다. 이제 개념들은 점차 정치적 투쟁의 도구로 사용되었고, 정치적 일상은 미래 공간의 점유를 위한 각 당파 및 계급들의 미래 설계의 각축장이 되었다. 이 과정은 사회의 변화 속도가 더욱 가속화됨에 따라 세대를 이어 되풀이되면서 더욱 빨라지고 심화되었다. 공화주의-민주주의-자유주의-사회주의-공산주의-파시즘의 연이은 퍼레이드에서 알 수 있듯이, 종래의 기대지평은 새로운 경험들에 의해 더욱 빨리 낡은 것으로서 폐기되었고, 새로운 기대지평은 더욱 더 빨리 미래를 향해 멀어졌다.

이상이 근대 및 근대성의 이면에 대한 코젤렉의 성찰 결과이다. 이런 개념사 연구 결과를 토대로 근대 세계가 앓고 있는 "질병의 기원"을 찾는 데서 시작한 그의 지적 오디세이는, 마침내 역사철학적 근대 비판으로 발전했다.

코젤렉은 끝없는 과도기로서의 근대를 영원한 위기의 시대로 진단했다. 그는 개념사적 시각에서 두 가지를 지적했다. 먼저, 이미 1780년대 이후부터 사람들이 경험 세계의 지속적인 '역동화', '시간화', 그리고 변화의 '가속화'의 경험과, 그리고 미지의 미래에 대한 불안한 기대를 표현하기 위해 가장 빈번하게, 가장 폭넓게 사용한 운동 개념이 바로 '위기'였다는 것이다.[47] 다음으로, '근대' 개념 자체의 위기 역시 위기의 시대로서의 근대의 성격을 각인시키고 있다고 했다. 그가 지적했다시피, '근대' 개념이 끝없는 과도기를 지칭한다면, 도대체 이 과도기의 끝은 어디인가? 언제쯤 '근대'가 끝날 것인가? 천 년 뒤에? 만 년 뒤에?[48] 그에 의하면 "근대의 종말" 같은 자극적인 표어나 포스트모더니즘 같은 온갖 종류의 "탈(post)-을 정의하려는 시도"에도 불구하고 '근대'와 '역사'가 계속될 것이라는 점만은 확실하다. 이런 시도들은 오히려 근대의 전형적 특징인 변화의 '가속화'를 보여주는 지표들에 불과하기 때문이다.[49]

결론적으로, 코젤렉이 바라보는 근대란 끝없는 위기가 진보낙관주의에 의해, 발전의 당위성에 의해, 또한 영원히 오지 않을 미래 유토피아의 이름으로, 마침내 '역사'의 이름으로 정당화되고 강제되는 시기이다. 이런 역사철학적 진단은 역사 행위자들의 근대 경험을 독해하려는 개념사적 문제의식과 근대의 참혹한 이면을 역사의 패배자로서 경험해야 했던 자신의 개인사에 그 뿌리를 두고 있다.

근대의 이데올로기, 역사

코젤렉의 근대에 대한 비판적 진단은 근대의 전제 조건이자 근대를 구현하는 '역사'에 대한 비판으로 발전했다. 그가 보기에 '역사'는 오랫동안 근대의 이데올로기로서 역할을 해왔다.[50] 자세히 보면 그의 근대 연구 곳곳에서 이 '역사'를 비판하려는 처절한 노력을 읽을 수 있다. 코젤렉의 비판은 이 '역사'가 무척이나 무서운 존재라는 사실을 강조하는 데서 시작된다. 그에 의하면, 이제 인간은 '역사'로부터 절대 도망칠 수 없다. 공간적으로나 시간적으로 이 세계가 '역사'의 포로가 되었기 때문이다. 동시에 인간은 절대로 '역사' 자체를 경험하거나 인식할 수 없다. '역사'는 모든 경험을 뛰어넘는 인간 의식 속의 선험적 범주, 스스로가 스스로를 대상화시키고 성찰의 주체가 되는—칸트(Immanuel Kant)의 말을 빌리자면—'물자체(Ding an sich)'요, 메타역사이기 때문이다. 물론 인간은 역사적 사건이나 개별적 역사 진행 과정들을 직·간접적으로 경험할 수 있다. 그러나 '역사' 없이는 이런 역사적 경험으로부터 아무런 '인식'을 얻을 수 없다. '역사'는 선험적 인식 범주로서 모든 일어날 수 있는 경험을 규정하는 의식의 준칙이기 때문이다.[51]

코젤렉의 '역사' 이데올로기 비판은 구체적으로 역사를 이데올로기화하는 데 기여한 상호 적대적인 두 세력에 대한 비판을 통해 전개되었다. 하나는 '역사'가 얼마나 무서운 놈인지 모르는 이론적 저능아들이다. 그들은 근대적 '역사' 개념에 무비판적으로 의존한 채 농업적 근면성 하나로 버티는 다수의 역사학자들을 말한다. 이른바 '객관적 사실들'을 통해 저절로 '진실된 역사인식'이 드러날 것이라고 믿는 역사실증주의자들이다. 다른 하나는 이들과 정반대의 사변적 역사철학자들로서, 19세기의 역사철학을 대변했다. 그들은 '역사의 심판', '역사의 이성', '역사의 법칙', '역사의 의미' 등을 설파한 근대 '역사'의 전도사들이다. 그들에게 '역사'는 형이상학적 신이었다. 그들은 모든 '의미'와 적법성을 '역사'로부터 구했고, 그들에 의해 '역사'는 합목적적·결정론적 이데올로기가 되었다.[52]

코젤렉은 역사의 이데올로기화를 향한 양자 사이의 적대적 공모 관계로 인해 역설적이게도 '역사'가 위기를 맞고 있다고 했다. 그들의 역사주의는 스스로를 위기에 빠트리면서 인간의 삶을 위한 '역사'의 유용성을 제거시켰다. 한편으로—카를 포퍼(Karl Popper)가 말한—역사철학자들의 역사주의 속에서 '역사'란 단지 인간이 경험하는 복잡한 역사적 현실들을 자신의 법칙과 목적에 따라 억지로 재단하는 프로크루스테스의 침대로 전락했다. 이 '역사'란 폭력적일 뿐만 아니라 비역사적이고 공허하다. 다른 한편 시간의 흐름에 따라 스스로 항상 새롭게 변하는 '역사'에 근거하여, 시점에 따른 상대주의와 역사 진행의 일회성과 유일무이함, 그리고 합목적성을 주장하는 역사학자들의 역사주의는 현실에 대해 어떠한 비판적 역사인식도 주지 못한다. 이런 역사주의는 이미 20세기 초에 위기를 맞았으며, 이제 역사학마저 위기를 맞고 있다.[53] 이 위기를 극복하기 위해서는, 인간은 자신이 경험하는 "역사들로부터 더 이상 아무것도 배울 수 없지만, 동시에 역사학은 가르침을 줄 수 있다"는 역사주의의 난제가 반드시 해결되어야 한다는 것이다.[54]

이런 난제의 해결을 위해 코젤렉은 탈이데올로기화된 새로운 역사철학, 즉 '역사' 개념에 담긴 함의들에 대한 새로운 비판적 성찰을 주장했다. 그리고 역사학은 이 '성찰적 역사주의'에 기반해야 한다고 강조했다. 그의 '성찰적 역사주의'의 목표는 메타역사인 '역사'를 경험 세계 속에서 역사화하자는 것이다. 이 목표는 이중의 전략을 지니고 있다. 그 하나는 역사철학자들의—결국은 비역사적이고 형이상학적인—거대서사를 해체하자는 것이고, 다른 하나는 소박한 역사학자들에게 '역사적 인식'이란 결국 메타역사 없이는 불가능하다는 점을 환기시키는 것이다. 후자의 맥락에서, 그는 역사적 문제제기 없이 사료 자체는 아무런 역사적 인식을 주지 못하며, 역사적 문제제기는 역사적 경험을 뛰어넘는 메타역사 없이는 불가능하다는 것을 계몽했다.

구체적으로, 코젤렉의 '성찰적 역사주의'는 개인 행위의 자유와 역사적 현실의 다양성, 그리고 개인의 경험공간에 포착된 개별 역사들의 자율성을 무시하는 모든 종류의 역사결정론 및 목적론을 최대의 적으로 간주한다. 이런 점에서 그의 역사학은 인간과 그에 의해 경험되는 여러 역사들을 모든 역사적 '객관성'의 숙명으로부터 해방시켜 인간과 인간의 경험을 다시 역사의 주체로 세우려는 인간학적 역사이다.

그의 '성찰적 역사주의'의 최대 관심은 역사 행위자의 선험적 인식 범주인 '역사' 자체와 경험공간 속의 다양한 역사들을 연결시키는 데 있다. 그리고 그 연결 고리는 역사적 시간들에 대한 이론이다. 그에 의하면, 역사학은 단지 역사적 시간들에 대한 이론을 발전시킬 때만 고유의 '학'으로 존립할 수 있다. 그러나 새로운 역사적 시간 이론은—고전적 역사주의의—통일적인 '역사' 개념이 기반하는 '단일한 시간' 범주들을 '여러 시간들'의 범주로 해체시킬 때만 연결 고리 역할을 제대로 할 수 있다.

이런 맥락에서 그는, 역사적 시간들에 대한 이론은 단일한 시간 범주들을 전제한 채 시간의 단절(Zeitabschitte)의 문제를 묻는 이론이 되어서는 안 된다는 점을 강조했다. 오히려 고대부터 현재까지 진행된 역사 속에 쌓인 두터운 시간의 성층(Zeitschichten)의 문제를 물어야 한다는 것이다. 그런 점에서 코젤렉은 아직도 역사학이 17세기 첼라리우스(Cellarius)에 의해 도입된 "신화적인" 고대-중세-근(현)대의 3분법적 시대구분을 따르고, 이와 상응하는 고대사, 중세사 및 근(현)대사로 편제되어 있는 것을 비판했다.[55]

코젤렉의 역사적 시간 이론은 정확히 말해 선험적인 '역사' 자체를 경험된 '역사들'과 연결시켜주는 '역사적 시간구조'의 이론이다. 예를 들어 그는 '과연 근대가 얼마나 새로운가'를 알려면, '전통적인 역사의 얼마나 많은 층위들이 현재에도 지속되는가'를 밝혀야 한다고 주장하면서, 근대적 '역사' 개념의 출현 이전에 있었던 여러 역사들과 근대 역사를 역사적 시간의 다양한 층위 속에서 연결시킬 것을 제안했다. 그는 이를 위한 구체적인 방법으로서, 브로델의 선례를 따라, 역사의 층위를 단기적 사건의 층위, 그 밑의 중기적 변화, 그리고 보다 깊은 곳의 장기지속이라는 상이한 속도를 가진 세 범주로 나누어, 사건, 중기적, 그리고 장기적 구조 사이의 상호 관계를 분석할 것을 강조했다.[56] 또한 역사적 시간의 변화를 단순히 '순환적 시간'과 '단선적 시간'의 범주에 따라 분석하는 관행을 비판하고, 인간학적이고 메타역사적인 범주인 개인의 '경험공간'과 '기대지평' 사이의 비대칭적 관계, 즉 경험공간이 크면 기대지평은 가깝고, 경험공간이 작아지면 기대지평은 멀어진다는 점에 의거하여 역사적 시간의 변화를 분석할 것도 제안했다.[57]

이상이 코젤렉의 역사 이론의 주요 측면이다. 그의 '성찰적 역사주의'는 20세기 사학사의 지형도 속에 자리매김하기 어렵다. 한 가지 확실한 것은, 그의 이론이 고전적 역사주의부터 과학적 사회사를 거쳐 포스트모던 역사에 이르기까지 모든 것들과 전선을 형성하고 있다는 점이다. 그러나 그가 강조한 역사적 시간의 성층처럼, 그의 '성찰적 역사주의' 속에는 근대 역사학에 내재하는 모든 난제들에 대한 성찰이 두텁게 쌓여 있다.

2부 여섯 개의 개념으로 근대 읽기

"단단한 모든 것이 공기 속으로 녹아 사라진다."
— 『공산당 선언』(1848)

자전거 탄 사람
미래파(Futurism) 여류 화가 나탈리아 세르게브나(Natalia Sergeevna)의 1913년작. 20세기 초 이탈리아에서 일어난 미래파운동은 과거의 전통을 부정하고 근대문명이 낳은 속도와 역동성, 그리고 기계를 찬미했다. 미래파는 그림을 통해 근대성을 '끝없는 새로움의 연속'이라는 의미로 개념화한 대표적 사례이다.

1. 근대
― 근대 개념의 새로운 이해를 위한 단상

 '모던', 또는 '모더니티'의 번역어 '근대'라는 말 속에는 규범적인 것과 실제적인 것이 섞여 있다. 이중의 의미에서 그러하다. 한편으로 이 개념은 서구의 특수한 역사적 경험을 보편사적 맥락에서 규범화하고, 다른 한편 우리의 특수한 역사적 경험을 보편사적 맥락에서 규범적으로 해석하는 데 사용되어왔다. 이런 사정은 무엇보다 오늘날까지도 우리 지식계를 지배하고 있는 근대화론 때문이다.

 주지하다시피 근대화론은 계몽주의에서 유래하는 진보낙관주의와 사회진화론의 20세기적 변형물이며, 근대화론이 말하는 '근대화'는 19세기 유럽 제국주의의 '문명화', '서구화' 슬로건이 근대화된 것이다. 근대화론은 유럽에서 아프리카에 이르는 모든 사회의 변화들을 '전통'과 '근대'라는 이항 대립적 범주로 구성되는 동일한 사회 진화 모델에 따라 측정한다. 이런 사회 진화 모델에서 벗어나는 사례들은 이른바 '전근대' 혹은 '반근대', '후진' 혹은 '저개발',

'특수' 혹은 '일탈'이라는 용어로 묘사된다. 여기에는 하나의 '정상적' 근대만이 전제되며, 경제생활에서 정신문화에 이르는 온갖 사회문화적 구성물로 빽빽하게 채워진 카탈로그가 '정상'의 지표로 제시된다. 물론 이 지표 목록은 서구중심주의, 궁극적으로 미국중심주의의 관점에서 자의적·선별적으로 작성된 것이다.[1]

한 가지 흥미로운 것은, 우리 전통을 서유럽 전통의 잣대로 재단하는 것이 난센스라는 것쯤은 초등학생들의 상식인데도, 그곳의 근대성을 잣대로 우리의 근대성을 재고, 더 나아가 우리 사회도 그곳 사회처럼 '정상적' 근대로 진입할 수 있다고 강변하는 것을 난센스나 궤변이라고 생각하는 사람이 그다지 많지 않은 것 같다는 점이다. 아마도 근대화론이 주장하는 '정상적' 근대 및 근대성의 특정한 지표들, 예를 들어 국민국가, 산업자본주의와 시장경제, 도시화, 관료제, 민주주의, 그리고 합리성 같은 것들이 우리를 세뇌시켰기 때문일 것이다.

물론 그간 우리 학계에는 '우리에게 근대란 무엇이었으며, 또한 무엇인가'를 해명하려는 노력들이 있었다. 이 노력들의 근저에는 근대화론을 뛰어넘어 한국적 근대, 더 나아가 동아시아적 근대의 정체성을 확립하려는 의도도 엿보인다. 여기에는 이른바 '근대주의'를 극복하고 '탈근대주의'적 시각에서 우리 근현대사를 다시 읽으려는 시도들도 포함된다. 그러나 최근 뉴라이트 대안 교과서에서 잘 드러나듯이, 근대 민족주의 역사학을 비판하는 '탈근대주의'적 시각은 결국 '탈근대주의적 근대화론'으로 귀결되기도 했다. 이 기괴한 근대화론적 시각은 "인간의 삶을 자유롭고 풍요롭게 만들기에 적합한, 지금까지 알려진 한 가장 적합한, 자유민주주의와 시장경제"의 찬양, 남북 분단을 '문명'과 '야만'의 대립 구도 속에서 파악하는 역사인식에서 절정에 달한다.[2]

근대화론이 각인시킨 근대 개념의 의미론을 넘어서는 것은 이처럼 어려운 일이다. 근대라는 한 역사적 시대가 갖는 내용적·물적 특징, 즉 사후적事後的 관점에서 구성된 사회문화적 구성물의 특징에 의거해 근대 개념을 이해하려 하는 한, 우리의 근대적 정체성 찾기는 근대화론의 인식 틀을 벗어날 수 없을지도 모른다.

이 글은 근대 개념을 새롭게 이해하고자 하는 예비적 시도이다. 본격적인 연구는 향후의 과제이다. 개념은 역사적인 것이다. 개념 속에는 역사 행위자들의 경험 내용과 미래에 대한 기대가 집약되어 있다. 따라서 우리 한국인이 근대 개념을 어떻게 사용했는지 살펴보면, 무엇보다 우리가 근대 세계를 실제로 어떻게 경험했으며 어떤 기대 속에서 어떻게 인식했는지 알 수 있다.

근대에 대한 우리의 역사적 경험과 서구인들의 역사적 경험이 다르듯이, 우리와 서양의 근대 개념은 다르다. 그러므로 우리의 근대적 정체성 찾기는 우선적으로 우리의 근대 개념과 서양의 근대 개념 사이의 차이를 명료화시키려는 시도에서 출발해야 할 것이다. 그렇다면 그 차이는 어디에 있는가?

'근대'와 '모던'

구한말 '문명개화'의 시대로부터 1960/70년대의 '근대화' 시대를 거쳐 오늘날 '세계화' 시대에 이르기까지, 우리는 '근대'라는 용어를 어떻게 사용해왔는가? 다시 말해 '근대'라는 용어를 통해 무엇을 표현해왔는가? 우선 이런 질문이 필요할 것이다. 이 용어가 표현하는 개념적 뜻은 물론이고 단어적인 뜻 자체가 추상적이고 모호하기 때문이다. 도대체 '근대'라는 말은 '현대'라는 말과 무엇이 다른가, 또한 '근대'는 '모던'과 무엇이 다른가, 더 나아가 '모던'은 무엇을 지칭하는가 하는 의문에 대한 명확한 답을 찾기가 쉽지 않다.

'근대'라는 말이 모호하고 난해한 것은, 우선 서양어 '모던'의 뜻이 다의적多義的이기 때문이다. '모던'이라는 단어는 기본적으로 '현재의'라는 뜻이다. 그러나 이 말로 표현되는 의미의 장은 훨씬 다양한 내용들로 채워져 있다. 비교문학가이자 문예사가인 굼브레히트는 '모던'이라는 용어를 통해 개념화될 수 있는 것들을 이 용어에 내포된 세 가지 의미 유형을 가지고 구분했다. 먼저 '현 교황'이라는 표현에서 알 수 있듯이 '이전의'라는 뜻과 반대되는 '현재의'라는 의미 속에서 '모던'은 그때그때 현재마다 바뀔 수 있는 제도를 대표하는 개념·대상·사람을 지칭한다. 둘째, '낡은'과 반대되는 '새로운'의 의미 속에서 '모던'은 한 시대로 체험된 현재를 지칭한다. 이때 '모던'은 '과거 시대와 구별되는 새로운 시대'를 의미한다. 마지막으로 '영원한'과 반대되는 '일시적인'이라는 의미 속에서 빠르게 지나가는 특정 시기의 현재가 '미래에 다가올 현재의 과거'로서 생각된다. 이때의 '모던'은 '미래를 준비하는 이행기'의 의미를 지닌다. 물론 이런 구분은 단지 '모던'이라는 말을 통해 개념화된 복잡한 의미의 층위들을 분석하기 위한 이념형적 구분에 불과하다.[3]

그러나 '근대'라는 말의 모호함은 무엇보다도 '모던'이 '근대'로 번역되면서 생긴 문제 때문이다. 19세기에 일본인들은 서양어를 번역하면서 전통적 일상어 대신 어려운 한자를 사용함으로써 번역된 단어가 내용이 뭔지는 몰라도 무언가 중요한 내용이 있을 것 같이 보이도록 만들었다. 이후 그 번역어들은 우선 지식인층 사이에서 유행을 타기 시작했고, 결국 사회 전체가 정확한 뜻도 모르면서 사용하기에 이르렀다. 야나부 아키라柳父章는 이런 현상을 이른바 '카세트(작은 보석함) 효과'라고 불렀다.[4]

'근대' 역시 번역을 통해 출현한 여타의 신조어들처럼 전형적인 '카세트 효과'를 보여주고 있다. 여기서 이해하기 어려운 구절 하나를 인용해보자.

> 한국의 '근대' 혹은 '근대성'에 대한 폭발적 관심은 익숙했던 것과 단절된 채 기약 없는 미래를 향해 내던져진 우리가 겪는 정체성 위기에서 나오는 현상인지도 모른다. 근대적인 것들이 사라지려 할 때 '근대'를 기억하려 한다는 것(…).[5]

'모던'의 단어적 의미를 따른다면 이 말은 부정확하다. 사라지는 현재를 기억한다? 아니면 사라지는 새로운 것, 혹은 새로운 시대를 기억한다? '근대'라는 말의 부정확한 사용으로 인해, 이 말을 통해 개념화하려는 대상과 개념의 의미를 이해하기 어려워지고 혼란이 생긴다. 그러나 여기에 꼭 부정적 측면만 있는 것은 아니다. 일반적으로 개념이 단어적 의미와 반드시 일치해야 하는 것은 아니며, 경우에 따라서는 개념이 단어의 원래적 의미를 완전히 잃어버릴 수도 있기 때문이다. 정리하자면, 우리가 '근대'라는 기호로 표현한 것들은 몹시 난해하긴 하지만, 동시에 서양의 '모던'이라는 기호가 포착하지 못하는 어떤 경험들을 부각시켜왔다고 할 수 있다. 바로 이 점이 중요하다. '모던'과 '근대'는 부분적으로 일치하기도 하지만, 결코 같은 개념이라고 볼 수 없다. 그리고 양자의 차이는 무엇보다 사회적인, 그리고 때로는 정치적인 함의와 기능에서 두드러진다고 할 수 있다.

야나부 아키라에 의하면, 일본에서 근대 개념은 대개 시대를 지칭하기보다는 서양문명에 대한 특정한 태도를 표현하기 위해 쓰였다. 이 개념은 정확한 내용을 결여한 채 '근대인'의 경우처럼 수식어로 사용되면서 때로는 젊은 지식·문화예술인 집단이 발산하는 '분위기'나 '매력'을 표현했으며, 때로는 '초극'되어야 할 부정적 가치로서, 때로는 긍정적 가치로서 강조되었다.[6] 이렇듯 일본의 근대 개념에는—좋은 혹은 나쁜—'서양문명=근대'라는 공간적이고 가치 지향적인 함의가 강하다.

이런 특징은 우리나라의 경우에도 크게 다르지 않다. 우리 근대

〈모던보이 제군!〉과 〈모던걸의 장신운동〉 『신문춘추』 1927년 6월호

개념의 특징은 1920/30년대 경성에 출현한 '모던 뽀이', '모던 껄'의 서구적 삶의 방식과 그에 대한 비판 담론을 통해 상징화된다. 당시 논객들은 이들을 "근대아" 혹은 "시체아時體兒"라고 부르면서 '근대'를 현재의 "양풍", 즉 서구식 유행과 동일시했다. 그리고 이런 서구식 유행을 세기말적 퇴폐 문화로 채색된 서구의 물질 문화로 규정했다.[7] 물론 이 공간적이고 가치 지향적인 근대 개념 속에는 시간 지향적인 서양의 '모던' 개념과 공통되는 의미들도 담겨 있긴 하다. 서구의 '모던' 개념 속에는 '유행'의 의미도 담겨 있다.[8] 이는 굼브레히트가 세 번째로 지적한 '순간적'이라는 의미 유형으로 분류될 수 있다. '부단히 변화하는 이행기로서의 현재' 혹은 '미래의 현재를 만드는 순간으로서의 현재'라는 의미는 특히 유광렬의 「모

던이란 무엇이냐」에서 두드러진다. 그는 서구적 유행을 구현하는 "형식적 근대아녀"들이 아니라, "최근대적 의식", "더 나간 의식"을 가지고 "시대에 선행하는" 사람들을 진정한 "근대아", "근대녀"라 불러야 한다고 역설했다. 그의 진술 속에서 우리는 진보와 미래를 위한 프로그램으로서의 근대 개념을 읽을 수 있다.

그러나 우리의 근대 개념에 내포된 이런 시간적 의미는 결코 전면에 부각된 적이 없다. 오늘날까지 우리의 근대 개념은 공간적이고 가치 지향적인 의미 체계 속에서 한편으로 '동양=비산업적=농촌의=저개발=나쁜 것'과 대비된 '서양=산업화=도시화=발전된=훌륭한 것'이라는 이데올로기 축과, 다른 한편 '민족적=전통적=주체적=소중한=좋은 것'과 대비된 '서양적=현대적=비주체적=천박한 것=나쁜 것'이라는 이데올로기 축의 대립 속에서 진자운동을 하는 정치적 기호의 역할을 해오고 있다.[9] 그러나 우리의 근대 개념은 우리의 현재를 '과거-현재-미래'라는 시간의 축 위에서 하나의 '역사적 시내'로 보고 그 시대적 특징을 역사직으로 묘사하고 분석하기에는 공허해 보인다. "현대의 부재"(김진송)나 "부재하는 현재"(김경일)[10]와 같은 우리 근대에 대한 난해한—때로는 서양 근대 개념에 대한 오해에 근거한—진단들은 이런 의심을 강화한다. 그러나 아직 근대 개념에 대한 체계적 비교사 연구가 없는 상황에서 속단은 금물이다. 체계적인 비교사 연구는 무엇보다 서양의 근대 개념과 한국(동양)의 근대 개념의 차이점을 부각시키는 시도로부터 출발해야 할 것이다.

역사상 최초의 새로운 시대

그렇다면 서양의 근대 개념은 어느 지점에서 우리 근대 개념과 결정적인 차이가 나는가? 용어사적 관점에서 살펴보면 이미 5세기에는 현재를 뜻하는 modernus가, 17세기에는 modernity가, 그리고 18세기에는 modernize, modernizer, modernization과 같은 단어들이 출현했다. 물론 이 단어들을 오늘날의 의미를 지닌 개념으로 볼 수는 없다. 그러나 확실한 것은 '현재' 속에 이전과 구별되는 시간적 의미가 점점 증대했으며, 그에 따라 '현재'가 점차 역사적 질을 부여받았다는 점이다. 그러면 이제 본격적으로 개념사적 논의를 해보자.

서양의 근대 개념이 지닌 독특성은 코젤렉에 의해 규명되었다. 그는 근대화론자들과 달리, 근대 및 근대성의 독특함을 전통과 구별되는 새로운 내용적·물적 특징들에서 찾지 않고 서양인들의 새로운 시간 경험에서 찾았으며, 그들과는 달리 사후적 관점이 아닌 당대인의 관점에서 이들의 역사적 시간의 새로운 경험의 출현 및 변화 과정을 분석했다. 우리는 앞장에서 그가 한 발견의 중요한 골자를 이미 살펴보았다. 그러나 여기서 좀 더 자세히 그가 발견한 서양의 근대 개념이 지니는 독특성을 상기해보도록 하겠다. 그는 단순히 방법론적으로 '근대'란 용어의 의미 변화를 추적하는 어의론적 분석뿐만 아니라, 명칭론적 관점에서 이 용어의 변화와 깊은 관련을 맺은 채 일정한 의미론적 장을 형성했던 '역사', '진보', '혁명', '위기',

'해방', '우연' 등을 모두 분석하면서 근대의 의미론을 추적했다.

위의 용어들은 스스로 그 속에 역동적 의미가 증가되어가는 운동 개념으로 변화하면서 '근대'를 이전의 '현재'의 의미에서 새로운 역사적 시간, 즉 '역사' 자체의 시간을 표현하는 운동 개념으로 변모시켰다. 이를 통해 근대 개념은 역사 진행의 역동성과 일회성, 변화와 단절의 가속화로 요약할 수 있는 서양인들의 근대에 대한 독특한 역사적 경험을 표현했다. 구체적으로 근대 개념 속에는 다음과 같은 것들이 들어가게 되었다.

- 역사는 시간의 동질적인 연속 속에서 전개되는 것이 아니라, 고유의 지속 리듬을 가진 채 역사적 사건이나 흐름에 내재하고 있다는 역사 발전 의식.
- 대항해 시대 이후 타 문명권의 다양한 역사들이 세계사적 차원의 비교를 통해 통시적으로 정렬되면서 나타난 역사 진보 의식과, 이를 통해 등장한 '-이전'과 '-이후', '-보다 (혹은 너무) 이른'과 '보다 (혹은 너무) 늦은' 같은 시간적 비교 의식, 또 '선진'과 '후진'이라는 공간적 비교 의식, 그리고 '비동시적인 것들의 동시성'이라는 의식.
- 시간의 진보, 시대적 관점에 따라 달라지는 역사인식, 즉 시간이 흐르고 있기 때문에 오늘의 역사가 변하며, 또한 과거에서 멀어지면서 과거의 역사도 변한다, 즉 역사의 진리는 그때그때 달라진다는 역사적 상대주의.
- 이와 관련하여, 과거·현재·미래의 비교를 통해 자신의 시대를 '역

사의 새로운 시대'로 특징지으려는 의식.

• 또한 자신의 시대가 지닌 새로운 특징을 부각시키기 위해 '전통'을 새롭게 발명하려는 지속적 관행.[11]

• 역사 변화의 속도가 더욱 빨라져 매번 역사적으로 유래 없는 새로운 시대를 경험하고 있고, 이 경험은 역사가 진행되는 한 끝이 없으리라는 과도기 의식.

이런 근대 개념은 단순히 서양인들의 위와 같은 새로운 역사의식을 반영하는 데 그치지 않고, 그들의 의식을 이데올로기화하고 그들의 행위를 정치화시키면서 근대 서양의 역동적 변화를 추동했다. 이에 덧붙여, 코젤렉은 지적하지 않았지만, 근대 개념이 서양인들의 역사적 과도기 의식을 표현하는 데 사용되면서 근대 개념 스스로도 이데올로기화·정치화되었다는 점도 지적할 수 있다. 그 과정은 다음과 같다. 종래의 경험과 다가오는 것에 대한 기대 사이에 점점 더 큰 틈이 벌어지고, 과거와 미래 사이의 차이가 커지며, 따라서 체험된 시대가 단절과 이행기로 경험되고, 그 속에서 항상 새롭고 기대하지 않은 것이 나타났다. 그 속에서 '시대정신'과 같이 시대에 역사적 질을 부여했던 새로운 정치 유행어가 만들어졌다. 또한 변화의 속도와 방향을 놓고 보수주의자와 진보주의자 사이에 정치적 대립과 갈등이 두드러졌다. 그 가운데 '역사 일반', '발전', '진보'와 같은 개념들이 각 정파의 입장을 정당화하기 위한 표어가 되면서 이데올로기화되었다. 같은 맥락에서 각 정파 및 사회집단들이 지향하는 미래 유토피아에 따라 정의된 여러 개의 '근대' 및 '근대성'이 출현했다. 예를 들어 자유주의적 '근대'에 대한 보수주의자들의 '대안적 근대'와 나치즘의 '유기적 근대' 같은 각각의 정치적 유토피아주의에 따른 이데올로기적·규범적 근대 개념들이 출현했다.[12]

이처럼 그 전에는 결코 없었던 초유의 역사적 경험—즉 스스로 시간을 통해 구현되는 근대적 '역사'의 경험—이 서양인의 근대 경험의 핵심을 형성하며, 따라서 서양의 근대 개념의 독특성을 형성한다. 이 점을 다시 우리의 근대 개념과 비교하면서 그 의의를 풀어보자. 서양의 근대 개념에는 무엇보다 서양인들의 새로운 역사적 시간 경험에서 비롯된 '근대'라는 시대 자체의 역동성에 대한 성찰이 담겨 있다. 근대가 '새로운 시대'인 것은 근대가 성취한 문명적 내용 때문이 아니라, '시대 스스로 끊임없이 새롭게 변화하는 과도기'이기 때문에 과거와 질적으로 완전히 다른 '새로운 시대'인 것이다. 그렇다면 우리를 포함한 동양의 근대 개념에서는 서양문명과의 조우로 인한 정치·사회·경제·문화적 변화의 내용이 갖는 새로움이라는 함의가 강조된 반면, 서양의 근대 개념에서는 무엇보다—사후적 관점에서 회고한 것이 아니라—당대인들이 경험한 '시대 자체의 완전한 새로움'이라는 함의가 강조되어 있다고 할 수 있다. 코젤렉이 강조하다시피, 근대, 즉 '새로운 시대'가 새로운 것은 바로 '새로운 시대의 질적인 새로움'이라는 '시대' 자체에 대한 특별한 의미가 부여되었기 때문이다.[13]

여기서 오해를 피하기 위해 마지막으로 한 가지만 더 부연하도록

하자. 방금 말한 '시대 자체의 완전한 새로움'은 단순한 연대기적 의미의 '새로운 시대'라는 의미를 뛰어넘는다. 시대 개념으로서의 '근대'에는 이중의 의미가 내포되어 있다. 하나는 단순히 연대기적으로 새로 추가된 시간을 의미하는 '새로운 역사적 시기(period)'라는 의미이고, 다른 하나는 이전에는 없던 '신기원적 시대(epoch)'의 의미이다. 코젤렉이 강조한 것은 순수한 역사적 시간의 발견 과정 속에서, 처음에는 단순히 연대기적으로 새로 추가되었다는 의미에서 '새로운 시기'를 뜻했던 '근대'가 마침내 후자의 의미로 변화되었다는 것이다. 예를 들어 일본인들에 의해 '고대-중세-근세'로 번역된 '모범적인 고대'와 '암흑의 중세'라는 르네상스적 토포스를 토대로 한 17세기 첼라리우스(Cellarius)의 '고대사-중세사-근대사'라는 3분법적 시대구분 속에서 쓰이는 '근대'는 전형적으로 전자의 의미를 지닌다. 이때 '근대'는 시간적 규정이 아니며, 사후적 관점에서 내용적 규정에 의해 '새로움'의 의미를 부과한 것이다. 여기에는 '현대성'이나 '낡음' 같은 기준을 가지고 행해지는 '시대' 자체에 대한 특별한 역사적 의미 부여가 빠져 있다. 이때 '시대'란 단지 역사 서술을 구성하는 가치중립적 기본 형식에 불과한 것이다.

코젤렉이 강조했다시피, 16세기 이후 18세기에 이르기까지 사용되었던 "새로운 역사", "더욱 새로운 역사", "최신의 역사", "새로운 시대", "더욱 새로운 시대", "최신의 시대" 등 '새로운'이라는 형용사로 수식되는 추상적 표현들에 담긴 '근대'는 처음에는 새로운 '시기'를 의미했다.

이 표현들에 담긴 '새로운 시대'는 한편으로 이미 중세 때부터 사용된 'modernus(현재의)'라는 의미의 연장선상에서 쓰였다. 즉 단순하게 그때그때의 '현재'가 새롭다는, 다시 말해 얼마나 새롭건 상관없이 이전 시대에 비해 오늘날의 시대가 새롭다는 뜻으로 쓰였다. 그런 의미의 '새로운 시대'는 아직 완벽한 시대 개념이라 할 수 없다.[14] 그러나 다른 한편 '새로운 시대'는—특히 18세기 계몽사상의 시대에 들어—이전 시대와는 완전히 다르고 훨씬 개선되었다는 의미에서 하나의 시대 의식적 의미를 지닌 시대 개념으로 쓰이기 시작했다. 그러나 이 경우에도 그때그때 현재마다 새로운 역사가 계속 쓰이기 때문에, '새로운 시대'라는 연대기적 추가의 의미가 혼재되어 있었다. '새로운 시대'는 단지 '중세'와의 차이를 강조하기 위해 시간이 흐른 뒤 사후적 관점에서 규정된 역사 서술적 기간 개념에 불과했다. 아직 '시대 자체가 갖는 새로움', 즉 이전에는 없었던 완전한 새로움에 대한 의식은 전면에 부각되지 않았다. 이는 계몽주의 시대까지도 서양인들이 선동적인 정적 시간관을 완전히 극복하지는 못했음을 보여준다.

그러면 언제부터 '새로운 시대'라는 말이 '시대 자체의 새로움'이라는 의미로—이미 그런 의미를 18세기 중엽부터 선취했던 일부 지식인층을 제외하면—일반인 사이에서 대중화되었는가? 다시 말해 언제부터 근대가 단순히 '중세'와 구별되는 새로운 '시기'가 아니라 그 자체 완전히 새로운 '시대'로 대중들 사이에서 일반적으로 받아들여졌는가? 코젤렉에 의하면, 1800년을 전후한 십 년 사이에 이런 일이 벌어졌다고 한다. 그리고 여기서 무엇보다 프랑스 대혁명의 경험을 강조한다. 그는 그 지표로서, 혁명 직전인 1770년대에 출현한 '최신의 시대'라는 시대구분 개념이 혁명이 발발한 이후 유행어가 되어 급속히 확산되었음을 지적한다. '새로운 시대'를 전제로 한 '최신의 시대' 개념은 프랑스 대혁명의 경험을 통해 실제적으로 정치적·사회적 추진력을 얻었다는 것이다. 이는 당대인들의 의식 속에서 '새로운 시대'가 이제 스스로 '최신의 시대'를 낳으면서,—이전보다 새로운 시대라는 의미에서 행해진—연대기적 추가라는 전통적 언어도식을 넘어서 최종적으로 역사적 질을 획득했음을 보여준다.[15]

근대 개념의 문제

서양의 근대 개념에 내포된 가장 큰 문제는 그 의미론적 함의가 '역사상 최초의 새로운 시대'라는 것임에도 불구하고, 정작 근대가 실제로 얼마나 새로운가를 내용적으로 밝힐 수 있는 언어적 도구로서 부적절하다는 데 있다. 지금까지 살펴본 바와 같이 이 개념은 순전한 시간적 형식성을 전면에 부각시키면서 끝이 보이지 않는 과도기에 살고 있다는 의식을 표현하는 데 그치고 있을 뿐이다. 따라서 이 개념은 내용적으로 지극히 모호하다. 이 속에는 각자의 정치적·이데올로기적 입장에 따라, 혹은 역사적 시점에 따라 자의적으로 정의된 수많은 사회문화적 내용물들의 목록이—근대화론의 근대 개념은 그 한 사례이다—들어찰 수 있으며, 그 시작 시점과 특징 또한 각각의 입장에 따라 상이하게 해석될 수 있다.

이와 더불어 근대 개념이 매번 새롭게 변화하는 영원한 과도기를 의미하는 한 그 구체적 적용이 어렵게 된다. 예를 들어, 우리는 현재 근대에 살고 있는가, 아니면 탈근대에 살고 있는가? 독일의 철학자 벨쉬(W. Welsch)에 의하면 우리는 '탈근대적 근대'에 살고 있다.[16] 이런 근대는 앞으로 얼마나 지속될 것인가? 코젤렉에 의하면 변화가 경험되는 한 근대는 계속된다. '근대의 종말'과 같은 자극적인 표어나 포스트모더니즘처럼 온갖 종류의 "탈(post)-을 정의하려는 시도"들은 오히려 근대의 전형적 특징인 변화의 '가속화'를 보여주는 지표들에 불과하다는 것이다.[17] 코젤렉은 이 두 가지 이유로 인해 서양의 근대 개념이 이미 아나키 상태에 빠져 있음을 지적한다.[18]

한편 한국의 근대 개념은, 그 시간적 함의가 전면에 부각되지 못함으로써 우리가 그간 경험한 매우 단절적이고 역동적이었던 변화들과 그 변화들에 내포된 새로움을 표현하는 의미론적 기능을 수행하지 못했다. 우리의 '근대'는 '근세'의 의미에서 단순히 시대구분 개념으로 쓰이거나, 아니면 (혹은 동시에) '서양'이라는 낯선 문명과의 공간적 충돌로 인해 생긴 신드롬, 혹은—이와는 정반대로—트라우마의 명칭으로 기능하면서, 이를 통해 구한말 개화파와 위정척사파 간의 투쟁 이후 여전히 지속되고 있는 정치적·이데올로기적 대립의 기호가 되고 있다. 그런 점에서 우리의 근대 개념은 공간적이고 가치 지향적인 확고부동한 함의를 지닌 채, 동시에 주체적이어야 한다는 강박관념의 포로가 되어 있다.

 우리의 현재를 규정지으려면 새로운 대안 개념이 필요할 것 같다. 그 개념은 하나의 보편적인 '근대' 대신 다양한 근대화 및 근대의 경험들, 서로 다른 시간적 지속과 변화를 보이는 여러 개별 역사들을 동등하게 얽으면서 우리의 현재를 특징짓는 '비동시적인 것의 동시성'을 새롭게 조명할 수 있는 개념이 되어야 한다.

2. 문명과 문화
— 핵심어로 읽는 유럽인의 근대적 정체성

오늘날 '문명'과 '문화'는 전 세계적으로 빈번히 사용되는 전형적인 근대의 핵심어(기본개념)이다. 일반적으로 이 두 개념은 동의어로 쓰인다. 미국의 대학생들이 즐겨보는 리터(Harry Ritter)의 『개념어 사전』(1986) '문명' 항목을 보면, 그 광의의 의미를 "문화라는 용어의 인류학적 의미와 동의어, 즉 한 사회의 물적이고 정신적인 삶의 방식"이라고 정의하고 있다. 같은 사전의 '문화' 항목을 보면, 그 주된 의미를 "한 특정 사회의 지적이고 물적인 삶의 전체"라고 정의하면서, 두 개념이 광의의 차원에서 동의어임을 재차 확인한다.

물론 리터의 사전에 의하면 두 개념은 약간의 차이도 갖고 있다. 좁은 의미에서 '문명'은 무엇보다 사회적 발전의 진보된 단계, 다시 말해 복잡한 사회구조, 기술적·행정적으로 세련된 높은 수준, 지적이고 미적인 고도의 성취에 의해 특징지어지는 단계 내지 그런 과정을 의미한다. 반면 '문화'의 의미 속에는 앞서 말한 인류학적이고 가치중립적인 의미 외에 전통적이고 규범적인 의미도 포함되어 있다. 즉 '문화'는 한편으로 개별 인간들에 의해 획득된 도덕적이고 지적인 세련됨 내지 음악, 시각예술, 문학 등 지적인 작품이나 행위의 의미로도 통용된다. 물론 이런 규범적 '문화'의 의미 속에는 방금 언급한 '문명'의 의미에서처럼 "전체 사회에 의해 획득된 발전의 수준"이라는 의미도 동시에 포함되어 있다. 따라서 두 개념이 갖는 이 차이는 단지 동일한 대상에 대한 강조점의 차이일 뿐이다. '문명'이 주로 특정 사회의 발전 단계 내지 그 과정의 외형적이고 물질적인 측면을 더 강조한다면, '문화'는 지적이고 정신적인 측면을 더 강조하고 있을 뿐이다.[1]

이처럼 두 개념이 동의어로 쓰이기는 하지만, 경우에 따라 두 개념 사이의 위계가 정해지기도 한다. 예를 들어 1986년 듀몽(Louis Dumont)은 "(현대)문명"이야말로 "전 세계로 확대되어왔고 또 확대되고 있는 지배적인 현대 서구문화"를 지칭하는 것이어야 한다고 역설했다.[2] 그에 의하면 '문명'이란 발전된 단계의 특정한 '문화'를 의미하는 것이 된다. 그러나 이 경우에도 '문명'과 '문화' 개념은 둘 다 인간 생활의 거의 모든 측면을 지칭하는 포괄적 개념으로 쓰이고 있다.

그런데 여기서 두 개념은 한편으로 '발전' 내지 '진보'라는 개념과 밀접한 관련을 맺으면서 긍정적 함의를 내포한 채 규범적 개념으로 사용되지만, 다른 한편 인류학적 의미에서 '진보'나 '발전'의 정도와 상관없는 가치중립적 개념으로 쓰이고 있다는 점에 주목하

자. 이 중 규범적 의미의 문화·문명 개념은 장기 19세기 유럽사의 산물이다. 반면 두 개념에 담긴 가치중립적이고 인류학적인 의미는 본질적으로 20세기의 산물이다. 여기서 문제가 되는 것은 규범적 의미의 문명·문화 개념이다.

문명과 문화 개념은 특히 18세기 중엽 이후 제1차 세계대전 시기까지 유럽 사회의 유행어로 부각되면서 유럽인들의 정체성을 표현하고, 또 만들어나갔다. 이 글은 그런 이데올로기적 개념 쌍의 이력을 추적하면서 당시 유럽인들이 어디에서 스스로의 정체성을 찾았고, 자기정체성의 내용을 어떻게 구성했는지 밝혀보려 한다. 우리는 먼저 이 두 개념이 당시 유럽인들에게 각각의 민족국가에 대한 충성심을 뛰어넘어 '유럽인'으로서의 집단적 정체성을 고취시키는 데 얼마나 결정적인 역할을 했는지 살펴볼 것이다. 그 과정에서 당시 유럽인들의 역사의 진보와 미래에 대한 희망, 그리고 타 지역에 대한 우월 의식이 밝혀질 것이다. 하지만 동시에 특히 독일에서 유행했던 '문명 대 문화'라는 이항 내립적 슬로건의 사용을 추적함으로써, 당시 근대화와 근대성에 대한 유럽인들의 불쾌감과 비판 의식, 미래에 대한 위기 의식 및 비관주의적 세계상 또한 조명될 것이다. 이를 통해 최종적으로 확인하게 될 것은 당시 유럽인들의 이중적 정체 의식이다.

본론에 들어가기에 앞서, 이 글이 지니는 방법론적 특징 내지 한계를 미리 밝혀야 할 것 같다. 먼저 이 글에 제시된 사례들은 당시 문명과 문화 개념이 지녔던 모든 의미의 파노라마를 포괄하지 않는다. 이 사례들은 두 개념이 오늘날의 그것과 구별되는 정치사회적인 혹은 역사철학적이고 시대사적 함의를 지닌 경우에 한정시켜 채택되었다. 이런 연구 전략이 19세기 유럽인들의 의식을 특징짓는 대표적 의미 유형들을 명확하게 재구성하는 데 효과적일 것이기 때문이다.

그렇다면 이 글이 강조하게 될 오늘날과 구별되는 19세기 유럽적 의미 유형들은 당대인의 관점에서 볼 때 실제로 얼마나 대표성을 지니고 있는가? 이 글에서 재구성하려는 그 의미 유형들은 실제로 어느 정도 사회적 영향력이 있었는가?

정확한 답변을 위해서는, 예를 들어 용어 및 어휘들의 대표성의 정도, 즉 한 개념에 관련된 단어들(동의어 및 상대어)의 일정 기간에 걸친 사용 빈도 등을 측정한 라이하르트의 방법론적 기준이 실제 연구에서 충족되어야 한다. 이에 비추어볼 때 이 글이 갖는 한계를 부인할 수 없다. 그러나 나는 비록 '문명' 개념에 한정되기는 하지만, 개념의 사용이 전문적 학술서나 학자들의 논의에서 공공 여론과 대중매체, 그리고 길거리의 슬로건으로 확산되는 과정을 보여주는 계량적 지표를 간략하게나마 언급했다. 또한 이 개념들의 번역을 통한 확산 과정도 간단하게나마 군데군데 언급했다.

그럼에도 이 글은 개념사가 극복하고자 했던 '정상에서 정상으로의 이동'이라는 전통적 이념사의 텍스트 읽기 방식에서 완전히 벗어나지 못했다. 이 글은 거의 대부분 대사상가 내지 기껏해야 2류급 문필가들의 텍스트에 의존하고 있다. 이 글에서 언급되는 사상가들이외의 사료라고 해봤자, 겨우 일정 수준 이상의 교육을 받은 중산층이 애용했던 백과사전 정도이다. 물론 백과사전은 사상가들의 텍스트에 비해 사회적으로 어느 정도 인정되고 비교적 장기적으로 지속되는 개념의 의미구조를 알 수 있게 해주지만 말이다. 그러나 이런 사료들만으로는 예를 들어 19세기 유럽의 노동계급에게 문명·문화가 어떤 의미로 사용되었는가를 본격적으로 논의할 수 없다.

하지만 이런 한계에도 불구하고 이 글을 통해 우리는 19세기 유럽인의 자기정체성 찾기가 어떻게 이루어졌는지에 대한 기본적인 정보를 얻을 수는 있다. 특히 이 글이 다루는 텍스트의 저자와 독자들이 사회적으로 부르주아층 구성원이었다는 사실, 또한 이 시기는 부르주아지가 경제·사회·문화적으로 헤게모니를 잡아가던 시기였음을 상기한다면, 우리가 재구성하려는 문화·문명 개념의 의미 유형들이 당시 영향력 있었던 표상과 정서를 담고 있음을 부인할 수 없기 때문이다.

문명과 문화 개념의 출현

포괄적이고 규범적인 의미의 근대적 문화·문명 개념은 그 자체 유럽 근대의 산물이다. 이 개념들은 대략 18세기 중엽 이후부터 19세기 초엽에 걸쳐 탄생했다. 이 기간 동안 영국과 프랑스에서는 문명(civilization)이라는 신조어가 등장했으며, 독일어권에서는 전통적으로 차용되던 문화(Kultur)라는 술어가 새로운 의미가 부가된 채 그 용법이 확대되면서 근대화되었다. 그 과정에서 이전까지 다른 맥락에서 여러 다른 개념을 통해 표현되던 대상들, 즉 한편으로 '시민사회', '도시', '국가' 같은 개념들로 나뉘어 표현되던 것들과, 다른 한편 '학문', '예술', 혹은 '종교적 숭배 및 예배(Cult)'의 개념들로 나뉘어 표현되던 것들이 모두 문명·문화 두 개념 속으로 포괄되면서 양자는 거의 동의어로 쓰이기 시작했다.

그런데 단어사적으로 볼 때, 문명과 문화라는 두 술어는 용법상 상이한 뿌리를 갖는 고대 라틴어에서 유래했으며, 중세 말기까지도 두 술어는 용법상 적지 않은 차이를 보였다. 먼저 문명이라는 술어는 civis(시민), civitas(도시국가) 등과 관련된 형용사 civilis 및 civilitas(시민권, 공손함) 등에서 유래했다. 한편 문화란 술어는 동사형 colere(거주하다, 체류하다, 경작하다) 및 cultura(땅의 경작) 등에서 유래했다. 또한 고대 로마제국 당시 cultura라는 용어는 인간의 농업 활동에 빗대 인간의 종교적이고 지적인 활동을 지칭하는 데 쓰이기도 했다. 특히 cultura animi(영혼의 경작, 즉 개인에 대한 교육, 도덕, 학문, 예술의 장려)라는 용어는 농업과 관련된 cultura agri와 구별되어 cultus(예배, 종교, 숭배)와 동의어로 쓰이곤 했다.

고대 로마의 식자층에게 civilis란 '미개한', '야만적인', '군사적인', '형사처벌적인' 것의 반대개념을 의미했으나, cultus/cultra는 그런 용도로 쓰이지 않았다. 후자는 경작되지 않은 농토와 경작된 농토의 차이처럼 모든 인간의 정신적 개발(발전)의 가능성을 전제로

2. 문명과 문화 191

한 차이만을 강조하기 위해 쓰였다. 특히 civilis라는 개념 속에는 농촌적 삶보다 도시적이고 정치적으로 조직된 삶의 방식이 우월하다는 의식이 담겨 있다. 이런 점은 오늘날에도 '야만'의 반대개념으로서 '문화'보다 '문명'이 더 일반적으로 통용되고 있음을 고려해볼 때 현대적 '문명' 개념에도 일정 부분 지속되고 있다고 할 수 있다. 아울러 civilis는 앞서 언급한 것처럼 정치 공동체적 존재로서의 인간과 연관되어 있었다. 이처럼 문명은 정치적 뿌리를 갖고 있음에 비해, 문화는 그렇지 못했다. cultura는 정치적 함의를 내포하지 않은 채 개인으로서의 인간 활동과 관련하여 사용되었다.[3]

그렇다면 18세기 중엽 이후 양 개념은 어떻게 강조점의 차이에도 불구하고 실제적인 동의어로 쓰이기 시작했는가? 단순히 전문술어로서 civilis 내지 cultura/cultus가 문명과 문화라는 대중적인 개념어로 전위되면서 발생한 오해인가?

근대적 문화·문명 개념 탄생 과정의 첫 단계는 먼저 기독교로부터의 해방, 고전고대 문화에 대한 재조명과 인간중심주의적 세계관의 발흥으로 특징지어지는 르네상스운동에서 시작된다. 중세 후기 이후, 그중에서도 특히 16, 17세기를 경과하면서 양 개념의 뿌리가 되는 라틴어 전문술어들은 이전보다 더욱 빈번하게 각국어로 번역 차용되면서 상호 간 의미의 전환과 혼용 과정을 겪었다. 이 시기에 일어난 변화를 요약하면 첫째, '문명' 개념의 뿌리가 된 civilitas는 civilité, civility 등으로 번역되면서 이상적인 '정치 공동체' 내지 '도시 시민의 공동체 생활'이라는 전통적인 정치적 의미보다는 점점 더 '예절바름', '공손함' 같은 도시사회 구성원(시민)의 도덕적 덕목을 지칭하는 데 쓰였다. 또한 civilitas는 상태나 성취의 결과보다는 과정을 강조하는 civilize, civiliser 등으로 번역되면서 유럽 내부나 유럽 외부의 '야만적' 타자들을 도덕적·정신적으로 교육시키자는 함의가 내포된 개념으로도 쓰였다.

이런 변화는 종래의 cultus/cultura 개념에 내포된 개인의 교육, 개인의 도덕적이고 지적인 활동의 의미와 일치한다. 또한 역으로 '문화' 개념의 뿌리가 된 cultura는 Kultur, culture, cultiviert 등으로 번역되면서 비정치적인 개인의 (지적이고 정신적인) 활동에 제한된 용법을 뛰어넘게 되었다. 특히 기독교가 지배한 중세 유럽에서는 cultura라는 인본주의적 표현은 거의 쓰이지 않았고, 종교적이고 신학적인 cultus만이 쓰이는 등 '문화' 개념이 매우 위축되어 있었다. 이제 cultura는 부분적으로 (정치사회) 공동체 생활과 관련된 정치 규범적이고 실제적인 부분까지 포함된 인간의 모든 활동을 포함하는 광의의 의미로 확산되어 쓰이기 시작했다. 여기서 cultura 개념은 많은 점에서 위와 같이 새로이 변화하는 civilitas 개념과 중복되는 의미를 갖게 되었다.[4]

그러나 근대적 문화·문명 개념의 본격적인 출현을 위해서는 전반적으로 유럽 사회의 탈기독교화가 진행된 18세기 계몽주의 시대가 경과되어야 했다. 대략 18세기 중엽부터 19세기 초엽의 기간 동안 매우 중요한 두 가지 변화가 나타났다. 첫째, '문화' 개념이 역사철학적 개념으로 확장되었다. 계몽주의 역사철학의 최대 발명품인 '역사(스스로 주체가 되고 대상이 되면서 고유의 진행법칙을 지닌 채 세계사로 확대되고 있는 역사)'와 '진보'의 두 개념과 '문화' 개념이 밀접한 관련을 맺은 채 사용되기 시작했다. 인류는 도덕적이고 사회적인 완전성을 향한 보편적이고도 거역할 수 없는 과정에 있고, 이 과정 속에서 서구 유럽의 교육받은 계급들은 이미 상당히 발전되어 있으며, 인류 전반은 끊임없이 이 과정을 향해 나아가고 있다는 것이 계몽주의 역사철학의 기본 내용이라 할 수 있다. 먼저 독일어권을 중심으로 근대적 '문화' 개념이 출현한 과정을 살펴보자.

'문화' 개념은 이 시대에 '문화사'라는 합성어가 유행했다는 데서 알 수 있듯이 민족들의 역사, 나아가 인류의 역사(세계사) 속으로 편입되어 역사의 진행을 인도하는 원리로 이해되었으며, 인류의 무한한 진보 과정의 원동력으로 파악되었다. '문화'란 역사의 전제이자 결과이며, 따라서 역사의 문제로 이해되었던 것이다. 이제 '문화'란 단순히 인간의 물적이고 지적인 성취를 대상으로 하는 것이 아니라, 시간적 관점에서 이런 대상을 파악하고 의미를 부여하는 역사철학적 운동 개념이 된 것이다.[5]

둘째, '문화' 개념이 점점 역사철학적 기능을 수행하게 됨에 따라 새로운 강조점들이 나타났다. 먼저 개별 인간의 활동 및 성취를 지칭하던 이 개념의 지금까지의 용법이 민족, 나아가 인류의 활동 및 성취라는 집합적인 것을 지칭하는 데로 확대 변화되었다. 다음으로 교육 혹은 학문과 같은 개별적 분야나 개별적 성취에서 인간의 모든 성취들을 지칭하는 데로 확대되었다. 마지막으로 인간과 환경에 대한 문화적 개발 과정으로부터 결과, 즉 교양화(Kultivierung)된 인간이나 문화적 결과물로 강조점이 옮겨갔다. 그런 맥락에서 '문화' 또한 새로이 '야만'의 반대개념으로 쓰이곤 했다.[6]

전통적 '문화' 개념의 내용에 새로운 의미들이 첨가된 독일어권 지역과 달리, 이 기간 동안 영국이나 프랑스에서는 '문명'이라는 신조어가 등장했다.[7] '문명'이란 단어는 프랑스의 중농주의자 미라보 후작(Marquis de Mirabeau)의 『인간의 벗(L'Ami des hommes ou traité de la population)』(1757)과, 스코틀랜드의 계몽사상가 퍼거슨(Adam Ferguson)의 『시민사회의 역사에 관하여(Essay on the History of Civil Society)』(1767)에 처음 등장한 것으로 알려져 있다.[8] '문명'이라는 새로운 개념어는 독일어권에서 등장한 새로운 '문화' 개념과 기능 및 함의에서 거의 차이가 없었다. '문명' 개념 역시 새로운 '문화' 개념처럼 집합적 단수개념 혹은 보편개념으로 쓰이면서 인간 생활의 모든 분야를 포괄했다. '문명' 역시 계몽주의적 역사철학에 의해 각인되었다. '진보'와 '도덕'이 문명 개념의 주요 테마였으며, '운동', '변화' 같은 것들이 '문명' 개념의 새로운 역동적 의미로 부각되었다. 대표적인 계몽주의 역사철학서인 콩도르세 후작(Marquis de Condorcet)의 『인간 정신의 진보에 관한 개요』(1795)에 나오는 한 구절을 보자.

모든 나라의 인민이 가장 계몽적이고 자유로우며 편견에서 해방된 프랑스인이나 영미인들처럼 문명의 상태에 접근하게 될까? (…) 이 광대한 나라들 어떤 곳에서는 우리에게서 수단을 받아들여 문명화되기만을, 유럽인들 중에서 형제를 발견하여 그들의 친구와 제자가 되기만을 기다리고 있는 듯한 수많은 인민에게 그 열기가 전달될 것이다. 또 어떤 곳에서는 수세기 동안 (…) 전제군주나 어리석은 정복자들에게 복종해온 인민들에게 그 열기가 전달될 것이다. 또 다른 데서는 완성된 문명의 부드러움에서 동떨어진 (…) 그런 거의 야만적인 미개인들에게 그 열기가 전달될 것이다.[9]

이런 점들은 또한 18세기 '문화사' 서술의 전통을 그대로 이어받은 프랑소아 기조(François Guizot)에게서도 전형적으로 발견된다. 그는 「유럽의 문명」(1828)이라는 강의에서 아래와 같이 말했다.

인류의 보편적인 운명, 인류자산의 전달—이런 것들이 있으며, 따라서 기록되고 쓰여져야 할 하나의 보편적 문명의 역사와 같은 것이 존재한다고 나는 확신합니다. 진보와 발진의 이념은 세계문명 속에 포함된 근본적 이념인 것으로 여겨집니다.[10]

두 개념 사이에 차이가 있다면, 그것은 단지 무엇보다 아직 독일어권의 '문화' 개념에는 전통적 의미들이 지속되었기 때문에, '문명'이라는 신조어가 표현하지 못하는 실상—예를 들어 농업이나 개인의 정신문화 및 교양, 교육—들을 '문화' 개념으로 더 폭넓게 표현할 수 있었다는 점에서 찾을 수 있다. 그러나 본질적으로 서구의

'문명'이라는 신조어와 독일어권의 새로운 '문화' 개념은 동일한 실상을 표현하는 데서 쉽게 호환될 수 있었다. 프랑스어나 영어의 '문명'은 흔히 독일어의 '문화'로 주저 없이 번역되곤 했다.[11] 예를 들어 문화사가 부르크하르트는 자신의 책 서문에서 두 개념을 동의어로 쓰고 있다.

> 문화로 구분된 한 시대의 정신적 윤곽은 보는 사람에 따라 모습이 달라지게 마련이기 때문이다. 게다가 우리 문명의 가장 가까운 모태로서 아직도 작용하고 있는 문명을 다룰 경우에는 서술자에게나 독자에게나 매순간 주관적인 판단과 감정들이 끼어들지 않을 수 없다.[12]

진보낙관주의와 유럽중심주의의 표현, 문명과 문화

지금까지 살펴본 것처럼 근대적 문명·문화 개념의 출현과 확산과정은 근대 초 이후 유럽인의 기독교적이고 종말론적인 역사신학으로부터의 점차적인 해방, 그리고 이로 인해 촉발된 역사 진행 과정에 대한 철학적 관심의 증대와 맥을 같이한다고 할 수 있다. 그렇다면 계몽주의 역사철학에 의해 각인되고 인류 전체로 확산된 보편적 대상을 주제로 출현한 규범적 문명·문화 개념은 서로 동의어로 쓰이면서 18세기를 경과해 19세기가 진행되는 동안 어떤 정치·사회적 기능을 했는가? 그런 기능을 하면서 두 개념에는 어떤 시대사적

⟨표 1⟩ '문명' 단어의 증가

1760~1780	5
1781~1800	90
1801~1815	178
1816~1830	617
1830~1845	614

출처 : Pim den Boer, "Civilization", *Contributions to the History of Concepts*, 1/1, 2005, p. 57. 보어는 프랑스의 어휘 데이터베이스인 FRANTEXT를 이용하여 분석했다.

함의가 내포되었는가?

특히 19세기에 이 두 개념은 공통의 '유럽인 의식'을 표현하기 위한 슬로건으로 발전했다. ⟨표 1⟩에서 보이듯이, 프랑스의 경우 1801년부터 1845년까지 '문명'이라는 단어의 사용 빈도수가 급격히 증가했다.

공통의 '유럽인 의식'은 한마디로, 유럽의 민족들은 모두 세계사의 총체적 진보운동의 절정에 서 있다는 자부심이다. 이런 자부심 속에서 기조는 하나의 유럽 문명, 즉 "본질적으로 유럽적인 하나의 문명"에 대해 역설한다.

유럽 각국들의 문명 속에는 명백히 현저한 동일성이 있다. (…) 문명은 그들(유럽 각국들—인용자) 모두에게 매우 유사하게 원류로부터 흘러들어갔다. 시간과 장소와 환경의 커다란 차이에도 불구하고, 그들 모두 속에서 연결되어 있다. 그리하여 동일한 결과를 가져오곤 한다. 따라서 그 누구도 본질적으로 유럽적인 하나의 문명이 존재한다는 사실을 의심하지 않을 것이다.[13]

빅토리아 여왕 치하에서 이룩된 교통과 거리 조명의 진보(Illustrated London News, 1897)

 이 자부심은 19세기가 경과할수록 더 심화되었다. 문화·문명 개념은 생활의 모든 영역, 즉 국가와 사회, 경제와 기술, 법률, 종교와

〈유럽의 민족들이여, 당신들의 가장 신성한 재산을 지켜라!〉 독일제국 황제 빌헬름 2세가 스케치하고 화가 크낙푸스(Knackfuß)가 완성했다(1895). 이 그림은 황화론을 표현한 것으로 유명하다.

도덕 등을 포괄하는, 또한 개인과 공동체 모두와 관련을 맺는 총체적 개념으로 사용되었다. 그러면서 무엇보다 산업자본주의와 제국주의의 발전, 그리고 의회민주주의, 문화적으로 기술 발달과 과학, 학문 및 교육의 발전이라는 유럽인들, 특히 부르주아지의 실제적 경험을 표현했다.

이와 상응해 시간이 흐르면서 문명·문화 개념 속에서 진보의 과정보다 결과, 즉 진보된 상태에 대한 강조가 점점 우세해졌다. 기조의 영향을 받은 독일 자유주의 법학자 블룬츨리(Caspar R. Bluntschli)는 1857년에 다음과 같이 말했다.

인간의 노력이 문명이다. 한 민족이 자신의 문명 속에서 수행하는 모든 진보는 자신의 생의 과제의 부분적 충족으로 간주되고, 또 존중된다. (…) 그것(문명—인용자)은 본질적으로 인간적 노력들의 획득물이다. (…) 그러나 우리는 인간의 그런 정신의 노력이 아닌 업적을, 고상하게 되기 위한 노력이 아닌 인간 상태의 명료화된 고상함을 문명 자체라고 부른다.[14]

그의 정의는 타 민족이나 유럽의 하층민에 대한 유럽 부르주아사회의 절대적 우월감을 표현하는 것이었다. 이런 정의에 의하면, 단순히 문명화나 교양화(kultivierung)에 의해 얻어진 순수한 물적인 결과들은 아직 객관적 의미의 문명이나 문화가 될 수 없었다. 이처럼 양 개념은 무엇보다 역사 진보의 실제적 경험을 표현하기 위해 쓰이고 있었다.

그런데 문명·문화는 공통의 유럽인 의식을 표현하는 개념으로 사용되기도 했지만, 동시에 유럽 내 각 민족의 민족적 정체성, 나아가 민족적 자부심을 표현하는 데 쓰이기도 했다. 하지만 이 경우에도 1900년대 이전에는 양 개념이 한 민족의 우월성을 강조하거나 유럽 내의 다른 민족을 경멸하는 배타적 민족의식의 표현으로 이용되지는 않았다. 예컨대 기조는 프랑스인으로서 자부심을 나타내면서 프랑스와 "프랑스의 문명"은 "유럽 문명의 중심" 혹은 "유럽 문명의 전위"라는 표현을 썼다.[15] "영국 문명"의 역사를 쓴 버클(Henry Thomas Buckle)은 외세의 영향 없이 자체적으로 발전한 "영국 문명"의 중요성을 자부심 섞인 어조로 강조하면서도, 영국 문명이 유럽 내 타 민족의 문명보다 더 우월하다고 할 수는 없다는 신중함을 보여준다.[16] 또한 앞서 언급한 블룬츨리는 근대 유럽 문명의 형성에서 유럽 내 각 민족의 역할을 동일하게 존중한다. 그가 보기에 유럽 각 민족이 지닌 각각의 문명적 특징은 전체 유럽 근대문명의 형성과 발전을 위한 단지 기능상의 차이만을 지닐 뿐이다.[17] 이처럼 문화·문명 개념은 무엇보다 공통의 유럽인 의식, 유럽 공동체의 정체성을 무시한 채 사용되지 않았다. 민족 공동체의 정체성을 창출하기 위한 19세기 유럽인들의 노력은 유럽이라는 더 상위의 공동체 틀 내에서 진행되었다고 할 수 있다.

또한 이 시기의 '문명'과 '문화' 개념 속에는 미래에 대한 다양한 낙관주의적 기대 역시 담겨 있었다. 그러나 바로 그 점 때문에 두 개념은 유럽 사회를 갈등과 분규로 휘몰았다. 두 개념은 계속해서 여러 정치·사회 세력 간 정치 논쟁의 슬로건으로 사용되면서 정치화되었고 이데올로기화되었다. 우선 역사 진보에 대한 이해들이 다양했다. 지금까지의 경험에 기초한 낙관주의적 문명 및 문화 이해에 대한 많은 비판들이 "진정한 문명" 혹은 "진정한 문화"의 이름으로 끊임없이 이루어졌다. 이 비판들은 인류가 행하는 노력의 지고지선의 목표가 문명/문화이기는 하지만, '진정한' 문명/문화만이 그런 자격이 있다는 것이었다. 물론 무엇이 진정한 문명/문화인가는 가톨릭교회부터 사회주의자에 이르기까지 각자의 정치사회적·종교적·세계관적 입장에 따라 달랐다. 이들은 각자의 입장에서 "문명의 더 높은

〈가장 어두운 아프리카에서 필요한 것은 전기이다〉(1895년경)
탐험의 영광과 기술에 대한 자부심, 문화적 우월감이 표현되어 있다.

단계들"에 대한 기대를 표명했으며, 그것의 설계도를 작성했다.[18]

또한 두 개념은 학술 담론에서 유럽중심주의적 세계상을 확립시키는 데 결정적인 역할을 했다. 문명과 문화야말로 유럽적인 것, 나아가 미국까지 포함한 서양적인 것의 특수성을 나타내는 결정적 요소로 간주되었다. 이런 관념에 기초하여 단선적 진보의 등급에 따라 세계 각 민족들의 문명 및 문화의 정도를 측정하고 서열 짓는 분류 작업들이 행해졌다. 전통적인 '문명' 민족 대 '야만' 민족의 이항 대립적 표현 외에 새로운 개념들이 첨가되면서 더 복잡한 분류가 행해지곤 했다. '비문명적' 민족과 '야만' 민족이 구별되었으며,[19] 야만인' 외에 '역사 없는 민족', 혹은 '반≠문화' 민족, '완전문화' 민족 등의 술어가 만들어졌다. '문명' 민족과 '야만' 민족의 구별은 다른 뉘앙스의 '자연 민족' 대 '문화 민족'으로 묘사되기도 했다.[20] 그런 가운데 '야만 상태-미개 상태-문명 상태'라는 다단계적 분류[21]가 학문적으로 시도되기도 했다.

이처럼 문화와 문명이야말로 세계 속 유럽의 지도적 위치를 결정하는 척도가 되었다. 이와 관련해 유럽이 후진적인 비유럽 민족들을 문명화시켜야 한다는 사명감 역시 정파를 초월하여 당시 유럽인들 사이에 보편적으로 퍼진 관념이었다. 여기서 다시 한 번 블룬츨리를 인용해보자.

> 문명화된 민족들의 교만은 물론 다른 민족들을 야만인이라고 헐뜯는 데 기울어지게 했다. 그러나 이런 언어 사용 자체는 하나의 야만적 경향을 담고 있다. 왜냐하면 이는 인간들의 인간적 가치를 침범하는 것이기 때문이다. 우리는 단지 인간들 속에 짐승적 요소가 더욱 우세하게 나타날 때만 진정한 의미의 야만을 말할 수 있나. 비록 일자석으로는 본능적 무의식적으로 행해진다 해도, 고귀한 정서와 정신의 힘들이 감각의 운영을 지배하는 곳에서는 그렇게 말할 수 없는 것이다. (…) 이런 대립들(문명 대 야만 혹은 분명 대 비문명―인용자)은 게다가 유동적인 것이다. 비문명으로부터 시간이 흐름에 따라 문명이 성장하고, 야만성과의 지속적 투쟁 속에서 문명은 완성된 고도의 단계들에 도달한다.[22]

문명화의 사명감은 동시에 유럽 제국주의를 합리화시켰던 이데올로기이기도 하다. 박지향 교수는 특히 영국 제국주의의 지속적 동기와 상대적 특성을 바로 이 문명화의 사명에서 찾을 수 있다고 한다.[23] 하지만 문명화의 사명은 영국만의 특성이 아니었다. 예를 들어 독일에서도 이른바 '문화제국주의'라는 개념이 등장했다. '문화제국주의'란 자국의 정치·경제적 이익을 관철시키려는 기존의 제국주의 정책에 대한 대안 프로그램으로 주창되었다. 그 요지는 독일이 비유럽 민족들을 유럽 문명/문화로 동화시키는 데 주도적 역할을 해야 한다는 것이었다. 1912년 『북과 남(Nord und Süd)』이라는 잡지에 기고된 루드비히 슈타인(Ludwig Stein)의 「문화 정책」이라는 글의 일부를 인용해보자.

> 우리 문화 체계의 세계 지배야말로 명백히 드러난 역사의 의미이다.
> (…) 민족적 제국주의는 문화제국주의, 다시 말해 우리 지구에 대한 백인종의 완전한 지배로 향하는 과도기적 단계에 불과하다.[24]

이처럼 문화·문명 개념은 문명화의 사명이라는 강조점을 갖고 유럽 제국주의의 이데올로기로 작용했다. 여기서 두 개념이 인종주의와 쉽게 결합될 수 있었음을 지적하는 것은 사족에 불과할 것이다.

그런데 역설적이게도 두 개념이 글로벌한 차원으로 확산된 것 또한 제국주의를 통해서이다. 특히 당시 제국주의 선진국 영국과 프랑스의 식민화 담론에서 '문명' 개념은 핵심적 역할을 수행했다. 식민지 지역에서 이 개념은 처음에는 위로부터 전유되었고, 후에는 아래

로부터도 사용되었다. 바로 이 시기에 터키나 아랍 세계와 함께 동아시아에서도 이 개념이 차용되었다.[25]

'문명 대 문화'
—민족주의와 근대문명 비판의 슬로건

지금까지 살펴본 바와 같이, 영국과 프랑스에서 출현한 신조어 '문명'과 독일에서 근대화된 '문화' 개념은 대체로 동일한 사실들을 지칭하고 동일한 역사철학적·이데올로기적·정치적 기능을 수행하면서 공통의 유럽인 의식과 유럽인으로서의 자부심을 표현하고 있었다. 그러나 이 두 개념은 때때로 구별되어 사용되었을 뿐만 아니라 서로 대립되어 사용되기도 했다. 물론 양자를 구별해서 사용하려는 시도는 오늘날에도—특히 학술적 담론을 보면—존재한다. 하지만 오늘날에는 이 구별이 두 개념 간의 대립 구도로까지 확대되진 않는다. 그렇다면 이 시기 두 개념의 구별, 나아가 둘 사이의 대립은 어떤 정치·사회적 맥락에 위치하고 있었으며, 어떤 시대사적 의미들을 지녔는가?

먼저 이 주제에 대한 엘리아스(Norbert Elias)의 고전적 명제를 언급해보자. 그에 의하면 '문명' 개념 속에는 영국과 프랑스인의 민족의식과 이들의 민족적 자부심이 담겨 있고, '문화' 개념 속에는 독일인들의 민족의식과 민족적 자부심이 담겨 있다. 또한 '문명 대 문화' 개념의 대립은 18세기 독일의 (프랑스화된) 절대주의 궁정사회 대 시민사회의 사회적 대립에서 기원하며, 프랑스 대혁명 후 독일인들은 이 개념 대립을 통해 프랑스나 영국 등 서구와의 민족적 대립을 표현했다는 것이다.[26]

엘리아스의 명제에 대한 반박은 쉽지 않다. 그는 우선, 어째서 독일어권에서 '문명'이라는 신조어 대신 전통적 '문화' 개념이 확대되면서 계속 우세하게 사용됐는가에 대한 하나의 답을 주고 있다. 또한 제1차 세계대전 전후 독일에서 '문화' 개념이 독일 민족의 정체성을 표현하는 개념, 다시 말해 민족주의의 슬로건으로 기능했다는 것, 그리고 이런 개념 사용 방식의 정치적 배경을 올바르게 지적하고 있다.

그러나 그의 명제는 몇 가지 중요한 점을 놓치고 있거나 부분적으로 오류를 범하고 있다. 먼저 18세기 중엽 이후 19세기 초반까지 독일 지식인들의 담론에서 나타나는 '문명'과 '문화' 개념을 구별하려는 시도를, 단지 독일의 특수한 정치·사회적 상황의 반영물 및 이로 인한 궁정사회 대 시민사회의 정치·사회적 갈등 관계로만 환원시킨다. 또한 그는 20세기 전환기부터 등장하여 특히 제1차 세계대전 이후 절정에 달했던 '문화 대 문명'의 이분법적 대립 구도가 지니는 의미를 전적으로 독일인의 민족적 정체성을 찾기 위한 민족주의적 구호로 환원시킨다. 그러나 이런 민족주의적 구호 속에 또 다른 중요한 함의가 담겨 있지는 않았는가?

또한 엘리아스는 1800년 전후에 벌어진 '문화'와 '문명'의 구별

짓기와 1900년 전후에 나타난 '문화 대 문명' 대립 구도 사이의 지속성을 지나치게 강조한다. 물론 둘 사이에는 명백히 공통점도 있었다. 1800년 전후 독일 지식인들의 담론이나 백 년 뒤의 그것에서 '문명'은 인간 생활의 외면적(피상적)이고 기술적(인위적)이고 물적인 측면을 지칭하면서 부정적으로 쓰였다. 반면 '문화'는 인간 존재의 내면적이고 창조적이고 진실한 영역, 즉 정신적이고 도덕적(종교적)이고 미적인 영역을 지칭하면서 '문명'보다 더 숭고하고 가치 있는 것으로 칭송되었다. '문명'은 교육과 교양의 성취를 통해 국외자(타자)에게 전파될 수 있지만, '문화'는 불가능한 것이었다. '문화'는 내면적인 것, 영혼의 가치를 체험한 소수에게만 가능한 것이었다.

하지만 양자 사이에는 차이점이 많았다. 아래에서 살펴볼 것처럼 1900년을 전후하여 '문명'과의 대립 구도 속에서 쓰인 '문화' 개념은 본질적으로 정치적 기능을 담당하는 민족주의적 개념이었지만, 1800년 전후에 '문명'과의 대립 구도 속에서 사용된 '문화' 개념은 독일 민족의 정체성을 찾기 위한 것도 아니었고, 정치적 개념은 더더욱 아니었다.

또한 1800년 전후에 시도된 '문화'와 '문명'의 구별 짓기는, 앞서 살펴본 것처럼 프랑스어나 영어의 문명(civilization)이 빈번히 독일어의 문화(Kultur)로 번역되곤 하면서 관행적으로 두 개념이 동의어로 사용되던 독일 시민사회에서 결코 일반적인 것은 아니었다. 예를 들어 엘리아스가 주요 전거로 활용하는 두 개의 개념에 대한 칸트(Immanuel Kant)의 구별 노력은 오히려 특수한 사례가 될 것이다.

반면 20세기 무렵 나타난 두 개념의 이항 대립은 정치 담론을 선도하는 개념 쌍으로 부각되면서, 특히 제1차 세계대전 이후 전후 세대에게 상당한 영향력을 미쳤다. 하나의 예를 보자. 1935년에 간행된 헤르더 사전의 '문명' 항목의 필자는 문명을 "단순히 외적이고 육체적인 데 치중된 인간의 가치를 실현한 문화의 측면"으로 정의하고 있다.[27] 이는 문명에 대한 부정적 이해가 최소한 제1차 세계대전 이후가 되면 독일 사회의 무시할 수 없는 규범으로 확산되었음을 알 수 있게 한다.

이 글은 그런 점에 주목하면서 엘리아스가 놓치고 있는 부분을 지적하려 한다. '문명 대 문화' 대립 구도는 독일적 특수성의 산물 내지 독일 민족의 정체성 찾기라는 표현만으로 환원시킬 수 없다. 더 높은 가치를 지닌 '문화'와 이보다 저급한 '문명'의 차이를 명확히 구별하고, 나아가 양자를 대립되는 것으로 파악하려는 시도들은 아래에서 살펴볼 것처럼 독일어권 바깥에서도 등장했다. 따라서 우리는 두 개념의 대립 구도에 담긴 또 다른 함의들을 강조하고자 한다. 그것은 바로 유럽의 근대 및 근대성, 다시 말해 서구 근대문명에 대한 자기비판이었다. 동시에 바로 이 점에서 1800년 무렵에 두 개념을 구별하고 대립시키려 했던 시도와 1900년경에 나타난 그것 사이의 기본적 공통점을 읽을 수 있다. 이런 출발점 위에서 '문명 대 문화' 대립 구도가 지녔던 시대사적 함의에 대한 논의를 계속해 보자.

19세기 전후 일부 사상가들에 의해 행해진 '문명'과 '문화'의 구별 및 대립의 시도는 계몽주의 시대의 궁정과 대도시를 중심으로 발전된 근대문명에 대한 하나의 비판 방식이었다. 그리고 그것은 독일의 정치·사회적 특수성을 초월해 서유럽에 보편적으로 나타난 현상이었다. 무엇보다 루소(Jean J. Rousseau)에게서 우리는 파리를 중심으로 한 당시의 문명화 과정에 대한 신랄한 비판을 발견할 수 있다. 그 비판의 요지는, 문명은 인간을 타락시키는 과정이며, 과도하게 문명화된 인간은 문명화되지 못한 인간보다 더 나쁘다는 것이었다.[28] 그는 『예술과 과학에 대한 담론』(1750)에서 원래 "문화들"이 인간의 필요에 의해 성장한 것과 달리, "현대문명"은 자신의 패턴을 인간들에게 부과한다, 게다가 "현대문명"은 모든 사람의 마음을 "동일한 틀" 속에 집어넣으면서 전체적으로 하나의 "동일한 패턴"을 부과한다고 비판했다.

> 공손함은 후자(동일한 틀—인용자)를 요구하고, 예절바름은 전자(동일한 패턴—인용자)를 요구한다. 예식은 자신의 형식 틀을 지니고 있고, 유행은 자신의 법칙을 지니고 있다. 그런데 우리가 따라야 하는 이러한 것들은 결코 우리 스스로의 자연(천성)에서 우러나온 것이 아니다.[29]

또한 루소는 『불평등 기원론』(1754)에서 인위적인 것과 그 기원을 혼동하는 자연법 이론이 현존하는 제도와 관행들, 특히 사유재산을 합리화하는 데 사용되고 있음을 비판하면서, 이런 자연법은 문명의 시대에는 적절하지만 원래의 관습이나 전통들과 아무런 공통점이

없음을 비판하고 있다.³⁰

이러한 루소의 문명 비판은 인간의 천성과 조화를 이루지 못하는 당시 문명의 잘못된 적용과 그릇된 문명화 현상에 그 초점을 맞추고 있지, 문명 자체의 가치라든가 문명의 진보에 대한 본질적 비판은 아니었다. 또한 그의 문명 비판에서 '문화'는 비록 언급은 되고 있지만 아직 하나의 대안적 프로그램으로서 부각되지 않았다. 그런데 칸트가 『세계시민적 의도에서 고찰한 보편사의 이념들』(1784)에서 행한 자주 인용되는 '문명' 대 '문화'의 구별은 루소의 문명 비판과 기본적인 맥을 같이하면서도 그보다 한 단계 나아간다.

> 우리는 예술과 학문에 의해 높은 수준으로 교양화(cultiviert)되었다. 우리는 지나칠 정도로 각종 사회적 예의범절로 문명화(civilisiert)되었다. 그러나 아직은 우리 스스로가 이미 도덕화되었다고 하기에는 너무 부족하다. 왜냐하면 도덕성의 이념은 문화에 속하기 때문이다. 이 이념의 사용이 단지 명예욕을 위해 도덕의 모방과 외면적 예절로만 흐른다면, 그것은 단순한 문명화를 의미한다.³¹

이와 같은 칸트의 문명 비판에서는 오히려 문명의 진보 내지 완성이라는 역사철학적 목표가 비판의 기준점을 형성한다. 여기서 '문화'는 '문명'의 대안 개념이라기보다 잘못된 현재의 '문명'이 "도덕성의 이념"을 통한 발전의 단계로 완성되기 위해 필요한 더 높은 가치를 지닌 보충적 요소이다.

우리는 낭만주의 사상가 사무엘 코울리지(Samuel Tayler Coleridge)에게서 칸트의 '문명'과 '문화' 구별을 통한 문명 비판이 독일에서보다는 영국에서 직접적인 영향력을 지녔음을 확인할 수 있다. 코울리지는 1830년 『국가와 교회법에 대하여』에서 영국 국가와 각 신분들의 발전 상태를 논하면서, 이런 것들이 "지속적이고 진보하는 문명"에 달려 있다고 하면서도 동시에 '문명'의 상대 개념으로서 '문화'에서 파생된 '교양(cultivation)'을 차용하여 다음을 강조한다.

> 문명 그 자체는 단지 여러 가지가 뒤섞인 것에 불과하다. 비록 그것이 인간을 타락시키는 데 상당한 영향력을 발휘하는 것은 아니라 할지라도 말이다. 이 문명이 교양(cultivation)에 기반을 두지 않다면, 또한 우리 인간성을 특징짓는 그러한 질적 수준과 능력의 조화로운 발전에 기초하지 않는다면, 그것은 건강의 만개가 아닌 병적인 발열일 뿐이며, 한 민족은 우아한 사람들이라기보다 무엇보다 겉만 번지르르한 사람들이라고 불리는 것이 더 적절하게 된다. 우리는 시민이 되기 위해 인간이 되어야 한다.[32]

코울리지는 다른 곳에서 현대문명과 과도한 문명화에 대해 더 신랄하게 비판했다. 그는 인디아와 이집트의 상태를 "고도의 문명 상태, 그리고 문명이 가져다줄 수 있는 모든 것이 충족된 상태, 그러나 어떤 교양(cultivation)도 없는 상태"라고 묘사하면서, "교육받은 젊은이들은 숙련성, 강인함과 용기 대신 무기와 탄약을 받았을 뿐이다. 우아하기보다 겉만 번지르르하다. 위험할 정도로 지나치게 문명화되어 있고, 가장 불쌍할 정도로 교양화되어 있지 않다"고 비판한다.[33] 이처럼 코울리지의 문명 비판에서도, 칸트의 전통에 입각하여 '문화'적인 것이 현존 문명의 결점을 보완하는 상위의 가치를 지닌 보충물로 기능하고 있음을 명확히 읽을 수 있다.

지금까지 살펴본 바와 같이 1800년 전후에 나타난 '문명'과 '문화'의 구별 짓기와 대립의 시도는 유럽 근대문명에 대한 최초의 자기비판의 한 형식이었다. 그 비판은 근대적 행동 양식과 시민적 덕목의 피상성, 상업과 산업적 발전과 물적 풍요에 바탕을 둔 대도시 생활 방식의 안락함, 메마른 합리주의와 지성주의를 향했다. 그리고 '문화'라는 개념을 통해 과학적 객관주의와 보편주의라는 계몽주의적 시대정신에 의해 무시되었던 모든 부문, 즉 개별적인 것들의 존엄성, 도덕과 종교와 미적인 것의 신비한 힘에 대한 믿음, 그리고 살아 있는 인간 주체의 무한한 가능성과 숭고함을 표현하려 했다. 이런 점에서 문명 비판은 무엇보다 낭만주의 담론의 중요한 한 축을 이루고 있었다. 그러나 이런 문명 비판은 매우 조심스러웠다. 전반적으로 역사와 문명 진보에 대한 낙관주의적 믿음은 아직 건드려지지 않았다.

그러나 19세기가 경과될수록 유럽인들 사이에서는 자신들의 문명 진보의 경험에 대한 비판적 성찰이 점점 증대되었다. 이 기간 동안 무엇보다 산업화의 진전에 따른 정치·사회적 부작용, 즉 '사회문제'가 중요한 이슈로 부각되었다. 과학과 기술의 발전에 의한 사회의 외적 진보가 반드시 인간의 내면적 진보를 담보하지는 않는다는 불길한 진단이 점점 영향력을 발휘하게 되었다. 이와 상응하여 '문화' 개념을 '문명' 개념으로부터 완전히 분리시키고, 더 나아가 서로 화합할 수 없는 반대개념으로 규정하려는 시도들이 유럽 각국에서 나타나기 시작했다. 영국의 매튜 아놀드(Matthew Arnold)는 『문화와 아나키』(1869)에서 '문화' 개념을 '문명'과 완전히 다른 개념으로 구별하고 있다. 그는 인간의 정신적 활동과 관련하여 '문화' 개념이 '문명' 개념과 겹치는 영역을 철저하게 분리시키려 했다. 그에 의하면 문화란 지성, 즉 "결코 순수한 지식을 위한 과학적 열정(의 완성)이 아니라" 무엇보다 도덕적 개선을 의미한다.[34] 심지어 동일한 실상과 사실을 지칭하고 표현하기 위해 '문화'보다는 압도적으로 '문명'이 선호되어왔던 '문명'의 나라 프랑스에서도, 일부 지식인 사이에서 '문화' 개념이 새롭게 부각되었다. 특히 독일 학문에 친숙했던 르낭(Ernest Renan)이나 테느(Hippolyte A. Taine) 같은 지식인들은 정신과 학문적 영역의 가치를 강조하기 위해 '문화' 개념을 새롭게 부각시키려 했다.[35] 그러나 '문화'와 '문명'을 서로 화합할 수 없는 적대적 개념으로 만들려는 이런 시도는 독일에서 가장 뚜렷하게 나타났다. 1901년 한 문화 잡지에 실린 글에서 익명의 저자는 두 개념에 대해 다음과 같은 정의를 내렸다.

> 생활의 안락함과 지속이 문명의 최종 목표이다. 그러나 문화는 생활을 고상하고 세련되게 만든다.[36]

징고이즘으로 발전한 민족주의

특히 독일에서는 '문화'와 '문명'을 대립시키려는 시도가 민족주의와 결합되어 유럽 근대문명에 대한 종합적이고도 급진적인 비판으로 발전했다. '문명 대 문화'의 슬로건을 통해 표현된 일부 보수주의적 독일 지식인들의 문명 비판은, 동시에 서구 민족들과 구별되는 독일인들의 민족적 정체성의 형성을 강조하면서 진행되었다. 이 문명 비판은 1900년 전후 시기에 시작되어 제1차 세계대전을 경과하면서 절정에 달했다. 이미 1890년에 출간된 랑벤(Julius Langbehn)의 『교육자로서 렘브란트』부터 1919년 토마스 만(Thomas Mann)의 『어느 비정치적인 자의 관찰들』에 이르기까지, 이들의 저서는 교양시민층 독자들에게 상당한 영향력을 발휘했다.[37]

이 보수적 지식인들의 급진적 문명 비판이 지속적으로 나오고 사회적 영향력을 발휘할 수 있었던 것은, 당시 독일 사회의 언어적 관행에 힘입은 바 크다. 피쉬(Jörg Fisch)의 연구에 의하면, 1890년대 후반 이후 특히 독일에서는, 일반인들의 용어 사용에서 외적이고 유용한 것을 지칭하는 '문명'과 정신적이고 도덕적인 것을 지칭하는 '문화'를 구별하여 사용하려는 경향이 눈에 띄게 증대하고 있었다고 한다.[38] 또 이런 보수주의자들의 문명 비판은 1900년을 전후하여 1914년까지 '문화' 개념이 독일 사회의 정치 담론, 나아가 부분적으로 민족주의적 담론의 핵심어로 부상하고 있었다는 사실과 밀접한 관련을 맺고 있다. '문화' 개념의 인플레이션과 그 정치적 개념으로의 전환 현상은 외적으로 치열해지는 제국주의 경쟁, 내적으로 이민 노동자의 증대, 사회문제의 확산, 사회주의 혁명의 위험, 나아가 전반적인 정체성 위기감과 세기말 의식의 확산 속에서 나타났다.[39]

이와 관련하여 첨언하자면, '문화' 개념이 독일에서 민족주의 구호로 전위되어가는 것과 상응하여, 프랑스에서도 '문명' 개념이 민족주의 슬로건으로 전환되고 있었다는 점이다. 그 가운데 일부 극우파는 제국주의 경쟁의 심화 속에서 제1차 세계대전이 발발하기 직전 "프랑스의 문명"을 "우월한 문명"으로, "독일의 문화"를 "야만의 형식"으로 규정했다.[40] 이처럼 '문명'과 '문화'의 대립은 루소나 칸트 시대와는 달리 급진적 대중민족주의의 폭발력과 맞물려 내용적으로도 더욱 과격해졌다.

1900년을 전후해 출현했고, 제1차 세계대전을 경과하면서 절정에 달한 독일 보수주의적 지식인들의 근대문명 비판은, 기본적으로

서구 민족들에 의해 체화된 '문명'은 이제 인간성과 인류의 역사에 커다란 위협으로 작용하고 있으며, 반면 독일 민족에 의해 체화된 '문화'만이 인류의 미래를 위해 진정한 가치가 있음을 강조한다. 여기서 자본주의와 과학기술, 대도시, 소비문화의 발달, 국제성 및 국제주의, 대중민주주의 등과 같은 19세기 유럽이 달성한 근대적인 요소들은 진보의 결과가 아닌 '(서구)문명'의 열등함과 폐해를 보여주는 중요한 지표들로 간주된다. 반면 독일 민족이 보루가 된 '문화'는 인간이 인격을 갖춘 주체로서 마땅히 구현해야 하고 또 할 수 있는 고귀한 영역으로 칭송된다.

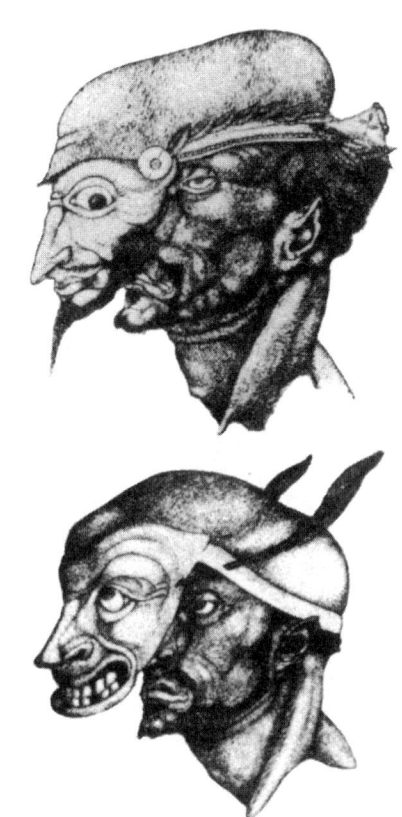

〈코메디언〉 파울 클레(Paul Klee), 1904년작. 세기 전환기가 지닌 두 얼굴을 표현하고 있다.

예를 들어 국민경제학자 좀바르트(Werner Sombart)는 경제와 기술, 안락함과 스포츠로 대표되는 서구 문명의 세계관적 기초를 '상인 정신' 내지 '상업주의'로 표현하면서, 이런 정신이야말로 "영국 정신의 분출"이며 "프랑스 정신의 고유한 형태"라고 한다.[41] 그에 의하면, '상인 정신'은 소상인의 영업정신, 실용주의적이고 공리주의적인 물질주의, 이기주의적 개인주의, 유용성과 행복과 향락의 생활철학, 나아가 국제주의와 문명화의 사명으로 위장된 상업적 팽창주의 및 자본주의적 세계 정복의 야욕으로 구성되는 것이었다. 반면 그는 '영웅 정신'에 기반을 둔 독일 민족은 '문화'의 수호자라고 강조한다. '영웅 정신'은 개별 인간 주체의 인격성(Persönlichkeit), 예술·종교·철학과 같은 정신문화, 희생정신, 진실됨, 경건함, 용기, 명예에 대한 경외심 같은 덕목들, 나아가 영원성과 종교에 대한 자각 위에서 형성된 것이기 때문이다. 나아가 그는 '문화'의 수호자인 독일의 '영웅'은 제국주의 영국처럼 다른 민족을 식민화하고 동화시키는 데 관심이 없음을 지적한다. 왜냐하면 진정한 문화적 가치를 구현하는 "영웅"은 "가스관처럼" 아무 곳에나 쉽게 이식될 수 없기 때문이라는 것이다.[42]

특히 좀바르트는 제1차 세계대전이야말로 '상인 정신'에 뿌리를 둔 천박한 '서구 문명'이 인간을 "개미"로 만들고 "천민화"시켜온 이제까지의 역사 진행 과정에 종지부를 찍을 시점이라고 선언한다. "독일이야말로" 각 민족을 삼켜왔던 "상업주의의 더러운 홍수에 맞서는 마지막 댐이다."[43] 그의 선언 속에서 우리는 19세기 유럽의 역사가 진보의 과정이 아닌 인간 정신의 타락과 몰락의 과정으로 인식되고 있음에 유의해야 한다.

이처럼 독일 지식인들의 문명 비판은 역사 진보에 대한 낙관주의적 역사철학을 전면적으로 비판하면서 진행되었다. 1919년 토마스 만은 앞서 언급한 자신의 책에서 로마제국 이후 지속된 독일 민족의 서구 '문명'에 대한 영원한 저항과 독일 '문화'의 독립을 선언한다. 그는 '문명 대 문화'의 대립을 "정치와 정신의 대립, 사회와 영혼의 대립, 투표권과 자유의 대립", 한마디로 "문명과 민주주의의 영역"과 "독일적이고 문화적인 영역"의 대립으로 묘사한다. 그러면서 전후 독일 내의 친서구주의적 지식인들, 즉 이른바 "문명의 문사"들이 주장하는 독일 민주화와 진보낙관주의에 대해, 이는 단지 형이상학적 가정일 뿐이라며 냉소를 던진다.

> 진보에 대해 조금도 동의하지 않으면서도 하나의 진보를 피할 수 없고 숙명적인 것으로 관찰할 수는 있다. (…) 진보는 스스로를 위해 모든 것을 가지고 있다. 특히 좋은 필체(진보에 대한 낙관적 주장—인용자)를 지니고 있다. 좋은 필체는 자신을 위해 미래를 소유하고 있는 듯이 보이지만, 현실에서는 오히려 미래가 스스로를 위해 좋은 필체를 지니고 있는 듯이 여겨지게 한다.[44]

우리가 토마스 만에게서 진보냉소주의를 발견할 수 있다면, 슈펭글러(Oswald Spengler)에게서는 일종의 역사허무주의를 읽을 수 있다. 그는 서구는 이미 19세기 이후 '문명의 시대'에 진입했으며, 따라서 필연적으로 몰락할 것이라면서, 독일 문화의 문명으로의 전환 역시 피할 수 없는 "운명"이라고 한다.

> 서구의 몰락이란 '문명의 문제'에 다름 아니다. (…) 문명이란 한 문화의 불가피한 운명이다. (…) 문명이란 고도의 인종이 가능케 하는 가장 외적이고 또 가장 인공적인 상태이다. 문명이란 종결이다. 문명은 이루어지는 것에 뒤이은 이루어진 것이고, 삶에 뒤이은 죽음이며, 발달에 뒤이은 응결이고 (…) 시골과 정신적 자식에 뒤이은 지적 노년과 그 자신(이) 석조인 동시에 (그 자신을—인용자) 석화石化시키는 세계 도시이다. 문명이란 취소하기 어려운 하나의 종말이다. (…) 문화에서 문명으로의 이행은 (…) 서양에서는 19세기에 완성되었다. (…) 프랑스와 영국은 이미 이 길을 다 걸었다. 그리고 독일은 이 길을 걸으려 하고 있다. (…) 마드리드, 파리, 런던에 이어 베를린과 뉴욕이 뒤따른다.[45]

슈펭글러의 유형학적 역사철학은 계몽주의 이후 유럽의 주도적 역사철학이었던 보편주의적 역사관을 부정하고 있다. 그는 '진보하는 세계사'와 '개별 민족들의 역사를 엮어주는 보편적 문명'의 존재를 철저하게 거부했다. 그에게 의미가 있는 것은 개별 문화권들 내 '문화'의 진보 내지 발전이다. 하지만 이 역시 '문명'으로의 전환을 통해 마지막에는 사멸해갈 수밖에 없는 운명의 발전이다.

이처럼 독일 보수주의 지식인들의 근대 유럽 문명 비판은 진보낙관주의적이고 보편주의적인 역사철학의 부정으로 확대 전개되면서,

하나의 단일한 유럽 문명과 공통의 유럽인 의식을 정면으로 거부했다. 앞서 살펴본 좀바르트는 이런 맥락에서 "서유럽의 문화 공동체"와 "좋은 유럽인" 관념을 비난한다. 그는 헤르더의 낭만주의적 역사관에 근거하여 하나의 틀로 환원될 수 없는 개별 민족들의 고유성이 지닌 가치를 역설한다.[46] '문명 대 문화'의 대립 구도는 이처럼 제1차 세계대전을 경과하면서 유럽 근대문명에 대한 총체적 자기부정의 표현으로 급진화되었다.

지금까지 살핀 바를 정리해보자. 인간 생활의 다양한 측면들을 포괄적으로 표현하면서 서로 동의어로 쓰이는 '문명'과 '문화'는 개념사적으로 볼 때 18세기 중엽부터 제1차 세계대전까지 유럽사의 산물이다. 이 기간 동안 두 개념은 긍정적 의미에서건 부정적 의미에서건 확고한 규범적 가치를 지닌 채 사용되었다. 한편으로 두 개념은 진보낙관주의적이고 보편주의적인 계몽주의의 역사철학과 밀접히 관련되어 매우 긍정적으로 사용되었다. 두 개념은 '문명/문화의 진보와 발전' 내지 '문명화', '문화사/문명사', '유럽 문명/문화' 내지 '서구 문명/문화' 등과 같은 유행어의 형태로 표현되면서, 유럽이 세계 문명 진보의 가장 높은 단계에 서 있다는 유럽중심주의와 유럽인으로서의 자부심어린 집단정체성을 확대 재생산하는 데 핵심적인 역할을 수행했다. 물론 이 시기는 동시에 민족주의와 민족국가 발전의 시대이기도 했다. 그런데 유럽 각국의 민족적 정체성을 창출하기 위한 노력은 더 상위의 공동체, 즉 유럽이라는 문명(문화) 공동체의 틀 내에서 진행되었다는 점을 강조할 수 있겠다.

하지만 다른 한편 '문명'과 '문화'는 상호 대립적 구도 속에서 표현되곤 했다. 이 기간 동안 '문명 대 문화'라는 이항 대립적 슬로건이 유럽 각국에서 지속적으로 출현했는데, 이 경향은 특히 독일에서 집중적으로 나타났다. '문명 대 문화'의 슬로건 속에서 '문명'은 아직 열등하거나, 나아가 인간성을 해치는 것으로 부정적으로 묘사된 반면, '문화'는 더 우월한 가치를 지닌 것으로서, 심지어는 '문명'의 해악을 치료할 수 있는 대안으로서 긍정적으로 묘사되었다.

'문명 대 문화'라는 이항 대립적 슬로건은 유럽의 근대성, 다시 말해 유럽인들의 근대 서구 문명에 대한 자기비판 형식이었다. 이런 이항 대립적 도식을 통해 표현된 문명 비판은 19세기 전후의 낭만주의적 담론과 맞물려 전개된 문명 비판에서 시작되어 제1차 세계대전 직후까지 지속적으로 전개되었는데, 시간이 흐를수록 진보낙관주의와 보편주의적 역사철학에 대한 회의가 비판의 전면에 부각되었다.

특히 독일에서 1900년을 전후해 시작되어 제1차 세계대전을 경과하면서 절정에 달한 '문화 대 문명'의 이항 대립적 슬로건은 유럽(서구)의 근대문명이 도덕성과 건강성, 그리고 활력을 잃고 몰락하고 있다는 위기의식이 극단적으로 표현된 것이었다. 1871년에 출현한 신생 민족국가로서, 산업혁명과 자본주의 및 제국주의 발전을 주도한 영국이나 시민혁명과 대중민주주의를 주도한 프랑스보다 정치·경제적으로 뒤늦은 근대화를 단기간에 이루어야 했고, 또 세계대전에서 서구 연합국에 패배한 독일에서 유럽 근대문명에 대한 자기비판이 가장 급진적으로 나왔다는 것은 어찌 보면 당연한 일일 것이다. 하지만 또 한 가지 지적되어야 할 것은, '공통의 문명화된 유럽인'이라는 의식을 정면으로 거부한 독일에서 유럽 근대문명 비판은 독단적 민족주의의 성장과 궤를 같이했다는 사실이다.

제2차 세계대전을 겪고 난 뒤 유럽의 다른 나라에서도 '문명' 개념은 19세기식 자기도취를 위한 개념으로 사용되고 있지 않다. 프랑스를 제외한다면 유럽의 다른 나라들에서 '문명' 개념은 그다지 선호되지 않는 대신 '문화' 개념이 선호되고 있다. 예를 들어 영국인들에게는 프랑스에서 애용되는 '문명'이란 말이 이해하기 무척 어려운 개념이다. 이 점을 영국의 문화사가 피터 버크(Peter Burke)가 상징적으로 보여준다. 버크는 프랑스 아날 학파를 언급하면서 '문명'이란 말이 "가장 정의하기 어려운 용어"라고 단언했다. 이어서 그는 브로델이 말한 '물질문명(civilisation matérielle)'은 '물질문화(material culture)'로 번역되어야 한다고 주장한다.[47]

물론 '문화' 개념이 반드시 긍정적 가치를 지니고 사용된다고 할 수는 없다. '문명 대 문화'의 대립 구도 역시 19세기의 산물인 것이다. 더 정확히 말하자면 두 개념 모두 탈규범화되어왔다는 것이 올바른 진단이다. 또한 두 개념의 탈규범화 과정은 20세기를 경과하면서 과거 유럽인들의 자부심이 약화되거나 사라져가고 있음을 반영하고 있는 듯하다.

오늘날 하나의 유럽을 만들기 위한 유럽인의 노력은 정치·경제적 이익 공동체의 구성 외에, 문화적으로 하나의 '유럽 만들기' 작업으로 확대되어왔다. 그러나 공통의 유럽인 의식을 창출해내기 위해 유럽인으로서의 자부심을 자극하는 19세기식의 문명·문화 개념은 더 이상 수행할 역할이 없는 듯이 보인다. 유럽평의회의 유럽 문화 분과에서 진행된 이른바 '유럽 문화의 전투적 개념'이라는 초안을 둘러싼 논의 과정이 이를 웅변적으로 대변해준다. 유럽 공통의 긍정적 문화유산을 강조하는 적극적 개념 정의가 수많은 반론 끝에 부결된 반면, '전체주의, 이데올로기 대립, 민족분리주의, 자본주의적인 비인간적 생활 방식 같은 것들과는 다른 그 무엇으로서의 유럽 문화'라는 추상적이고 부정적인 개념 정의에 입각한 초안이 채택되었던 것이다. 바로 여기에 오늘날 유럽의 고민이 있다.[48]

3. 미국과 아메리카니즘
— 독일인이 정형화한 미국

기독교도는 옳지만, 이교도는 그르다.

—『롤랑의 노래』 중에서

2002년 9월 이라크 사태를 둘러싸고 1945년 이후 전통적 우방이었던 독일과 미국의 관계는 최악을 향해 달리고 있었다.[1] 미국인들이 보기에 그해 독일의 총선 캠페인은 반미주의 일색이었다. 사실상 독일 정가는 여야를 막론하고 미국의 대對이란 강경책을 비판하는 기조였다. 총선을 맞이하여 좌파인 집권 사민당(SPD)이나 우파인 기민당-기사련 연합(CDU/CSU)의 수상 후보들은 모두 미국의 독선적 대외 정책을 경쟁적으로 비판함으로써 유권자 대중으로부터 보다 많은 지지를 얻어내고자 했다.[2] 이런 선거 전략은 그해 5월 부시의 베를린 방문을 기해 벌어진 폭력 시위를 통해 이미 드러났다시피, 독일 유권자들의 반미 감정이 결코 무시할 수 없을 정도로 확산되고 있다는 인식 때문이기도 했다.³ 그런 상황에서 미 대통령 부시를 히틀러와 비교한 독일 법무장관 도이블러-그멜린(Herta Däubler-Gmelin)의 발언은 이미 식어가던 독·미 간 우호 관계에 결정적으로 찬물을 끼얹은 격이 되었다.⁴

나치 정권의 패망 이후 독일은 공식적으로 미국과 매우 가까운 외교 관계를 유지하고 있을 뿐만 아니라, 유럽 내에서도 가장 미국화된 나라로 손꼽힌다.⁵ 그렇다면 위에서 언급한 일련의 사태는 미국에 대한 독일인들의 인식이 달라지고 있음을 보여주는 징후인가? 아니면 독일인들의 이런 반미적 태도는 중요한 정치적 이슈가 있을 때마다 관행적으로 되풀이되는 하나의 구조화된 아비투스(Habitus)인가? 만약 그렇다면, 이는 어떤 이데올로기적 전통 속에서 형성된 것인가? 나아가 독일인의 전통적 대미對美 이데올로기는 미국에 대한 어떤 이미지들을 어떻게 재생산해왔는가?

나를 무엇이라 부르고, 남을 무엇이라 호명하는 것, 그리고 이를 통해 자신의 정체성을 형성하고 타자를 규정짓는 일은 실로 오랫동안 인간의 일상화된 행위였다. 물론 이때 대개의 경우 타자는 부정적으로 정형화된다. 반면 나는 우월하거나, 올바르거나, 최소한 보호받아야 할 존재로 정형화된다. 나와 타자의 관계를 개념화하는 이 불평등한 방식은 비대칭적 반대개념들의 대비를 통해 이루어진다. 「백인의 짐」을 써서 영국 제국주의를 상징하는 시인으로 등극한 키플링(Ruddyard Kipling)의 "동양은 동양이고, 서양은 서양이다. 그리고 이 둘은 결코 만나지 않을 것"이라는 주장은, 페르시아 전쟁의 승리 이후 아시아인들을 유약하고 야만적인 존재로 묘사하고 자신들을 용감하고 합리적 존재로 묘사한 고대 그리스인들의 태도와 크게 다르지 않다. 이처럼 비대칭적 반대개념을 통해 타자를 묘사하고 정형화하는 관행이야말로 전통과 근대 사이의 심연을 뛰어넘어 인간을 구속하고 있는 장기지속적인 심성의 감옥이 있다는 증거이다.

정형화된 타자를 만들어내는 비대칭적 반대개념은 일반적으로 그 의미 내용이 변하지 않는다. 타자는 정형화된 이미지 속에서 침묵을 강요당하기 때문이다. 키플링 식의 오리엔탈리즘 담론이 만들어낸 '동양'이나 반유대주의 담론이 만들어낸 '유대인'처럼 식민화된 지역의 주민이나 사회적 소수자들을 규정짓는 개념들은 여타의 근대적 기본개념들과 달리 역동적이지 않다.

그러나 우리의 주제인 '미국' 개념은 다르다. '미국'은 한편으로 '독일'과 반대되는 부정적 이미지로 정형화되기도 했지만, 다른 한편 독일인들의 미래에 대한 기대와 희망이 투영된 긍정적 이미지로 정형화되기도 했다. 이런 내용적 모호함과 더불어, 여타의 비대칭적 반대개념들과 달리 '미국'은, 독일에서 끊임없이 논쟁의 대상이 되면서 정치적·이데올로기적 대립과 사회적 갈등을 표현하고 또 이를 심화시키는 전형적인 기본개념이었다. 그 가운데 미국은 '낯선 땅'이라는 공간 개념에서 '근대성의 상징', 따라서 독일의 미래를 선취하는 탈영토화된 시간 개념으로 바뀌었다. 개념의 변화는 '아메리카니즘'이라는 신조어를 통해 표현되었다. 이처럼 '미국'은 단순히 타자 지칭을 위한 비대칭적 반대개념일 뿐만 아니라, 독일 사회의 변화를 이끈 역사적 선도 개념의 역할도 수행했다.

'미국'은 제1차 세계대전 이전에는 소수의 학자와 지식인들 사이에서만 논의되었다. 그러나 전쟁이 끝나고 바이마르 공화국이 들어서면서 '미국'은 대중적 관심의 대상이 되었다. 이에 상응하여 미국의 본질, 미국적 특성을 근대성으로 정형화한 '아메리카니즘'이라는 슬로건이 출현해 대중 여론을 이끌었다.[6] 따라서 우리는 먼저 '미국' 개념에 담긴 이미지들을 독일의 학자와 지식인들의 논의, 즉 교양시민층의 담론적 맥락에서 살펴볼 것이다. 다음으로 이 개념이 바이마르 시대에 들어 소수 전문가들의 담론에서 대중적 담론 속으로 전위되면서 어떤 의미와 기능의 변화를 겪었는지 검토하고, 마지막으로 그 이후의 변화와 지속의 문제를 논의할 것이다.

미국 '문명'과 독일 '문화'

제1차 세계대전 이전까지 독일에는 전반적으로 미국에 대한 상세한 정보도 그다지 많지 않았고, 미국에 대해 특별한 대중적 관심도 없었다. 미국은 독일의 보통사람들에게 본질적으로 아직 미지의 세계였다. 미국과 독일 양국 간의 정치·경제·문화적 교류는 훗날에 비해 매우 피상적이었다.[7] 그러나 미국에 대한 독일 사회의 관심은 꾸준히 증대되었다. 무엇보다 1848/49년 혁명 이후 급격히 증대된 미국으로의 이민 물결은, 최초로 미국에 대한 관심을 확산시켰다. 미국에 대한 독일 사회의 관심은 1900년을 전후한 시기에 또 한 차례 상승곡선을 그리게 되었다. 이는 무엇보다 양국 간에 최초의 심각한 군사적·외교적 긴장을 유발한 미국-스페인 전쟁(1898)과 미국이 이 전쟁에서 스페인에 승리한 뒤 본격적으로 제국주의 세력으로서 세계무대에 등장했기 때문이었다.[8]

물론 이런 외적인 요인만으로 독일 사회의 미국에 대한 관심 증대를 다 설명할 수는 없다. 예를 들어 미국의 정치 제도에 대한 독일의 관심은 독일의 내적인 문제와도 밀접한 관련이 있었다. 비스마르크가 수상에서 물러난 뒤 1890년대 들어 광범위하게 퍼진 위기의식 속에서, 독일 여론은 독일의 미래를 위해 대안적 정치 질서를 갈구하기 시작했다. 그런 가운데 미국의 공화주의적 정치 제도가 독일 현실과 대비되는 대중민주주의 시대의 대안으로서 관심을 불러일으키고, 진지하게 연구되기 시작했던 것이다.[9]

제1차 세계대전 이전까지 독일 내의 미국 및 미국적인 것에 대한 담론은 본질적으로 대학 교육을 받은 소수 교양시민층 사이에 한정된 것이었다. 그런데 미국에 대한 교양시민층의 담론은 1900년을 전후해 사회적 조직 방식의 변화를 겪었다. 1880년대까지는 미국에 여행을 가거나 그곳에 상주하는 아마추어들의 여행기나 감상문, 편지를 통해 미국에 대한 정보가 전달되었지만, 1900년을 전후해 본격적인 저널리스트 교육을 받은 주미 통신원들의 기사와 전문 칼럼이 그 역할을 담당하게 되었다. 『포시쉐 차이퉁(Vossische Zeitung)』, 『베를리너 로칼안차이거스(Berliner Lokalanzeigers)』, 『막데부르그 차이퉁(Magdeburger Zeitung)』 등의 부르주아지 언론을 위해 활동한 스칼(Georg v. Skal)이나, 사민당의 『신시대(Neue Zeit)』나 『전진(Vorwärts)』지를 위해 일한 조르게(Friedrich Sorge) 등이 전문 통신원으로 이름을 날렸다. 또한 전문 칼럼리스트로서 미국에 상주하는 일부 독일계 대학교수들이 미국에 대한 "정확한" 정보를 주려고 열심히 활동했는데, 그중 하버드 대학의 심리학 교수였던 뮌스터베르크(Hugo Münsterberg)가 핵심 인물이었다. 아울러 당시 미국 내 독일 이민 사회의 지도자였고, 후에 미 내무부장관이 되었던 슈어츠(Carl Schurz) 역시 미국에 대한 "올바른" 정보를 주기 위해 활동한 전문 칼럼리스트로 명성을 떨쳤다.[10]

이와 더불어 1900년을 전후하여 활발해진 독일-미국 간 학술 교류는 미국에 대한 담론을 조직하는 데서 교수들의 역할을 매우 중요하게 만들었다. 예를 들어 역사학자 옹켄(Hermann Oncken)은 시카고 대학에, 노벨화학상 수상자이며 자연철학자이자 일원론주의자 동맹(Monistenbund)의 지도자였던 오스트발트(Wilhelm Ostwald)는 하버드 대학에 교환교수로 갔으며, 사회학자 막스 베버(Max Weber) 역시 비슷한 시기에 학술 교류를 위해 미국에 체류했다. 교환교수 등으로 미국을 방문한 많은 학자들 중 상당수가 미국에 대한 기록을 남겼다. 이 저술들은 교양시민층에게 학술적으로 권위 있는 미국 안내서로서 역할을 했다. 그중 책으로 출판된 것들을 예로 들자면, 특히 앞서 언급한 뮌스터베르크의 『미국인(Die Amerikaner)』(1902)은 대지주 출신인 보수주의자 폴렌츠(Wilhelm v. Polenz)가 쓴 베스트셀러 『미래의 땅: 혹은 독·미 양국은 서로에게 무엇을 배울 수 있는가?(Das Land der Zukunft oder: Was können Deutschland und Amerika voneinander lernen?)』(1903)와 경쟁했고, 그 밖에 문화사가 람프레히트(Karl Lamprecht)의 『아메리카나(Amerikana)』(1906), 국민경제학자 좀바르트(Werner Sombart)의 『어째서 미국에는 사회주의가 없는가?(Warum gibt es in den Vereinigten keinen Sozialismus?)』(1906) 등이 독일 교양시민층 독자들의 주목을 받았다. 또 이런 학술 교류를 통해 미국의 정당 정치에 대한 관찰이 토대가 된 이른바 정당사회학이 새로운 학문 분과로서 출현했다. 미헬(Robert Michel)의 『현대 민주주의에서 정당의 사회학(Zur Soziologie des Parteiwesens in der modernen Demokratie)』(1911)이 그 대표적인 사례에 속한다.[11]

그렇다면 교양시민층에 의해 주도된 담론 속에서 '미국'의 이미지는 무엇이었는가? 제1차 세계대전 이전까지 형성된 독일 교양시민층의 미국 이미지는 각각의 정치적이고 이데올로기적인 입장을 초월하여 놀라울 정도로 일관성을 지니고 있었다. 먼저 독일의 지식인들은 미국과 유럽, 혹은 미국과 독일 간의 공통점보다는 차이점에 주목했다. 또 이를 바탕으로 궁극적으로는 미국이 갖는 긍정적 이미지보다는 부정적 이미지를 강조했다. 이처럼 '미국' 개념이 비판적으로 사용된 것은, 독일 교양시민층 사이에 문화적·도덕적 우월의식이 깊숙이 자리 잡고 있었기 때문이었다.

하지만 19세기 중엽에 독일 교양시민층에 의해 만들어진 미국 이미지는 훗날 1900년 전후와 비교해볼 때 아직 일방적으로 부정적이지만은 않았다. 이른바 '1848세대'로 지칭되는 교양시민층 사이에서, 미국은 한편으로 독일의 현실—혹은 유럽의 현실—과 대비되는 대안적 미래, 즉 유토피아로서 표상되기도 했다. 예를 들어 나치 독일 시기까지 독일 교양시민층의 미국 인식에 지속적인 영향을 끼친 프랑크(W. Frank)의 1839년작 소설에서, 미국은 독일 민족을 위한 파라다이스로 묘사된다. 자신들의 민족적 정체성을 유지한 채 미국으로 건너간 독일 이민자들은 신세계의 풍경에 반해 다음과 같이 말했다.

> 여기서 우리는 독일의 아름다운 호수를 다시 발견했다! (…) 우리가 무엇보다 목 놓아 외쳐야 할 것은 여기서 확실히 새로운 독일적 생활의 싹을 뿌리내릴 수 있고, 또한 그것을 확산시키고 강하게 할 수 있는 공간을 이곳에서 발견할 것이라는 사실이다.[12]

또한 19세기 중엽 산업혁명의 시기에 독일의 현실을 가장 강력히 비판하고 대안적 이상사회를 꿈꾸었던 사회주의자들에게도, 미국은 새로운 미래의 땅이었다. 예컨대 리프크네히트(Wilhelm Liebknecht)는 독일 사회주의 노동자들의 대량 이민으로 인해 바로 미국에서 오랫동안 꿈꿔왔던 사회주의 미래국가가 건설될 수 있으리라는 희망을 피력하기도 했다.[13] 미국이라는 신세계에 대한 이런 기대는, 그와 가까운 사이였던 마르크스(Karl Marx)와 엥겔스(Friedrich Engels)에게서도 발견된다. 그들은 캘리포니아의 금광 발견, 철도 및 대륙

횡단도로, 멕시코만의 운하와 대서양·태평양을 운항하는 증기선으로 대변되는 1850년대 미국 자본주의의 급속한 발전에 감탄하면서, 이제 세계 자본주의의 중심축은 유럽이 아니라 결정적으로 미국으로 옮아갔다고 진단했다. 이들은 향후 유럽의 운명을 16세기 이후 몰락의 길을 걸었던 이탈리아와 비교하면서, 유럽의 산업과 무역이 사회혁명을 통하지 않고서는 더 이상 미국에 맞설 수 없을 것이라고 예견하기도 했다.[14]

미국 자본주의의 역동적 성장에 대한 경이로움과 함께, 마르크스와 엥겔스는 한때 미국에서의 사회주의 유토피아의 실현 가능성에 대한 기대감을 강력히 피력하기도 했다. 특히 미국에 대한 기대감을 곧 저버린 마르크스와 달리 엥겔스는 1880년대 중엽까지도 미국에 대한 낙관적 기대를 버리지 않았다.

> 중세적 잔재가 길을 가로막고 있지 않고, 17세기에 진화된 근대적 부르주아지 사회의 제반 요소들을 가지고 역사가 시작된 미국이라는 우수한 토양 위에서 노동계급은 10개월 만에 이런 역사 발전의 두 단계를 거쳤다.[15]

하지만 미국의 근대 자본주의적 물질문명의 역동적 발전에 대한 감탄, 사회 진보에 대한 강한 기대감의 표명에도 불구하고, 1848년 세대는 동시에 유럽의 문화적 우월의식이 각인된 눈으로 미국 사회를 관찰했다. 그들은 미국 자본주의 물질문명의 발전 속에 내재된 문화적 천박함, 미성숙 내지 야만성을 강조했다. 그런 맥락에서 시인 하이네(Heinrich Heine)는 "세속적 유용성"만이 미국인들의 "진정한 종교"이며, "돈"이야말로 미국인들의 "신, 그들의 전지전능한 유일신"이라고 말하고 있다.[16] 이런 하이네의 강조점은 그의 아들 세대인 니체의 극단적인 자본주의적 근대문명 비판 속에서도 발견된다. 니체에 의하면, 미국인들이 돈에 목숨을 거는 것은 일종의 "인디언적인, 인디언의 혈통적 특징인 야만성"에 다름 아니었다. 나아가 니체는 일을 하기 위한 분주함이야말로 신세계 미국이 갖는 악덕으로서, 이제 돈에 눈이 먼 미국인들의 인디언적 야만성이 유럽을 감염시키기 시작했고 유럽을 놀라울 정도로 총체적인 정신의 부재 (Geistlosigkeit) 상태로 만들기 시작했다고 경고했다.[17]

물론 자본주의적 근대문명을 야만적이거나 정신이 부재한 것으로서 미리 단정하고, 그 바탕 위에서 미국을 비판한 니체의 극단적 관점이 일반적인 것은 아니었다. 하지만 예를 들어 마르크스 역시, 앞서 언급한 것처럼 미국 자본주의의 역동성에 대해 감탄하던 1850년대에도 미국 부르주아지 사회의 "지적 미성숙"을 지적하거나, 결투를 합법화시킨 미국 부르주아지의 "봉건적 형태의 개인주의"를 비난하고 있었고, 미국의 자본주의적 발전에 대한 경탄과 기대가 사라진 1880년대에는 "문명화된 유럽"에서는 상상할 수 없는 미국 노동계급의 "급속한 노예화" 현상을 비판하면서, 미국 문화의 후진성을 혐오하고 있었다.[18]

엥겔스 역시 1887년이 되면 그 자신까지 포함한 유럽인들 사이에 널리 받아들여지고 있던 '근대적 신세계로서의 미국' 이미지를 비판했다. 그에 의하면, 그동안 전통과 과거에 집착하는 "고루하고 미몽 상태에 있는" 유럽인들에게 미국은 "근대적이고 실용적이며 합리적인 원리들"에 입각하여 "근대적 민중들"에 의해 처녀지 위에 완전히 새롭게 건설된 세계였다. 그러나 그는 미국 방문을 통해 당시 매우 효과적으로 재생산되고 있던 긍정적인 미국 이미지, 즉 미국에서는 모든 게 합리적이고 실용적이며, 낡은 유럽과는 다르다는 인식이 허구적인 것이었음을 발견했다. 그가 받은 인상은 한마디로 유럽에서는 이미 낡아빠진 "소시민적 인습"에 강하게 집착하는 미국인의 풍속과 문화였다. 엥겔스는 이런 점에서 유럽인과 미국인의 차이를 파리 시민과 시골사람에 빗대 표현했다.[19]

이처럼 19세기 중엽을 전후한 시기 독일 교양시민층이 만들어낸 미국 이미지는 전반적으로 이중적이었다. 그 속에는 새로운 자본주의 물질문명과 사회 진보의 상징인 미국에 대한 경탄 내지 유토피아적 동경과, 미국 문화의 열등함에 대한 혐오가 서로 뒤섞여 있었다. 그러나 이런 미국 이미지는 1900년을 전후해 보다 부정적인 쪽으로 무게 중심이 옮아갔다.

독일의 교양시민층 사이에서 미국에 대한 유토피아적 동경은 점차 탈색되었다. 예컨대 사회적 자유주의의 전도사 나우만(Friedrich Naumann)은 미국으로 간 독일 이민자의 후예들이 모국어를 잃어버림으로써 더 이상 독일 민족의 정체성을 간직하고 있지 않음을 간파했다.[20] 그에게 미국은 더 이상 독일 민족의 식민화를 위한 이상적인 신세계가 아니었다. 리프크네히트 역시 미국으로 간 사회주의 노동자들에 의해 달성될 미래국가의 꿈을 접어버렸다.[21] 그가 보기에 미국 노동운동의 이념과 행동 방식은 너무 후진적이었다. 1900년 이후 미국의 정치 제도 역시 독일 정치를 위한 근대적 민주주의 발전 모델로서의 시사성을 잃어갔다. 보수주의자부터 사회주의자까지 좌우 정파를 초월하여, 독일 교양시민층은 미국의 정치를 이익집단들 간의 상품 거래로, 미국의 정당을 이념과 프로그램이 없이 자본과 유착한 권력 창출의 효율적인 '기계'로, 미국의 정당 조직을 부패의 원천으로 인식하게 되었다.[22]

반면 새로이 제국주의 강대국으로 떠오른 미국은 '문화'를 위협하는 하나의 위험 세력으로 인식되었다. 여기에서 독일 교양시민층 사이에서 전통적으로 독일과 서구를 구별하는 기준을 형성해왔던 이른바 '문명' 대 '문화'라는 인식 틀이 또 다시 전면에 부각되었다.

독일 교양시민층의 담론에서 반복적으로 등장해온 '문명'과 '문화' 개념의 대립구조는 절대주의 시대로 거슬러 올라간다. 독일 궁정사회의 시민층에 대한 폐쇄적 태도는 역으로 시민층 사이에서 궁정과 귀족들에 대한 부정적인 태도를 심화시켰다. 그런 가운데 세련된 궁정사회를 상징하는 '문명' 개념은 대학을 중심으로 형성된 독일 시민사회에서 '피상성', '외면적 예절', '비정직성' 등을 의미하는 부정적 용법으로 사용되었다. 반면 '문화'는 '이상적인 교육 내지 교양(Bildung)'과 밀접하게 결합되어 시민계급의 자기정당화를 위해 외면적인 '문명'과는 다른 내면적이고, 정직하고, 정신적인 가치를 의미하는 개념으로 사용되었다. 그런데 프랑스 대혁명 이후 이런 사회적 대립의 의미는 탈색되고, 새로이 민족적 대립의 의미가 강화되었다. '문명' 개념은 점차 프랑스적인 것, 나아가 영국적인 것을 지칭하는 부정적 상징으로 기능했으며, 반면 '문화'는 서구의 피상성, 외면적 세련됨과 반대되는 독일의 정신, 영혼을 강조하기 위해 사용되었다.[23] 이런 맥락에서 '문화'는 '문명'보다 우수한 것이었다.

특히 1900년을 전후하여 이런 문화 대 문명의 이항 대립이 다시 독일 교양시민층 사이에 유행하게 되었다. 외적으로 치열해지는 제국주의 경쟁, 내적으로 이민 노동자의 증대, 사회문제의 확산, 혁명의 위험, 나아가 전반적인 문화적 위기감과 세기말 의식의 확산 속에서, '문화' 개념의 인플레이션 현상이 나타났다.[24] 교양시민층은 안팎의 위험에 맞서기 위해 독일적인 것의 정체성과 정당성을 치열하게 추구했다.[25] 그 가운데 한편으로는 몽고 인종의 위협, 즉 "황화론"이, 다른 한편으로는 독일이 대표하는 '문화' 대 서구가 대표하는 '문명'의 대립쌍이 새롭게 강조되었다. 그런데 우리의 논의 맥락 속에서 의미 있는 현상은, 이 시기에 프랑스가 '문명'을 대표하는 나라의 반열에서 탈락하고 새로이 미국이 들어갔다는 점이다. 프랑스는 인구, 군사력, 자본주의 발전 등 모든 측면에서 정체된 나라로 간주되곤 했다. 그런 맥락에서 예를 들어 당대의 대표적 지식인들의 정당이었던 나우만의 민족사회협회(Nationalsozialer Verein)는 미국-스페인 전쟁을 통해 "라틴 민족의 세계"가 몰락하고 있다는 결정적

증거를 읽어냈다.[26]

새로운 제국주의 강국으로 떠오른 미국에 대한 독일 교양시민층의 논의는 "위협적인 세계의 미국화"라는 표어 아래 진행되었다. 이제 미국은 단순히 문화적 혐오감의 대상이 아니라 올바른 문화적 가치를 파괴하려는 위험한 세력으로 인식되었다.[27] 문화사가 람프레히트(Karl Lamprecht)는 1906년 자신의 미국 방문을 결산하면서, 국민들의 "열등한 문화적 본능"에 토대를 둔 '미국 문명'의 제국주의적 발전이 세계를 위해 얼마나 위험한가를 상기시키고 있다.

> 유럽인들이 지닌 오래된 문화와 비교해볼 때 미국인들은 아직 뒤쳐져 있다. 이런 점에서 이들의 세계에 대한 정치적 군사적 승리, 특히 유럽에 대한 승리는 현시점에서 인류 역사의 발전을 위해 전반적인 위험을 의미한다. 오늘날 세계사적인 위험은 결코 오래되고 우수한 몽고 문화(일본과 중국)의 세력 확대에 있지 않다. 그 위험은 바로 미국 사람들의 부분적으로 열등한 문화적 본능이 승리하고 있다는 사실이다. 그들의 전체 생활 방식은 아직 화폐 경제적 문화라기보다는 화폐 경제적 문명으로 지칭될 수 있다.[28]

이처럼 미국과 더 활발히 교류하면 할수록, 미국에 대해 보다 많은 정보를 알면 알수록, 독일 교양시민층 사이에서 미국은 더욱 부정적으로 정형화되었다. 역동적인 자본주의의 발전으로 특징지어지는 근대적 물질문명을 상징하지만, 동시에 열등한 문화와 정치적 이상이 없는 부패한 정당 정치를 지닌 미국이 세계사의 발전을 주도하기 시작했다는 우려, 즉 '미국화'의 위험에 대한 의식이 1900년 이후 점차 독일 교양시민층 사이에서 지배적인 경향이 되었다. 물론 이런 미국의 이미지는 '독일은 문화적 도덕적으로 우월하다'는 전통적 자기정당화의 관행에 뿌리를 두고 있었다. 근대적 '문화' 및 문화과학의 창출, 나아가 이런 독일 문화와 학문의 수출이야말로 독일인이 담당해야 할 세계사적 과제라는 1900년 전후 시기 독일 교양시민층 내에서 호소력을 지녔던 문화제국주의적 관념[29]은, 근대적 '미국 문명'이야말로 인류의 문화적 진보를 위해 위험하다는 인식과 궤를 같이했다. 이런 문화적·도덕적 우월의식은 이후 양차대전 시기를 거쳐 기본적으로 오늘날까지도 독일인들의 '미국' 개념 사용에 영향을 주고 있다.

문화적 '아메리카니즘'과 경제적 '아메리카니즘'

제1차 세계대전 이후 승전국 미국의 군대는 곧바로 철수했지만, 미 대통령 윌슨이 주도한 전후 베르사유 체제 아래서 독-미 양국의 정치·경제·사회·문화적 교류는 전쟁 이전과 비교가 되지 않을 만큼 활발해졌다. 독일의 문화 엘리트, 즉 교양시민층 사이에 국한되었던 미국 담론은 이 시기에 비로소 대중화되었다. 미국 담론이 대중화되었다는 증거는, 무엇보다 이 시기 들어 '아메리카니즘'이라는 슬로건이 출현했으며, 그것이 미국 담론을 상징하는 유행어로 쓰였다는 사실에서 찾아볼 수 있다. 이 시기 '아메리카니즘'이란 표어는 주로 두 부류의 사회집단, 한편으로 문필가와 저널리스트, 다른 한편 엔지니어들과 기업가들에 의해 빈번히 사용되었다. 문필가와 저널리스트들은 주로 미국의 대중문화를 상징하기 위해 '아메리카니즘'(이하 문화적 '아메리카니즘')을, 반면 엔지니어와 기업가들은 미국의 산업합리화와 사회경제 정책과 관련하여 이 개념(이하 경제적 '아메리카니즘')을 사용했다.[30] 이처럼 미국에 대한 독일인들의 관심이 증대되고 '아메리카니즘' 개념이 확산됨에 따라 미국에 대한 정형화된 이미지가 대중화되었으며, 이와 상응해 친미적 이데올로기와 반미적 이데올로기—양자 모두의 인플레이션 현상이 바이마르 공화국을 특징지었다.

대중문화와 근대적 생활양식의 상징으로서 미국

제1차 세계대전 이후 미국은 무엇보다 대중문화를 통해 독일인들에게 급속도로 가까워졌다. 독일인들에게 미국은 찰리 채플린과 할리우드 영화, 재즈와 찰스턴 댄스, 권투 같은 관람 경기, 그리고 체리플립, 위스키 사우어, 맨하탄 칵테일 같은 미국식 신종 음료수 등으로 대표되는 근대적 대중문화의 상징이었다. 미국 대중문화의 범람은 1924년 이후 이른바 바이마르 공화국의 '황금시대'라 일컬어지는 몇 년간 절정에 달했다. 그중에서도 특히 할리우드 영화야말로 1920년대 중반 이후 독일 대중 사이에서 폭발적인 인기를 끌었다.[31]

물론 독일 내에서도 이미 제1차 세계대전 이전부터 영화가 발달하고 있었다. 미국과 비슷한 시기인 1895년 무렵 베를린에 영화라는 새로운 매체가 출현하긴 했지만, 독일의 영화는 미국과 달리 대중문화로서의 사회적 역할을 담당하기 위한 것이 아니었다. 미국에서는 영화가 대중적 오락거리를 제공함으로써, 무엇보다 이민 노동자들에게 신세계에서의 정서적 안정과 심리적 위안을 주는 수단으로 인식되고 있었다. 1915년 무렵, 이미 '할리우드'라는 단어는 상업적 오락 산업과 동의어로 쓰였다. 하지만 독일에서 영화란 문학과 연극으로 대표되는 전통적 엘리트 문화의 확장으로 인식되었다. 따라서 독일에서는 영화라는 새로운 매체와 기존의 문학과 연극의 접목이라는 문제가 주된 관심사를 형성했다. 그런 가운데 1920년대가 되면 미국 영화는 상업 오락 영화, 즉 대중문화로서, 독일 영화는 예술 영화, 즉 엘리트 문화로서 자리매김하게 된다.[32]

그렇다고 독일에서 대중 시장을 노린 영화 산업이 발전하지 못한 것은 아니었다. 독일 내에서도 제1차 세계대전 이전 수입에 의존하던 대중 취향의 멜로드라마, 코미디 및 액션물을 제작하려는 움직임이 종전과 더불어 활발해졌다. 전시에 정부의 선전 영화를 제작했던 국영기업 UFA사(Die Universum Film Aktiengesellschaft)는 종전 직후 크룹사, 독일은행 및 이게-파르벤(IG-Farben)사 등에 매입되어 사기업화되었다. 이후 UFA는 유럽 최대의 스튜디오를 만들어 잠시나마 효과적으로 미국 영화와 경쟁할 수 있었다. 하지만 독일의 배상 부담을 줄이려 한 도즈 계획(Dawes-Plan, 1924)은 독일 산업의 수출

부진을 야기했고, 이는 독일 영화 산업 전반의 몰락을 촉진시켰다. 예를 들어 1925년 UFA는 파산 위기를 맞아 미국 자본의 원조를 받게 되었고, 이를 통해 미국의 MGM, 파라마운트사 등이 독일에 진출해 할리우드 영화의 직배가 이루어졌다.[33]

그런 가운데 1920년대 중반 이후 대중문화의 대량 소비를 담당하는 사회계층이 출현했다. 이 계층은 19세기 후반 이후 독일 사회의 근대화 과정에서 새로이 성장한 이른바 사무원, 비서직, 서기, 점원 등 사무직 노동자들이 주류를 이룬 '신 중간층'이었다. 이들은 전통에서 해방된 대도시 거주자들이었다. 이들의 생활 방식은 적당한 수입, 고정된 노동 시간 및 상대적으로 많은 여가 시간에 의해 특징지어졌다. 이들은 건조하고 지루한 일상, 낯설고 무의미한 노동으로부터 상징적 도피처를 찾았다. 이들은 자신의 사회적 불만, 거대한 기술문명의 부속품으로 전락하고 있다는 불만감을 여가와 오락을 통해 해소하려 했다. 이들이 바로 할리우드 영화의 최대 소비자층이었다. 할리우드 영화는 이들 중간계층의 어려움을 다루고 있었다. 영화사가 카에스(Anton Kaes)가 지적했듯이, 할리우드 영화는 멜로드라마나 풍자물을 통해 부부 갈등, 연애 문제를 효과적으로 다루고 있었으며, 때로는 이국 취향과 모험, 범죄, 폭력, 섹스물과 같은 현실 이탈적이고 환상적인 내용들을 통해 이들 중간층의 욕구를 달래주고 있었다. 도시의 신 중간층은 1920년대에 붐을 이루었던 대형 영화관으로 끊임없이 몰려갔다.[34]

이처럼 미국 대중문화는 무엇보다 할리우드 영화를 통해 도시 사무직 노동자가 중심이 된 독일 대중의 마음을 사로잡았다. 소비 지향의 미국적 생활양식은 할리우드 영화를 통해 매혹적으로 형상화되었고, 광범위하게 확산되었다. 할리우드 영화에 의해 제공된 이미지들은 바이마르 시대 독일 대중의 유행, 사교 형식, 이상적 아름다움, 기호, 성(性)에 대한 태도와 여가 선용 및 오락에 지속적인 영향력을 끼쳤다. 할리우드 영화를 통해 이상화된 미국적 생활양식은 이제 독일 대중이 근대성을 표상하는 데 결정적 기준으로 작용했다.[35]

미국 대중문화, 즉 문화적 '아메리카니즘'에 대한 지식인 문필가들의 담론에서는 대개 독일제국 시대 이후 전통이 된 저급한 미국 문명의 위험성에 대한 우려가 표현되고 있었다. 바이마르 시기 문화적인 미국화의 경향 속에서 '아메리카니즘'을 비판하는 서적들이 끊임없이 출판되었다. 교양시민층의 '미국 문명' 비판의 전통은 이 시기에 이를테면 신보수주의적 지식인이자 『서구의 몰락』 저자인 슈펭글러(Oswald Spengler)뿐만 아니라, 심지어 헤세(Hermann Hesse) 같은 자유주의적 작가에게도 이어졌다. 헤세는 미국 대중문화가 갖는 의미를 평가하면서 우려와 당혹감을 감추지 않았다. 그는 미국 대중문화, 특히 할리우드 영화와 재즈가 갖는 현대성을 인정하면서도, "앞으로 유럽도 (미국처럼—인용자) 그리 될 것인가?" 혹은 "이미 그 길로 들어섰는가?"라고 물었다.[36]

하지만 전통적인 교양시민층의 특권 의식 및 보수적 규범과 부르주아적 생활양식을 비판하고, 현대 산업 대중사회 속에서 지식인의 새로운 사회적 역할을 추구하던 모더니스트들 가운데 상당수는 미국 대중문화에 대해 매우 긍정적이었고, 나아가 독일 사회의 미래를 위해 그것이 갖는 혁명적 의미를 부각시켰다. 바이마르 시기는 독일 시민층의 사회문화적 동질성이 철저하게 파괴된 시기였다.[37] 문화적 '아메리카니즘'에 대한 모더니스트들의 강한 긍정은 고급문화 담당자로서의 엘리트 의식, (이익)사회에 대한 민족 공동체와 국가의 우위 등으로 대변되는 교양시민적 전통에 대한 급진적 거부감의 표시였다. 이는 동시에 권위주의적 정치 시스템, 군국주의, 제국주의 전쟁 등과 같은 독일 현대사의 부정적인 진행 과정에 이 교양시민적 엘리트 문화의 가치관과 규범이 커다란 책임을 지고 있다는 비판의식에 근거했다. 이들은 과거를 청산할 수 있는 새로운 대안적 문화와 생활양식을 바로 미국 대중문화 속에서 찾았던 것이다. 이들에게 '미국'과 '아메리카니즘'은 국제적이고 민주적인 원리에 기반을 둔 사회적·정치문화적 근대성의 상징이었다.

그런 관점에서 모더니스트 지식인들은 '아메리카니즘', 즉 미국 대중문화를 대도시 대중의 문화적 욕구를 해소하는 '근대적 민중문화의 모범', '독일 문화와 독일적 삶의 급진적 근대화와 민주화의 수단', '근대성과 현시대에 맞는 이상적 삶의 상징', '대중민주주의와 기술 진보의 논리적 확장' 등으로 찬양했다. 이들은 미국 대중문화야말로 채플린 영화의 세계적 인기에서 보다시피 필연적으로 종래의 편협한 인종적·민족주의적 문화를 극복할 것이며, 소수를 위한 사치품이 아닌 대중의 수요를 위한 미국 대중문화의 민주성은 필연적으로 전통적인 유럽 및 독일 예술의 엘리트적 원리를 파괴할 것

〈바덴바덴의 댄스홀〉
막스 벡크만(Max Beckmann), 1923.

이라고 생각했다. 그런 맥락에서 1923년 짐젠(Hans Siemsen)은 재즈를 찬양했다. 그에 의하면 재즈야말로 "대도시적 삶의 속도와 템포를 표현하는" 현대적 삶의 한 부분으로서, 교수와 정치가들이 체통의 가면을 벗고 재즈를 춘다면 얼마나 "인간적이고 좋은 사람들이 될 것인가!"라고 하면서, "황제가 재즈를 출 줄 알았더라면" 세계대전의 비극은 없었을 것이라고 단언했다.[38]

특히 1918년의 11월 혁명이 실패하자 베를린 아방가르드는 실패한 정치혁명을 대체할 수 있는 새로운 문화적 혁명을 갈구했고, 그 맥락에서 미국 대중문화를 일종의 '대안혁명'으로 간주했다. 이들에게 시급한 것은 독일 사회에 근대성의 원리들을 관철시키는 것이었으며, 미국 대중문화는 이를 가능케 하는 도구로 인식되었던 것이

3. 미국과 아메리카니즘 245

다.³⁹ 여기서 그들에게 '미국'은 근대적이고 진보적인 대안으로, 반면 '독일'은 청산되어야 할 반#봉건적 문화와 생활양식을 지닌 낡은 땅으로 표상되었다. 예컨대 브레히트(Bertolt Brecht)의 1920년 6월 18일의 일기는 "이 독일이야말로 얼마나 지루한가!"라는 말로 시작하고 있다. 이어서 그는 모든 계층의 독일인들을 비난하는데, 그들은 그 "순박성"이 아름답게 승화되지 못하고, "짐승이 되어가는 썩어빠진 농민들", "살찐 중간신분", 그리고 "생기 없는 지식인들"이라고 부정적으로 묘사했다. 반면 "아메리카는 영원하다!"고 고백하고 있다.⁴⁰

그러나 1920년대 중반을 경과하면서 미국과 미국 대중문화에 대한 모더니스트 지식인들의 감격과 희망은 실망과 우려로 급전했다. 지금까지 대중문화와 문화적 근대성의 대변자였던 연극 평론가 이에링(Herbert Ihering)은 1926년 '아메리카니즘'을 다음과 같이 부정적으로 표현했다.

> 영화만 보고 책을 읽지 않는 사람들의 숫자가 수백만에 달하고 있다. 이들 모두는 미국적 취향에 사로잡혀 있고, 동질화되어 있으며, 획일화되어 있다. (…) 미국 영화는 새로운 세계적 군국주의이다. 이놈이 다가오고 있다. 이놈은 프로이센보다 훨씬 위험하다. 이놈은 개개인들을 삼켜버린다. 이놈은 개별 민족들을 삼켜버린다.⁴¹

이런 부정적인 변화는 이 시기부터 바이마르 시대의 미국 담론이 새로이 테일러주의와 포드주의로 대변되는 이른바 경제적 '아메리카니즘' 개념을 중심으로 전개되기 시작했다는 사실과 밀접한 상관관계를 지닌다. '미국'은 이제 종래의 재즈, 영화, 스포츠 같은 대중문화보다는, 기술관료주의와 산업의 합리화 같은 이미지와 관련되어 논의되기 시작했다. 이후 살펴보겠지만, 경제적 '아메리카니즘'은 효율성·규율·통제 등으로 특징지어졌고, 따라서 모더니스트 지식인들은 미국 대중문화를 더 이상 도시의 근로대중을 위한 민주화와 문화적 근대화라는 진보적 힘이 아니라, 표준화·집중화·비용절약적 균일성에 근거한 자본주의적 생산물로 인식하기 시작했다. 나아가 이들은 미국 대중문화를 무엇보다 사회적 통제의 도구로 파악하게 되었다. 그런 맥락에서 크라카우어(Siegfried Kracauer)는 1929년 문화적 '아메리카니즘'이 사무원 대중에게 자신들이 착취당하고 있다는 사실을 계몽하는 대신 오락을 통해 그들을 조종하려 하는 유행 양식이라고 비판했다.[42]

같은 맥락에서 브레히트도 더 이상 미국을 대안적 유토피아로 간주하지 않았다. 1920년대 중반 이후 그는 미국을 무자비함, 사회적 냉담성, 소외, 피상성, 돈과 상품 및 광고의 지배, 기독교적 위선, 범죄—한마디로 '자본주의'의 상징으로 묘사했다. 반면 그는 1930년대를 경과하면서 진보와 인간성의 상징을 미국이 아닌 소련에서 찾게 되었다.[43] 바이마르 공화국 당시 모더니스트들의 미국 인식의 반전은, 19세기 중엽 교양시민층이 미국에 대한 경탄과 유토피아적 기대로부터 환멸과 우려로 방향 선회한 것과 유사한 패턴을 따르고 있었다.

경제성장과 합리화의 상징으로서 미국

1920년대 중반 이후 독일 사회의 미국 인식은 무엇보다 경제적 '아메리카니즘' 개념에 의해 각인되었다. 위에서 언급했다시피 경제적 '아메리카니즘'의 양대 슬로건인 테일러주의와 포드주의는 효율성·규율·통제의 원리에 입각한 경영의 과학화와 생산의 합리적 조직화, 표준화를 지향했고, 1920년대 중반이 되면 이미 미국 기업들은 양자를 적절히 혼합해 비약적인 생산성의 증대를 가시화시켰다. 물론 독일 내에서도 1900년 이후 경제적 '아메리카니즘'에 대한 긍정적인 논의가 있었지만, 경제적 '아메리카니즘'은 1923/24년 무렵부터 본격적으로 독일 사회에서 합리적 경영 혁신을 통한 '경제 기적'과 동의어로 각광을 받기 시작했다.

물론 이 과정에서 대독 차관을 위한 도즈 계획의 도입과 그에 따른 미국 달러의 대량 유입이 독일 사회 내의 경제적 '아메리카니즘'에 대한 열광에 직접적인 한몫을 했다. 하지만 넓게 보아 이런 열광은 제1차 세계대전 이후 미국이 세계 제1의 강대국으로 부상한 데 원인이 있다. 그런 점에서 원하든 원치 않든, 미국이야말로 서구의 모든 산업국가들에게 정치·경제·문화적인 발전 모델로 다가올 수밖에 없었던 것이다. 또 미국은 1923년 무렵 세계시장에서 완제품의 49%를 생산하는 가장 발달한 산업국이었을 뿐만 아니라, 유럽에서는 이제 시작 단계에 있던 생산, 문화, 삶의 만족도의 동시적 발전에 성공한 유일한 나라였다. 특히 사민당과 자본주의 지향적인 정당들로 연이어 구성된 바이마르 연립정부들에게, 미국은 경제 운영의 조정 및 안정과 관련된 결정적인 모델로 부각되었다. 나아가 바이마르 연립정부의 사회적 지지 기반이었던 기업가, 엔지니어, 기술자, 개량주의적 사회주의자 및 노동조합 지도자들은, 미국이야말로 독일의 미래를 위한 사회경제적 발전 모델이라는 '아메리카 신드롬'을 독일 사회에 광범위하게 퍼트리고 있었다.[44]

자동차왕 헨리 포드의 자서전 『나의 생애와 업적』은 1923년 독일에서 출판되자 곧 20만 부가 팔려 베스트셀러가 되었다. 이 책은 "바이마르 공화국 안정기의 성서"라 불리기에 손색이 없었다. 사람들이 원했던 모든 것이 이 책에 들어 있었다. 자본과 노동의 사회적 협력, 정밀한 합리화의 요구, 생활 수준의 끝없는 향상, 기타 사회적·시장경제적인 온갖 환상적 꿈들을 이 책은 약속하고 있었다. 산업 조직의 기술적 합리화만 이루어지면 고임금, 구매력 증대, 생산성 증대라는 끝없는 "윤리적" 순환 과정에 토대한 자본주의적 유토피아가 필연적으로 달성될 것이었다. 포드는 이런 자본주의적 시스템을 "사회적 봉사"로, 기업가를 "전체를 위한 종복"으로 묘사했다.[45]

포드의 약속은 독일 사회에 큰 반향을 일으켰다. 포드주의는 "기술적 이성"의 명령, 포드는 이윤을 추구하는 기업가가 아닌 "미국의 위대한 프로이센인", "적색 사회주의"에 맞서는 행동하는 정신을 지닌 순수한 "백색 사회주의"를 추구한 "진보적 인물"로 찬양받았다. 포드주의의 독일인 전도사들은 정치적 노선을 뛰어넘어 반反볼셰비키적 공감대를 가지고서 포드주의가 대표하는 미국을 대안 모델로 찬양했다. 이들 중에는 앞서 언급한 개량주의적 좌파도 있었지만, 훗날 나치당원이 된 엔지니어도 있었다.[46]

1925년 독일의 노조 지도자들은 "만약 세계에 어떤 식으로든 경제의 재건을 위한 연구 대상이 있다면, 그것이야말로 미국이다"라고 고백하면서, 기꺼이 미국을 방문했다.[47] 이들은 이 여행에서 특히 미국의 높은 생활 수준에 감명을 받았다. 이들은 그 주원인을 노동조직, 테크닉, 대량생산, 그리고 대기업가들 사이에서 노동자의 고임금이 갖는 거시경제적 가치가 인정받고 있다는 사실에서 찾았다. 또한 이들은 독일과 비교하여 미국 사회는 계층 간 차이가 적으며, 사회적 계층 이동이 매우 활발하다는 사실, 그리고 미국에서의 여성 해방의 높은 성취도 등을 강조했다. 한마디로 이들에게 미국은 포드주의적 복음이 구현된 땅이었다.[48]

일반적으로 지식인들은 포드나 테일러의 구체적 약속보다는 미국의 경제적 풍요로움과 복지, 절대적으로 정의로운 민주주의라는 아메리칸 드림, 미국식 생활 방식 일반을 선전했다. 그러나 역설적으로, 앞서 말했다시피 문화적 '아메리카니즘'에 대한 진보적 모더니스트 문필가들의 한때의 도취는 바로 경제적 '아메리카니즘'으로 대변되는 1920년대 중엽 이후의 낙관주의의 시대에 차갑게 식고 말았다. 그리하여 향후 그 역할은 무엇보다 저널리즘에게 떠넘겨졌다. 저널리즘에 의해 미국은 더 이상 낯설고 속물적인 것이 아니라,

더 좋고, 더 발전되고, 더 근대적인 것으로 표상되었다.[49]

이런 과정을 거쳐 경제적 '아메리카니즘'은 하나의 응집력 있는 친미적 이데올로기를 산출했다. 그에 의하면, 미국은 실용주의, 실질 숭상, 객관성에 기초한 노사 관계의 나라, 능력 위주의 철저히 합리화된 산업사회, 타의 추종을 불허하는 생활 수준을 자랑하는 사회라는 것이었다. 또한 미국은 높은 생활 수준에 기초하여 민주주의가 마찰 없이 기능하는 나라, 유럽식의 낡은 상류사회 이데올로기가 폐기되고 높은 수준의 대중문화가 꽃핀 나라로 비춰졌다. 나아가 미국은 계급이나 계층 차별 없이 모두가 동일한 집, 동일한 자동차, 동일한 자유를 누리는 나라, 따라서 노동계급의 급진적 계급의식이 사라진 나라로 묘사되었다.[50]

물론 개량주의자가 아닌 사회주의자들은 경제적 '아메리카니즘'과 친미 이데올로기에 비판의 화살을 날리고 있었다. 그들은 이제 독일이 '달러 제국주의'의 착취물이 되었다고 비판했다. 특히 공산당의 제트킨(Clara Zetkin)은 제국의회 연설에서, 미국은 돈의 힘으로 세계를 지배하려 하고 있으며, 그들이 설교하는 도덕은 자신들의 탐욕스러운 제국주의를 멈추게 하지 않을 것이라고 강조하면서, 이제 미국은 영국·프랑스와 함께 독일의 "식민지화"를 획책하고 있다고 비난했다. 잘츠(Arthur Salz)는 미국의 제국주의와 유럽의 관계를 미국과 라틴 아메리카의 관계에 비유하면서, 미국의 팽창주의적 '달러 제국주의'의 필연성을 마르크스주의의 틀을 가지고 분석했다.[51] 포드주의의 복음 역시 좌파 지식인에 의해 논박 당했다. 마르크스주의자인 발허(Jakob Walcher)는 『포드냐 마르크스냐(Ford oder Marx)』 (1924)라는 책을 통해, 노사 간 평화가 갖는 허구성, 자본주의 틀 내의 노동자 문제의 해결 불가능성 등을 지적하면서, 포드주의가 갖는 사회주의와의 친화성을 부정하는 데 노력을 기울였다. 비슷한 관점에서 바이스(Hilde Weiss)는 자신의 책 『아베와 포드. 자본주의의 유토피아들(Abbe und Ford. Kapitalistische Utopien)』(1927)에서 '백색 사회주의'의 가면을 쓴 비열한 "기업가 이데올로기"를 폭로하는 데 전력을 기울였다.[52]

정치적 우파도 '달러 제국주의' 및 '아메리카니즘'을 비판하는 데서 결코 좌파에 뒤지지 않았다. 앞서 언급한 제트킨의 연설은 우파 정당 소속 의원들의 뜨거운 박수갈채를 받았다.[53] 급진 민족주의적이고 문화적으로 보수 엘리트적인 우파의 반미주의는 오히려 좌파를 능가하는 영향력을 과시할 정도였다. 이들의 강한 반미주의는 제1차 세계대전 기간에 시작되어, 바이마르 공화국의 정치경제 안정기인 1920년대 중반 이후 더욱 열렬히 타올라, 마침내 1928년이 되면 문화적이고 지적인 형태를 취하면서 절정에 이르렀다.[54]

우파의 '달러 제국주의' 비판은, '우월한 독일 문화' 대 '천박한 미국 문명'이라는 전통적 도식 속에서 미국의 제국주의적이고 자본주의적인 힘 때문에 독일 문화가 몰락의 위험에 처했음을 경고하는 데 초점을 맞추었다. 이를테면 할펠트(Adolf Halfeld)는 『아메리카와 아메리카니즘(Amerika und der Amerikanismus)』(1927)에서 헨리 포드의 복음을 노골적으로 반박했다. 그에 의하면, 전통으로부터 성장한 유럽의 문화, 특히 독일 문화는 이제 미국 때문에 물질주의로의 몰두와 삶의 기계화라는 위험에 빠졌다는 것이었다. 그가 보기에 미국의 전례에 따라 진행되는 '합리화'는 인간적인 것의 말살에 철저히 무관심한 단순한 책략에 불과했다. 이어서 그는 '달러 제국주의'의 성장 속에서 단지 독일 문화만이 아니라 유럽 문화 전반의 몰락을 목격할 수 있다고 강조했다. 할펠트는 전반적으로 미국적인 것의 특징을 "능률만능주의", "정신의 속박"으로, 미국을 "기업 국가"로 지칭하면서, 보수적 교양시민층의 반미 정서를 대변했다.[55]

할펠트의 이 책은 정치적 엘리트 전통주의자들 및 보수적인 독일 교양시민층 사이에서 문화적 반미주의의 성서가 되었다. 이 책은 베스트셀러로서 상업적 성공을 거뒀을 뿐만 아니라, 내용적으로 큰 반향을 일으켰다. 그의 책은 1919년 이후 여론의 가장 큰 주목을 받으면서 미국에 대한 논쟁을 야기시켰고, 독일어 용법에서 '아메리카니즘'이란 용어를 부정적으로 쓰이게 하는 데 결정적인 영향을 끼쳤다. 특히 온건 보수주의자들, 그리고 정통 보수주의자들과 신 보수주의자들 간 교량 역할을 했던 『독일 민족(Deutsches Volkstum)』지를 중심으로 한 기독교 사회주의 그룹, 『행동(Tat)』지를 중심으로 한 반反자본주의적이고 반反자유주의적인 성향의 일급 지식인들이 그의 견해에 영감을 얻은 정치 집단이었다.[56]

한편 우파 진영의 반미주의는 대중적으로는 반유대주의와 결합되어 나타났다. 반유대주의적 반미주의는 주로 보수 민족주의 성향의 저널리즘에 의해 유포되었다. 반유대주의적 반미주의는 미국을 '월

인종의 순수성을 잃어버린 음악
나치 팸플릿의 표지 그림.

가'와 '미국 유대인의 금권 정치', 나아가 '유대인 국가'로 상징화했다. 이런 반유대주의적 반미주의는 향후 나치의 반미 선전에도 빈번히 등장했다.[57]

그러나 나치의 반미주의를 단순히 반유대주의적 반미주의로 환원시킨다면 이는 잘못된 것이다. 나아가 미국과 미국적인 것에 대한 나치의 인식을 반미주의라는 말 한마디로 환원시킬 수도 없다. 오히려 히틀러와 나치에게는 친親아메리카니즘과 반反아메리카니즘이 모호하게 뒤섞인 채 공존하고 있었다. 이는 제3제국 시기 나치의 산업 현대화 정책이 실제로 경제적 '아메리카니즘'을 모델로 하여 진행되었다는 사실에서도 확인할 수 있다.[58] 또한 히틀러의 미국에 대한 모호한 태도 역시 이를 뒷받침해준다. 한편으로 그는 미국을 "북

나치 선전 포스터
당신의 '기쁨을 통한 힘' 자동차.

방인종"의 잠재력이 발휘되는 나라로 긍정적으로 묘사하기도 했고, 자신의 독재를 정당화하기 위해 미 대통령 루즈벨트의 정책을 경제 진흥의 모델로 높이 평가하기도 했다. 하지만 동시에 그는 종래에 나온 온갖 종류의 미국과 아메리카니즘에 대한 정치적·문화적 비판을 요약한 반미 선전 역시 끊임없이 되풀이했다.[59]

클라우스 슈바베(Klaus Schwabe)는 지금까지 살펴본 정치적 우파, 보수적 문화 엘리트들의 반미주의를 반자유주의적이고 반자본주의적이며 봉건적인 반근대주의(antimodernism) 이데올로기의 산물로서 파악한다.[60] 하지만 그 관점은 일면적이다. 우파의 반미주의 스펙트럼에는 특정한 근대주의적 이데올로기를 추종한 엔지니어와 기술자들도 있었다. 이들의 근대주의는 문화적 근대주의, 혹은 제프리 허프(Jeffrey Herf)가 말한 "반동적 근대주의(reactionary Modernism)"로서,[61] '독일 문화'와 '미국 문명'의 대립이라는 전통적 도식을 따르고 있었다. 이들 엔지니어와 기술자들의 반미주의는 포드주의로 상징되는 경제적 '아메리카니즘'의 기술적 합리성과 근대성을 높이 샀다. 하지만 동시에 '미국 문명'이 갖는 문화적 천박성 및 위험성은 제거되어야 한다는 입장을 견지했다. 같은 맥락에서 이들은 포드주의를 독일의 전통적인 공동체 정신의 근대적 승화물로 찬양했다. 이처럼 이들은 '아메리카니즘'에 열광하면서도 동시에 반미주의적 태도를 지녔다. 이런 이데올로기는 나치 이데올로기의 한 근간을 이루기도 했다. 나치가 지녔던 미국 인식의 모호성 내지 양면성은 이런 맥락에서도 설명될 수 있을 것이다.

"반동적 근대주의자"들은 미국을 '문명과 경제'를 대변하는 나라로 규정했다. 그리고 '문명과 경제'의 부정적 속성을 추상성, 분석, 마음, 지성, 개념적 사고, 지식과 돈, 죽음, 사회, 혼돈과 무정형성, 수동성, 의회주의적 혼돈, 추함, 일시적임, 교환적 가치, 기생충 근성, 순환, 상인, 유대인, 금융자본, 시민, 자본주의, 사적이고 이기적인 이해 추구, 이윤을 위한 생산, 경제의 우위, 질이 아닌 양, 자연에 순응하는 여성성, 이기심 등으로 묘사했다. 반면 '문화 민족' 독일을 '문화와 기술'을 대변하는 나라로서 긍정적으로 그렸다. 그리고 지금까지 꼽은 미국적 속성과 정반대되는 속성들을 여기에 부여했다. 독일적인 것은 구체성, 경험, 영혼, 정서, 시각적 사고, 피, 삶, 공동체, 형식과 질서와 정형성, 의지, 형성을 추구하는 의지, 아름다움, 사용가치, 생산성, 생산, 생산적 기업가, 창조적 노동, 노동자 전사, 반자본주의, 독일 사회주의, 공공의 복지, 사용을 위한 생산, 정치의 우위, 양이 아닌 질, 자연을 극복하는 근육의 우위, 희생 등으로 묘사되었다.[62]

끝으로 지적할 것은, 바이마르 시대에도 1900년을 전후해 형성된 미국 정치에 대한 부정적 이미지가 독일인들 사이에서 재생산되고 있었다는 사실이다. 이 시기 좌파와 우파를 막론하고 공통적으로 행해진 미국 정치에 대한 부정적 표상과 도덕적 비판은 '부패', '위선', '외교적 변덕' 같은 구호를 통해 정형화되었고, 제3제국 시기에도 기본적으로 계속되었다.[63] 이처럼 미국 정치에 대한 비판에서도 독일인의 도덕적 우월감이 지속적으로 작용하고 있었다. 이 도덕적 우월감은 국가 공동체가 이익사회보다 우월하다는 독일인들의 전통적 규범에서 비롯되었다고 할 수 있다.

정리하자면, 1918년 이후 1945년 이전까지 독일인들은 한편으로 미국을 정치·경제·사회·문화적 근대성의 상징으로 정형화했다. 미국과 미국적인 것은 기본적으로 역동적 산업자본주의, 대중민주주의, 그리고 근대적 생활양식과 동일시되었다. 이런 미국의 이미지는 한편으로 19세기 중반에는 신세계에 대한 모호한 동경과, 바이마르 시기에는 대중문화와 대도시의 삶의 새로움, 그리고 미국의 산업 합리화에 바탕한 경제적 풍요로움에 대한 경탄과 결합하여, 미국과 미국적인 것에서 대안적 현실, 즉 유토피아적 미래상을 찾으려는 태도로 나타나기도 했다.

그러나 독일인들 사이에서 보다 빈번하게 반복된 것은 바로 이 근대적 미국 문명에 대한 비판과 거부감이었다. 이는 외적으로 미국의 세계적인 강대국으로서의 부단한 성장, 내적으로 독일 사회의 근대화 과정에 나타난 부작용 및 전통과의 단절, 낯설음에 대한 불쾌감 내지 공포와 밀접하게 결합되어 표현되었다. 미국에 대한 부정적 태도는 미국을 천박한 '물질문명'의 상징으로 정형화시키면서, 이와는 반대로 독일을 정신적이고 도덕적으로 내면화된 '문화'의 상징으로 대비시키는 전통의 산물이었다. 바로 이 독일인의 문화적·도덕적 우월감이야말로 미국과 미국적인 것에 대한 독일인들의 부정적 인식에서 최종심급으로 작용했다.

이상과 같이 전반적으로 보아 독일인이 그려낸 미국 이미지는 회색을 띠고 있었다. 한편으로는 '미국'이란 개념을 통해 근대에 대한 낙관적 기대를 표명하고, 다른 한편 우려 섞인 비판 및 환멸을 표현하면서, 독일인들의 미국 인식은 부단한 진자운동을 하고 있었다. 이 진자운동은 때로는 개인적 차원에서 진행되기도 했지만, 시기별·세대별로 진행되기도 했다. 또한 바이마르 시대처럼 양자가 동시에 강하게 표출되기도 했고, 제3제국 시기처럼 모호하게 공존하기도 했다. 이렇게 미국적인 것에 대한 기대와 비판, 친미와 반미적 태도는 결코 정치적 좌파-우파의 도식을 따르지 않았다. 바이마르 시기만 보더라도, 반미적 태도는 한편으로 보수적 교양시민층 내지 극우파, 다른 한편 진보적 아방가르드 내지 급진 좌파 모두에서 나타났으며, 친미적 태도 역시 자유주의부터 보수주의를 거쳐 극우 성향에 이르기까지 다양한 성향의 대기업가, 엔지니어, 지식인에게서, 더불어 개량주의적 사회주의자, 나아가 사안에 따라 진보적 아방가르드 모두에게서 표현되었다. 또한 '아메리카니즘'의 지지자와 반대자 모두가 예를 들어 히틀러운동의 대열에 합류하기도 했다.[64]

1945년 이후의 독일 현대사에서도 진자운동은 계속되었다. 아울러 미국에 대한 문화적·도덕적 우월의식도 기본적으로 지속되었다. 예컨대 1945년 이후 서방 세계로의 (재)통합을 추구하던 아데나워 정부 아래서 서독 주민들은 빠르게 정치경제적 미국화에 순응했다. 나아가 미국 주도하의 대중매체, 언론 개혁도 별다른 저항 없이 받아들였다. 하지만 교육 및 문화 부문의 미국화는 상당한 저항에 부딪쳤다. 이는 우월한 독일 문화를 수호하려는 의지의 표현이었다. 또한 비슷한 시기 미국의 대중문화가 바이마르 시기처럼 다시 한 번 서독을 강타했는데, 특히 청소년들 사이에서 제임스 딘, 엘비스 프레슬리, 마론 브란도 같은 대중스타가 우상으로 군림했고, 이를 통해 독일 청소년들은 전통적 남성성과 대비되는 새로운 남성성을 추구하기도 했다. 하지만 이후 1960년대 학생운동 세대는 베트남전쟁 반대 시위에서 극명히 드러나듯, 기성세대의 친미적 입장과 달리 반미적 태도를 취하고 있었다.[65]

마지막으로 미국의 정치·사회·문화 및 미국식 자본주의에 대한 1980년대 독일 진보적 지식인의 강한 도덕적 비판에서도, 제1차 세계대전 이전부터 독일의 식자층이 주도했던 절대적 반미주의의 전통이 새롭게 전유되고 있음을 읽을 수 있다. 이를테면 1986년에 나

'전사 부시' 『슈피겔』지의 표지.

온 진보적 지식인들의 반미 선언 "유럽의 자기주장"은 독일제국과 바이마르 시기 보수적 교양시민층의 반미 문화 비판을 다시 요약하고 있다. 그중 한 구절을 인용해보자.

> 미국은 본질적으로 자본주의 체제에 기반을 둔 제국주의적 세계 정책을 추진하고 있다. (…) 문화적으로 코카콜라, 맥도날드, <람보> 같은 싸구려 할리우드 영화를 통해 진행되는 유럽의 미국화로 인해 유럽적 전통의 빛나는 보물들은 하향평준화의 위험에 빠져 있다.[66]

이처럼 독일인들은 19세기 이후 오늘날까지의 미국 인식에서 놀라울 만큼 강한 지속성을 보여주고 있다. 단지 차이가 있다면 '미국'과 '아메리카니즘'에 대한 열광과 비판 모두 그 강도가 이전보다 약화되고 있다는 점일 것이다.

4. 여자
— 비대칭적 반대개념의 병리학

나와 너를 구별하고 호명하는 것은 인류의 오랜 전통이다. 그러나 여기에는 너와 나의 단순한 구별을 넘어서서, 나와 너를 불평등하게 대비시키는 오랜 습속이 함께 깃들어 있다. 자기 지칭과 타자 지칭의 비대칭성은 누구도 쉽게 빠져나올 수 없는 장기지속의 정신적 감옥이라고 할 수 있다. 사람들은 역사적으로 무수한 비대칭적 반대개념들을 만들어왔다. 고대 그리스인들의 '헬레네인'과 '야만인', 중국인들의 '화華'와 '이夷', 중세 서유럽인들의 '기독교도'와 '이교도', 그리고 나치 독일에서 유행한 '초인'과 '하등인간', 혹은 '인간'과 '비非인간' 등이 그것이다. 이뿐만이 아니다. 우리는 섹슈얼리티 및 젠더를 경계 짓는 '남자'와 '여자', '남성성'과 '여성성'에서도 이런 비대칭적 대비의 관행을 읽을 수 있다.

비대칭적 반대개념들의 의미 내용은 매우 유사하다. 부정적인 타자와 이와는 반대되는 속성을 지닌 우리라는 의미구조는 동일하다.

그러나 이 비대칭적 반대개념들은 사람들의 역사적 경험에 따라 작동하는 방식이 질적으로 달라진다. 그 차이는 다음과 같다.

먼저, 비대칭적 반대개념들은 공간적으로 분리시킬 수 있는 상호 배제적 개념들로 사용될 수 있다. 이때 타자는 부정적으로 그려지면서도 그 자체로서는 인정된다. 영토적 반대개념들인 '헬레네인'과 '야만인', '화'와 '이'가 이 경우에 해당한다. 둘째, 비대칭적 반대개념들은 시간적으로 배치되어 사용될 수 있다. 이 경우 시간적 긴장이 상호 관계를 규정하며, 따라서 상대방이 지양될 때까지 미래를 변화시켜야 한다는 의미가 들어간다. 이때 타자 부정의 역학이 탄생한다. '이교도'를 개종의 대상으로 대립시킨 중세 '기독교도들'이나, '이'를 교화의 대상으로 대립시킨 '화'가 대표적 사례이다. 마지막으로, 모든 인간을 포함하는 듯 보이는 보편적 인류 개념의 맥락 속에서 비대칭적 반대개념이 탄생한다. 이때의 반대개념들은 예를 들어 '초인'과 '하등인간', 혹은 '인간'과 '비인간'의 대립쌍에서 알 수 있듯이, 혹은 카를 슈미트(Carl Schmitt)의 '적과 동지' 대립쌍에서 나타나듯이 타자의 근절을 목표로 하는 이데올로기적 반대개념들이다.[1]

그렇다면 '남자'와 '여자', 혹은 '남성성'과 '여성성'이라는 대립쌍은 어떠했는가? 19세기 근대 부르주아지 사회의 성립과 더불어 헤게모니를 잡은 남자들은 이런 대립쌍을 통해 '여자'를 완벽하게 '남자'와 구별되는 정형화된 타자로 만들었을 뿐만 아니라, 비교적 짧은 시간에 여성을 열등하지만 필요한 가치를 지닌 타자로 인정하는 데서, 그 존재가치를 부정하는 데로, 더 나아가 여자의 존재 내지 여성성을 근절하는 데로 나아갔다는 것이 나의 주장이다. 그렇다면 어떤 역사적 상황에서 어떻게 여자의 존재에 대한 인정에서 부정으로, 더 나아가 근절로 그 의미론적 작동 방식이 변화되었을까? 이 장에서는 이와 같은 병리 현상의 심화 과정을 분석한다.

근대의 특징은 '남자'와 '여자'라는 일상어가 추상적이고 이데올로기적인 개념으로, 더 나아가 정치적 슬로건으로 바뀌었다는 데서도 찾을 수 있다. 일상에서 구체적으로 경험하는 서로 다른 남자들과 여자들이, 혹은 너무나 이질적인 궁정사회의 남녀와 농촌사회의 남녀가 생물학적으로나 사회적으로, 또한 철학적으로 하나의 통일된 속성, 즉 '남성성'과 '여성성'을 지닌 존재로 추상화되고 불평등하게 구별된 것은, 근대 부르주아지 사회에 들어서였다. 이와 더불어 '남자'와 '여자' 개념의 사회적 위상도 변했다. 두 개념은 부르주아지 사회와 국민국가의 도덕적·정치적 질서를 지탱해주는 핵심적 규범의 역할을 수행했다. 이 단계가 바로 '정상적인' 남자의 정체성을 만들기 위해 '정상적인' 여자의 존재가 반드시 필요했던, 따라서 이런 분업을 여자가 올바르게 수행하는 한 여자의 가치가 인정되었던 단계이다.

그러나 이런 규범에서 일탈된 '남자답지 않은 남자'나 '여자답지 않은 여자'들이 무시하지 못할 사회·문화적, 그리고 정치적 세력으로 성장하면서, '여자'의 사회적 의미가 부정되는 두 번째 단계가 출현했다. 여기엔 특히 1890년대부터 1920년대에 이르는 세기 전환기를 특징짓는 중간층 남성들의 지적·문화적 운동인 '세기말 모더니즘'이 중요한 매개체로 작용했다. 쇼르스케(Carl E. Schorske)는 『세기말 비엔나』에서 모더니즘을 다음과 같이 정의한다.

> 현대 정신은 역사에 무관심해졌다. 왜냐하면 지속적으로 영양을 공급하는 전통으로 인식되던 역사가 쓸모없어졌기 때문이다. (…) 정신분석가는 과거와의 날카로운 단절을 아버지에 대한 세대 간 반항과 새로운 자아를 규정하기 위한 모색이 개입된 것으로 보게 마련이다. 더 복합적인 차원으로 들어가면, 새로 등장하는 '모더니즘'은 (…) '자아의 교체'라 부른 특정한 형태를 띠는 경향이 있다. 여기서 역사적 변화는 개인에게 새로운 정체성을 탐구하도록 강요할 뿐 아니라 사회 그룹 전체에서도 죽어버린 신념 체계를 개정하거나 교체하도록 강요한다. 역사의 멍에를 떨쳐버리려는 시도는 모순적이게도 역사 과정의 변화를 가속화시켰다.[2]

아버지 세대에 대한 분노와 부정, 자신의 현재적 남성 정체성에 대한 과도한 불안 속에서, 모더니스트 남성들은 새로운 남성성을 갈구했다. '순수한' 남성성, '새로운 남자', 남자만의 유토피아가 구상되었고, 남자만의 우정과 사랑이—물론 동성애까지 포함하여—강조되면서, 마침내 '여자' 개념이 적대적 개념으로 변했다. 이제 더 이상 '여자'는 열등하지만 우월한 남자의 역할과 남성성의 정체성을 위해 필요한 존재로 인식되지 않았다. 그 과정에서 '여자' 개념은 이른바 '남자에 속하지 못하는 자', 즉 유대인 및 여타의 소수인종, 여성적 남성 동성연애자, 노숙자, 범죄자, 평화를 외치는 정치가, 위선적 남성 등과 함께 진정한 남자가 아닌 모든 이들을 지칭하는 광범위한 외연을 지닌 기표로 확대되었다.

제1차 세계대전을 경과하면서 마침내 '남자' 개념이 정치화되었다. 이에 상응하여 '여자'는 남성의 '적'으로서 근절과 박멸의 대상이 되었다. 그리고 이런 병리 현상의 귀결은 파시즘이었다. 그러면 첫 번째 단계에서 마지막 단계에 이르는 구체적 과정을 살펴보자.

'남자'와 '여자'의 근대적 변화

서양의 근대는 르네상스 시기의 '새로운 아담'에서부터 프랑스 대혁명의 혁명가들이 내건 '남자의 재탄생'을 거쳐, 68운동기의 '새로운 남자'에 이르기까지 '새로운 남자'를 지칭하는 표어들로 가득 차 있다. 이처럼 남자의 새로운 정체성 찾기는 장기적으로 서양 근대를 끊임없이 특징짓는 현상이라고 할 수 있다. 그러나 각각의 역사적 단계마다 '남자'의 의미 내용, 그리고 그 사회적 함의와 기능은 달랐다. 예를 들어 절대주의 시대만 해도, 이상적 남성상은 전사 영웅이었다. 그러나 부르주아지 사회의 남성상은 탈전사화·시민화되었으며, 사회주의 국가에서는 노동자 영웅이 이상적 남성상을 대변했다.[3]

남성 영웅의 이미지
마르틴 차일러(Martin Zeiller)의 『여행기』에 그려진 삽화(1632)

    그런데 우리 논의의 맥락에서 더 중요한 것은, 절대주의 시대까지만 해도 이상적인 남성이 신분과 직업, 그리고 지역에 따라 다양했다는 사실이다. 위 그림은 17세기 유럽에서 베스트셀러가 된 마르틴 차일러(Martin Zeiller)의 『여행기』에 나오는 당시 남성 영웅의 이미지이다. 그림의 두 남자는 모두 전사영웅을 상징하고 있다. 그러나 왼편에는 프랑스 궁정의 유행을 선도하는 기사가 서 있고, 이와 대비되어 오른편에는 독일적 특성을 지닌 근육질의 남성이 앉아 있다. 왼편의 기사가 프랑스적인 궁정인의 세련된 취향을 대변한다면, 오른편의 헤라클레스를 연상시키는 전사는 투박하고 농촌적이다.[4] 또한 남성 영웅의 이런 다양성은 남녀의 하위문화 사이에 벽이 없었던 절대주의 시대의 양성 혼재적인 사회 풍경의 한 단면을 보

4. 여자 267

여준다. 이런 맥락에서 남성 영웅은 때로는 전설의 아마존 여전사나 여타의 여성 영웅과 조화를 이룬 채 형상화되기도 했다.[5]

그러나 이런 사정은 프랑스 대혁명을 통해 급격히 변화했다. '남자' 개념 속에 하나의 보편적인 추상적 남성성이 투영된 것이다. 이른바 '신인간' 혹은 '신남성'으로 번역될 수 있는 homme régénéré라는 신조어는 그 변화를 단적으로 대변한다. 이후 근대적 '남자' 속에서 이전의 신분과 직업, 그리고 지역에 따라 다양했던, 따라서 비교적 개방적이고 유연했던 이상적 남성상이 하나로 통일되었다. 이제 전사의 덕목인 애국심에 투철하고 가족 부양의 책임을 다하는 남편이자 가부장으로서, 동시에 노동에 충실한 직업인으로서 "부르주아적-헤게모니적"(W. Schmale)인 남성성이 출현했다. 이 "부르주아적-헤게모니적" 남성성이 투영된 '남자'는 동시에 새로운 인류를 대표하는 존재이기도 했다. 이와 더불어 남녀의 사회적 공간이 엄격하게 구별되었다. 절대주의 시대의 시민소비사회나 궁정사회가 양성 혼재적 성격을 지닌 사회였다면, 부르주아지 사회에서는 정치적-공적-남성적 공간과 가정적-사적-여성적 공간이 분리되었다.[6]

동시에 '남자'는 민족주의와 결합해 민족의 공적 상징이 되었다. 이때 남성의 몸도 18세기 독일의 미술사가 빙켈만(Johann Joachim Winckelmann)이 형상화한 바와 같이 균형 잡힌 그리스 청년상의 이미지에 따라 이상적으로 전형화되었다. 그리스적 이상에 내재해 있던 에로티시즘은 제거되고, 대신 조화와 균형, 초월적 미가 강조되었다. 이를 통해 근대적 남성성은 보편적인 규범적·심미적 호소력을 갖게 되었다. 남성성은 시대 변화 속에서 불변하는 가치뿐만 아니라 건전한 목표 아래 전개되는 역동적이면서도 질서 있는 변화 자체를 상징하게 되었다.[7] 더불어 '여자'의 전형화도 이루어졌다. 가정이라는 사적 공간에서 여자는 현모양처 역할을 수행했다. 물론 민족주의는 여자도 공적 상징으로 동원했는데, 이때 여자는 현모양처의 다소 곳한 외모와 수동적인 태도로 사회의 규범적 가치, 국가의 전통과 역사를 구현했다.[8]

이렇게 부르주아지 사회가 요구하던 '정상적인' 남자와 여자는 각각 공적 공간과 사적 공간에서 충실하게 노동 분업을 수행하면서 민족의 '고결함'을 담보하는 이상이자 상징으로 작용했다. 양성에 관한 엄격한 구분은 19세기 말경 유행했던 속담에서 잘 드러난다. "여성이 여성스러울수록, 남성이 남성다울수록 사회와 국가는 건강하다."[9]

남녀 양성의 엄격한 구별 관행은 사회학적 이론으로도 전문화되었다. 사회학자 퇴니스(Ferdinand Tönnies)는 공동체(Gemeinschaft)와 (이익)사회(Gesellschaft)라는 두 결사체의 상호 반대되는 성격을 '남자'와 '여자', '남성성'과 '여성성'이라는 비대칭적 반대개념들을 통해 묘사했다. 그에 의하면, 친척 관계, 이웃, 우정(친구), 가족, 마을 같은 공동체는 여성적이다. 반면 주식회사, 대도시, 부르주아지 경제 단체, 그리고 정치적 국민 같은 이익사회는 남성적이다. 한편 '여자'는 신앙심이 있고, 민중(Volk)을 대표하며, 어린아이와 같다. 또한 '여자'는 존재적 의지를 지닌 채 공동체를 대변한다. 반면 '남

여자	남자
신앙	무신앙
민중	지식인, 교양인
어린 아이의 연령	어른의 연령
존재적 의지	자의적 의지
공동체	(이익)사회

자'는 신앙심이 없고, 지식인 및 교양인을 대표하며, 성숙한 어른이다. 그는 자의적 의지를 가진 채 이익사회를 대변한다.[10]

퇴니스에 의하면, 한마디로 '여자'는 전근대적이며 미성숙한 피지배자이다. 반면 '남자'는 근대적이며 성숙한 지배자이다. 더욱이 그에 의하면, '남자'는 '여자'가 가진 특성을 동시에 지닐 수 있지만 '여자'는 '남자'가 지닌 특성을 소유할 수도 없고, 또 소유해서도 안 된다. 만약 그렇게 되면 '여자'의 존재는 파괴될 거라고 경고하고 있다. 사회학자 모이저(Michael Meuser)는, 퇴니스가 도식화한 남녀의 이 지극히 비대칭적인 대조는 독창적이라기보다는 그가 살았던 19세기 후반의 지방적이고 소도시적인 슐레스비히-홀스타인의 환경과 불가분의 관계를 맺고 있다고 말한다.[11] 그만큼 그의 젠더 개념은 전형적인 보수적 독일 부르주아지의 생활 방식과 규범을 반영하고 있다.

이상과 같이 19세기 들어 섹슈얼리티 및 젠더가 부르주아지의 규범 및 민족주의와 결합하면서 '남자'와 '여자'의 비대칭적 관계는 이전 시대보다 더욱 강화되었다. 용기, 자기통제력, 자기지배력 등

존재적 의지의 특징	자의적 의지의 특징
의지, 생각이 의지 속에서 유지됨	생각, 의지가 생각 속에서 유지됨
인간 육체의 심리학적 등가물	생각의 구성체
정서적 동기	사고적 동기
심장의 따뜻한 추진력	머리의 차가운 추진력
삶의 통일성의 원리	분석적 추상화와 분절
과거에 의존함	미래로 향해져있음
현재	미래
정향의 틀이 공간	정향의 틀이 시간
수동적, 수용적	적극적, 창조적
도덕성	합목적적 합리성
사물에 대한 직접적 관계	간접적이고 생산적인 관계
종합적 현명함	지적인 현명함
자연	문화
자연적 인간	인위적 인간
농부, 수공업자의 속성	상인, 무역업자의 속성

    은 남자만의 특징으로 고정되었고, 여자는 어머니로, 성적 욕망의 대상으로, 그리고 남성적 지배 본능의 대상으로 간주되었다. 또한 여자는 타자를 지칭하는 관념적인 그 무엇, 즉 자유의 여신이나 혁명의 사도로서 이상화되거나, 어머니, 안식, '홈 스위트 홈'의 상징으로 이상화되면서 실체를 부인 당했다. 반면 남자는 아름다운 육체를 지닌 살아 숨 쉬는 실체로 정형화되었다.

  그러나 이런 불평등성 속에 '여자는 필연적으로 남자보다 열등한 존재'라는 의미가 부과된 것은 아니었다. 오히려 남자와 여자는 다른 기능을 담당하면서 서로를 보완하는 존재로 간주되었다. 남자와 남성성은 스스로를 규정하기 위해 여성성과 여자가 필요했다.[12] 한 마디로 남자다움이 보편적 인간성의 척도가 되고, 여자다움은 보충적 역할을 수행했지만, 남자에게 여자는 반드시 필요한 존재였다.

이런 성적 관계를 사회학자 짐멜(Georg Simmel)은 주인과 노예의 관계에 비유했다. 주인은 자신이 주인인 것을 언제나 의식할 필요가 없는 특권을 지닌다. 반면 노예는 자신의 지위를 망각해서는 안 된다. 마찬가지로 여자는 자신이 여성임을 언제나 상기해야 하며, 언제나 성적인 존재로서 행동해야 한다. 반면 남자는 특정한 상황에서만 남성으로서 처신하며, 그렇지 않은 경우 인간으로 행동한다는 것이었다.[13] 이상이 '남자'와 '여자'라는 비대칭적 반대개념이 사용된 첫 단계, 즉 공간의 분리에 따른 여자의 부정적 정형화와, 그럼에도 불구하고 여자의 존재 자체는 인정되었던 단계이다.

'팜므 파탈'과 새로운 남성성

19세기 중엽 이후 산업화·도시화·민주화의 진전 속에서 여성의 사회적·정치적·문화적 성장이 두드러졌다. 그에 따라 남자만이 지배하던 공적 공간에 균열이 가기 시작했다. 여성 노동자의 증가, 투표권과 교육 등 정치·사회적 권리의 평등을 주장하는 여성 해방운동이 성장했다. 로자 룩셈부르크(Rosa Luxemburg), 마리 퀴리(Marie Curie), 베아트리체 웹(Beatrice Webb) 등 여성 영웅들이 출현해 여론의 주목을 받았으며, 여류 문사와 예술가들이 등장하여 문단과 화단에 새로운 에너지와 열정, 그리고 창조력을 제공했다. 이른바 '신여성'이 약진했던 것이다.

이런 현상에 특별히 주목한 것은 그동안 부르주아지 남성사회에서 아웃사이더로 인식되어온 남성 작가와 예술가들이었다. 이들 남성 모더니스트들은 이 현상에서 무엇보다 남성성의 위기를 발견했다. 미국 역사가 아이첸버그(Gerald Izenberg)는 전 유럽적 차원에서 전개된 모더니즘 혁명에서 결정적인 역할을 한 것이 바로 남성성의 위기였음을 강조한다.[14]

세기말 모더니즘은 아버지 세대의 안정적 성관계, 즉 고결한 주인과 고결한 노예의 관계가 더 이상 지속될 수 없음을 간파했다. 아버지 세대는 고결한 남성의 개념에 근대 시민사회의 일상에서 요구되는 도덕과 행동 규범을 강하게 투영시켰다. 이른바 흔히 진정한 남자의 덕목이라고 불리는 의지력, 명예, 용기, 그 밖에 절제력, 정직함, 예의바름, 정의감, 냉철함, 정신적·육체적 강건함 등이 그것이다.[15] 그러나 모더니즘은 고결한 남자가 위선적 허상임을 폭로했다.

실레(Egon Schiele)가 그린 자화상에는 남자의 이상화를 거부하고 팔다리가 잘린 채 지저분하게 채색된 몸뚱이, 뼈가 앙상하게 드러나는 마른 육체를 가진, 어딘지 규정할 수 없는, 특정한 공간적 지시가 없는 모호한 장소에서 부유하는 불안한 신경질증 환자로서의 남자가 나타난다. 여기에 근대 부르주아지 사회와 함께 성장한 이성과 강함, 그리고 의지력을 지닌 남자는 없다. 이처럼 실레는 자기 확신

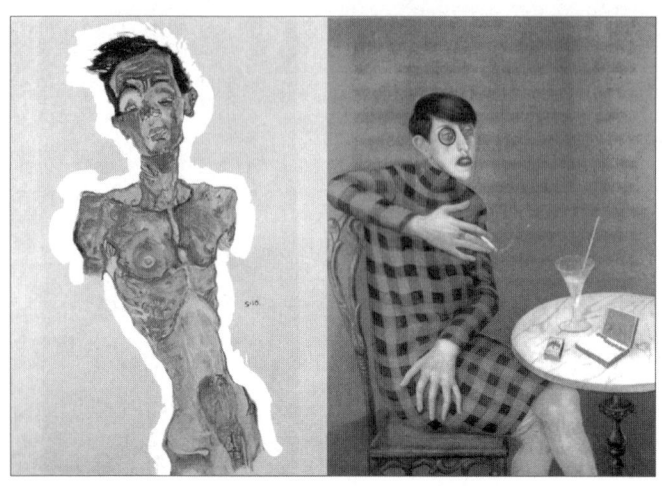

신여성의 약진과 남성성의 위기 왼쪽이 실레의 <자화상>(1910), 오른쪽이 딕스의 <신여성>(1926)이다.

에 차고 때때로 이상화된 자아도취적인 모습이 아니라, 소외되고 비틀린 타자의 모습으로 자아를 표현했다.[16]

반면 모더니즘에서 여자는 남자다운 여성으로 표현되었다. 딕스(Otto Dix)는 남자다운 신여성을 추하게 묘사했다. 딕스는 남자처럼 큰 손에 담배를 끼고 스타킹을 반 쯤 벗은 채 신사의 공간에 건방지게 앉아 있는 신여성의 아름답지 못한 모습을 불쾌함과 당혹스러움을 가지고 과장되게 묘사한다. 이처럼 모더니스트 남성 작가들에게 신여성은 그들의 적, 즉 일과 물질적 성취로 이루어진 부르주아지 세계의 당당한 구성원으로 비춰졌다.[17]

모더니즘이 묘사한 신여성은 추할 뿐 아니라 공포의 대상이기도 했다. 세기 전환기에 유행한 소설·연극·그림의 주제는 단연코 '팜므

팜므 파탈 왼쪽이 슈트크의 〈살로메〉(1906), 오른쪽이 코린트의 〈살로메〉(1900)이다.

파탈(femme fatale)'이었다. '팜므 파탈'에도 여러 유형이 있었다. 먼저, 남성을 유혹하는 관능적이고 퇴폐적인 여성이다. 이 여성은 남자로 하여금 성적 절제력을 잃게 만들어 결국 정신적·육체적 죽음에 이르게 한다.

슈트크(Franz von Stuck)의 〈살로메〉는 '팜므 파탈'의 하수인으로 괴물 같은 흑인 남성을 등장시킨다. 반면 백인 남성으로 그려진 목이 잘린 세례 요한의 잘린 머리통은 성자의 후광에 휩싸여 있다.

코린트(Lovis Corinth)의 〈살로메〉 역시 '팜므 파탈'의 관능성을 강조한다. 여기서 살로메는 굵은 목에 큰 귀를 가진 이교도를 하수인으로 이용한다. 굵은 목에 큰 귀의 남자는 당시 고결한 남성의 전형적 반대 유형 가운데 하나인 범죄자의 전형이었다.[18]

영화 〈푸른 천사〉(1930)
의 한 장면

관능적이고 퇴폐적인 '팜므 파탈'은 영화라는 신新장르에도 등장한다. 1930년작인 〈푸른 천사(Der Blaue Engel)〉에서, 서커스단의 쇼걸 롤라는 고결한 부르주아 남성의 전형인 라트 교수를 유혹하여 파멸로 몰아간다. 롤라는 본질이 색욕에 사로잡힌 여성이다. 그녀는 다음과 같은 노래를 부른다.

나는 사랑을 위해 만들어졌어요 / 이것이 나의 우주예요 / 나는 어쩔 수 없어요 / 이것이 내 천성이니까요 / 사랑은 언제나 내가 즐기는 게임이었어요 /
내가 어떻게 하든지 즐겨보세요 / 남자들은 나에게 집착하네요 / 불꽃을 맴도는 나방처럼 말이죠 / 그리고 그들의 날개가 타버린다 해도 / 나는 비난받지 않을 것을 알아요.

두 번째 유형의 '팜므 파탈'은 남근적 여성형, 혹은 남녀 양성적 여성이다. 클림트(Gustav Klimt)는 한동안 이런 유형의 팜므 파탈을 주제로 그림을 그렸다.[19] 예를 들어 클림트는 〈살로메〉에서 구부린 손가락과 앙상한 얼굴을 육체의 따듯한 윤곽과 무시무시하게 대조시켰다. 그가 그린 살로메는 뱀을 연상시킨다. 한때 낭만주의자들이 인간의 완성태로 동경했던 남녀 양성적 인간이 이제 무서운 존재가 되어 남성사회를 위협한다.

쇼르스케에 의하면, 양성적 성격의 '팜므 파탈'은 땅과 바다, 남자와 여자, 삶과 죽음의 경계를 해체하는 존재이다. 이런 성격은 세기말의 동성애적 자각 및 양성동체에 대한 관심과 부응한다.[20] 이 유형의 '팜므 파탈'은 생물학적 성과 젠더의 분리, 그로 인해 젠더 간 경계가 불확실해진 당대의 사회·문화를 상징한다.

클림트의 〈살로메〉(1909)

클림트의 〈유디트〉(1901)

또 다른 유형의 '팜므 파탈'은 모성애와 매춘부적 관능성이 혼재된 여성이다. 클림트는 구약 성서의 외경에 나오는 이스라엘 민족의 여성 영웅 유디트를 성욕과 모성애, 그리고 남성 살인의 욕구가 혼재된 인물로 그리고 있다.

극작가이자 시인이며 화가인 코코슈카(Oskar Kokoschka)는 〈피에타〉라는 연극의 포스터에서 예수의 어머니 마리아의 고결한 모성애를 전도시킨다. 코코슈카가 그린 모성애적 '팜므 파탈'은 매우 참혹하다. 핏덩어리가 된 듯한 남자를 목이 찢어진 상처를 갖고 있는 괴물 같은 여자가 감싸고 있다.

모성애를 잃어버린 어머니는 남자의 적에 불과했다. 스웨덴 작가 슈트린트베르크(August Strindberg)는 희곡 『아버지』(1887)에서 딸의

연극 〈피에타〉의 포스터(1908~1909)

교육 문제를 둘러싼 부부싸움을 다음과 같이 그리고 있다. 갈등의 정점에서 대위로 복무 중인 남편이 울기 시작하자, 아내는 "내가 당신 인생의 두 번째 엄마인 것을 기억하느냐"고 물으면서, 심상치 않은 어조로 "당신의 몸은 크고 강하지만, 아무런 활기가 없어. 당신은 미숙하게 태어난, 혹은 원치 않았던 거대 아기였어"라고 위로 아닌 위로를 한다. 이에 남편은 아내의 말을 인정하면서, 자신은 결혼을 통해 아내에게 "접목"되어 살고 있음을, 또한 그로 인해 아내가 권력을 갖고 있음을 고백한다. 마침내 남편은 울음을 터트리며 말한다. "당신들 여자 모두는 나의 적이야! 엄마가 출산의 고통이 두려워 나를 낳길 원치 않았을 때, 내 생명의 씨앗을 돌보지 않아 나를 반 불구로 만들었을 때, 내 엄마도 나의 적이었어!"[21]

이처럼 여자에 대한 지독한 혐오는 고결한 어머니에게로 향했다. 부르주아지의 이상 '홈 스위트 홈'은 이제 섹스와 남성 살인의 타락한 장소로 변모했다. 이는 곧 정치적으로는 여자에게서 국민국가의 상징인 현모양처의 지위를 박탈하려는 상징적 행위이기도 했다.

또 다른 유형의 '팜므 파탈'을 보자. 1927년 랑(Fritz Lang)이 감독한 21세기 미래도시를 그린 영화 〈메트로폴리스〉의 로봇 '팜므 파탈' 헬과 마리아이다. 이들은 대도시로 상징되는 자본주의적 현대 물질문명의 지배자들이다. 헬은 메트로폴리스의 지배자로서 남성 노동자들을 착취한다. 반면 마리아는 노동자들을 선동해 메트로폴리스를 붕괴시킨다. 메트로폴리스의 로봇 '팜므 파탈'은 자본가와 사회주의 선동가이다. 이들은 남자 위에 군림하며, 남자를 조종하는 공적 세계의 주인공이다. 반면 남자는 이전의 여자가 그랬듯이 수동적 객체에 불과하다.

이상과 같이 '팜므 파탈'의 개념은 단순히 신여성, 즉 남자 같은 여자에 대한 불쾌함과 두려움을 넘어 병적인 여성혐오증을 내포하고 있다. 더욱이 모든 인간은 양성성(bisexuality)을 갖는다는 의학적 발견과 대도시의 하위문화로 발전한 동성애 현상으로 인해, 모더니즘은 '여자'와 '여성성'을 생물학적 여성을 넘어서 건강함, 고결함과 반대되는 모든 부정적인 현대적 위기 현상을 지칭하는 기표로 사용했다. '여자'와 '여성성'은 추한 것, 성적인 탐닉과 도덕적 타락, 소수인종, 범죄자 및 살인자, 대도시로 대표되는 현대 물질문명의 위기를 상징했고, 제1차 세계대전 이후에는 반유대주의와 민족

〈메트로폴리스〉

주의가 강조되면서 국제적 금융자본이나 혁명적 사회주의 및 볼셰비즘의 상징으로 작용했다. 특히 전통적으로 유약하고 비겁한 존재, 색골, 매춘업자, 성병을 퍼트리는 자 등으로 인식되어온 유대인 남자는 이런 부정적 여성성이 극도로 체화된 존재로 부각되었다.[22] 그와 버금가는 존재는 남자답지 못한 남자, 혹은 여자 같은 남자로 인식된 동성연애자들이었다. 그러나 남자 또한 더 이상 고결한 남자가 아니었다. 영웅적 아버지를 잃어버리고—혹은 그 아버지를 죽이고—방황하는 고아들이었다. 남자들은 여성화되는 사회로부터 자신들을 구원할 새로운 남성 영웅, 새로운 남성 메시아, 새로운 남성성을 갈망했다.

이제 '남자' 대 '여자'의 비대칭적 반대개념 쌍에 내포된 의미의

남성과 여성의 생존 투쟁 왼쪽은 코코슈카의 〈살인자, 여인들의 소망〉(1908~1910), 오른쪽은 슈퇴어의 〈무제〉(1899)이다.

장은 두 번째 단계, 즉 남성과 여성이 투쟁하면서 여성이 부정되는 단계로 발전했다. 공적·사적 공간의 경계, 생물학적 섹슈얼리티의 경계, 사회적 젠더의 경계가 불투명해지면서, 또한 생물학적 섹슈얼리티와 사회적 젠더가 불일치하면서, '남자'와 '여자'는 서로 싸우는 적이 되었다.

코코슈카의 그림 〈살인자, 여인들의 소망〉과 슈퇴어(Ernst Stöhr)의 그림 〈무제〉는 양성 간 생존 투쟁의 상태를 잘 표현한다. 이 목숨을 건 투쟁은 미래를 둘러싼 투쟁이다. 그러나 이는 신경질적인 표현이다. 아직 진정으로 목숨을 건 투쟁은 아니다. 왜냐하면 '여자'가 아직 '남자'의 공적인 적, 즉 정치적인 적은 아니었기 때문이다.

모더니즘의 세례를 받은 법학자 카를 슈미트는 말했다. 사법 속에서 해결될 수 있는 사적인 적과는 달리, 공적인 적은 그렇지 못하다, 공적인 적은 그 존재가 근본적으로 우리와 다른 자이다, 그들과 우리의 관계를 매개해주는 장치는 근본적으로 존재할 수 없으며, 따라서 우리는 직접적으로 그들과 투쟁할 수 있다. "투쟁이라는 개념이 현실적 의미를 가지는 것은 그것들이 특히 물리적 살해의 현실적 가능성과 관련을 가지며 또한 관련을 계속한다는 점에 있다."[23]

다시 말해 남녀 간의 투쟁, 혹은 남성성 대 여성성의 투쟁은 아직 공적 공간의 점유를 둘러싼 투쟁, 즉 정치적 투쟁으로 비화되지는 않았다. 그럼에도 그 투쟁은 남성 모더니스트들에게 남자의 미래를 둘러싼 심각한 투쟁이었다. 이 투쟁에는 양자택일만 있었다. 여자가 남자가 원하는 방향으로 지양되거나, 아니면 남자가 여성화되거나, 둘 중 하나만 있을 뿐이었다.

일부 모더니스트들은 '신여성'이 그들의 긍정적 특징을 남자들에게 양도한 채 다시 사적 공간으로 후퇴하기를 바랐다. 이를 통해 여성의 긍정적 특질을 전유한 새로운 창조적인 남성적 정체성이 만들어지기를 희망했다. 만(Thomas Mann)의 발언을 들어보자.

> 우리 가난한 평민들, 우리 왕따들은 르네상스적 남성들의 비웃음에도 불구하고 여성의 문화적·예술적 이상을 존경한다. (…) 우리는 예술가로서의 여자들로부터 가장 뛰어나고 흥미로운 것들을 기대한다. 실로 어떤 부분에선 여자들이 우리를 이끄는 예술적 지도자의 위치에 도달할 것을 기대한다. (…) 영원한 여성성이 우리를 고양시킨다.[24]

"영원한 여성성이 우리를 고양시킨다"는 만의 말은 원래 괴테의 『파우스트』에 나오는 경구로서, 당시의 유행어였다. 많은 모더니스트 예술가들에게 "영원한 여성성"이란 미래의 남성이 전유해야 할 새로운 가치였다. 이들에게 '영원한 여성성'이란 남자를 위한 슬로건에 불과했다.

반면 일부 모더니스트들은 더욱 급진적이었다. 이들은 역사상 진정으로 새로운 '신남성'과 이 '신남성'이 주도하는 유토피아에 열광하면서, 여자들이 여성성 자체로부터 해방되어 남성적 유토피아에 전향적 자세로 참여할 것을 주문했다. '신남성'의 유토피아를 설계한 이는 빈의 젊은 유대계 철학자 바이닝어(Otto Weininger)였다. 그의 저서 『성과 성격(Geschlecht und Character)』(1904)은 당대에 엄청난 반향을 불러일으켰다. 이 책은 1903년부터 1947년 사이에 28판이 출간되었는데, 그중 12판은 초판이 나온 지 7년 만에 나왔으며, 1904년 한 해 동안 4판이 인쇄되었다. 또 이 책은 1906년부터 영어·이탈리아어를 비롯해 일본어에 이르기까지 10개 국어로 번역되었다.[25] 이처럼 이 책은 세기말 모더니즘의 중심부인 빈뿐만 아니라 영국, 이탈리아, 스칸디나비아, 그리고 중부 유럽 등 각처에서 많은 독자를 갖게 되었는데, 그중에는 청년 히틀러도 있었다. 히틀러가 이 책을 읽고 감동하여 그를 '유일한 명예로운 유대인'이라 불렀다는 것은 널리 알려진 사실이다.[26]

바이닝어는 여성 혐오증을 철학적으로 정당화했다. 그의 책은 여자와 여성성에 대한 근본적 부정, 이와 더불어 그 본질이 "더욱 나쁜 여자"인 유대인에 대한 자기부정으로 가득 차 있다. "여자를 평가하기 위해 깊게 분석하면 할수록, 우리는 여자가 고귀하고 고상하며, 위대하고 아름답다는 것—이 모든 것을 부정할 수밖에 없다." (344쪽) 이런 여성 혐오의 발언은 "여자들은 아무런 존재도, 아무런 본질도 갖지 못한다. 여자들은 무無에 불과하다. 무에 불과하다"(388쪽)에서 극에 달한다. 그에 의하면, 여자는 단지 남자에 의해서만 자신의 존재를 부여받는다. 여자에게는 주체성이 없다. 따라서 여자는 단지 성적 구별의 대상에 불과하지만, 남자는 성적 구별을 뛰어넘는 존재, 즉 "모든 것 이상"(130쪽)인 존재이다.[27]

'모든 것 이상'인 남자와 '무'에 불과한 여자라는 극단적 범주를 가지고, 바이닝어는 궁극적으로 새로운 남성적 유토피아를 설계했다. 그것은 성적 역할의 기대를 초월해, 성적 차이에서 오는 양성의 긴장과 갈등이 사라진, 남녀의 동질성에 바탕한 조화롭고 윤리적인 유토피아였다. 이 세계는 전통적인 남성성에서 해방된 남자, 그리고 전통적인 여성성에서 해방된 여자, 따라서 더 이상 '여자'가 아닌 여자로 구성되어 있다. 따라서 이 세계에는 성행위와 결혼으로부터 해방된, 즉 성적 존재로부터 해방된 새로운 인류가 산다. 이 새로운 세상의 원리는 기존의 남자의 덕목을 특징짓던 기사도 정신, 용기 등이 아니라 천재의 덕목인 윤리성과 의지이다. 윤리성과 의지의 덕목이야말로 타락한 현재의 '신여성'과 대조되는 미래 '신남성'의 덕목이었다.[28]

이처럼 바이닝어는 '남자'와 '여자'라는 전통적인 비대칭적 대립

쌍마저 파괴했다. 그가 구상한 관념의 신세계에 여자라는 성은 존재하지 않는다. 그는 '여자'와 '여성성'이라는 개념 자체를 아예 말살했다. 이제 그에게 의미 있는 것은 '남자'와 '남자에 속하지 못하는 자'라는 비대칭적 반대개념들뿐이었다. '남자에 속하지 못하는 자'는 여자뿐만 아니라 그가 혐오한 유대인 남자나, 남성 동성애자와 같이 무가치한 여성성에 종속되어 있는 모든 사람을 의미했다. 그러나 '여자'나 '여성성'에 종속되어 있는 자들은 아직 정치적인 적, 따라서 제거되어야 할 적이 아니었다. 왜냐하면 앞서 언급한 것처럼 이들이 자신의 성적 정체성을 버리고 '신남성'으로 지양되면 평화와 공존이 가능했기 때문이다.

'남성동맹'의 적, '여자'

'여자'가 제거되어야 할 적을 지칭하는 기표로 전회된 것은 '남자'가 정치적인 개념으로 바뀌었기 때문이다. '남자' 개념의 정치화 현상은 이미 제1차 세계대전 전야에 시작되었고, 전쟁을 거치면서 확립되었다. '남자' 개념의 정치화 현상은 방황하는 남성성이 마침내 안식을 얻은 이른바 '남성동맹'이라는 하위문화가 사회에 뿌리내림으로써 시작되었다.[29]

세기말 모더니스트들의 정신적 대부 프로이트(Sigmund Freud)는 인류 문명의 시원에 모권사회에 앞서 토테미즘과 남성동맹이 있음

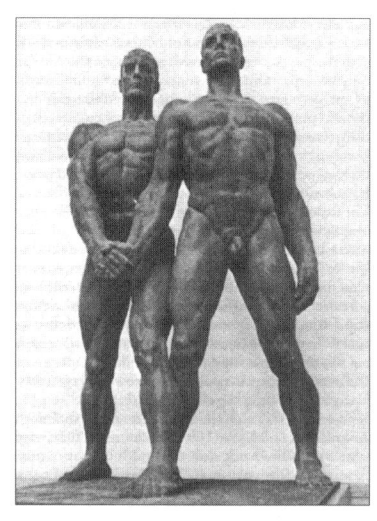
〈동지애〉 나치 조각가 요제프 토라크 (Josef Thorak), 1937.

을 강조했다. 토테미즘과 남성동맹의 관계는 이렇다. 아득한 옛날에는 강력한 남성이 무제한의 힘을 폭력적으로 행사하면서 한 무리의 주인과 아버지로 군림했다. 모든 여성은 이 우두머리의 소유물이었다. 우두머리의 아들들의 삶은 고달팠다. 이들에게 희망이 있다면, 모두 힘을 합쳐 공동체를 만들고 어디에서 여자를 뺏어와 아내로 삼는 것이었다. 마침내 한 공동체를 형성하고 있던 추방당한 형제들이 힘을 합쳐 아버지를 제거하고, 산 채로 먹었다. 아버지를 먹은 것은 아버지의 일부를 동화시킴으로써 아버지와의 동질성을 확보하려 했기 때문이다.

형제들은 여자를 소유하는 것 등을 포함해 한때 아버지의 유산을 두고 골육상쟁을 했지만, 이것이 소모전이라는 통찰, 공동으로 달성한 아버지로부터의 해방의 기억, 추방당한 채 살던 당시 형제들이 이룩한 감정적 유대에 대한 그리움 등을 통해 형제들의 화합을 탄생시켰다. 이것이 도덕과 정의가 지배하는 최초의 사회의 시작이다. 그런데 형제들 사이에서는 토템동물과의 관계를 통해 아버지에 대한 근원적 분열(양가적) 감정이 고스란히 유지되었다. 한편으로 토템동물은 형제의 무리가 섬기고 보호해야 할 숭배의 대상이었다. 그러나 또한 형제의 무리는 토템동물을 죽여 그 고기를 나눠 먹었다. 힘을 합쳐 아버지를 무너뜨리고 승리를 쟁취한 아들들의 개선 축제가 그것이었다.[30]

형제들이 맺은 화합의 공동체, 이것이 바로 남성동맹이다. 그리고 남성동맹은 권력 장악을 위해 아버지를 죽인 혁명적 공동체이자, 동시에 아버지라는 남성 영웅을 숭배하고 그를 닮기를 원하는 권위적 공동체이다. 프로이트가 밝힌 남성동맹은 최초의 종교 공동체이자 국가 공동체이다. 이로써 남성이 공적 공간을 재탈환할 수 있는 신화적 전거가 마련되었다.

현대적 남성동맹의 이론가 블뤼어(Hans Blüher)는 독일 청소년운동 반더포겔(Wandervogel)의 지도자였다.[31] 블뤼어는 당시 수많은 모더니스트와 마찬가지로 인간의 양성성을 믿었다. 그리하여 그 또한 남녀의 엄격한 분리에 기반한 기성 부르주아지 사회의 섹슈얼리티 개념을 비판했다. 그는 형제애를 동성애로 승화시켰다. 정신적·육체적으로 완전한 남성 간의 사랑, 즉 남성 에로티시즘이야말로 남성동맹의 기본 원리였고, 남성 에로티시즘을 구현하고 있는 이른바 '성도착자'야말로 남성동맹을 이끌어가는 남성 영웅의 덕목이었다. 그는 남자의 위계를 다섯 단계로 나누고 그 최상위층에 '성도착자'를 위치시켰다.

> (성도착자들은) 모든 청소년운동의 중추이다. 청소년 무리의 진정한 지도자이다. 그들은 종종 혁명적 모습을 띠고 있다. 그들은 청소년들을 돕는 데 자신의 삶을 열정적으로 바치며, 단지 돈을 벌기 위해 교사 신분을 이용하는 자들을 경멸한다. 청소년들의 동맹은 이들이 없이는 존재할 수 없다. (이들에게) 여성은 결코 특별한 고려의 대상이 아니다. 그러나 여자들을 위한 온유함과 이해심을 갖고 있다. 그들은 여자들에게 성적 요구를 하는 남자들보다 훨씬 여자들에게 예의바르고 더 올바른 태도를 취한다.[32]

블뤼어는 남성동맹의 동성애와 여성성에 물든 남자들 간의 동성애를 구별한다. 그는 성과학자 히르쉬펠트(Magnus Hirschfeld)의 '학문적-인도주의적 위원회'에 모인 동성애자들을 후자의 예로 꼽는다. 이들은 인종적 본질의 변질, 즉 "탈종(Entartung)"과 문화적 "타락"의 대명사들이다. 이들은 의사들의 치료 대상이자, 동성애 금지조항 175조의 폐기를 위해 노력하는 법률가들의 도움을 받는 대상이다.[33] 그리고 남성적 동성애와 여성적 동성애의 이런 대조를 통해, 후자는 전자에 의해 제거되어야 함을 강조한다.

이를 위해 블뤼어는 남성 에로티시즘을 구현하는 남자들에게 이데올로기적·정치적 사명을 부과했다. "농부의 건강성"을 수호하는 최전방의 전사들로서 "유대적-자유주의적" 세계관에 맞서 "보수적-게르만적 신조"를 지키며, "순수한 인종"에 최상의 가치를 둔 채 현재의 탈종과 타락에 맞서 날카로운 무기로써 투쟁해야 한다는 것이다.[34]

블뤼어는 고대 스파르타의 성인 남자들이 소년들을 전사로 키우기 위해 소년들을 정신적·육체적으로 사랑하면서 시민 군국주의 교육과 에로티시즘을 결합했던 것처럼, 동성애와 민족주의적-인종주의적 정치교육을 결합시켰다. 이로써 남성동맹의 동성애와 동성애를 구현하는 남성 영웅이 정치화되었다.

이제 '남성' 개념과 '여성' 개념의 비대칭적 대립은 적과 동지의 목숨을 건 투쟁이라는 정치적·이데올로기적 대립으로 변화되었다. '여자'와 '여성성'은 단순히 상징적 차원의 적이 아니라, 남성동맹이 실제로 제거해야 할 정치적인 적을 지칭하는 기표가 되었다. "남성동맹의 대시제"리 불린 게오르그(Stefan Georg)는 "우리가 아는 세계의 시간은 정신이 창조했네. 그것은 항상 남자였으며, 반면에 여자는 물질을 존경했네"라고 하면서, 19세기의 자본주의적이고 자유주의적인 부르주아지 사회를 여성의 것으로 규정짓는다. 그리고 곧이어 "세계의 모든 이에게 말했듯이, '나는 여성이 이루어놓은 것'을 파괴하기 위해 왔네"라고 선전포고를 한다.[35]

제1차 세계대전을 경과하면서 남성동맹의 전투 강령은 더욱 구체화되었다. '여성적인 것'과 '여성'은 정치적으로 부르주아지 사회와 그 정치적 구성물, 자유주의와 민주주의, 평등의 원칙과 의사소통, 그리고 개인의 자유와 동일시되었다. 보수혁명을 주창한 작가 윙어(Ernst Jünger)는 『노동자들』(1932)에서 현존하는 "자유주의적 민주주의"를 제거하고 "노동의 국가", 혹은 "노동자 민주주의"를 건설할 혁명적 시간이 도래했음을 선포했다.

> 우리가 한 시대, 그 속에서 또 다시 진정한 지배, 질서와 종속, 명령과 복종을 말할 수 있는 새로운 시대의 문 앞에 서 있다는 수많은 징표들이 있다. 그중에서도 가장 명백한 징표는 바로 청소년들이 향락에 대한 경멸, 전사적 감각과 남성적이고 직접적인 가치들을 위한 성숙한 감정을 기르는 훈육에 자발적으로 참여하고 있다는 점이다.[36]

그의 책은 이를테면 남성동맹을 위한 『공산당 선언』에 해당된다. 그가 말하는 "노동자"는 남성동맹의 이상형이다. 윙어는 "노동자들"을 "새로운 사회", "새로운 세계"를 담당하는 새로운 "인종"으로 규정짓고 있다. 그가 묘사하는 미래국가는 남성동맹의 원리, 즉 우정, 국가, 병사, 군영, 금욕과 전투, 정신, 에로스, 영웅적, 권력에의 의지에 의해 특징지어진다. 반면 현존의 "자유주의적 민주주의" 국가는 여성에 의한 지배, 도시, 시민/민간인, 살롱, 탐닉과 평화, 물질주의, 성생활, 도시적, 행복주의적인 원리에 의해 특징지어진다. 전자가 '사회주의'와 '민족주의'에 토대를 둔 진정한 지배라면, 후자는 부르주아지의 "가짜 지배(Scheinherrschaft)"이다.[37]

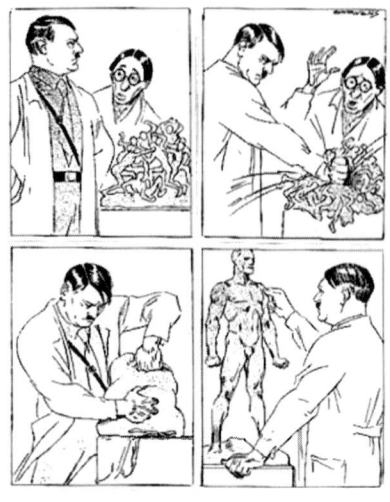

히틀러가 창조한 남성상 『클라데라다치(Kladderadatsch)』에 실린 풍자만화

마침내 여성적 민주주의를 이기고 남성적 파시즘이 승리했다. 역사상 그 어느 곳에서도 파시즘 국가만큼 남자다움이 과시되고 남성성이 고양된 적은 없었다.[38] 특히 남자의 몸이 핵심적인 정치적 상징으로 고양된 것은, 인종주의가 민족주의와 결합되어 나타난 독일 나치즘에서 처음 있는 일이었다.[39]

위의 만화에서 히틀러는 비굴한 표정의 한 조작가가 만든 뒤엉켜 싸우고 있는 인간 군상을 못마땅하다는 듯 쳐다본다. 이윽고 히틀러는 그것을 한주먹에 날려버리고 직접 작품을 만든다. 히틀러가 창조한 것은 한 몸짱 남자의 나체상이다. 이것은 나치가 권력을 장악한 해인 1933년, 풍자 신문 『클라데라다치(Kladderadatsch)』에 실린 만화의 내용이다. 만화는 기존의 '퇴폐적' 예술과의 대비를 통해 새로

지배 민족 독일 민족의 우수함을 강조하기위한 나치의 베를린 올림픽(1936) 선전 사진

운 국가 질서가 요구하는 민족 예술에 대한 나치의 관념을 강조하고 있다. 히틀러가 창조한 남성상은 새로운 독일인을 상징하기도 하고, 하나로 통일된 민족 공동체를 상징하기도 한다. 중요한 것은, 남자의 몸이 새로운 민족 공동체와 이에 걸맞은 새로운 인간상을 대표한다는 점이다. 친위대 대장 하인리히 힘러(Heinrich Himmler)는 친위대(SS) 대원들에게 이렇게 말했다. "오랜 세월 동안, 실로 천 년에 가까운 기간 동안, '남성 국가'가 독일인들을 통치해왔다."⁴⁰

나치 독일은 '남성국가'라는 표현이 상징하듯이 남성동맹이라는 전투적인 하위문화에 의해 재조직되었다. 사내아이들은 이제 히틀러 소년단(HJ)을 거쳐 친위대에서 훈육 받음으로써 이상적인 남자

로 성장했다. 히틀러 소년단과 친위대의 교육 과정은 육체적 훈련과 게르만의 영웅신 및 남성 영웅에 대한 종교적 숭배 의례로 구성되어 있었다. 나치가 강조한 이상적인 남자는 무엇보다 몸과 영혼이 강건하고 동지애와 희생심이 투철한 전사영웅이었다. 특히 친위대원은 "인류를 교육시키는 남자"라는 위대한 사명을 부여받았다.[41]

이상적인 파시스트 남자, 특히 그 남자의 근육질 몸이 갖는 심미적 호소력은 대단했다. 동시에 이는 역사적으로 특별한 의미를 지녔다. 미국 역사가 모스(George Mosse)가 지적했듯이, 힘과 심미적 호소력이야말로 근대적 남성성의 스테레오 타입이 갖는 미덕이었으며, 따라서 이것이 극대화된 파시스트 남자야말로 근대적 남성성에 내재된 무시무시한 가능성을 증명해 보였기 때문이다.[42] 실존주의 철학자 샤르트르(Jean Paul Sartre)는 소설 『자유에 이르는 길(Les Chemins de la liberté)』(1948)에서, 1940년 파리에 입성한 독일군의 행진을 목격한 프랑스 소년의 입을 통해 프랑스인이 느낀 폭력의 미학을 재현한다.

> 다니엘은 멀리서 들려오는 군대 음악을 들었다. 그 음악 소리는 마치 깃발로 하늘을 가득 채운 것처럼 그의 앞을 지나갔다. (…) 전혀 겁이 나지 않았다. (…) '우리의 승리자여! 그대는 나를 포용하고 싶어 하는구나'라고 생각하면서, 용감하게 그들을 응시하는 것으로 이에 답했다. 그런데 그들의 금발, 잘 그을린 얼굴, 그 속에서 빙하의 호수처럼 맑게 빛나는 눈, 그들의 호리호리한 엉덩이와 믿어지지 않을 만큼 길

101경찰연대의 유대인 희롱

고 날씬한 양다리만이 시야에 들어왔다. 그는 중얼거렸다. 이들은 무척이나 아름답구나! (…) 그는 생각했다. 증오와 분노의 천사들, 이들은 새로운 기사들이다. 새로운 법이다! (…) 이들은 우리에게 나쁜 짓을 할 것이다. 악마의 지배가 시작되었다. 이 얼마나 커다란 기쁨인가![43]

마침내 가장 사악한 여성성을 대표하는 유대인이 박멸되었다. 남성성을 구현하는 '지배 민족' 독일인은 유대인을 사회적으로 제거하고, 더 나아가 학살했다. 극적인 예를 하나 들어보자. 폴란드에 주둔한 독일군 101경찰연대의 한 대원이 장난치듯 유대인 남자의 수염을 자르려고 한다. 그는 유대인이 노동을 해야 한다고 하면서—

이는 오랫동안 남성의 의무이자 특권이었다—유대인의 수염을 자르려 한다. 그의 장난스런 행위는 이중의 의미를 지닌다. 유대인의 수염은 외견상 남자의 상징이다. 수염을 자름으로써 이 남자답지 않은 유대인 남자로부터 남성성을 박탈하려는 것일 수도 있다. 그러나 동시에 유대인의 수염은 여성화된 남성의 상징이다. 이를 자름으로써 그가 실제로는 남자가 아님을 폭로하는 것일 수도 있다. 아무튼 이런 상징적 살인 행위 이후 그는 실제로 죽음을 맞이해야 했다.[44]

지금까지 '남자'와 '여자'라는 비대칭적 반대개념들의 근대적이고 역동적인 의미론을 살펴보았다. '남자'와 '여자'는 단순히 인간을 생물학적으로, 이에 덧붙여 사회적으로 구별하기 위한 기호가 아니었다. 두 개념은 남성중심주의, 민족주의, 더 나아가 인종주의를 일상의 영역에서 관철시키기 위한 이데올로기적 도구였다. 물론 여기까지는 잘 알려진 사실이다. 그러나 이를 뛰어넘어, 나는 두 개념이 만들어내는 비대칭적 의미론의 빠른 변화 과정에 주목했다. 나는 '여자'라는 부정적 함의가 내포된 개념이 작동된 방식의 차이에 주목하면서, '여자'라는 부정적으로 정형화된 타자의 인정에서 그 존재 자체의 부정으로, 더 나아가 그 존재의 말살이라는 근대의 무서운 병리 현상이 심화되는 과정을 분석했다.

'여자'라는 기표로 분류된 사람들은 실제 여자들만이 아니었다. 이른바 정상적인, 혹은 고결한 남자와 여자라는 부르주아지 남성사회와 민족주의의 규범에서 일탈된 모든 사회적 소수자들이 여기 속했다. 물론 역설적으로 항상 하위주체로 머물러 있던 이른바 '정상적인' 여자들은 여기서 예외였다. 특히 '초인'을 지칭하기 위한 기표로 '남자'를 사용했던 나치 독일 같은 파시즘 체제 아래서 '여자'는 '비인간' 혹은 '하등인간'을 지칭하는, 따라서 박해와 학살을 정당화하는 기표로 쓰였다.

정치적으로도 '여자'는, 정확히 말해 '여성성'은 적을 가리키는 기표로 쓰였다. 독일의 혁명적 보수주의자들과 파시스트들은 서구적 부르주아지 사회, 민주주의, 개인의 자유를 여성적인 것으로 규정지으면서, 제거해야 할 민족 공동체의 적으로 대상화시켰다. 이들의 논리에 따르면, 역설적으로 이들 아버지 세대의 남자들 또한 여성적인 남자들이 된다.

그러나 더 큰 역설을 언급하자. 파시스트 체제가 패한 1945년 이후 유럽 각국에서는 탈파시스트화, 탈나치화가 진행되었다. 그 과정에서 '여자'는 민족의 순결성을 더럽힌 부역자를 지칭하는 부정적 기표가 되었다. 대표적으로 나치 독일군과 관계를 맺은 프랑스 여자들에 대한 강제 삭발과 폭행, 그리고 강간 행위를 꼽을 수 있다. 분노한 프랑스 남자들은 여자들에게 가한 폭력을 애국적 행위로 미화했다. 더 나아가 파시즘 자체를 비난하기 위해 또 한 번 '여자' 개념이 동원되었다. 나치는 여자의 본성인 색욕을 전유한 '동성애자'라는 전통적 의미에서 '동성애자'로 비난받았을 뿐만 아니라, 많은 영화 속에서 '나치 팜므 파탈'이 창조되었다.[45] 이처럼 여자들을 부역자로 규정짓고 파시즘을 여성화시키면서 남성사회는 부르주아적 전통을 회복했다. 이후 남자의 전통적 헤게모니는 본질적으로 지속되고 있으며, 그 속에서 여자는 정형화된 하위주체로 머무르고 있다고 많은 이들이 지적한다.

5. 역사
― 근대적 역사 개념의 새로움

역사란 "역사가와 그가 다루는 사실들의 지속적인 상호작용 과정, 즉 현재와 과거의 끊임없는 대화"라는 카(E. H. Carr)의 정의는 잘 알려져 있다. 그런데 그는 무엇보다 역사가의 연구 행위 및 그 결과, 다시 말해 역사학에 초점을 맞춰 역사를 정의하고 있다. 따라서 그가 내린 정의는 역사학이란 무엇인가에 대한 답이라고 할 수 있다. 하지만 역사학이 곧 역사는 아니다.

우리 일상에서 쓰이는 역사 개념은 훨씬 더 다양하고 복잡하며 모호하다. 사람들은 흔히 역사를 과거와 동의어로 쓰곤 한다. 혹자는 역사를 과거를 대상으로 하는 과학(학문)이라고 생각하지만, 다른 이에게 역사는 옛날이야기를 뜻한다. 역사는 한편으로 일어난 사건을 뜻하기도 하지만, 동시에 이를 전달하고 기록하는 것을 의미하기도 한다. "역사의 평가"나 "역사의 심판"과 같이 흔히 접할 수 있는 시사적 표현들에 담긴 역사의 의미는 또 다르다. 더 나아가 "새 역사를 창조하자"는 구호에 나타난 역사는 앞의 것들과 다른 뉘앙스를 풍긴다.

그렇다면 역사란 무엇인가? 중요한 것은 이런 질문이 '역사란 무엇이어야 하는가?'를 규범적으로 정의하는 것으로 이해되어서는 안 된다는 점이다. 많은 역사학자들이 '역사' 자체의 역사적 정체성에 대한 성찰, 다시 말해 각 시대마다 역사 개념에 대한 이해와 이에 내포된 역사의식이 역사적으로 어떻게 변해왔는가에 대한 성찰 없이 역사를 규범적으로 정의하려 한다. 앞서 말한 카의 경우가 전형적이다. 그의 책 『역사란 무엇인가』에는 역사에 대한 자신의 정의가 전 시대의 정의와 비교해볼 때 어떻게 변했는가에 대한 성찰이 들어 있지 않다. 이처럼 역사학자들의 '역사'에 대한 정의는 비역사적인 경우가 많다. 더 나아가 역사를 정의하려는 시도 자체 또한 비역사적이다. 정의될 수 있는 것은 단지 비역사적인 개념들뿐이다. 따라서 역사성을 가진 개념은 정의를 내릴 수 있는 대상이 아니라 해석의 대상이다.

따라서 '역사란 무엇인가'라는 물음은 '역사란 실제로 무엇인가?', 정확히 말해 '지금까지 역사는 어떻게 이해되어왔으며, 어떤 의미를 부여받아왔는가?'로 이해되어야 한다. 네덜란드의 역사가 호이징가(Johan Huizinga)가 적절하게 언급했듯이, 모든 시대와 모든 사회는 그 당시의 지적 수요에 부응하는 적절한 역사 개념을 만들어낸다.[1] 역사 개념은 고유의 역사를 가지고 있다. 오늘날 사용되는 역사 개념의 의미가 다양하고 모호한 것은, 역사 개념 속에 서로 다른 시대에서 유래한 다양한 의미들이 지층처럼 쌓여 있기 때문이다.

이 장에서는 역사 개념의 역사를 다루면서 역사란 실제로 무엇이었으며, 현재는 무엇인가를 살펴보려 한다. 이를 통해 장래에는 역사가 무엇이 될 것인가, 혹은 무엇이 되어야 할 것인가를 성찰하고자 한다. 특히 여기서는 전통적 역사 개념과 대비되는 근대적 역사 개념의 새로움을 강조함으로써, 오늘날 일반적으로 통용되는 역사 이해가 역사상 얼마나 새로운 것인가를 보여줄 것이다.

전통적 역사 개념

역사학이 독립된 학문 분과로 성립된 것은 19세기 들어서였다. 그러나 역사라는 말은 이미 동양과 서양의 고대부터 존재해왔다. 그렇다면 근대 역사학이 출현하기 전까지 오랫동안 사람들은 역사를 무엇이라고 생각했으며, 역사에 어떤 뜻과 가치를 부여해왔는가?

역사라는 새로운 서사 장르의 출현

오늘날 역사는 이중의 의미를 갖고 있다. 하나는 실제로 일어난 일, 즉 과거의 사건 및 행위 그 자체이고, 다른 하나는 그에 대한 서술(이야기)과 이를 통해 얻어진 과거에 대한 지식이다. 그러나 18세기 중반 전까지 서양의 전통사회에서는 '역사'란 말이 대체로 후자의 의미로 쓰였다. 반면 전자는 일반적으로 역사의 대상, 즉 소재

헤로도토스

나 주제에 지나지 않았다. 물론 '역사'라는 말이 모호하게나마 전자의 의미까지 포괄하는 경우도 종종 있었지만 말이다.

단어사적으로 볼 때 '역사'란 일본인들이 영어 history를 번역한 것이다. 이때 동아시아에서 전부터 쓰이던 '사史'라는 단어가 있었음에도 굳이 '역사'라는 신조어가 차용된 이유는, 사史가 history와 다른 것이라고 생각되었기 때문이다. 아무튼 history는 라틴어 historia에서 유래했다. 그런데 이 말은 로마인들의 발명품이 아니라, B.C. 5세기에 살았던 그리스인 헤로도토스(Herodotus)가 페르시아 전쟁을 주제로 한 이야기의 제목으로 historia라는 이름을 붙이면서 처음 쓴 말이었다. 이처럼 서양에서는 일찍부터 실제로 일어난 일에 대한 이야기, 혹은 과거 사건에 대한 서술에 역사(historia)라는 말로 이름을 붙였다. 반면 실제로 일어난 일을 지칭할 때는 다른 말이 쓰였다. 고대 로마인들은 그것을 문자 그대로 res gestae(일어난 사실)라고 불렀다. 한편 13세기 들어 독일인들은 historia를 historie로 번역하면서, 실제로 일어난 것, 즉 사실, 사건, 경과라는 뜻의 Geschichte라는 단어를 사용했다.[2]

그렇다면 왜 헤로도토스는 자신이 서술한 이야기의 제목으로 historia란 말을 붙였는가? 원래 그리스인들에게 historia라는 단어는 '진실을 탐구한다'는 뜻이었다. 그 어근인 histor는 증인, 혹은 소송

이 벌어졌을 때 양측의 서로 다른 주장에 대해 증거를 조사하고 심리를 통해 진실을 밝히는 사람이라는 뜻으로 쓰였다. 이처럼 그는 과거에 대한 이야기의 제목으로 진실 탐구라는 어원을 지닌 단어를 사용함으로써, 당시로서는 획기적인 시도를 했다. 왜냐하면 고대에는 사실과 허구가 뒤섞인 신화와 전설, 혹은 종교를 통해 과거에 대한 지식이 습득되곤 했기 때문이다. 특히 고대 그리스인들은 과거에 대한 신화적 지식을 서사시를 통해 얻었다. 예를 들어 전설적인 트로이 전쟁을 주제로 한 호메로스(Homeros)의 『일리아드』와 『오디세이』는 당대인들에게 경전으로서, 또한 일종의 역사서로서 엄청난 권위를 갖고 있었다. 헤로도토스의 획기적인 시도는 바로 기존의 신화적 세계관에 입각한 서사시와 구별되는 새로운 이야기 양식을 만들어내고자 하는 것이었다.

실제로 일어난 일에 대한 이야기로서의 역사

새로운 이야기 양식, 혹은 새로운 서사 장르로서의 역사는 기존 서사시와 다르게 운문이 아닌 산문체로 구성되었다. 그러나 보다 중요한 것은 서체의 문제를 떠나 서사시 및 여타의 서사 장르와 구별되는 역사 장르 고유의 특징이 출현했다는 점이다. 먼저, 역사란 실제로 일어났던 일과 진실만을 탐구하여 기록한 이야기여야 했다. 헤로도토스는 『역사』 서문에서 그리스인과 이방인이 "어떤 원인으로 전쟁을 하게 되었는가 하는 사정"을 "스스로 탐구하고 조사한 바"를 서술했음을 강조하고 있다.[3] 헤로도토스보다 더욱 정확한 탐구의 방식을 발전시켰던 투키디데스(Thucydides)는 "명백한 증거"에 기초해 "과거에 대한 정확한 지식"을 주려 하는 역사와 여타 이야기들의 차이점을 강조하고 있다. 자신이 인용했던 "증거"로부터 이끌어 낸 결론은 "시인들처럼 자신의 솜씨를 돋보이게 하기 위해 사실을 과장해 이끌어낸 것도 아니며, 산문 작가들처럼 사람의 마음을 끌고자 진실을 희생시키며 이끌어낸 것도 아니다. 그들의 이야기는 증거의 뒷받침 없이 쓰인 것이기 때문에, 시간이 흐르면 대부분 역사적 가치를 잃고 전설이 되고 만다"는 것이다.[4]

두 번째로, 역사는 다양한 여러 사실과 사건들의 이야기를 단순히 모아놓은, 따라서 전체적인 응집력과 일관성이 약한 이야기 모음집의 성격을 갖고 있었다. 예를 들어 헤로도토스가 자신의 책 제목으로 단수인 '역사'가 아니라 복수인 '역사들(historiai)'이라는 이름을 붙였다는 것을 상기할 필요가 있다. 그런 점에서 역사는 고대 그리스인들에게 비극이나 (서사)시에 비해 저급한 서사 장르로 취급되었으며, 그다지 인기가 없었던 것으로 보인다. 개별적 사실에 매몰되어 보편적 진리를 주지 못한다고 여겨졌기 때문이다. 아리스토텔레스의 『시학』에서 유명한 말을 인용해보자.

> 역사가와 시인의 차이점은 운문을 쓰느냐 산문을 쓰느냐 하는 차이점이 아니라 (…) 한 사람은 실제로 일어난 일을 이야기하고, 다른 사람은 일어날 수 있는 일을 이야기한다는 점에 있다. 따라서 시는 역사보다 더 철학적이고 중요하다. 왜냐하면 시는 보편적인 것을 말하는 경

향이 더 많고, 역사는 개별적인 것을 말하기 때문이다.[5]

이처럼 아리스토텔레스는 개별적 사실(fact)들과 보편적 진리를 구별하면서, 보편적 진리는 개별 사실들이―시에서처럼―그럼직한 허구에 의해 일관성 있게 엮일 때 얻어진다고 보았다. 그러나 역사는 개별 사실들의 정확성은 추구하되, 개별 사실들을 엮어내 이야기에 내적 통일성을 주는 허구적 플롯을 창작하지 못한다. 따라서 저급하다는 것이었다. 아리스토텔레스의 견해는 이후로도 사실에 입각한 역사와 개연성에 입각한 문학(시학)이라는 서양의 전통적인 서사(글쓰기) 양식 담론으로 고착되었다.

중국에서의 역사 개념

그렇다면 동양에서는 어떠했는가? 중국의 예를 살펴보면, 사史라는 말은 어원적으로 사건과 말을 공정하게 기록하고 과거의 업적과 문서를 보존하는 관리를 뜻했다. 정리하면 사史는 기록이라는 말과 동의어이고, 동시에 관리를 뜻한다. 이는 곧 중국의 역사 개념에 내포된 두 가지 중요한 특징을 암시한다. 하나는 역사가 '소설'이라 불린 비공식적인 이야기까지 포함해 다양한 유형의 서사적 글쓰기, 혹은 이야기 전체를 포괄하는 개념이었다는 것이다. 중국에는 서사시도 없었고 극도 뒤늦게 출현했기 때문에, 역사는 중국 문학 체계에서 중심적인 위치를 차지했다. 둘째, 역사는 정치적인 제도였다. 따라서 왕실 기록을 담당하는 사관에 의해 서술된 격조 높은 공식

사마천

적 역사와, 그다지 중요하지 않고 신빙성도 없는 길거리의 이야기인 열등한 역사, 즉 '소설'로 역사의 위계질서가 구성되어 있었다.⁶

고대 중국에서는 역사가 문학 체계를 대표하고 있었다는 점에서 고대 그리스와 차이가 있었지만, 사실에 입각한 진실을 서술한다는 점에서는 공통점이 있었다. 공자는 『논어』에서 자신은 초자연적이고 신화적인 것들을 말하기를 꺼려하고, 사실과 검증된 것을 존중하며 꾸며낸 것보다는 실제로 일어난 것들을 존중한다고 밝히고 있다. 이어서 그는 술이부작述而不作이라는 유명한 말을 통해, 자신이 이야기를 창작하기보다는 과거의 유산을 전달하는 사람임을 분명히 하고 있다. 공자의 정신은 사마천에게서도 확인된다. "내가 쓴 책은 과거 사건들을 서술한 것이고 세대를 거쳐 전해 내려온 것들 중에서 추려낸 것이지, 창작한 것은 아니다." 이런 전통은 실록實錄, 즉 사건들을 실제 있었던 그대로 직접 기록하는 것을 역사 서술의 중심 원칙으로 삼았던 유지기劉知幾에서도 발견된다.⁷

이처럼 역사는 창작이 아니라는 원칙하에서, 중국 역사가들은 고대 그리스 역사가들보다 더욱 철저하게 문학적이고 허구적인 서술을 피했다. 특히 기전체 형식에서 잘 드러나듯이, 특정 주제를 중심

키케로

으로 한 서술이 아니라 기초적인 자료와 사료를 체계화시키고 범주화시키는 것이 중시되었다.[8]

사실적 이야기와 허구적 이야기 사이에서

반면 헬레니즘과 로마제국 시대에 들어, 서양의 역사 장르는 '실제로 일어난 일에 대한 탐구'에서 '이야기'로 그 의미론적 강조점이 바뀐다. 어떻게 이야기를 생생하게, 혹은 감동적이고 설득력 있게 쓸 것인가가 얼마나 정확한 지식을 전달할 것인가보다 더욱 중요시되었던 것이다. 물론 이 시대에도 역사 장르에서 가장 중요한 잣대는 과거의 진실이었다. 그러나 어떻게 새로운 진실을 밝히느냐 하는 것보다는 어떻게 진실을 효과적으로 담아내고 전달하느냐가 더욱 중요하게 생각되었다. 그런 맥락에서 역사는 수사학의 한 분과로 발전했다. 웅변가는 역사에 생명을 불어넣는다. 동시에 역사는 그 자체가 훌륭한 웅변가여야 한다. 키케로(Cicero)가 말한 "역사란 시대의 증인이요, 진리의 등불이요, 기억의 생명이자, 고대의 전달자"라는 경구는 '역사'라는 이름의 이야기 형식이 가진 이 수사학적 역할을 강조한 것이었다.[9] 이제 역사를 문학의 한 장르로 분류하는 서양의 수사학적 전통이 시작되었다. 이후 묘사의 기술, 과장하고 다듬고 치장하는 윤색의 기술, 극적인 서사, 변론술 같은 문제를 둘러싸고 시학과 역사는 어떻게 구별되는가 하는 것이 관심의 대상이었다.

역사와 다른 (허구적) 이야기 사이의 불분명한 경계 설정은 중세에 들어 더욱 심화되었다. 왜냐하면 역사의 대상이 동시대인이 경험한 현대사를 넘어서서 과거 사건 전체로 확장되었기 때문이다. 종래에는 진실을 정확하게 기록하기 위해 사건을 체험한 사람들의 증언에 입각한 현대사를 서술하는 것이 역사의 관행이었다. 그러나 이에 반대하여 중세 초 세비야의 이시도루스(Isidorus von Sevilia)는 역사란 과거에 일어난 모든 것들에 대한 지식을 얻는 하나의 방법이라고 이해했다. 그렇다면 먼 과거에 대해서는 어떻게 정확한 지식을 얻을 수 있는가? 그는 과거에 대한 모든 알려진 지식, 즉 구전이나 기록물들 모두가 새로운 역사 서술을 위한 증거라고 보았다. 그에게는 지금까지 알려진 일어난 모든 사건들이 곧 과거로부터 나온 증거들을 의미했으며, 따라서 역사란 일어난 사건들 전체를 뜻하는 것이 되었다. 이는 결과적으로 사건들에 대한 신뢰할 만한 지식보다는 사건들 자체가 중요한 것이 되었음을 의미한다.[10]

이런 변화와 상응하여, 12세기가 되면 서유럽에서는 역사라는 말이 단순히 '이야기' 혹은 '서술'이라는 뜻을 지닌 채, 우화, 연대기,

업적 이야기, 콩트, 그리고 소설(로망) 등과 동의어로 쓰였다. 그러나 13세기가 되면 또다시 '역사'는 다른 이야기와 달리 '과거에 대한 진실된 이야기'라는 고대의 어법이 부활하게 된다. 이런 경향은 르네상스가 시작되는 15세기에 더욱 뚜렷해진다.[11] 영국에서는 오랫동안 history와 story가 동의어로 쓰였다. 15세기가 되어서야 history는 실제로 일어난 사건들에 대한 이야기를, 반면 story는 비공식적이고 상상된 사건들에 대한 이야기를 지칭하는 것이 되었다.[12] 이처럼 르네상스기에 이르기까지 역사는 사실적 이야기와 허구적 이야기 사이에서 진자운동을 해왔다.

역사의 사회적 기능 : 삶의 스승으로서 역사

지금까지 살펴본 것처럼 비록 허구적 이야기와 모호한 관계를 취했음에도 역사에는 지속적인 의미가 담겨 있었는데, 그것은 역사가 실제로 일어난 일에 대한 이야기이고 과거에 대한 진실된 지식을 준다는 것이었다. 그렇다면 사람들은 어째서 역사가 필요하다고 여겼는가? 무엇 때문에 역사를 쓰고, 배웠는가? 바로 후손에게 가르침과 교훈을 주기 때문이었다.

오늘날의 역사가는 자신의 현재를 이해하기 위해 역사를 쓴다. 그러나 헤로도토스 이후 18세기에 이르기까지 역사는 미래 세대를 위해 서술되었다. 헤로도토스는 "인간계의 사건이 시간이 흘러감에 따라 잊혀져가고 그리스인과 이방인이 이룬 놀라운 위업들을 세상 사람들이 알지 못하게 될 것을 우려하여"[13] 『역사』를 썼다. 여기에는 역사는 되풀이되며, 따라서 과거에 대한 정확한(진실된) 지식은 미래 세대에게 유용한 권위 있는 유산이라는 생각이 깔려 있었다. 투키디데스는 "인간성으로 말미암아 반복되거나 유사할 것이 틀림없는 미래에 대한 해석을 위해 과거에 대한 정확한 지식을 얻고자 하는 연구가들에게 본인의 역사가 유용하다고 판단된다면 그것으로 만족할 것"이라고 하면서 자신의 저서가 "영원한 유산"으로 저술되었음을 강조한다.[14]

헬레니즘과 로마제국 시대에 수사학적 역사가 유행했던 것은, 역사가 정신 교육을 위한 교재, 삶의 지혜와 교훈을 주는 모범적 사례 모음집으로 이용되었기 때문이었다. 이런 맥락에서 키케로는 "역사는 삶의 스승"이라고 선언했다. 키케로의 말은 중세의 기독교 역사관에도 영향을 주었다. 앞서 언급한 세비야의 이시도루스는 "세계사는 유용한 것이기에 그것을 읽는 독자들에게 짐이 되지 않는다. 현명한 사람들은 역사에서 읽었던 옛사람들의 행동을 그들의 현재에 적용했다"고 하면서, 이교도의 역사들이 지니는 교육 효과를 인정했다.[15]

역사는 중세 대학의 교양 과정, 즉 문법·수사·논리라는 '삼학(trivium)'의 틀 안에서 도덕 교육의 한 분야로 가르쳐졌다. 역사는 고전어와 수사학의 교재이자 도덕 교과서였던 것이다. 르네상스 시대에는 삼학이 분화되어 역사가 시학, 도덕과 함께 독립 과목으로 개설되었지만, 도덕 교육이라는 역사의 기능은 변하지 않았다.[16] 마키아벨리(Machiavelli)는 선인들에게 감탄만 할 것이 아니라 그들을 모방하라고 요구했다. 18세기 중엽에도 "역사들은 악덕과 미덕의 거울"이라는 진술이 계속되었다. 18세기 후반 프로이센의 프리드리히 대왕(Friedrich der Grosse)은 "역사란 통치자의 학교"라고 하면서, 과거의 사례들을 끊임없이 비교함으로써 자신의 판단력을 다듬었다고 한다.[17] 이렇듯 역사는 오랫동안 사람을 정치적·도덕적으로 올바르고 지혜롭게 훈육하는 삶의 학교로 인식되어왔다.

중국의 경우도 유사했다. 공자가 『춘추』에서 확립한 유교적 역사 해석학은 도덕 정치적 이념에 입각해 있었다. 잘한 일을 칭찬하고 잘못된 일을 호되게 꾸짖는다는 이른바 포폄褒貶의 태도가 그것이다. 향후 중국의 역사 해석은 항상 도덕 정치적 정통성이라는 개념을 전제로 했다.[18] 이처럼 역사와 도덕 정치는 불가분의 관계를 맺으면서, 역사는 도덕적 가르침과 정치적 교훈을 주는 교사의 역할을 했다. 이 가운데는 더욱 효과적으로 정치적 교훈을 주기 위해 단순한 기록으로서의 역사서를 뛰어넘어 읽히는 역사서로 발전된 형태도 있었다. 사마광의 『자치통감』이 그것이다. 이 책은 지금까지 기록으로 전해주려던 기전체의 방식을 버리고 편년체로 서술되었으며, 또한 왕조를 뛰어넘는 역사를 기술했다.

근대적 역사 개념

서양에서는 18세기가 경과하면서 '역사'가 오늘날 우리가 이해하는 방식으로 변화했다. 역사 개념 속에 새로운 의미들이 나타났을 뿐만 아니라 그 내용의 폭이 확대되었으며, 그 역할과 비중 또한 크게 변했다. 이와 상응하여 역사는 하나의 중심적인 학문으로서 전문화되고 제도화되었다. 더 나아가 역사는 근대사회를 이끌어가는 정치·사회적 핵심어가 되었다. 다시 말해 역사는 근대의 경험을 반영하는 지표이자, 동시에 근대를 출현시키고 발전시키는 실제적 요소 자체가 되었다. 그렇다면 근대적 역사 개념의 특징은 무엇인가?

집합단수 대문자 '역사'의 출현

오늘날에는 '독일 민족의 역사'나 '페르시아 전쟁의 역사'처럼 '누구의', 혹은 '무엇에 대한'이라는 경험 주체와 대상이 명시된 구체적 역사 외에도, 이런 구체적인 역사들을 포괄적으로 지칭하면서 주체와 대상이 없는 '역사'라는 추상적인 단수명사, 즉 집합단수 대문자 역사(the History) 또한 익숙하게 사용된다. 그러나 대략 18세기 후반 이전의 서양에서는 '역사'라는 집합단수 대문자 역사는 무척 낯선 것이었다. 단지 그 경험 주체('누구의')나 서술 대상('무엇에 대한')과 연관되어 사용되었던 '역사들'이 자연스러운 표현이었다.

그러나 이 시기 이후, 특히 코젤렉에 의하면[19] 독일어권에서는 대략 1780년 이후로, 집합단수 '역사' 개념이 널리 쓰이기 시작했다. '전체적 역사', '역사 자체', 혹은 '역사 일반'이나 '즉자 대자적 역사'라는 새로운 표어들과, 종래에는 복수명사였으나 이제 단수명사로 쓰이기 시작한 '역사'라는 단어는, 모두 근대적 집합단수 역사 개념을 의미하는 표현들이었다. 동시에 이 새로운 집합단수 '역사' 속에 이전까지 Geschichte라는 말로 표현되던 실제로 일어난 일(사건, 사실)의 의미와 Historie라는 말로 표현되던 실제로 일어난 일에 대한 서술(이야기) 및 지식의 의미가 하나로 통합되었다. 당시 그림(Grimm) 사전은 새로운 추상명사 '역사'의 단어적 의미를 "세상에서 일어나는 모든 것의 총괄개념"이라고 정의했다. 그럼 이렇게 정의된 집합단수 '역사'에는 어떤 함의들이 새롭게 내포되었는가?

먼저, 우리는 이제 역사가 이전과 달리 더 추상화되고, 더 복잡한 것을 지칭하게 됐음을 알 수 있다. 나아가 역사는 기록된 이야기라는 종래의 의미를 넘어서서, 현실 전체 혹은 인간의 경험 세계 전반을 의미하게 되었음도 알 수 있다. 그런데 이와 관련해 독일 역사가 드로이젠(Gustav Droysen)은 "역사들 위에 역사가 있다"는 수수께끼 같은 말을 하고 있다. 그의 말을 풀어보면, 그 주체와 대상이 명확한 구체적인 개별 역사들 위에 집합단수 역사가 존재한다는 것이다. 그의 말은 이제 온갖 종류의 개별 역사들은 집합단수 역사라는 추상적인 전제 조건 속에서만 경험할 수 있다는 뜻이다. 정리하자면, 집합단수 역사라는 개념은 개별 역사들에 대해 독자적이고 고유한 방식으로 영향력을 발휘하는 복잡한 맥락을 의미한다. 부연하여 설명하자면, 아직 집합단수 역사라는 표현은 쓰지 않았지만, 18세기 말에 살았던 독일 역사가 가터러(Johann C. Gatterer)는 '사건들에 내재한 시스템' 자체라는 말을 씀으로써 집합단수 역사 개념을 표현하고 있다.

다음으로, 역사의 의미가 경험 세계 전반으로 확대되었다는 것은, 역사란 역사가가 그 옳고 그름을 판단하기 이전에 이미 그 자체로서 실재하는 진실이라는 의미를 지닌다. 다시 말해, 이제 역사는 예전처럼 악덕과 미덕을 판단하기 위한 기록이 아니라 도덕적 판단으로부터 자유로운 순수한 체험의 공간으로 생각되었다는 것이다.

그 다음으로 역사라는 하나의 개념 속에 실제로 일어난 일과 그에 대한 서술(이야기) 및 지식이 통합되었다는 데 주목해보자. 이는 곧 사건들이 진행되는 과정과 그것을 인식하는 과정, 혹은 객관적 실재와 그에 대한 주관적 성찰이 하나로 수렴되었음을 뜻한다. 이 무슨 황당한 말인가? 하지만 여기서 우리는 인식론적으로 중요한 변화를 읽을 수 있다. 그 변화란 역사가 일종의 선험적 범주가 되었다는 점이다.

이 말은 또 무슨 뜻인가? 예를 들어 제1차 세계대전이 역사적 실재가 되려면 단순히 1914년에서 1918년의 기간 동안 일어났던 여러 전투 및 여타 사건들만으로는 충분치 않고, 이것들을 역사적 실재로 인식할 수 있는 역사 자체라는 주관적 인식 범주가 있어야 가능하다는 말이다. 이는 동시에 역사 자체라는 인식 범주는 역사 자체라는 객관적 실재가 전제되어야만 존재할 수 있음을 의미한다. 이 말을 일반화시켜보면, 역사란 그것이 인식되어야 비로소 존재할 수 있으며, 동시에 역사를 인식하려면 역사라는 것이 실제로 존재해야 한다는 것이다. 이처럼 집합단수 역사 속에는 역사 자체라는 선험적 범주가 없다면 모든 개별 역사들은 경험될 수도 또한 인식될 수도 없다는 생각이 담겨 있다. 그런 맥락에서 드로이젠은 "역사에 대한 지식이란 곧 역사 그 자체"라고 말했다.

마지막으로, 이처럼 역사가 실재 개념이자 동시에 성찰 개념으로 수렴되면서 내용적으로도 본질적인 변화가 일어났음을 지적할 수 있다. 이제 역사는 스스로 주체가 되어 자기 자신을 성찰의 대상으로 삼고 관장하는 최종심급이 되었다. "세계의 심판으로서 세계사"(실러)나 "세계사가 행하는 일"(헤겔) 같은 표현이 유행했다. 이전에는 역사 자체라는 것을 경험하거나 인식하기 위해 신(神)이나 자연, 혹은 운명(행운) 같은 역사외적 존재들에게 의존하는 것이 일반적이었다. "티케(Tyche, 운명의 신)는 세계의 거의 모든 사건들을 하나의 방향으로 움직이게 했고, 모든 것을 동일한 목표로 향하도록 강제했다"[20]는 고대 로마의 역사가 폴리비오스(Polybios)의 진술에서, 고대 서양인들은 티케를 역사 자체를 관장하는 주체로 보았음을 알 수 있다. 또한 서양 중세의 역사관에 영향을 준 성 아우구스티누스(St. Augustinus)의 "역사 서술은 인간의 제도들을 다루지만", "역사 자체는 인간의 제도가 아닌" "신의 소관"이라는 진술[21]에서, 우리는 신이 역사의 최종심급으로 생각되었음을 확인할 수 있다. 그러나 '자기 자신의 주체가 되는 역사'라는 생각이 집합단수 역사로 표현되면서 이런 역사외적인 존재들이 역사로 대체된 것이다. 이제 역사는 과거 오로지 신만이 지녔던 전지전능함과 절대적 정당성, 신성함을 지닌 주체가 되었다. 이런 생각은 특히 프랑스 대혁명을 거치며 일반화되었다.

〈미국의 진보〉 존 개스트(John Gast), 1872.

역사의 시간화 : '삶의 스승'에서 '끊임없는 변화와 진보의 과정'으로

집합단수 역사가 유행어가 됨에 따라, 그간 역사가 담당해왔던 기능도 변화했다. 앞서 살펴본 것처럼 역사는 오랫동안 도덕적 가르침과 정치적 교훈을 주는 모범적 사례 모음집에 불과했다. 물론 역사는 근대 초 이후 조금씩 전문성을 획득했다. 교양 과정의 도덕 과목으로서뿐만 아니라, 신학부의 윤리학이나 교회사, 그리고 법학부의 국가학이나 정치학의 한 분야로서 가르쳐졌다. 그러나 18세기에 들어서도 역사는 본질적으로 신학이나 법학 수업을 위한 모범적 사례로 인식되었고, 그런 한 역사는 신학이나 법학의 보조 학문에 불과했다.

그러나 이 무렵 "진정한 스승은 역사 자체이지, 서술된 역사가 아니다"라든가, "역사에 대한 성찰의 역사를 써야 한다"는 주장에서 알 수 있듯이, 반복 가능한 모든 모범적 사례로서의 성격이 제거된 역사 자체가 성찰과 연구의 대상이 되기 시작했다. 이 새로운 경향 속에서 먼저 역사철학이, 그리고 나중에는 전문적인 역사학이 탄생했다.

근대 역사학의 아버지라 불리는 랑케(Leopld v. Ranke)는 1824년 『라틴 민족과 게르만 민족의 역사들』을 쓰면서 자신이 "역사들"만을 다루었으며, "역사"를 다루지는 않았다고 밝히고 있다. 그러나 그의 이 말은 잘 새겨들어야 한다. 그의 말 속에는 그때그때 일어나는 역사적 사건들의 일회성 속에 역사 자체가 존재한다는 신념이 담겨 있다. 또한 그는 일어나는 여러 일들이 일회적이고 고유한 힘들의 대결이자 연쇄라면, 역사적 선례들을 직접 적용할 수 없다는 것을 분명히 했다. 랑케는 계속해서 다음과 같이 썼다. "우리는 역사를 재판정으로 삼아 과거를 심판하고, 다가올 시대에 유용하도록 현세를 가르쳐왔다. 지금 쓰는 이 글은 그런 재판정의 역할을 하지 않는다. 단지 과거가 실제로 어떠했는지를 보여주고자 할 뿐이다."[22]

이처럼 "과거가 실제로 어떠했는지"라는 랑케의 유명한 말 속에는, 역사는 더 이상 도덕 교훈을 가르치는 수단이 아니라는 생각, 그리고 궁극적으로는 일회적인 개별 사건들 속에 내재한 '역사 자체의 보편적 의미'가 중요하다는 생각이 전제되어 있다. 그리고 이런 생각은 이미 18세기 계몽사상가들에게서 발견된다. 사실 집합단수 역사 개념은 계몽사상가들의 이론적 성찰의 결과이다. 이들은 역사라는 집합단수를 씀으로써 인간이 겪는 사건에 내재된 힘, 은밀하거나 분명한 계획에 따라 모든 것을 추진하는 힘, 사람들에게 의무감을 주고, 또 그 이름 아래 행동할 수 있다고 믿도록 했던 힘을 역사에게 주었다. 그리고 그와 동시에 그런 역사의 힘을 성찰하고 인식하려 했던 것이다.

계몽주의 역사철학은 역사 자체를 '진보'라는 하나의 역동적이며 통일적인 전체로 파악했다. 이를 통해 역사를 도덕 개념에서 과정(process) 개념 내지 운동 개념으로 변모시켰다. 계몽사상가들은 '그때그때 일회적으로 드러난 진보'가 역사라고 정의하면서, '역사'와 '진보'를 동의어로 썼다. 이들은 역사란 결코 반복되는 것이 아니라 일회적인 진보의 과정, 즉 끊임없이 변화하며 미래를 향해 새롭게 나아가는 과정이라고 생각했다. 이제 역사는 시간적으로 단순히 과거가 아니라, 과거와 현재, 그리고 미래를 포괄하는 지속적인 과정이 되었다. 이들은 집합단수 역사와 역사의 철학이라는 개념을 즐겨 사용하면서 이런 생각을 표현했다.

집합단수 역사를 통해 표현된 역사 흐름의 일회성과 진보라는 새로운 생각은 '역사는 자연의 시간과는 다른 역사 자신의 시간을 갖고 있다'는 보다 오래된 철학적 성찰의 결과이다. 전통적으로 역사는 두 종류의 자연적 시간 범주에 의해 서술되었다. 한편으로 끊임없이 되풀이되는 별들의 운행과, 다른 한편 통치자 및 왕조의 자연적 혈연 승계가 그것이다. 수많은 개별적 역사들이 이 자연적 시간에 의거해 배열된 연대기에 따라 서술되었다. 이와 같이 전통적인 역사 서술은 시간의 동질적 연속과 순환을 특징으로 한 자연적 시간관에 근거했다. 그러나 18세기가 경과하면서 자연적 시간과는 다른, 스스로 역사적 질을 획득한 시간이 발견되었다. 이 '역사적 시간'을 특징짓는 제1의 범주가 바로 직선적 시간 도식에 의거한 '진보'였다. 이어서 전술한 바와 같이 '역사'와 '진보'가 동의어가 되면서 시간은 역사 자체의 힘이며, 동시에 역사는 시간을 통해 스스로를 구현한다는 생각이 일반화 되었다.

이처럼 시간이 역사화되고 역사가 시간화됨에 따라, 역사는 앞서 언급한 것처럼 탈도덕화된다. 과거의 경험은 과거와는 다르게 진행되는 현재, 그리고 현재와는 또 다르게 전개될 미래를 위해서는 무용한 것이라는 생각에 기반하여, 인간은 역사로부터 직접적인 가르침을 얻을 수 없고, 설사 그럴 수 있다 해도 과거에 존재했던 본보기는 이미 뒤늦은 것이라는 인식이 보편화되었다. 대신 역사는 전문적인 학문 분과 혹은 이른바 '과학적 역사'로 변모하면서 새로운 교육학적 기능을 부여받았다.

계몽주의 역사철학에 따르면, 역사 자체가 일회적인 진보의 과정이라는 사실만은 변하지 않으며, 따라서 역사 자체를 성찰한다면 간접적으로나마 가르침을 얻을 수 있는 것이었다. 이런 관점에서 계몽주의 역사철학은 역사의 '이념'이나, '경향성', 더 나아가 '역사의 법칙'과 '필연'을 성찰의 대상으로 삼았다. 마찬가지로 19세기의 역사주의는 현재는 모든 과거로부터 구별되지만, 동시에 과거에 의해 조건 지어져 있다는 것을 강조하면서, 역사 자체로부터 얻을 수 있는 간접적인 가르침을 강조했다. 그에 의하면 역사가 주는 가르침이란 단지 과거의 경험과 이를 능가하는 미래 사이에서 현재의 상태를 올바르게 인식할 수 있도록 하는 것이었다.

이제 역사는 과거와 미래 사이의 심연을 중재하는 매개체가 되었다. 그리고 과거는 현재의 우리가 따라야 할 모방의 대상이 아니라, 미래를 염두에 둔 채 현재 상태를 인식하기 위해 필요한 낯선 비교의 대상이 되었다. 이제 현재의 문제의식에서 시작하여 사료 비판을 통해 '낯선 과거'를 복원하고, 또다시 이를 현재에 피드백하는 역사학이라는 고유한 학문 분과가 등장한 것이다.

역사를 현재와 미래까지 포괄하는 진보의 과정[23]으로 인식한 것은 비단 역사철학자들과 역사학자들만이 아니었다. 예컨대 프랑스 대혁명이나 산업혁명 같은 정치·사회적 격변을 겪으면서, 사람들은 일반적으로 자신들의 개별적 경험들을 '진보', '발전' 및 '진화',[24] 혹은 '몰락', '가속', '지연' 등 역동적인 역사적 시간 범주들을 가지고 해석하게 되었다. '역사의 진보'나 '사회의 발전', 혹은 '발전이 빨라졌다'든가 '발전이 지체되고 있다', 아니면 '우리 역사는 이제 몰락의 길에 들어섰다'는 표현은 오늘날에도 흔히 들을 수 있다.

끝으로 무한한 진보의 과정이라는 근대적 역사 개념에 내포된 함의 두 가지를 언급해보자. 먼저 역사적 상대주의를 꼽을 수 있다. 역사적 상대주의란 역사가 진보하고 그에 따라 시대적 관점이 변화함에 따라 과거에 대한 역사인식 또한 필연적으로 달라져야 한다는 관념이다. 역사적 상대주의에 의하면, 과거 또한 새로운 시대적 관점에 따라 끊임없이 변화하는 역동적인 것이 된다.[25] 두 번째로 '비동시적인 것의 동시성'이라는 관념이다. 이 관념은 각각의 고유한 시간 리듬을 지닌 개별 역사들이 세계사적 차원에서 보편적인 '진보'의 체계 속에 질서지어지면서 나타났다. 이 관념은 한편으로 '선진'과 '후진'이라는 도식 속에서 유럽중심주의적 관념으로 발전하기도 했다.

허구적 거대서사와 정치·사회적 슬로건으로서 역사

지금까지 살펴본 근대적 역사 개념의 특징들은 한편으로는 역사를 학문적 혹은 과학적 개념으로 다루려는 학술 담론에서, 다른 한편으로는 역사를 정치·사회적 핵심어로 사용하기 시작한 일상 언어 생활 속에서 더욱 명료해졌다. 먼저 학술 담론에 나타난 학문(과학)적 개념으로서의 역사의 특징에 대해 언급해보자.

역사가 현재적 관점에서 과거의 객관적 진실을 추구하는 학문(과학)으로 발전하면서, 엄격한 사료 비판 외에 우연한 사건들에서 인과 관계 같은 내적 질서를 찾아내고, 거기 내재된 보편적인 역사적 의미를 일관되게 이해할 수 있도록 하는 새로운 서술 방식이 중요해졌다. 그러나 이로 인해—매우 역설적이게도—앞서 언급한 아리스토텔레스 이후 관례화되어온 역사와 시학(문학), 사실과 허구 사이의 대립적 경계선이 모호해졌다. 연대기적 순서에 따라 실재했던 여러 우연한 사건들을 병렬적으로 나열하는 종래의 역사 서술 대신, 사건들을 시작, 중간, 끝이라는 극적인 이야기로 조직해내는 플롯(줄

〈진보〉 커리어(Currier)와 아이브스(Ives)의 동판, 1850년대.

거리)에 기반한 서사적 통일성이 역사 서술에도 요구되기 시작했다.

이로써 역사라는 서사 장르에서도 허구 지향적인 문학이 추구해 온 '그럼직함', 다시 말해 허구적 개연성이 매우 중요한 요소가 되었다.[26] 계몽주의 역사가를 대표하는 볼테르(Voltaire)나 기본(Gibbon)은 역사를 쓰는 것에 관심을 기울인 만큼 역사에서 제공된 자료로 통일적인 문학 작품을 창작하는 데도 관심을 기울였다. 예를 들어 볼테르는 자신의 역사 쓰기 방법에 대해 "나의 목표는 묘사될 필요가 있는 사건들의 커다란 그림을 그리는 것이며, 독자들의 시선을 주요 인물들에게 고정시키는 것이다. 역사는 비극과 마찬가지로 묘사, 중심적인 행동, 대단원 등을 필요로 한다. 간단히 말해서 나는 역사에서도 나의 독자들을 감동시키려 노력하고 있다"고 했다.[27]

구체적으로 역사가들은 역사의 진보 과정을 체계적으로 해석하고 독자들에게 이해시키기 위해 '진보', '발전' 및 '진화', '몰락', '가속', '지연' 등과 같은 역사적 시간의 맥락 속에서 개별 사건들과 역사적 상태들을 소재로 플롯을 구성했다. 예를 들어 제1차 세계대전은 국민국가의 제국주의적 '발전'과 그 '파국적 절정'이라는 줄거리 속에서 서술될 수 있다. 이 줄거리 속에서는 프랑스 대혁명과 산업혁명 이후의 여러 사건들 및 당사국들의 국내외 정세들, 그리고 새로운 사회·경제 체제 및 사상·문화의 발전들이 제1차 세계대전의 단기적·중기적 원인, 더 나아가 장기적이고 구조적인 배경으로, 혹은 서로 시간적 연원을 달리하는 정치적·사회경제적·문화적 배경으로 질서지어진다.

이처럼 근대적 역사 서술에서는 과거처럼 교훈을 얻기 위해 역사적 사례를 어떻게 효과적으로 배열할 것인가 하는 수사학적 문제가 아니라, 특정 사건과 특정한 상황의 역사적 맥락을 만들어내는 일련의 시간과 그 연속을 재구성하는 것이 중요해졌다. 개별 사건들과 특정 상황들은 시간의 연속 속에서 단순한 연대기적 배열을 뛰어넘어 그것들 사이의 내적 관계를 구조화시키는 설명 맥락, 다시 말해 플롯에 따라 새롭게 질서지어졌다. 그리고 이 통일적인 서사구조를 통해 역사가 체계적으로 이해되며, 개별 사건들에 내재된 보편적인 역사적 의미와 객관적인 역사적 진실이 드러나게 될 것이라고 생각되었던 것이다.[28]

특히 집합단수 역사 개념에 내포된 역사적 상대주의에 입각하여,

역사가들은 시간의 흐름과 시대적 관점에 따라 매번 역사를 새롭게 써야 했고, 이로 인해 불가피하게 과거를 재창조해야 했다. 이때 역사가들은 자신이 창작한 새로운 역사상을 보다 그럼직한 것으로 증명해야 했다. 그런 맥락에서 사료 비판은 개연성을 높이는 서사 장치로 기능했다.

이처럼 과학적 역사의 발전은 역사 서술의 심미화와 상응한다. 개별 역사들에 내재된 전체적 맥락과 보편적 의미, 즉 집합단수 역사의 객관적이고 실제적인 진실을 밝히기 위해 역설적으로 개연성을 높이는 서사적 통일성이 강조되면서, 과학을 지향하지만 동시에 허구적 거대서사가 되어버린 근대 역사학이 등장한 것이다. 근래 유행하는 포스트모던 역사학은 이 점을 날카롭게 지적하고 있다. 화이트(Hayden White)에 의하면, 일반적으로 서구 역사가들과 역사철학자들은 역사가 분명히 진보 혹은 퇴보라는 패턴을 보이고 있다는 '신화'를 창조했다고 한다. 역사는 희극, 로망스, 인간 해방, 진보, 타락과 구속, 혹은 갈등의 궁극적 해결 같은 여러 주요한 플롯으로 읽히고 있고, 또 읽혀왔다는 것이다.[29]

포스트모던 역사학의 근대 역사학 비판은 대체로 이런 집합단수 역사를 전제로 한 거대서사에 집중되고 있다. 전술한 비판 외에도 이 단선적인 역사 발전의 이야기에 내포된 서구(유럽)중심주의, 과학이라는 권위로 포장된 역사 서술 및 지식의 권력화 현상, 더 나아가 다양한 역사 이야기를 불가능하게 하는 집합단수 역사 자체에 대한 비판 등이 그것이다. 그럼에도 아래에서 살펴볼 역사 개념이 지닌 정치·사회적 역할과 영향력은 지속되고 있는 듯하다.

　우리는 앞서 집합단수 역사 개념에 내포된 '자기 스스로 주체가 된 역사'라는 함의를 살펴보았다. 이 역사는 과거를 통해 미래를 해명하기도 하고, 미래에 정당성을 부여하거나 합리화시키면서 사람들에게 역사적 과제를 깨닫게 해주는 성찰적 개념이다. 이제 역사는 일상용어 속에서 신성한 권위를 지닌 채 인간 행위를 이끌고 통제하며 비판하는 정치·사회적 핵심 개념으로 자리 잡았다. 각 민족이나 계급, 개별 정당들과 종교적 분파들, 더 나아가 모든 사회 압력 집단들은 자기 행위의 준거를 역사에서 찾았다. 때로는 역사가 자기 정당화를 위한 이데올로기가 되기도 하고, 때로는 이에 대한 이데올로기 비판의 무기가 되기도 했다. 그런 가운데 새로운 관념이 출현했다. 이제 역사는 서술되는 것뿐만 아니라, 계획하고 만드는 것이라는 생각이 그것이다.

　역사가 과거에 매몰되지 않고 미래를 향해 무한히 진보하는 것이라면, 미래를 위해 역사를 진보하게끔 만들어야 한다는 것 또한 자연스러운 생각이었다. 그런 맥락에서 예를 들어 칸트는 인류를 무한한 진보의 도정으로 이끄는 듯했던 숨겨진 자연의 계획을 이성을 지닌 인간의 의식적 계획으로 바꾸려 했다. 이해하기 좀 어렵지만, 그의 말을 인용해보면, 그는 "경험하기 전에 이미 존재하는 역사('역사 자체'와 같은 뜻—인용자)란 어떻게 가능한가?"를 묻고, 스스로 답하기를 "미리 예고했던 사건들을 예언자 스스로 만들고 집행한다면" 가능할 것이라고 했다. 이 계몽주의 역사철학자는 아직 노골적으로 역사를 만든다는 말은 하지 않았지만 역사의 생산 가능성 모델을 설정했다. 역사의 생산 가능성에 대한 논의는 프랑스 대혁명 이후 19세기 중엽까지 진행된 이른바 '혁명의 시대'에 본격적으로 활발해졌다. 이 기간 동안 '역사 만들기'라는 표현은 정치·사회적 일상용어가 되었다. '역사 만들기'의 구호는 주로 새로운 것을 관철시키려는 진보적 세력들에 의해 주도되었다. 대개 이들은 고유한 역사의 흐름이 촉진되는 것을 도울 수 있을 뿐이었다. 그러나 이런 구호가 갖는 정치적·이데올로기적 힘은 대단했다.

만약 행동하는 인간이 자신이 객관적으로 가야 할 길을 역사가 알려준다고 믿으면, 이미 가정된 역사의 생산 가능성은 이중적으로 강화된다. 엥겔스의 "필연성의 제국에서 자유의 제국으로의 인류의 도약"이라는 명언이나, 마르크스의 "인간은 스스로 역사를 만든다. 하지만 자기 스스로 골라낸 조각들을 가지고 마음대로 역사를 만드는 것이 아니라, 직접적으로 주어진 현존하는 전래된 상황들에 입각해 역사를 만든다"는 말을 생각해보자. 이 진술들 속에서 우리는 역사적 경험으로부터 도출된 미래에 대한 예견과 유토피아적 미래를 만들고자 하는 계획, 그리고 이를 위한 정치적 실행을 일치시키려는 강한 신념을 읽을 수 있다.

'역사 만들기' 구호는 이들만이 전유한 것이 아니었다. 20세기에 들어서도 이 구호는 수많은 정치가들과 독재자들을 때로는 도취시키고, 때로는 강제했다. 그러나 역사는 결코 그들이 만들려고 했던 대로 진행되지 않았다. 그런 한, 적지 않은 경우 이 구호는 파괴적

인 결과를 가져온 자기정당화의 이데올로기였음이 역사적으로 드러났다.[30]

인간은 역사를 가지고 있다는 생각, 인간은 역사를 쓴다는 생각은 오래된 인류의 문화 전통이다. 그러나 '인간이 역사 속에서 살고 있다는' 관념은 근대적 현상이다. 대문자로 표시되는 집합단수 역사는 바로 이 근대적 의식을 표현하고 있다. 서양의 18세기에 '역사'와 함께 출현했던 '역사의 철학'이나, 20세기에 들어 철학적 사유의 핵심어로 등장한 '역사성'이라는 개념 또한 이런 의식을 표현한다. 이처럼 집합단수 역사는 근대의 전제 조건이 되며, 동시에 근대를 구현하고 있다. 그런 점에서 볼 때, 근대문명을 비판하려는 사람은 필연적으로 '역사'를 비판하지 않을 수 없으며, 역으로 '역사'를 비판하려는 사람은 근대문명을 비판하지 않을 수 없다. 이것이 근대 역사학을 극복하고자 하는 사람들에게 꼭 들려주고 싶은 말이다.

6. 자본주의 정신
― 신조어로 표현된 세기말의 근대 비판

노래와 대도시들, 꿈의 눈사태, 색 바랜 땅들
명성을 잃어버린 남극과 북극, 죄지은 여인들
궁핍 그리고 영웅들, 유령의 부글거림, 레일 위의 폭풍
아득한 구름 속엔 프로펠러 돌아가는 소리
민족들은 파멸되고, 책들은 마녀가 된다
영혼은 미미한 복합물로 쭈그러든다
죽음은 예술이다. 시간은 더욱 빨리 회전한다
오 나의 시대여! 이렇게 이름 없이 파괴되는구나
이렇게 별도 없이, 이렇게 인식 속에서 무가치하게
―빌헬름 클렘

오늘날 '자본주의 정신'이라는 개념은 긍정적 함의를 지닌 채 아메리카니즘이 모델이 된 이른바 '민주 자본주의' 체제의 정당성을

변호하기 위해, 더 나아가 경제 성장과 근대화에 사람들을 동원하려는 각국의 사회 발전 이데올로기로 사용되고 있다. '민주 자본주의 정신', '일본 자본주의 정신', '한국 자본주의 정신' 같은 슬로건의 유행은 이런 현상을 웅변해주고 있다.[1] 근대화론자들의 담론에서 '자본주의 정신'은 '좋은 근대'의 의미론적 상징으로 쓰인다. '자본주의 정신'은 인류 역사상 가장 발전된 문명의 원동력으로 찬미된다. 그 개념 속에는 인간사회의 물질과 정신의 조화로운 진보를 향한 모든 유토피아적 염원들이 집약되어 있다.

그러나 1902년 독일의 국민경제학자 좀바르트(Werner Sombart)가 『근대 자본주의(Der moderne Kapitalismus)』에서 처음으로 '자본주의 정신'이라는 개념을 사용했을 때나, 그 2년 뒤 좀바르트의 친구이자 라이벌이었던 막스 베버(Max Weber)가 『프로테스탄트 윤리와 자본주의 정신(Die protestantische Ethik und der "Geist" des Kapitalismus)』에서 이 개념을 말했을 때, 이 개념은 단순히 사회 근대화를 위한 발전 이데올로기의 표어로서 사용되거나, 혹은 자본주의적 근대문명을 찬양하고 이를 정당화시키기 위한 수단으로서 의도된 것이 아니었다. 그들이 사용한 '자본주의 정신' 개념 속에는 오히려 서구의 혁명적인 근대화 과정에 대한 불쾌함, 혹은 비관주의적 근대 진단과 심각한 위기의식으로 점철된 당대인들의 근대문명에 대한 비판적 담론이 응축되어 있다. 더 나아가 그들은 '자본주의 정신' 개념을 사용하면서 당대인들의 근대문명 비판 담론을 특정한 방향으로 조직화하려 했다. 이처럼 '자본주의 정신' 개념은 원래 근

〈원로원의 사장님들〉 조셉 케플러(Joseph Keppler)의 커리커처, 1890.

대문명에 대한 비판적 의식의 표현이자 동시에 문명 비판의 도구로서 기능했다.

'자본주의 정신'의 탄생 과정

'자본주의 정신'이라는 신조어는 이보다 조금 앞서 출현한 '자본주의'라는 신조어에서 파생되었다. 19세기 중엽 프랑스에서 가장 먼저 쓰이기 시작한 '자본주의'라는 신조어는 이후 영국·독일 등에 수입되어 산업화로 인한 여러 사회적 모순들을 비판하기 위한 논쟁적이고 정치적인 표어로 사용되었다. 일반적으로 이 개념은 서유럽 각국에서 무엇보다 사회주의자들의 광범위한 사회 비판 슬로건으로 쓰였다. 독일에서도 이 개념은 특히 마르크스주의자들이 이끈 사회주의 노동운동에 의해 주도적으로 사용되었다. 그러나 이 개념은 20세기 초반까지 모든 정파를 초월해 긍정적 함의보다는 부정적 함의를 지닌 채 저널리즘적인 투쟁 개념으로 사용되면서 공공 담론 속에서 유행병처럼 번졌다.[2]

물론 사회주의 노동운동이 공격한 '자본주의의 질곡'과, 이를테면 보수주의적인 부르주아 사회개혁운동이 공격한 그것 사이에는 강조점의 차이가 있었다. 전자의 경우 생산수단의 사적 소유와 임노동을 기반으로 한 새로운 생산양식에 초점을 맞추었지만, 후자에게 자본주의란 무엇보다 자유방임주의를 모토로 한 '맨체스터주의(경제적 자유주의)'를 의미했다. 그리고 경제적 자유주의의 본질은—때때로 반유대주의와 결합되어—독일 노동자들의 피를 빨아먹는 사악한 (유대)유산계급의 경제 정책 내지 노동을 통하지 않은 이윤 증식을 누리려는 배금주의적 메커니즘으로 규정되었다.[3]

이처럼 '자본주의' 개념은 도덕적 가치관과 정치적 입장을 초월하여 산업혁명을 통해 등장한 새로운 사회 경제 질서를 비판하기 위한 정치적 투쟁의 도구로 쓰였지만, 동시에 이 개념은 '자본주의 시대'라는 이 시기의 유행어를 통해 알 수 있는 것처럼, 역사적 시대구분을 위한 개념으로도 쓰였다. 다시 말해 '자본주의' 개념은 사회·경제적으로 역동적으로 발전하는 새로운 시대라는 역사철학적 함의를 강하게 내포한 채, 다양한 정치 이데올로기적 노선을 초월해

보편적으로 쓰이던 시대 개념이기도 했다.⁴

그러나 독일 부르주아지가 산업사회와 근대 비판을 위해 '자본주의'라는 개념을 본격적으로 사용하기에는 현실적인 한계가 있었다. 우선 이 개념은 사회주의자들에 의해 선취되었기 때문에, '자본주의' 개념의 과도한 사용은 부르주아 공중 사이에서 사회주의자 혹은 마르크스주의자라는 불필요한 오해를 불러일으켰다. 좀바르트가 그 대표적 예이다. 그는 자신의『근대 자본주의』에서 최초로 '자본주의'를 학술용어로 도입했지만, 반응은 냉담했다. 이는 오히려 그가 '좌파'로 낙인찍혀 부르주아 국민경제학자들의 조합에서 국외자로 밀려나는 데 일조했을 뿐이었다.⁵

그런데 부르주아 공중 사이에서 '자본주의' 개념의 과도한 사용이 터부시되었던 것은, 단순히 이 개념이 사회주의자들에 의해 선취되었기 때문만은 아니었다. 사회주의 노동운동의 산업사회 비판 담론은 1871년 독일제국 성립 이후 떠들썩하게 벌어진 사회주의 '미래국가' 논쟁을 통해 보다 과격하게 조직화되었으며, 이 가운데 무엇보다 '자본주의' 개념이 사회주의자들 사이에서 보다 급진적인 투쟁 개념으로 발전했기 때문이었다. 이제 '자본주의'는 산발적인 사회 정책적 개혁이 아닌 '사회혁명'과 이를 통한 새로운 사회주의 시대의 도래라는 역사철학적 대전환의 시나리오 속에서 반드시 붕괴되어야 할 현존 사회의 총체적 질서, 혹은 보다 새로운 시대를 향한 과도기를 의미하게 되었다.⁶

이와 더불어—혹은 이 때문에—부르주아 공중 사이에서는 사회

비판을 위해 '자본주의' 대신 '산업주의'라는 개념이 더 큰 호응을 얻었다. '산업주의'는 전통적인 농업 지주가 주축이 된 보수주의 정치 집단과 그들의 국민경제학적 대변인들로부터 나왔는데, 이들은 산업화로 인한 사회적 모순들을 비판하기 위해 '자본주의'보다는 '산업주의'라는 개념을 선호했다. 보수주의자들에 의하면, 모든 사회악의 근원은 '산업'에 있었다. 이처럼 '산업주의' 역시 정치적 투쟁 개념 및 시대 개념으로 쓰이면서, '자본주의' 개념과 유사한 기능을 수행했다.[7] '산업주의' 개념의 유행은 특히 1890년대 중반 이후 본격적으로 시작되어 1902년 뷜로(Bülow) 내각 당시 절정에 달한 보호관세 논쟁 때문이었다. 1890년대 초 카프리비(Caprivi) 내각 시기 인하되었던 농산품의 관세를 다시 높이려는 보수주의자들의 시도는, 필연적으로 자유무역을 옹호하는 자유주의자들과 보호관세 논쟁을 불러일으켰다. 그리고 이 논쟁은 단순히 농산물의 관세 문제에만 국한되지 않고, 동시에 신생 독일 민족국가의 미래 전반을 둘러싸고 '산업 국가냐 농업 국가냐'라는 보다 포괄적인 논쟁으로 확대되었다. 이 논쟁에서 '산업주의'는 다수 부르주아 공중의 지지를 얻은 보수주의자들이 소수의 산업 지향적 자유주의자들을 향해 사용한 날카로운 공격 무기로서 기능했다.[8]

'자본주의 정신' 개념은 이런 담론적 배경에서 나왔다. 또 이런 담론적 배경은 독일제국의 정치·사회적 배경과도 무관하지 않다. 일찍이 비스마르크에 의해 도입된 보통선거권은 갈등을 증폭시키는 방향으로 대중민주주의의 발전을 가져왔다. 무엇보다 사회민주당이

지도하는 노동운동은 1903년 제국의회 선거에서 제1당의 자리를 차지할 만큼 부르주아지에게 위협적인 대중운동으로 성장했다. 동시에 독일제국의 정치사는 독일사의 '특수 경로' 테제가 나올 만큼, 봉건적 농업 지주 세력과 그 정치적 대변인인 보수주의 세력(기존의 보수당 및 '농부동맹'으로 대표되는 새로운 보수주의적 대중 조직)의 정치·문화적 헤게모니에 의해 특징지어진다. '철과 귀리'의 연합이라는 중공업 자본가와 융커의 사회적 결집의 기반 위에서 중도 우파적 부르주아 정당들은 보수당과의 결집 정책을 통해 겨우 목숨을 연명해가고 있었던 것이다.

이처럼 '자본주의 정신' 개념은 혁명적 사회주의 노동운동과 농업적 보수주의 세력에게 공공 담론의 주도권을 빼앗긴 채 정치·사회적으로 이들 양대 세력의 위협 앞에 노출된 부르주아지 '근대주의자'[9]들의 비관적 시대 진단에서 유래한다. 근대 산업사회에 순응하려 했던 이들 부르주아지 '근대주의자'들은 '자본주의 정신'이라는 개념을 통해 역설적이게도 근대 산업사회의 근본적인 문제점에 대한 공격, 즉 본격적인 근대문명 비판을 시도했다. 이들은 '자본주의 정신' 개념을 통해—이미 의미론적으로 '정신'을 강조함으로써—무엇보다도 근대 산업사회의 정신적 측면, 즉 근대적 세계관과 문화적 전개 양상이 갖는 취약점을 비판하고, 부분적으로는 새로운 대안을 제시하려 했다. 물론 부르주아지 '근대주의자'들의 본격적인 문명 비판은 현실적인 수세를 극복하고 새롭게 정치·사회·문화적인 헤게모니를 잡으려 했던 그들의 열망과도 밀접한 관계를 지녔다.

그렇다면, 슈퇴커(Adolf Stöcker, 1835~1909), 막스 베버(1864~1920), 그리고 좀바르트(1863~1941)가 부르주아지 '근대주의자'들 가운데 특히 문제가 되는 이유는 무엇인가? 무엇보다 이들의 개인사 자체가 지금까지 언급한 부르주아지 '근대주의자'들의 위기 상황을 웅변적으로 대변하고 있기 때문이다.

궁정 설교사 슈퇴커는 정치적으로나 세계관적으로 철저한 보수주의자였다. 그는 모든 근대적 세계관에 대해 비타협적인 루터교의 전통적 교의에 충실한 이른바 정통파 신학자였으며, 엘베강 이동의 대지주, 즉 프로이센의 융커가 주도하는 보수당에 변함없는 충성심을 견지하고 있었다. 그러나 그는 매우 근대적인 보수주의자였다. 그는 다수결 원리보다는 권위, 민주적이고 평등한 것보다는 위계질서와 엘리트주의를 선호하던 다수의 보수주의자들과 달리, 보통선거권의 의미와 산업 대중의 정치적 중요성을 깨달은 보수주의 진영 내의 선구자였다. 이와 함께 그가 누구보다 앞서 선동 정치라는 새로운 정치 스타일을 보수 진영에 도입했다는 점 역시 지적되어야 한다.[10]

슈퇴커는 1860/1870년대를 지나면서 성장하기 시작한 사회주의 노동운동에 맞서, 농촌 중심의 보수주의를 도시 중심의 인민주의 운동으로 새롭게 변화시키려 했다. 그는 무엇보다 대도시 베를린에서 수세에 몰린 보수주의를 중하층 계층(Mittelstand)과 노동계급을 축으로 하는 근대적 인민정당운동으로 탈바꿈시키고자 했다. 그는 실제로 기존 보수당의 틀 내에서 1870년대 후반 이후 기독교사회노동자당(Christlichsoziale Arbeiterpartei), 기독교사회당(Christlichsoziale

Partei) 등을 비롯해 수차례 보수주의적이고 반유대주의적인 대중정당을 결성했다. 그의 이런 정치적 시도는 근대적 사회 정책의 중요성에 대한 강조, 그리고 기존의 부르주아 사회 개혁의 노력을 강단 사회주의적 아카데미즘과 기독교의 순수한 사회윤리운동의 성격에서 탈피시켜 대중민주주의의 시대에 걸맞은 근대적 정치운동으로 변화시키려 했던 그의 구상과 맥을 같이한다.[11] 실제로 슈퇴커가 아니었다면, 1890년에 만들어진 개신교 사회회의(Evangelisch-sozialer Kongress)라는 부르주아지의 근대 산업사회에 대한 비판과 사회 정책적 논의의 장도 마련되지 못했을 것이다. 앞으로 살펴볼 좀바르트와 막스 베버의 문제의식 및 시각 역시 개신교 사회회의를 통해 구체화되었다고 할 수 있다.[12]

그러나 비록 그 스스로는 보수주의의 원칙을 넘어서서 새로운 지평을 열려는 그 어떤 불경스러운 시도도 해본 적이 없었지만, 슈퇴커는 보수당 내의 전통주의자들로부터 대중 선동가로서 부단히 견제당하고 때로는 사회주의적 급진주의자로서 위험시되었다. 마침내 그는 이른바 제국 정부 정책의 '반동적 코스'가 시작된 1895/96년 무렵, 보수당 내 지주들, 중공업 자본가 및 농부동맹의 전투적 농업주의자들의 공격을 받아 결국 당에서 쫓겨나고 말았다. 한마디로 슈퇴커는 전통주의와 근대주의자 사이에 선 경계인이었다. 전통주의자들에게 그는 보수주의를 근대화시키려는 근대주의자였고, 근대주의자들에게는 근대적 의상으로 위장한 전통주의자였다.

좀바르트와 베버는 매우 유사한 이력을 갖고 있다. 우선 둘 다 자유주의적 민족주의의 전통을 지닌 엘리트 시민계급 가문에서 성장했다. 좀바르트의 아버지는 설탕 산업을 통해 성공한 기업가이자 기사령(Rittergut) 소유자로, 프로이센 의회와 제국 의회의 민족자유당(Nationalliberale Partei) 의원으로 정치적 경력을 쌓은 자유주의 정치가이자 대부르주아였다.[13] 베버의 아버지는 민족자유당 소속의 베를린 시참사회 의원이자, 프로이센 의회 의원으로서 매우 영향력 있던 민족자유주의 정치가였다.[14]

독일의 자유주의적 민족주의자들은 1860년대 독일 민족국가 건설이라는 유토피아를 갖고서 헌정운동을 주도했으며, 1870년대 비스마르크와 연합하여 신생 독일제국의 집권당 노릇을 했다. 이 가운데 민족자유주의자들은 독일 민족의 문화적 진보라는 기치를 내걸고 이른바 '문화 투쟁'이라는 이름으로 행해진 비스마르크의 가톨릭 탄압에 적극 동참했다. 이처럼 자유주의적 민족주의자들은 신생 독일 민족국가를 만들어낸 민족사의 주인공이며, 전근대적이고 봉건적인 가톨릭 세력에 맞서 싸워온 근대적인 개신교 주류 시민이라는 자부심을 갖고 있었다.

그러나 1860년대에 태어난 이들 세대가 경험한 것은 퇴락한 아버지 세대의 영광이었다. 자유주의적 민족주의자들의 정당인 민족자유당은 이미 1880년대를 전후해서 비스마르크로부터 버림을 받았으며, 이후 계속된 자체 분열을 통해 이들이 30대 청년기가 되었을 때인 1890년대에는 늙은 명사들의 무기력한 클럽이 되어 있었다. 이 "포스트-자유주의의 시대"[15]를 살아야 했던 베버와 좀바르트는, 무엇보다 사회 개혁과 사회 정책 활동에서 이제는 더 이상 영웅이 아닌 아버지 세대의 자부심을 회복할 수 있는 새로운 탈출구를 찾으려 했다.[16]

좀바르트와 베버는 역사주의 학파의 문하에서 국민경제학을 공부했으며, 구스타프 슈몰러(Gustav Schmoller)[17] 등 이른바 '강단사회주의자'들이 주축이 된 사회정책협회(Verein für Sozialpolitik)의 회원으로서, 또한 1904년에는 『사회과학 및 사회 정책지(Archiv für Sozialwissenschaft und Sozialpolitik)』의 공동 편집인으로서 활동했다. 이들은 노장파 강단사회주의자들의 가부장적 온정주의를 극복하려는 '근대주의적' 소장파 사회 정책가의 대표 주자로서 빛나는 이력을 쌓아나갔다.[18] 그러는 가운데 이들은 특히 개신교 사회회의에서 두각을 나타낸 같은 세대의 젊은 목사 나우만(Friedrich Naumann)과 괴레(Paul Göhre)의 '민족사회주의'운동에서 새로운 희망을 발견했다. 이 운동은 혁명적 사회주의 노동운동의 위협과 농업보수주의 세력의 지배로 특징지어지는 현실의 질곡을 깨고, 독일 민족의 사회적 통일을 통해 민족사의 도약을 이룬다는 목표를 갖고 있었다. 약간의 차이점이 있다면, 베버가 병으로 인해 교수직을 사직한 상태에서도 정기적으로 기부금을 낼 만큼 나우만의 운동에 초지일관 헌신적이었던[19] 반면, 좀바르트는 점점 사회민주당 내의 온건파 사회주의자들에게 경도되었다는 점이다.[20]

그런데 이런 사회운동가로서의 경력은 오히려 이들이 학계의 주류에서 국외자로 밀려나는 데 일조했다. 특히 좀바르트는 앞서 언급한 것처럼 '좌파'로 낙인찍혀 향후 오랫동안 학계의 변방에 머물러야 했다. 베버는 1894년 프라이부르크 대학의 교수직을 얻은 뒤 학자로서 순탄한 출발을 했지만, 나우만의 민족사회주의 서클 내에서 철저히 고립되었고, 이런 정치적 실패와 함께 찾아온 신경쇠약증으로 인해 교수로서의 활동도 사실상 끝나버렸다.[21]

좀바르트와 베버의 '자본주의 정신'은 1900년대 초까지의 이러한 전기적 배경에서 발명되었다. 두 사람의 '자본주의 정신' 개념이 갖는 의미의 유사성은 두 사람의 이력의 유사성과 무관하지 않다. 반면 향후 두 사람의 이력은 큰 차이가 난다. 자유주의적 민족주의자이자 사회 개혁적 성향을 지녔던 좀바르트는 이후 끊임없는 정치적·세계관적 편력을 보여준다. 그는 1900년경에는 온건파 마르크스주의자였지만, 제1차 세계대전 전야에는 이미 파시스트 이데올로기인 '반동적 근대주의'의 기수가 되어 있었으며, 나치 독일에서 '보수혁명'의 노쇠한 몽상가로서 마침내 생을 마감했다.[22] 좌에서 우로의 이 극단적인 오디세이의 흔적은, 그가 학계의 주류에 편입하기 위해 눈물겹도록 끊임없이 써 내려간 방만한 저술들 속에 남아 있다. 반면 베버는 제1차 세계대전 직후 사망할 때까지 1904/05년에 『프로테스탄트 윤리와 자본주의 정신』—베버 역시 학계에서 소외된 자신의 능력을 인정받기 위해 이 글을 불후의 명작으로 기획했다[23]—을 쓸 당시의 문제의식과 관점을 끈질기게 고수했다. 두 사람의 '자본주의 정신' 개념이 갖는 의미의 차이점 역시 이 개인사적 차이점과 무관하지 않다.[24]

세 가지 유형의 자본주의 정신

슈퇴커 : '근대적 유대인의 정신'

슈퇴커는 비록 '자본주의 정신'이라는 새로운 용어는 사용하지 않았지만, 이 용어에 담긴 개념을 가장 앞서 선취했다. 그는 자본주의적인 것의 특징을 묘사하면서 특정한 '정신', 즉 특정한 문화적 동기부여와 문화적 정향성을 강조했고, 이 특정한 '정신'을 구현하고 있는 구체적 대상을 상징화함으로써 앞으로 살펴볼 좀바르트 및 베버와 동일한 방식으로 '자본주의 정신'을 개념화했다. 그러나 물론 슈퇴커의 '자본주의 정신' 개념에 담긴 구체적인 의미 내용은 후자와는 다르다.

슈퇴커는 '자본주의' 개념을 매우 부정적으로 썼다. 그는 "일방적인 돈의 경제", "고삐 풀린 자본주의"[25] 같은 표현을 쓰면서, '자본주의'를 "씨를 뿌리지 않고 수확하려는" 경제적 태도, 즉 투기·고리대금·지대수익 등 "고단한" 노동의 가치를 무시한 경제 생활 형태로 묘사한다.[26] 그리고 이런 자본주의야말로 "우리 시대의 재앙"이라고 강조한다.[27]

슈퇴커에 따르면, 이 부도덕한 자본주의는 "배금주의(물신숭배) 정신"에 의해 비롯된 것이었다. 그리고 "배금주의 정신"의 구현자는 전통적 유대교 신앙에서 벗어나 "계몽주의 시대의 메마른 잔존물"에 뿌리 내리고 있는 세속화된 "근대적 유대인"이었다. 그는 때때로 "유대적 배금주의 정신"이라는 표현을 씀으로써, 유대인과 "배금주의 정신"의 밀접한 관련성을 강조했다.[28] 그런데 그는 '자본주의 정신' 개념을 단순히 경제적 태도를 결정짓는 문화적 정향성을 묘사하는 것을 넘어서서, 계몽주의와 세속화에 의해 특징지어지는 근대 문화 현상 전반을 부정적으로 지칭하는 데까지 확대시켰다. 그는 근대적 유대인들의 "구역질나는" 배금주의 정신은 "무신론"과 "유물론"적 세계관의 필연적 결과임을 강조한다.[29] 또한 근대적 유대인들의 '배금주의 정신'과 그들의 "인간성"과 "전체 인류의 행복"이라는 인본주의적이고 현세 행복주의적인 이상은 동전의 양면에 불과하다고 지적한다.[30]

이상과 같이 슈퇴커는 '자본주의 정신'을 '배금주의 정신', 나아가 세속화와 계몽주의에 의해 발전된 물질주의적이고 행복지상주의적인 문화적 정향 및 태도 전반과 동일시한다. 그리고 이런 정신을 구현하는 '근대적 유대인'이라는 위협적 상징을 전면에 부각시키고 있다. 슈퇴커는 이런 개념의 조작을 통해 무엇보다 보수적 소시민층의 근대 산업사회에 대한 비관주의적 태도를 극대화시키는 공포극을 연출했다.

예를 들어 정치적 반유대주의운동의 횃불을 당긴 것으로 유명한 1879년 베를린 기독교사회노동자당 집회에서 행해진 '근대적 유대인에 대한 우리의 요구'[31]라는 강연을 보자. 700여 명에 달한 강연의 청중들은 대부분 산업화 과정의 수혜자라기보다는 피해자인 자영업자, 수공업자 등 전통적 '중간신분'과 일부 노동자들로 구성되었으리라 강하게 추측된다. 이후 수년간 이 강연은 기독사회노동자당의 선전 팸플릿으로 여러 차례 인쇄되어 베를린 지역뿐만 아니라 다른 지역의 수공업자, 노동자, 중소 농민, 보수적 기독교도들, 나아가 반유대주의 정당의 지지자들에게 상당한 영향력을 행사했다.[32]

슈퇴커는 이 강연에서 독일의 현재를 비극적 상황으로 묘사했다. "독일의 종말이 왔다", "독일 정신은 죽음에 이르렀다", 사회적으로 병든 "민족의 몸", "몰락의 시대", "피할 수 없는 파국" 등 비장한 표현들이 반복되었다. 더 나아가 그는 "유대 정신"의 "지배"에 의한 독일 민족의 문화적이고 경제적인 빈곤화, 혹은 독일 정신의 "유대화" 등 위협적 표현을 통해 근대 산업사회에 대한 공포와 적개심마저 불러일으켰다.[33]

이와 함께 슈퇴커는 문화적으로 반종교적인 "근대적 유대인"이 구현하고 있는 '자본주의 정신'을 "셈족의 정신" 내지 "낯선 정신"으로, 반면 독일인이 대변하는 정신을 "기독교적이고 게르만적"인 정신으로, 혹은 배금주의적 탐욕이 아닌 "이상주의적인 정신"으로 대립시키면서, 또한 사회경제적으로 "전체석인 독일 노동" 대 "유대 자본의 힘", "유대 재산" 대 "기독교 노동"의 대립을 강조하면서, 산업자본주의 발전에 적대적인 보수주의적 소시민들의 민족적 자부심을 인종적이고 윤리적인 관점에서 고취시킨다.

동시에 그는 이를 통해 정치적인 자유주의자와 사회주의자들을 "유대 정신"의 대변자로 몰아가면서, 보수주의 진영과 자유주의 및 사회주의 진영의 대립을 양극화시키고 있다.[34] 슈퇴커에게 자유주의는 경제적으로 화폐자본과 맨체스터주의, 문화적으로 반기독교적인 세속 문화의 대변자이다. 한편 사회주의는 폭력적 혁명주의와 무신론의 담지자이며, 조국을 위험에 빠트리고 있다. 그리고 양자는 내적으로 밀접한 관계에 있다. 자유주의는 앞서 말한 속성으로 인해 사회주의의 확산과 성장을 증진시키고 있다는 것이다. "사회민주당은 궁핍과 시대정신의 자식이다. 도덕적 야만과 종교적 몰락, 경제적 부정의와 빈곤으로부터 태어났다."[35]

1890년대가 되면 슈퇴커는 "근대적 유대인"에 의해 구현된 '자본주의 정신'이 필연적으로 가져올 총체적 파국의 위험을 곧 닥칠 사회주의 혁명에서 찾았다. 그의 정치공포극은 1891년의 현실진단에서 절정에 달한다.

> 많은 동시대인들은 (…) 우리가 도망칠 수 없는 파국 앞에 서 있다는 확신을 갖고 산다. 근심하지 않는 자는 아무도 없다.[36]

이상과 같이 슈퇴커의 '자본주의 정신' 개념은 비관주의적 시대진단, 반유대주의적이고 민족주의적이며 반자유주의적이고 반사회주의적인 정치적 함의에 의해 특징지어진다. 그에게 '자본주의 정신'은 근대적 '시대정신' 전반과 그 정치·사회적 위험을 강조하기 위한 키워드였다. 그러나 슈퇴커는 동시에 이 개념을 통해, '근대적 유대인'의 무신론적이고 물질주의적인 '낯선 정신'이 주도하는 공포스러운 근대를 대체할 '종교적 창의력'과 '정신적 도약', 그리고 사회윤리에 의해 특징지어지는 '대안적 근대'를 향한 열망도 간접적으로나마 표현하고 있었다.

막스 베버 : '세속적 금욕주의'

청년 막스 베버의 정치의식은 이른바 '자유주의의 후계자' 의식에 의해 특징지어진다. 그는 한때 독일 민족국가의 정신적 주인이었던 아버지 세대의 자유주의적 민족주의자들이 잃어버린 영광을 되찾으려 했다. 그 수단은 내적으로 민족의 사회적 통일과 외적으로 제국주의적 발전을 통해 독일제국을 강력한 민족국가로서 새롭게 재건하는 것이었다.[37] 또한 그는 사회적으로 철저한 '부르주아지' 계급의식의 소유자였으며,[38] 동시에 슈퇴커가 "최소한의 의미에서라도 그는 복음주의적인가? 그는 교회 공동체 생활에 참여하는가?"[39] 라고 의심한 바와 같이, 비록 내적으로는 교회를 떠난 불가지론자(Agnostiker)였지만, 슈퇴커 못지않게 개신교도로서의 자부심도 갖고 있었다.[40]

그의 비관주의는, 독일 통일을 이룬 주인공이자 독일 산업화와 정치적·문화적 진보의 견인차였던 독일 개신교 부르주아지가 자아를 상실하고 역사적 지위를 타자에게 이양한 채 그동안의 성과에 자족하는 속물들로 변질되고 말았다는 데서 나왔다. 그의 '자본주의 정신' 개념은 직접적으로 이런 문제의식을 반영하고 있다.

베버에게 '근대적 자본주의 정신'은 근대 문화를 대표한다. 『프로테스탄트 윤리와 자본주의 정신』[41]에서, 베버는 먼저 미국 건국의 아버지 중 하나로 일컬어지는 프랭클린(Benjamin Franklin)의 설교를 화두로 삼아 '자본주의 정신'에 담긴 이중적 의미를 대비시킨다. 프랭클린에 의하면, 시간은 돈이고, 신용 역시 돈이며, 돈은 번식력이 있고 결실을 맺는다. 따라서 그는 근면·검소·정확·공정함이 젊은이의 출세를 위해 "유용"하다고 충고한다.[42] 베버는 프랭클린의 설교가 그의 동시대인들 다수에게 불러일으킨 반향을 근거로, '자본주의 정신', 즉 특별히 자본주의적인 '에토스' 혹은 '윤리'[43]가 일반적으로 배금주의적인 탐욕의 철학, 혹은 공리주의적이고 행복추구적인 생활윤리와 동일시되고 있음을 지적한다. 그러나 베버는 프랭클린의 설교 속에는 동시에 행복주의와 쾌락주의를 초월한 윤리, 즉 개인의 행복과 유용성을 넘어서서 돈벌이 그 자체가 최고의 목적임을 강조하는—따라서 공리주의자들이 보기에 '비합리적'인[44]—윤리가 숨어 있음을 상기시키면서, '자본주의 정신'을 "금욕적 프로테스탄티즘"에서 기원한 "세속적 금욕주의"로 정의한다.

다시 말해 베버는 '자본주의 정신'을 특히 칼뱅주의에서 유래한 잉글랜드의 퓨리타니즘(청교도주의)이 강조한 '금욕주의'적 직업 관념(직업윤리),[45] 그리고 이에 기초한 합리적인 생활 방식과 동일시함으로써 계산된 배금주의, 향락적 공리주의의 속물근성과 정반대되는 '세속적 금욕주의', 혹은 '금욕주의적 합리주의'라는 하나의 문화적 태도로 정의하고 있다. 이에 덧붙여, 그는 후자는 과거에 있었지만 지금은 사라진 에토스이고, 전자는 현재에 우세한 에토스임을 강조한다.[46] 이렇게 서로 시기적으로 상반되는 두 가지 의미를 축으로, 그는 아래와 같이 하나의 비극적인 대서사를 구성한다.

서구의 개신교 시민계급은 오늘날 "근대적 삶에서 가장 강력한 힘인"[47] 자본주의를 탄생시킨 근대적 주체이다. 이제 모든 인류의 생활 방식을 규정하는 "근대적 경제 질서라는 우주"를 탄생시킨 세계사의 주인공이다. 그러나 오늘날 이 근대적 주체는 '세속적 금욕주의'에 기반을 둔 자아를 잃어버렸다. 시간이 지나면서 금욕주의적 직업윤리는 기계화되고 관료화되었다. "승리하는 자본주의"는 자신의 "기계적 토대" 위에서 "고도의 정신적 문화 가치"를 집어던졌다. 이제 근대적 주체는 자신이 만들어낸 제도화된 합리성, 즉 관료주의적 메커니즘의 "단단한 강철 구조물(stahlhartes Gehäuse)" 속에 감금되고 말았다. 이렇게 자아를 상실한 근대적 주체의 문화적 태도는 배금주의 및 물질주의, 유대인의 "천민자본주의적"[48] 에토스, 경쟁의 열정에 입각한 스포츠적 성격의 영리 추구, 공리주의 같은 무목적적이고 비윤리적인 공허한 '자본주의 정신'에 의해 특징지어진다. 만약 "새로운 예언자가 출현하지 않거나, 옛 생각과 이상의 부활이 없다면", 이제 근대 문화의 "단단한 강철 구조물"은 마침내 "중국식으로 화석화"될 것이고, 근대적 주체는 그 속에서 "인류가 유래 없는 단계에 올라섰다고 자만하는 정신없는 전문가, 가슴 없는 향락자"로 전락할 것이다.[49]

이처럼 베버의 '자본주의 정신' 개념은 비관주의적인 근대문명 비판의 상징으로서 기능한다.[50] 동시에 그의 '자본주의 정신' 개념은 매우 강한 정치적 함의도 담고 있다. 베버는 특히 독일의 개신교 시민계급이 자아를 인식한 근대적 주체로 거듭날 수 있는가를 진단한다. 이를 위해 그는 한편으로 가톨릭교도와 개신교도를 비교한다. 여기서 그는 비록 당시 가톨릭이 농업적 보수 세력과 연대하여 정권에 참여하고는 있지만, 금욕적이고 합리적인 에토스가 결여된 가톨릭교도는 결코 근대적 주체가 될 수 없음을 강조하면서, 이제 세계사의 주역이 되기 위해 제국주의 세력으로 발돋움을 시작한 독일 민족의 앞날은 오로지 개신교 시민계급의 손에 달려 있음을 은근히 강조한다.[51]

하지만 다른 한편 독일의 개신교 시민계급에 대한 자기비판도 노골적이다. 베버는 신의 섭리에 순응할 것을 강조함으로써, 삶의 방법적 합리화를 위한 심리적 동인을 결여한 가톨릭에 가까운 루터의 가르침은 결코 근대적 직업윤리를 낳지 못했음을 지적한다.[52] 이를 통해 그는 당시 독일 개신교의 주류로서 루터교의 정통 신학을 신봉하고, 정치적으로 농업 보수주의 진영에 속했던 보수주의자들을 공격하고 있다.[53] 반면 베버는 당시 제1의 산업제국이었던 앵글로-색슨 세계의 종교적·윤리적 기반이 된 칼뱅주의의 역할을 강조함으로써 독일 개신교의 개혁을 촉구하고 있다.[54] 미래의 독일 개신교가 독일 민족국가를 위해 '금욕적 합리주의'라는 근대적 윤리를 설파하는 시민종교로 거듭날 것을 소망하고 있는 것이다.

이상과 같이 베버의 '자본주의 정신' 개념은 비주류로 밀린 민족주의적이고 종파주의적인 독일 자유주의자들의 정치·사회 비판 담론과 보편적인 근대문명 비판 담론을 통합시키는 매개 고리 역할을 했다. 이를 통해 자아를 상실한 독일 개신교 부르주아지에게 한편으로는 민족의 지도계급으로서의 사명, 즉 '금욕적 합리주의'에 입각한 인격체(Persönlichkeit)로 발전해 대중민주주의 시대의 새로운 문화적 에토스를 지도하는 독일 민족의 예언자로서의 소명을 각성시키려는 베버의 염원이 표현되고 있다.

하지만 베버의 '자본주의 정신' 개념은 역설적이게도 영미 세계 민족주의의 보편사적이고 시민종교적인 자기정당화에 기여했다. 특히 미국의 퓨리타니즘 신화와 냉전 시대 아메리카니즘의 자기정당화는 베버의 '자본주의 정신' 개념에 힘입은 바가 크다.[55]

좀바르트 : '영웅 정신'과 '상인 정신'

세계관적 편력의 종점이 결국 '반동적 근대주의'로 끝난 좀바르트는 베버와 마찬가지로 우선 정치적 투쟁 개념이었던 '자본주의'를 학술 개념으로 전화시키면서, 영리 추구와 함께 합리성을 자본주의의 원리로서 파악한다. 또한 자본주의를 특정 시기에 특정한 곳, 즉 근대 초 유럽에서 처음으로 출현해 여타의 모든 낡은 경제 형태들과 투쟁하여 승리한, 인류 보편사의 한 발전 단계를 지배하는 경제 시스템으로 파악한다.[56] 그는 베버를 인용하여 오늘날 "자본주의적 경제 조직"은 "실제적으로 변화시킬 수 없는 구조물", "거대한 우주"가 되어버렸다고 표현하면서, 자본주의를 근대인이 받아들여야 할 숙명으로 묘사한다.[57] 이런 '자본주의' 개념 속에는 역사의 보편사적인 진보는 피할 수 없는 법칙이라는 신념이 잘 배어 있다. 그런 맥락에서 그는 '자본주의' 개념을 보수주의자들의 '산업주의' 비

판과 전통적 수공업 보호책에 대항하는 투쟁 개념으로 사용하기도 했다.[58]

좀바르트는 베버와 마찬가지로 근대 자본주의의 시작과 발전에 '정신'이 있었음을 강조함으로써, 근대 경제사와 근대 문화사를 통합시킨 전체 근대사라는 보편사적 메타서사를 구상했다. 그는 이를 통해 보편적 자연사에 입각한 마르크스의 『자본 1』을 뛰어넘는 대작을 기획했다. 물론 좀바르트는 베버와는 달리 '자본주의 정신'을 근대적 정신 일반과 동일시한다. 그는 죽은 헤겔이 부활한 양 장중하게 말한다.

> 유럽적 영혼의 깊은 근저로부터 자본주의가 자라났다. 새로운 국가와 새로운 종교, 새로운 과학과 새로운 기술을 탄생시킨 바로 그 정신이 또한 새로운 경제생활을 창조했다.[59]

따라서 좀바르트의 '자본주의 정신' 개념은 매우 다양한 기원을 갖는 여러 요소들의 복잡한 구성물로 이루어져 있다. 다시 말해 이윤 추구의 본능 같은 생물학적 토대에서부터, 철학 및 종교와 같은 여러 윤리적 힘들, 그리고 심지어는 기술 및 "자본주의 자체"로부터 유래했고, 복잡한 과정을 통해 발전한 문화적 정향성 및 태도들의 복합체이다. 이렇게 매우 복잡한 좀바르트의 '자본주의 정신' 개념은 기본적으로 근대 (정신)문화, 그의 표현을 빌리자면 "우리 시대의 정신" 혹은 "우리 시대의 영혼의 구조" 일반의 역사적 대 파노

라마를 묘사하고 또한 문제점을 진단하기 위한 키워드로서 기능한다.[60]

물론 좀바르트는 단지 '자본주의 정신'이 복잡한 구성물임을 보여주는 데 머무르지 않고, 근대문화에 대한 비판적 현실 진단과 미래 예측을 위해 '자본주의 정신'을 아래에서 보듯이 몇 가지 하위 개념들로 나누고, 그것을 구현하는 역사적 주체들을 명료화한다. 이를 통해 베버와 매우 유사한 방식으로 하나의 '역사 비극'을 재구성한다. 그러나 여러 '자본주의 정신들'이 구성하는 좀바르트의 '역사 비극'은 베버의 그것만큼 효과적이지 못하다.

우선 1902년 『근대 자본주의』에서 좀바르트는 본격적인 비극 대신 차가운 다큐멘터리를 의도했다. 그런데 제1차 세계대전을 전후해서는 이것이 갑자기 비극으로 바뀐다. 그의 비극에는 때때로 너무 많은 주인공이 등장해 서로 이름을 바꾸기도 하고, 때로는 표변하기도 하며, 낭만주의적 분위기로 과장되게 외치기도 하고, 나아가 이미 퇴장한 자가 갑자기 주인공으로 다시 무대에 오르기도 한다. 예를 들어 『근대 자본주의』의 개작을 위해 쓴 『사치와 자본주의』(1912)에서는 영웅적 사업가와 합리적 상인이 갑자기 궁정귀족, "귀여운 여자"로 불린 고급 창녀 및 애첩들, 그리고 귀부인들의 소비를 부추기는 졸부들로 희화화된다. 그리고 이들이 주인공이 된 멜로드라마 속에서 쾌락주의와 사치 풍속에 기초한 감각적 소비문화가 자본주의 발전의 원동력으로 묘사된다. 또한 그가 초기에는 퇴출시켰던 수공업자와 농민이 제1차 세계대전 이후 갑자기 농촌 낭만주의

드라마의 주인공으로 다시 등장하기도 한다.[61] 따라서 그의 역사 비극은 노이로제 환자가 연출한 관객을 정신없게 만드는 '블랙코미디'라고 할 수 있다.

좀바르트가 구성하는 역사 비극의 큰 줄거리는 다음과 같다. '초기 자본주의' 시대는 역동적이고 창조적이었다. 이 시대에는 권력에의 의지와 역동성으로부터 탄생한 영웅적 "사업 정신", 그리고 다른 한편 질서와 "수학적 정확성", "차가운 합목적성", 즉 경제적 합리성과 종교적·윤리적 덕목이 결합되어 등장한 "시민정신", 이 두 종류의 '자본주의 정신'이 조화를 이루며 경제생활을 지배했다.[62] 이 두 종류의 자본주의 정신을 함께 구현한 여러 근대적 경제인들, 즉 1913년 좀바르트가 '부르주아지'라고 명명한 이들이 새로운 세계를 창조하고 발전시켜나갔다.

그러나 우리의 시대, 즉 "고도자본주의 시대"는 영웅적인 "사업정신"과 "경제적 합리성"이 "관료주의적 거대 경영" 속에서 기계화되어버린 시대이다. 관료적 근대성이 지배하는 "움직일 수 없는 단단한 구조물"로 이루어진 세계 속에서 "자본주의 정신"은 더 이상 활동 공간이 없다. "초기 자본주의 시대에는 사업가가 자본주의를 만들었다. 그러나 고도자본주의 시대에는 자본주의가 사업가를 만들고 있다."[63] 우리의 시대는 결국 "눈먼 거인이 민주주의적인 문화의 수레를 끌려고 채비하는" 위험한 사태를 맞이하게 될 것이다.[64]

이처럼 좀바르트는 베버와 마찬가지로 근대적 문명을 창조한 주체가 자신의 결과물에서 소외되었음을 강조한다. 그런데 베버와 달리 좀바르트는 그 근본 원인으로서 근대적 주체의 자아 상실 대신 자아 분열과 변질을 강조한다. 그는 근대적 주체를 특징짓는 두 가지 '자본주의 정신' 중 "사업 정신"은 소수의 "영웅적"인 것과 제도의 틀 안에서 기계화된 "대중적"인 것으로 분열되었고, "시민정신"은 자연과학과 근대기술을 탄생시킨 "게르만-로마적 정신"과 상인적 "유대 정신"으로 분열되었음을 지적한다. 그리고 이 분열의 결과는 전반적인 "영웅 정신"의 소멸과 "시민정신"의 탈종교화와 탈윤리화, 마침내 '자본주의 정신' 일반의 "상인 정신"으로의 변질이다. 이것이 창조적이었던 "초기 자본주의"에서 물화된 "고도자본주의" 단계로의 이행 과정이다.[65]

좀바르트는 '상인 정신'의 특징을 때로는 차가운 경제적 합리성에서 찾기도 하고, 때로는 합목적적인 배금주의 및 물질주의에서 찾기도 한다. 나아가 양자를 싸잡아 '배금주의의 수학'으로서 부정적으로 규정하기도 한다. 즉 '상인 정신'은 경제와 기술, 안락함과 스포츠로 표현된 소상인의 영업 정신, 실용주의적이고 공리주의적인 물질주의, 이기주의적 개인주의, 유용성과 행복과 향락의 생활 철학, 나아가 국제주의와 문명화의 사명으로 위장된 상업적 팽창주의 및 자본주의적 세계 정복의 야욕으로 구성된다. 그리고 그것을 가장 대표적으로 구현한 주체를 때로는 유대인에게서, 때로는 영국이 대표하는 '서구 문명'에서 찾기도 한다.[66] 이런 맥락에서 그는 영미 세계의 퓨리타니즘 정신과 유대 정신을 동일한 것으로 보기도 한다.[67]

반면 그는 원래의 '자본주의 정신'에 깃들었던 진정한 창조적 의미를 "영웅 정신"에서 찾는다. 그리고 "영웅 정신"의 구현자를 때로는 1902년 당시에는 소멸될 것으로 예견한 "정신과 영혼"의 담지자인 수공업자와 농민에게서,[68] 때로는 "상업주의의 더러운 홍수에 맞서는 마지막 댐"인 독일 민족에게서 찾는다.[69] "영웅 정신"은 개별 인간 주체의 인격성(Persönlichkeit), 예술·철학 같은 정신문화, 희생정신, 진실됨, 경건함, 용기, 명예에 대한 경외심 같은 덕목들, 나아가 영원성과 종교에 대한 자각 위에서 형성된다.[70] 그리고 "영웅 정신"의 구현자인 수공업자와 농민을 정신적 축으로 한 독일 민족만이 지금까지 진행된 역사 법칙의 반전을 가능케 할 수 있다.

이상과 같이 좀바르트의 '자본주의 정신' 개념은 수세에 몰린 자유주의자들과 문화비관주의적이고 보수적인 교양시민들의 잡다한 신경질적 근대 비판 담론들을 통합시켜주는 매개 고리 역할을 했다. 정치적으로 그의 '자본주의 정신' 개념은 반유대주의와 반영 감정 및 반국제주의를 고취시키면서 독일 민족을 정치사회적으로 통합하려 한 급진민족주의의 표어로 기능하기도 했다. 그러나 무엇보다도 좀바르트의 '자본주의 정신' 개념은 당시 독일 부르주아지의 근대화 과정에 대한 고통스러운 경험, 그로 인한 노이로제적 위기의식, 그리고 역사의 종말론적 반전에 대한 갈망을 잘 표현해주는 지표라는 점에서 핵심적 의의를 지닌다.[71]

지금까지 살펴본 것처럼 1900년을 전후하여 탄생한 '자본주의 정신' 개념 속에는 공적으로나 사적으로 주류에서 소외되고 위기에 처한 독일 부르주아 근대주의자들의 잡다한 비판주의적 시대 진단과 근대문명 비판이 담겨 있었다. 그들은 이 개념을 통해 무엇보다도 근대 산업사회의 정신적 측면, 즉 물질주의적인 세계관과 문화가 갖는 취약점을 비판하고, 부분적으로는 새로운 대안을 제시하려 했다. 물론 그들의 문명 비판은 현실적인 수세를 극복하고 새롭게 정치·사회·문화적인 헤게모니를 잡으려는 열망의 표현이기도 했다.

그중 보수주의적 근대주의자들을 대표하는 슈퇴커는 '자본주의 정신' 개념에 강한 반유대주의적 함의를 부여한 채, 이를 무엇보다 정치공포극을 구성하는 중심적 개념으로 사용했다. 이를 통해 슈퇴커는 '유대인이 대변하는 배금주의(물신숭배)적 근대문명' 전반에 대한 보수적 소시민 대중의 위기의식을 정치화시키려 했다.

반면 자유주의적이고 민족주의적인 근대주의자들을 대표하는 베버와 좀바르트의 '자본주의 정신' 개념은, 독일 부르주아 자유주의자 내지 민족주의자들의 정치적 위기의식을 보편사에 입각한 문명 비판의 맥락 속으로 전환시키는 매개 고리 역할을 했다. 여기서 '자본주의 정신'은 상호 대립되는 이중적 함의를 내포하고 있다. 그것은 한편으로 현재의 '부도덕한' 에토스이고, 다른 한편 과거의 '이상적' 에토스이다. 그럼에도 양자 간에는 가치 중립적 의미에서 '합리성'이라는 공통점이 있다. 이 '자본주의 정신'은 독일 부르주아지를 문명사적 관점에서 근대적 주체로, 또한 이 계급의 정치·사회적 위기 상황을 근대적 주체의 위기 상황으로 일반화시키는 대서사극의 중심적 개념으로 기능했다. 그런데 베버가 '자본주의 정신' 개념을 통해 근대적 주체의 자아 상실을 주제로 한 심각한 역사 비극을 구성했다면, 좀바르트는 원래의 의도와는 다르게 그 스스로 자아 분열과 변질을 거듭하면서 근대적 주체의 자아 분열과 변질을 주제로 한 블랙코미디를 만들어냈다.

이처럼 '자본주의 정신'은 한편으로 공포극의 플롯을 지닌 정치·사회 비판 담론, 다른 한편으로 비극과 블랙코미디의 플롯을 지닌 보편적 문명 비판 담론을 조직하고 응집성을 부여하면서, 세기 전환기의 독일 부르주아 근대주의자들의 근대 산업사회에 대한 순응의 태도가 결코 진보낙관주의 때문이 아니었음을 보여주고 있다.

끝으로 이 세 가지 유형의 '자본주의 정신'은 모두 강한 민족주의적 함의를 담고 있었다는 점을 지적할 수 있겠다. 물론 각자 강조점의 차이는 있지만, 세 가지 유형의 '자본주의 정신'은 모두 당시 부르주아지의 정치적 담론에서 독일 민족국가의 3대 적으로 표상되었던 사회주의자의 "붉은 인터내셔널", 가톨릭의 "검은 인터내셔널", 그리고 유대인의 "황색 인터내셔널", 더 나아가 "인터내셔널" 전반에 대한 편견과 적개심을 강화시키는 데 기여했다.

그렇다면 이 '자본주의 정신'은 어떤 과정을 거쳐 긍정적 함의를 지닌 채 근대화 이데올로기로 쓰이는 오늘날의 '자본주의 정신' 개념으로 변화되었을까? 이 개념의 통시적 변화 과정을 살피기 위해서는 베버의 '자본주의 정신' 개념이 미국에 수용되어 퓨리타니즘(청교도) 신화와 결합되는 과정, 냉전 시대에 들어 미국에서 근대화론이 출현·발전하고 아메리카니즘의 자기정당화가 진행되는 과정, 이후 근대화론 및 아메리카니즘 모델이 동아시아에서 수용되고 변형되는 과정 등이 연구되어야 한다. 이를 통해 비로소 '자본주의 정신'의 전체 개념사가 서술될 수 있다. 그 과정에서 각 단계마다 지금까지 상술한 방식과 같은 개념의 사회사 연구가 진행되어야 함은 물론이다.

부록

미주
참고문헌
찾아보기

미주

머리말

01 라인하르트 코젤렉, 한철 옮김, 「개념사와 사회사」, 『지나간 미래』, 문학동네, 1998, 121쪽.
02 Jochaim Ritter, "Begriffsgeschichte", *Historisches Wörterbuch der Philosophie*, Bd. 1, Basel/Stuttgart, 1971, pp. 788~808과 비교할 것.
03 Otto Brunner / Werner Conze / Reinhart Koselleck eds., *Geschichtliche Grundbegriffe. Historisches Lexikon der politisch-sozialen Sprache in Deutschland*, Stuttgart, 1972~1998(이하 *GGB*로 축약함). 예를 들어 '민족, 국민, 민족주의, 대중'과 같이 의미론적으로 밀접한 관련을 갖는 일부 개념들은 하나의 기본개념 항목으로 통합되어 서술됨으로써 항목 수는 모두 115개이다.
04 Melvin Richter, "Appreciating a Contemporary Classic: The Geschichtliche Grundbegriffe and Future Scholarship", Hartmut Lehmann/idem eds., *The Meaning of Historical Terms and Concepts. New Studies on Begriffsgeschichte*, Washington, D.C., 1996, pp. 7~19; Terence Ball/James Farr/Russell L. Hanson, *Political Innovation and conceptual Change*, Cambridge, 1989, p. IX.
05 Rolf Reichardt et al. eds., *Handbuch politisch-sozialer Grundbegriffe in Frankreich 1680-1820*, München, 1985~(이하 *HGF*로 축약함).
06 Melvin Richter, ibd., p. 18f. 코젤렉의 개념사 연구가 독일어권을 넘어 전 세계적으로 영향을 끼친 데는 무엇보다 리히터의 역할이 컸다고 할 수 있다. 그는 여

러 비평논문들을 썼는데, 이 논문들의 중요 내용을 종합하여 『The History of Political and Social Concepts: A Critical Introduction』(Oxford, 1995)를 출판했다. 이 책은 송승철과 김용수에 의해 『정치·사회적 개념의 역사—비판적 소개』(소화, 2010)라는 제목으로 번역되었다. 그의 주요 비평 논문들은 다음과 같다. "Conceptual History (Begriffsgeschichte) and Political Theory", *Political Theory* 14, 1986, pp. 604~637; "Understanding Begriffsgeschichte. A Rejoinder", *ibd.* 19, 1989, pp. 296~301; "Begriffsgeschichte and the History of Ideas", *Journal of the History of Ideas* 48, 1987, 247~263; "Reconstructing the History of Political Languages: Pocock, Skinner, and the Geschichtliche Grundbegriffe", *History and Theory* 29, 1990, pp. 38~70; "Begriffsgeschichte in Theory and Practice: Reconstructing the History of Political Concepts and Language", Willem Melching / Wyger Velema eds., *Main Trends in Cultural History*, Amsterdam / Atlanta, 1994. 부정적 입장에서 코젤렉의 개념사를 소개한 James J. Sheehan, "'Begriffsgeschichte'. Theory and Practice", *Journal of Modern History* 50, 1978, pp. 312~319; 아날 학파와 비교한 Irmline Veit-Brause, "A Note on Begriffsgeschichte", *History and Theory* 20, 1981, pp. 61~67 등도 눈여겨볼 만하다.

07 Lucian Hölscher, "The Theory and Method of German 'Begriffsgeschichte' and Its Impacts on the Construction of an European Political Lexicon", *History of Concepts Newsletter* 6, Spring 2003, pp. 3~7.

08 Javiér F. Sebastián / Juan F. Fuentes, "Conceptual History, Memory, and Identity: An Interview with Reinhart Koselleck", *Contributions to the history of concepts* 2/1, March 2006, p. 110.

09 João Feres Júnior, "For a Critical Conceptual History of Brazil: Receiving Begriffsgeschichte", *Contributions to the history of concepts* 1/2, Oct. 2005, pp. 185~200, 특히 p. 192.

1부 개념사란 무엇인가?

1. 개념이란 무엇인가?

01 Hans-Urlich Wehler ed., *Imperialismus*, Köln, 1976, p. 11.
02 클리퍼드 기어츠, 문옥표 옮김, 『문화의 해석』, 까치글방, 1998, 526쪽.
03 뤼시엥 페브르, 김웅종 역, 『16세기의 무신앙 문제—라블레의 종교』, 문학과지성사, 1996 참조.
04 위의 책, 176쪽.
05 카를로 진즈부르그, 김정하 / 유제분 옮김, 『치즈와 구더기』, 문학과 지성사, 2001.
06 Friedrich Meinecke, *Die Idee der Staatsräson in der neueren Geschichte* 2. Aufl., München / Berlin, 1925.
07 Melvin Richter, "Begriffsgeschichte and the History of Ideas", *Journal of the History of Ideas* 48, 1987, pp. 261f.에서 재인용.
08 Arthur O. Lovejoy, *The Great Chains of Being*, Cambridge, Mass., 1936, 12th printing: 1974, pp. 3~23.
09 Melvin Richter, "Begriffsgeschichte and the History of Ideas", pp. 260~262.
10 Arthur O. Lovejoy, *The Great Chains of Being*, pp. 315~333.
11 Reinhart Koselleck, "A Response to Comments on the Geschichtliche Grundbegriffe", Hartmut Lehmann / Melvin Richter, *The Meaning of Historical Terms and Concepts. New Studies on Begriffsgeschichte*, Washington, D.C., 1996, pp. 61f.
12 *GGB*, Bd 1, pp. XXf.
13 Eckhart Helmuth / Christoph v. Ehrenstein, "Intellectual History Made in Britain: Die Cambridge School und ihre Kritiker", *Geschichte und Gesellschaft* 27, 2001, pp. 149~172(인용부 p. 171).
14 Melvin Richter, "Reconstructing the History of Political Languages: Pocock, Skinner, and the Geschichtliche Grundbegriffe", *History and Theory* 29, 1990, pp. 38~70(인용부 p. 64); John G. A. Pocock, *Politics, Language and Time*, London, 1972, pp. 3~41; idem, "Concepts and Discourses", Hartmut Lehmann / Melvin Richter, *The Meaning of Historical Terms and Concepts. New*

Studies on Begriffsgeschichte, Washington, D.C., 1996, pp. 47ff.; Koselleck, "A Response to Comments on the Geschichtliche Grundbegriffe", *ibd.*, pp. 62ff.

15 예를 들어 Dietrich Busse / Frittz Herrmann / Wofgang Teubert eds., *Begriffsgeschichte und Diskursgeschichte. Methodenfragen und Forschungsergebnisse der historischen Semantik*, Opladen, 1994.

16 예를 들어 Heiner Schultz, "Begriffsgeschichte und Argumentationsgeschichte", R. Koselleck ed., *Historische Semantik und Begriffsgeschichte*, Stuttgart, 1979, pp. 43~74; James J. Sheehan, "'Begriffsgeschichte'. Theory and Practice", *Journal of Modern History* 50, 1978, pp. 312~319.

17 라인하르트 코젤렉, 한철 옮김, 「개념사와 사회사」, 『지나간 미래』, 문학동네, 1998, 125쪽 참조.

18 Dietrich Busse / Frittz Herrmann / Wofgang Teubert eds., *Begriffsgeschichte und Diskursgeschichte*, pp. 14ff.; 롤프 라이하르트, 「역사적 의미론—어휘통계학과 신문화사 사이」, 박근갑 외, 『개념사의 지평과 전망』, 소화, 2009, pp. 67f.

19 김학이, 「롤프 라이하르트의 개념사」, 위의 책, pp. 133f. 참조.

20 Reinhart Koselleck, "A Response to Comments on the Geschichtliche Grundbegriffe", pp. 65f.; Reinhart Koselleck, "Some Reflections on the Temporal Structure of conceptual Change", W. Melching / W. Velema eds., *Main Trends in Cultural History*, Amsterdam / Atlanta, 1994, pp. 7~16, 특히 pp. 7f.

21 *Protokoll über die Vertreter-Versammlung aller National-Sozialen 26~29*, 9. 1897, p. 28.

22 Rudolph Sohm, "Volkspolitik oder Massenpolitik", *Die Hilfe* 4/28, 1898, pp. 3f.(인용부 p. 4)

23 Lucian Hölscher, *The Theoretical Foundation of 'Begriffsgeschichte'* (lecture given at the summer course New cultural history at San Lorenzo de Escorial, 1994, unpublished manuscript) 16; Lucian Hölscher, "The Theory and Method of German 'Begriffsgeschichte' and Its Impacts on the Construction of an European Political Lexicon", *History of Concepts Newsletter* 6, Spring 2003, p. 5.

24 라인하르트 코젤렉, 「비대칭적 대응개념의 사적·정치적 의미론」, 『지나간 미래』, 235~289쪽과 비교할 것.

25 Melvin Richter, "Begriffsgeschichte in Theory and Practics", in: W. Melching

/ W. Velema eds., *Main Trends in Cultural History*, (Amsterdam/Atlanta 1994), p. 137.
26 Reinhart Koselleck, "Historik und Hermeneutik", idem, *Zeitschichten*, Frankfurt a. M. 2000, pp. 97~118.
27 Melvin Richter, "Begriffsgeschichte in Theory and Practics", pp. 129~140.
28 Reinhart Koselleck, "sozialgeschichte und Begriffsgeschichte", W. Schieder / V. Sellin eds., *Sozialgeschichte in Deutschland* I, Göttingen 1986, p. 95; idem, "Historik und Hermeneutik", pp. 97~118.
29 라인하르트 코젤렉, 「개념사와 사회사」, 134쪽.
30 Reinhart Koselleck, "Einleitung", *GGB* 1, p. XXIII.
31 에르네스트 르낭, 신행선 옮김, 『민족이란 무엇인가』, 책세상, 2002, 81쪽.
32 Reinhart Koselleck, "Begriffsgeschichte und Sozialgeschichte", idem, *Vergangene Zukunft. Zur Semantik geschichtlicher Zeiten*, Frankfurt. a. m., 1989, pp. 118ff.
33 카를로 진즈부르그, 김정하 / 유제분 옮김, 『치즈와 구더기』, 문학과지성사, 2001.
34 '역사' 개념에 대해서는 이 책 9장에서 상세히 언급할 것이다.
35 Heiner Schultz, "Begriffsgeschichte und Argumentationsgeschichte", pp. 65~67. 또한 슐츠는 장기간 개념도 변하지 않고 실재도 변하지 않는 경우도 가능하다고 한다.
36 Lucian Hölscher, "Wie begrenzt ist die Sozialgeschichte?", M. Hetling / C. Huerkamp / P. Nolte / W. Schmuhl eds., *Was ist Gesellschaftsgeschichte?*, München, 1991, pp. 312~322.
37 Lucian Hölscher, "The Theory and Method of German 'Begriffsgeschichte'", p. 5.
38 Lucian Hölscher, *The Theoretical Foundation*, p. 17.

2. 개념사의 다양성

01 하위주체들의 연구를 위한 입론은 김택현, 『서발턴과 역사학 비판』, 박종철출판사, 2003을 참조할 것.
02 R. Koselleck, "Einleitung", *GGB*, Bd. 1, pp. XIIIf.
03 *Ibd.*, XIV.

04 Ibd.
05 R. Koselleck, "Einleitung", *GGB*, Bd. 1, pp. XXVlf.
06 Reinhart Koselleck, "Some Reflections on the Temporal Structure of conceptual Change", W. Melching / W. Velema eds. *Main Trends in Cultural History*, Amsterdam / Atlanta, 1994, p. 10.
07 「개념사와 사회사」, 『지나간 미래』, p. 140f.
08 Reinhart Koselleck, "A Response to Comments on the Geschichtliche Grundbegriffe", p. 68.
09 ibd., pp. 66f.
10 R. Koselleck, "Volk, Nation, Natioalismus, Masse", *GGB* 7, 1992, pp. 141~431 참조.
11 R. Koselleck / U. Spree / W. Steinmetz, "Drei bürgerliche Welten?", H.-J. Puhle ed., *Bürger in der Gesellschaft der Neuzeit. Wirtschaft-Politik-Kultur*, Göttingen, 1991, pp. 14~58.
12 자세히는 라인하르트 코젤렉, 「경험공간과 기대지평」, 『지나간 미래』, 388~425쪽.
13 Reinhart Koselleck, "Some Reflections on the Temporal Structure", pp. 11f.
14 ibd., pp. 15ff.
15 "A Response to Comments on the Geschichtliche Grundbegriffe", p. 63.
16 Reinhart Koselleck, "Some Reflections on the Temporal Structure", p. 12; idem, "A Response", pp. 62ff.
17 R. Koselleck, "Daumier and Death", "War Memorials: Identity Formations of the Survivors", idem, *The Practice of Conceptual History. Timing History, Spacing Concepts*, Stanford, 2002, pp. 285~326, pp. 285~326; idem / Michael Jeismann eds., *Der politische Totenkult. Kriegerdenkmäler in der Moderne*, München, 1994; idem, *Zur politischen Ikonologie des gewaltsamen Todes. Ein deutsch-französischer Vergleich*, Basel, 1998.
18 Peter Schöttler, Sozialgeschichtliches Paradigma und historische Diskursanalyse, J. Fohrmann / H. Müller eds., *Diskurstheorien und Literaturwissenschaft*, Frankfurt a. M., 1988, pp. 159~199(특히 pp. 173ff.)
19 이하 논의는 기본적으로 Rolf Reichardt, *Einleitung, HGF*, Heft 1/2, pp. 22~85를 참조함.

20 김학이, 「롤프 라이하르트의 개념사」, 박근갑 외, 『개념사의 지평과 전망』, 소화, 2009, 102쪽.
21 사료유형에 대해서는, HGF, Heft 1/2, pp. 86~146.
22 Hans-Urlich Gumbrecht, "Für eine phänomenologische Fundierung der sozialhistorischen Begriffsgeschichte", R. Koselleck ed., *Historische Semantik und Begriffsgeschichte*, Stuttgart, 1979, pp. 75~101.
23 라이하르트와 코젤렉은 이론적 설계의 편차에도 불구하고 공동으로 연구를 수행하기도 했다. 대표적으로 Reinhart Koselleck / Rolf Reichardt eds., *Die Französische Revolution als Bruch des gesellschaftlichen Bewußtseins*, München, 1988을 참고할 것.
24 김학이, 앞의 책, 109쪽.
25 'Bastille', *HGF*, Heft 9, pp. 7~74.
26 1774년의 경우 바스티유 소장이 9회, 루이 11세가 5회, 장관이 3회, 리슐리외가 2회, 1789년의 경우 소장이 7회, 기타 루이16세, 리슐리외 등이 한 번씩 등장한다.
27 1789년에는 '법'이 세 번 등장했다.
28 Rolf Reichardt, *The Bastille. A History of a Symbol of Despotism and Freedom*, Durham, 1997.
29 Raymond Williams, *Keywords. Vocabulary of Culture and Society*, 2nd ed., Oxford, 1983, p. 13. 이 책의 제1판은 1976년에 나왔다. 이하 제1판은 *KW*1, 제2판은 *KW*2로 명명함.
30 예컨대 "Capitalism", *Western Society and Marxism, Communism. A Comparative Encyclopedia*, ed. by C. D. Kernig, vol. I, New York, 1972, pp. 386~398.
31 "Capitalism", *KW*2, pp. 50~52.
32 *KW*2, pp. 20f.
33 *KW*2, p. 21.
34 물론 그는 이론적으로 기호학적 관점에서 이루어지는 의미작용(signification)의 분석, 즉 단어와 개념의 관계, 의미와 지시대상의 일반적 진행 과정, 더 나아가 의미(sense)와 지시(준거)대상(reference)을 만들어내고 이것들을 통제하는 사회적 규범과 언어 체계에 대한 언어철학적이고 이론언어학적인 분석 또한 중요하다고 한다.
35 *KW*2, pp. 21f.

36 *KW*2, p. 22.
37 *KW*2, p. 20.
38 *KW*2, p. 15.
39 *KW*1, p. 84, p. 189와 비교할 것.
40 Quentin Skinner, "Language and political change", Terence Ball / James Farr / Russell L. Hanson eds., *Political Innovation and conceptual Change*, Cambridge et al., 1989, pp. 6~23(인용부 p. 7)
41 "Kapital, Kapitalist, Kapitalismus", *GGB*, Bd. 3, pp. 399~454; "Capitalism", *KW*2, pp. 50~52 참조할 것.
42 *KW*2, p. 23.
43 Terence Ball / James Farr / Russell L. Hanson eds., *Political Innovation and conceptual Change*. 특히 James Farr의 글과 14개의 실제 연구항목들을 볼 것.
44 KW2, pp. 25f.
45 Raymond Williams, *Culture and Society 1780~1950*, New York, 1982.
46 Raymond Williams, *The Country and the City*, London, 1973.
47 Quentin Skinner, "Language and political change", pp. 20f.
48 예를 들어 미국의 중국학자 멜빈 리히터(Melvin Richter)는 『역사 기본개념』이라는 코젤렉 개념사의 위대한 성취에도 불구하고 지금까지 알파벳순에 따라 각기 개별적으로 취급된 개념들 간의 연관과 대립을 파고들어 정치·사회적 언어의 결정적 전개 지점에서 정치·사회적 어휘 체계의 통합적 재구축이 시도되지 못한 점을 비판하면서 이를 보완하는 방향으로 개념사 연구가 발전할 것을 요청하고 있다. 멜빈 릭터, 『정치·사회적 개념의 역사—비판적 소개』, pp. 107f.
49 Raymond Williams, *Culture and Society*, pp. 13~18.
50 *Ibd.*, pp. 285~287.
51 "Myth", *KW*2, pp. 210~212.
52 Raymond Williams, *Culture and Society*, pp. 18f.
53 KW2, pp. 24f.
54 KW2, pp. 24f.
55 Raymond Williams, *Resources of Hope. Culture, Democracy, Socialism*, ed. by Robin Cable, London / New York, 1989, pp. ix~xxiii.
56 *Ibd.*, pp. xxi~xxii(인용부 p. xxi).
57 Raymond Williams, "Mining the Meaning: Key Words in the Miner's Strike",

Resources of Hope, pp. 120~127.
58 윌리엄스에 대한 최근의 평가에도 이 점이 빠져 있다. 그의 문화사회학에 대한 최근의 비판적 정리는 Paul Jones, *Raymond Williams's Sociology of Culture. A Critical Reconstruction*, New York, 2004를 보라.
59 João Feres Júnior, "For a Critical Conceptual History of Brazil: Receiving Begriffsgeschichte", *Contributions to the history of concepts* 1/2, Oct. 2005, pp. 185~200, 특히 pp. 189f.
60 Ibd., pp. 191ff.
61 ibd.
62 「비대칭적 대응개념의 사적·정치적 의미론」, 『지나간 미래』, 235~289쪽.
63 자세히는 "The History of Counterconcepts: 'Latin America' as an example", *History of Concepts Newsletter* 6, pp. 14~19. 또한 "The Semantics of Asymmetric Counterconcepts: The Case of 'Latin America' in the US", *Anales of the Iberoamerikanska Intstitutet* 7/8, 2005, pp. 83~106.
64 Javiér Fernández Sebastián et al., "Conceptual History. Memory, amd Identity: An Interview with Reinhart Koselleck", *Contributions to the History of Concepts* 2/1, 2006, pp. 99~127(인용부 pp. 125f.)

3. 근대 비판으로서의 개념사

01 Hayden White, "Forword", R. Koselleck, *The Practice of Conceptual History. Timing History, Spacing Concepts*, Stanford, 2002, p. IX.
02 아래에서 언급할 디퍼는 '문화적 헤게모니'라는 말을 쓰고 있다. 혹자는 문화적 권력이란 말이 지나친 표현이라고 생각할 수도 있다. 하지만 비판적 사회사가들은 이미 1970년대 이후 '고전적 역사주의'의 적자들이 장악했던 권력을 깨트리면서, 자신들의 동인지, 방대한 프로젝트와 연구소들, 그리고 학문 후속 세대의 조직적 양산 등을 통해 이른바 독일 역사학 동업조합의 '신정통'을 형성했다. 통독 이후로는 구동독 역사학계의 청소 작업에 이들이 중심적 역할을 수행하면서, 그 근거지를 빌레펠트에서 베를린으로 넓혔다. 한편 정치사 중심의 노동운동사 역시 이들에 의해 역사적 사회과학의 패러다임 속에 편입되었는데, 그 결과 보훔의 유럽노동운동사연구소는 유럽 사회운동사연구소로 개명되면서, 그들 중 하나인 텐펠데(K. Tenfelde)가 소장으로 부임했다. 비록 통독 이후 독일 역사학계는

백가쟁명의 시대를 맞이하고 있긴 하지만, 비판적 사회사가들의 인적 네트워크와 그들의 대부 격인 벨러(H.-U. Wehler)나 코카(J. Kocka)의 학계 내 정치적 파워를 누가 부인할 수 있겠는가?

03 Christof Dipper, "Die 'Geschichtlichen Grundbegriffe'. Von der Begriffsgeschichte zur Theorie der historischen Zeiten", *Historische Zeitschrift* 270, 2000, pp. 281~308.
04 R. Vierhaus, "Laudatio auf Reinhart Koselleck", *Historische Zeitschrift*, 251 1990, pp. 530f.
05 Christof Dipper, "Die 'Geschichtlichen Grundbegriffe'", pp. 283f.
06 Hans-Urlich Wehler ed., *Krisenherde des Kaiserreich*, Götingen, 1970, p. 320.
07 혹자는 '언어로의 전환'이라는 말이 좀 더 적절하다고 생각할 것이다. 그러나 'linguistic turn'을 이 말로 번역한다면, 이 표어의 외연과 함의가 지극히 미국적인 풍토만을 반영하는 차원으로 축소된다. 예를 들어 담론과 개념 등 언어 현상을 연구의 테마로 삼는 영국의 스테드맨-존스나 포콕, 스키너, 그리고 미국 내에서도 차일더스(Th. Childers)의 작업들은 이른바 포스트모던 역사학과는 그 결을 달리한다.
08 Heinrich Mann, *Professor Unrat oder Das Ende eines Tyrannen*, Frankfurt a. M., 2002. 이 소설은 <푸른천사(Der blaue Engel)>라는 제목으로 영화화되었다.
09 Friedrich Wilhelm Graf, "Die Macht des Schicksals entschuldigt gar nichts", *Frankfurter Allgemeiner Zeitung*, 01. Nov. 1999; Rudolf Vierhaus, "Laudatio auf Reinhart Koselleck", pp. 529~538, 특히 pp. 530f.
10 R. Koselleck, "Vielerlei Abschied vom Krieg", B. Sauzay et al. ed., *Vom Vergessen vom Gedenken. Erinnerungen und Erwartungen in Europa zum 8. Mai 1945*, Göttingen, 1995, pp. 19f.
11 Ibd., pp. 22~25.
12 Ibd., pp. 21f.
13 Ibd., pp. 20~22.
14 F. W. Graf, "Die Macht des Schicksals".
15 R. Vierhaus, "Laudatio auf Reinhart Koselleck", p. 532.
16 F. W. Graf, "Die Macht des Schicksals".
17 R. Koselleck, *Kritik und Krise. Eine Studie zur Pathogenese der bürgerlichen Welt*, Frankfurt a. M., 1973, p. 1.

18 "Krise", *GGB* Bd. 3, 1982, pp. 617~650.
19 R. Koselleck, *Preußen zwischen Reform und Revolution*, Stuttgart, 1989.
20 *Ibd.*, pp. 17ff.
21 Lucian Hölscher, "The Theory and Method of German 'Begriffsgeschichte'and Its Impacts on the Construction of an European Political Lexicon", *History of Concepts Newsletter* 6, Spring 2003, p. 4.
22 James Van Melton, "Otto Brunner and the Ideological Origins of Begriffsgeschichte", H. Lehmann / M. Richter eds., *The Meaning of Historical Terms and Concepts. New Studies on Begriffsgeschichte*, Washington D.C., 1996, pp. 21~33, 특히 p. 22.
23 Ch. Dipper, "Die 'Geschichtlichen Grundbegriffe'", pp. 286f.
24 Kari Palonen, "The Politics of Conceptual History", *Contributions to the History of Concepts* 1/1, 2005, pp. 37~50, 특히 pp. 40f.
25 Lucian Hölscher, "The Theory and Method", p. 4.
26 칼 뢰비트, 이한우 옮김, 『역사의 의미』, 문예출판사, 1990.
27 James Van Melton, "Otto Brunner and the Ideological Origins of Begriffsgeschichte", pp. 21~33과 비교할 것.
28 Gadi Algazi, "Otto Brunner - 'Konkrete Ordnung' und Sprache der Zeit", P. Schöttler ed., *Geschichtsschreibung als Legitimationswissenschaft 1918~1945*, Frankfurt a. M., 1997, pp. 166~203.
29 Lucian Hölscher, *The Theoretical Foundations of 'Begriffsgeschichte'*(lecture given at the summer course New cultural history at San Lorenzo de Escorial, 1994, unpublished manuscript), p. 3.
30 Gadi Algazi, "Otto Brunner—'Konkrete Ordnung' und Sprache der Zeit", pp. 166~203.
31 Thomas Etzmüller, *Sozialgeschichte als politische Geschichte: Werner Conze und die Neuorientierung der westdeutschen Geschichtswissenschaft nach 1945*, München, 2001, p. 172.
32 W. Conze, "Vom 'Pöbel' zum 'Proletariat'", H.-U. Wehler ed., *Moderne deutsche Sozialgeschichte*, Köln / Berlin, 1966, pp. 111~136.
33 Cf. Ch. Dipper, "Die 'Geschichtlichen Grundbegriffe'", pp. 286f.
34 Cf. Hobsbawm, Eric. J., *The Age of Revolution. Europe 1789~1848*, London,

1962.
35 R. Koselleck, "A Response to Comments on the Geschichtliche Grundbegriffe", H. Lehmann / M. Richter eds. *op. cit.*, p. 69; 또한 Idem, "Richtlinien für das Lexikon politisch-sozialer Begriffe der Neuzeit", *Archiv für Begriffsgeschichte*, XI/1 1967, p. 86.
36 R. Koselleck, "A Response to Comments on the Geschichtliche Grundbegriffe", p. 69.
37 이에 대해 특히 R. Koselleck, "Die Verzeitlichung der Utopie", W. Voßkamp ed., *Utopieforschung*, Bd. 3, Frankfurt a. M., 1985, pp. 1~14 참조.
38 Cf. "Geschichte, Historie", *GGB* Bd. 2, pp. 593~717.
39 R. Koselleck, "A Response to Comments on the Geschichtliche Grundbegriffe", H. Lehmann / M. Richter eds., *The Meaning of Historical Terms and Concepts. New Studies on Begriffsgeschichte*, Washington, D.C., 1996, p. 69; R. Koselleck, "Über die Theoriebedürfigkeit der Geschichtswissenschaft", idem, *Zeitschichten*, Frankfurt a. M., 2000, p. 302.
40 코젤렉의 개념사 연구와 포콕의 정치담론사 연구의 이론적 유사성에 대해 Melvin Richter, "Reconstructing the History of Political Languages: Pocock, Skinner, and the Geschichtliche Grundbegriffe", *History and Theory* 29, 1990, pp. 38~70 참조.
41 J. G. A. Pocock, "Concepts and Discourse", H. Lehmann / M. Richter eds., *The Meaning of Historical Terms and Concepts*, pp. 56ff.
42 마루야마 마사오 / 가토 슈이치, 임성모 옮김, 『번역과 일본의 근대』, 이산, 2003, 25·106쪽.
43 이하는 『역사 기본개념 (*GGB*)』의 서론 및 "Fortschritt(진보)", "Krise(위기)", "Revolution(혁명)", "Geschichte. Historie(역사)" 항목과 『지나간 미래』의 「근대」를 중심으로 서술되었다.
44 자세한 논의는 이 책 2부 5장 '역사'를 볼 것.
45 R. Koselleck, "Geschichte, Historie", *Geschichtliche Grundbegriffe* Bd. 2, Stuttgart, 1979, p. 716.
46 또한 H. White, "Forword"; R. Koselleck, *The Practice of Conceptual History*, pp. IX~XIV와 비교할 것.
47 R. Koselleck, "Krise", *GGB*, Bd. 3, 1982, pp. 167~650. 특히 pp. 627f.,

647ff. 코젤렉에 의하면 '위기' 개념이야말로 '혁명', '소요'와 같은 유사 개념들의 의미의 장을 모두 포괄하면서 훨씬 더 넓은 의미의 장과 의미론적 기능을 지닌 채, 근대의 역사운동을 이끌어 온 기본개념 중의 기본개념이다.

48 Cf. R. Koselleck, *The Practice of Conceptual History. Timing History, Spacing Concepts*, Stanford, 2002, p. 169.
49 Cf. R. Koselleck, "Wie neu ist die Neuzeit?", idem, *Zeitschichten*, p. 228.
50 이하 R. Koselleck, "Wozu noch Historie?", W. Hardtwig, *Über das Studium der Geschichte*, München, 1990, pp. 347~366; idem, "Über die Theoriebedürftigkeit der Geschichtswissenschaft", idem, *Zeitschichten,* pp. 298~316 참조.
51 이런 점에서 코젤렉은 칸트주의자이다.
52 Ibd.
53 코젤렉은 1970년대 초에 이 말을 했다.
54 R. Koselleck, "Über die Theoriebedürftigkeit der Geschichtswissenschaft", p. 316.
55 R. Koselleck, "Wozu noch Historie?", pp. 364f.
56 Ibd., pp. 238f.
57 Cf. R. Koselleck, *Zeitschichten*, pp. 19~26, 287~335.

2부 여섯 개의 개념으로 근대 읽기

1. 근대

01 Dean C. Tipps, "Modernization Theory and the Comparative Study of Societies: A Critical Perspective", *Comparative Studies in Society and History*, vol. 15, No. 2, 1973, pp. 199~226; Hans-Ulrich Wehler, *Modernisierungstheorie und Geschichte*, Göttingen, 1975.
02 교과서포럼, 『대안교과서 한국근현대사』, 기파랑, 2008, 6·17·137쪽.
03 H. U. Gumbrecht, "Modern, Modernität, Moderne", *GGB*, Bd. 2, Stuttgart, 1978, Bd. 4, pp. 93~131, 특히 pp. 95f.
04 이나부 아키라, 서혜영 옮김, 『번역어 성립사정』, 일빛, 2003, 207~208쪽.
05 박주원, 「근대적 '개인', '사회' 개념의 형성과 변화—한국자유주의의 특성에 대하여」, 『역사비평』 67, 2004 여름, 207~238쪽(인용부 208쪽).

06 이나부 아키라, 「근대—지옥의 '근대', 희망의 '근대'」, 『번역어 성립사정』, 54~72쪽.
07 최학송, 「데카당의 상징」, 유광렬, 「모던이란 무엇이냐」, 『별곤건』, 1927년 12월호(김진송, 『현대성의 형성—서울에 딴스홀을 허하라』, 현실문화연구, 1999, 326~330쪽에 재수록).
08 J. Habermas, *Der philosophische Diskurs der Moderne*, Frankfurt a. M., 1988, pp. 18f.
09 김진송, 『현대성의 형성—서울에 딴스홀을 허하라』, 9~19쪽.
10 김경일, 『한국의 근대와 근대성』, 백산서당, 2003, 113~116쪽.
11 Cf. Mergel, Thomas, "Geht es weiterhin voran? Die Modernisierungstheorie auf dem Weg zu einer Theorie der Moderne", idem / Welskopp, *Geshcichte zwischen Kultur und Gesellschaft. Beiträge zur Theoriedebatte*, München, 1997, pp. 203~232, 특히 pp. 228f.
12 '대안적 근대'에 대해 Lucian Hölscher, *Die Entdeckung der Zukunft*, Frankfurt a. M., Fischer, 1999, pp. 184~197; '유기적 근대'에 대해 Erhard Schütz / Hartmut Eggert / Peter Sprengel eds., *Faszination des Organischen—Konjunkturen einer Kategorie der Moderne*, München, 1995.
13 R. Koselleck, "Wie neu ist die Neuzeit?", idem, *Zeitschichten*, Frankfurt a. M., 2000, pp. 225~239 참조.
14 H. U. Gumbrecht, "Modern, Modernität, Moderne" 참조.
15 R. Koselleck, 「'근대'—현대적 운동 개념의 의미론」 참조.
16 W. Welsch, *Unsere postmoderne Moderne*(박민수 옮김, 『우리의 포스트모던적 모던』 2권, 책세상, 2001).
17 R. Koselleck, "Wie neu ist die Neuzeit?", p. 228.
18 R. Koselleck, "The Eighteenth Century as the Beginning of Modernity", idem, *The Practice of Conceptual History. Timing History, Spacing Concepts*, Stanford, 2002, pp. 154~169 참조.

2. 문명과 문화

01 *Dictionary of Concepts in History*, ed. by Harry Ritter, New York et al., 1986, pp. 39~44("civilization"), pp. 93~98("culture").

02 Jörg Fisch, Art. "Zivilisation, Kultur", *GGB*, Bd. 7, Stuttgart 1992, p. 769에서 재인용.
03 Ibd., pp. 683~696.
04 Ibd., pp. 697~705.
05 Cf. Peter Burke, *Varieties of Cultural History*, Cambridge, 1997, pp. 20~21.
06 Cf. Jörg Fisch, "Zivilisation, Kultur", pp. 709f.
07 다음 장에서 언급하게 될 노르베르트 엘리아스는 어째서 독일어권에서는 신조어인 '문명' 대신 '문화'가 즐겨 쓰였는가를 밝히고 있다. 그러나 그는 두 개념을 구별 짓고자 하는 독일인들의 시도에 주목한다. 따라서 어째서 독일인들이 동일한 실상을 지칭하는 데 신조어인 '문명' 대신 굳이 '문화'를 즐겨 썼는가 하는 문제는 아직 연구되어야 할 과제로 남아 있다. 굳이 원인을 찾자면 중세 이후 지속된 언어 관행의 전통 때문 아닌가 한다.
08 Cf. Pim den Boer, "Civilization: comparing concepts and identites", *Contributions to the History of Concepts*, 1/1, 2005, pp. 51~62, 특히 pp. 54ff.
09 Marquis de Condorcet, *Esquisse d'un tableau historique des progrès de l'esprit humain*(장세룡 옮김, 『인간정신의 진보에 관한 역사적 개요』, 책세상, 2002, 71~76쪽).
10 *Dictionary of Concepts in History*, ed. by Harry Ritter, p. 41에서 재인용.
11 Jörg Fisch, "Zivilisation, Kultur", pp. 719f., 724f.
12 Jakob Burckhardt, *Die Kultur der Renaissance in Italien*(안인희 옮김, 『이탈리아 르네상스의 문화』, 푸른숲, 2000, 23쪽.
13 François Guizot, *History of Civilization in Europe*(original: 1829), New York: 1885, p. 7.
14 Art. "Civilisation", *Bluntschli's Staatswörterbuch in drei Bänden*, ed. by Dr. Löning, Zürich, 1869, Bd. 1., p. 427. 이 사전은 Bluntschli와 Brater가 편집한 『Das deutsche Staatswörterbuch』(1857)를 축약한 것임.
15 François Guizot, *History of Civilization in Europe*, p. 8.
16 Henry Thomas Buckle, *History of Civilization in England*, vol. 1, New York, 1885, pp. 167f.
17 Art. "Civilisation", *Bluntschli's Staatswörterbuch*, pp. 429f.
18 Cf. Jörg Fisch, "Zivilisation, Kultur", pp. 741ff.
19 Art. "Civilisation", *Bluntschli's Staatswörterbuch*, p. 427.

20 Ibd., p. 743.
21 Lewis Henry Morgan, *Ancient Society*(최달곤·정동호 공역, 『고대사회』, 현암사, 1978, 20쪽).
22 Art. "Civilisation", *Bluntschli's Staatswörterbuch*, pp. 427f.
23 박지향, 『제국주의—신화와 현실』, 서울대출판부, 2000, 83쪽.
24 Ludwig Stein, *Nord und Süd* 36, 1912, pp. 9~16(인용부 p. 10).
25 Pim den Boer, "Civilization", 2005, p. 57.
26 노르베르트 엘리아스, 박미애 옮김, 『문명화과정』 I, 한길사, 1996, 105~148쪽.
27 Art. "Zivilsation", *Herder* 4. Aufl., Bd. 12, 1935, p. 1554.
28 Robert Darnton, "Rousseau in Gesellschaft", E. Cassirer / J. Starobinski / R. Darnton, Drei vorschläge, *Rousseau zu lesen*, Frankfurt a. M., 1989, p. 110.
29 Oeuvres, Deterville ed., Frederick M. Barnard, Art. "Culture and Civilization in Modern Times"(*Dictionary of the History of Ideas* I, 1973, pp. 616f.에서 재인용).
30 Cf., 장 자크 루소, 주경복 옮김, 『인간 불평등 기원론』, 책세상, 2003.
31 Immanuel Kant, *Idee zu einer allgemeinen Geschichte in weltbürgerlicher Absicht*, 7. Satz, Akademische Ausgabe, Neu Druck, 1968, p. 26.
32 Samuel Tayler Coleridge, *On the Constitution of the Church and State*(original1830), ed. by K. Coburn, Princeton, 1976, pp. 42f. 당시 영국에서는 문명과 교양(cultivation)의 구별은 단어(언어)적으로는 그다지 유행되지 않았다. 그러나 물적 번영과 (개인과 전체 사회를 위한) 문화적 건강성의 차이에 대한 관념은 상당히 유포되었다. 이에 대해 Raymond Williams, *Culture and Society, 1780~1950*, Penguin, 1961, pp. 75~77.
33 *Ibd.*, pp. 42f.의 편집자 각주 2.
34 Frederick M. Barnard, "Culture and Civilization in Modern Times", p. 617.
35 Jörg Fisch, "Zivilization, Kultur", p. 754.
36 *Der Kunstwart* 14, 1901, p. 81(J. Fisch, "Zivilisation, Kultur", p. 749에서 재인용).
37 이에 대하여는 Fritz Stern, *Kulturpessimismus als politische Gefahr. Eine Analyse nationaler Ideologie in Deutschland*, Bern et al., 1963을 참고할 것.
38 Jörg Fisch, "Zivilisation, Kultur", p. 749.

39 Rüdiger vom Bruch et al. eds., *Kultur und Kulturwissenschaften um 1900*, Stuttgart, 1989, pp. 9ff. 참조.
40 Jörg Fisch, "Zivilisation, Kultur", p. 756.
41 Werner Sombart, *Händler und Helden*, München et al., 1915, p. 28.
42 *Ibd.*, passim.
43 *Ibd.*, p. 117, 145.
44 Thomas Mann, *Betrachtungen eines Unpolitischen*, Nachwrt. v. H. Helbing, Frankfurt a. M., 1983, pp. 31, 41ff.(인용부 p. 66).
45 Oswald Spengler, *Untergang des Abendlandes*(박광순 옮김, 『서구의 몰락』 1, 범우사, 1995, 65~68쪽).
46 W. Sombart, *Händler und Helden*, pp. 138f.
47 아날 학파에 대한 피터 버크의 주석은 다음과 같다. "문명: 아날 3기 중 가장 정의하기 어려운 용어. 1946년 잡지 제목으로 등장하기 전에는 블로흐의 『프랑스 농촌사』에서 쓰였다. 이 말은 또한 인류학자 마르셀 모스(Marcel Mauss)와 그 뒤를 이은 브로델(Braudel)이 가장 선호했다. 그중 어떤 경우에도 이 용어는 광의의 인류학적 의미에서 '문화(culture)'로 번역하는 것이 가장 좋을 듯하다. 따라서 브로델이 말한 '물질문명(civilisation matérielle)'은 '물질문화(material culture)'라고 할 수 있다." Peter Burke, *The French Historical Revolution. The Annales School, 1929~89*, Cambridge, 1990, p. 112.
48 김승렬, 「초기 단계(1945~1957) 유럽통합사의 연구 방법론과 쟁점들에 대한 고찰」, 『독일 연구』 2, 2001, 136~138쪽.

3. 미국과 아메리카니즘

01 「미-독 관계 최악」, 『한겨레신문』 2002. 9. 25; Severin Weiland, "The German Ausweg", *Spiegel-Online*, 25. Sept. 2002; "USA: Zorn über Hitlervergleich nicht verrauscht", *ibd.*, 25. Sept. 2002 참조.
02 Cf. "Gestortes Verhältnis: USA wehren sich gegen deutsches 'America Bashing'", *ibd.*, 20. Sept. 2002; "Scharfe Kritik an USA: Auch Stoiber auf dem deutschen Weg", *ibd.*, 28. Aug. 2002.
03 예를 들어 약 2,000명이 참가한 지난 5월 23일의 反부시 시위에서 44명의 경찰관이 부상하고 50명이 체포되었다. "Anti-Bush-Demo in Berlin", *Spiegel*, 23.

Mai. 2002.
04 슈바비셰 타게블라트의 기사에 의하면 도이블러-그멜린은 다음과 같이 말했다. "부시는 자신의 국내정치적 어려움을 다른 곳으로 돌리려 한다. 이는 상투적으로 선호되어온 수단이다. 히틀러 역시 이런 수단을 이미 이용했다."("Bush-Hitler-Vergleich", *Spiegel-Online*, 21. 09. 2002에서 재인용).
05 Cf. Günther Roth, *Politische Herrschaft und persönliche Freiheit*, Frankfurt a. M., 1987, p. 165.
06 Cf. Gesine Schwan, "Das deutsche Amerikabild seit der Weimarer Republik", *Aus Politik und Zeitgeschichte* B 26/86 28., Juni, 1986, p. 11.; Frank Trommler, "Aufstieg und Fall des Amerikanismus in Deutschland", idem ed., *Amerika und die Deutschen*, Opladen, 1986, pp. 666f.
07 Cf. G. Roth, *Politische Herrschaft*, p. 170.
08 Ibd., p. 176.
09 Cf. Thomas Mergel, "Gegenbild, Vorbild und Schreckbild", Dieter Dowe et al. eds., *Parteien im Wandel. Vom Kaiserreich zur Weimarer Republik: Rekrutierung -Qualifizierung-Karrieren*, München, 1999, pp. 365f. 특히 1890년대의 위기감에 대해 나인호,「'민족적 사회주의'의 정치에 나타난 대 격변의 기대와 새로운 독일 민족국가의 희망, 1890-1903/4」,『서양사론』 72, 2002. 3, 35~73쪽.
10 Ibd., pp. 367f. 미국 통신원의 수는 대략 12명 정도로 추산된다. 특히 조르게는 마르크스·엥겔스의 서신교환 파트너로 유명하다. 뮌스터베르그와 슈어츠에 대한 더 자세한 내용은 G. Roth, *Politische Herrschaft*, pp. 169~195 참조.
11 Cf. ibd., pp. 366f; G. Roth, *Politische Herrschaft*, pp. 175ff.
12 Ibd., 170ff에서 재인용. 소설의 제목은 *Deutschland in Amerika. Das einzig rechte Ziel aller deutschen Auswanderer*.
13 Th. Mergel, "Gegenbild", p. 364.
14 G. Roth, *Politische Herrschaft*, pp. 172f.
15 F. Engels, "The Labor Movement in the United States"(1887), K. Marx / F. Engels, Letters to Americans, 1848~1895, 3rd edition New York, 1969, p. 287.
16 F. Trommler, "Aufstieg und Fall des Amerikanismus", p. 666.
17 Ibd.
18 Joseph Weydmeyer에게 보낸 편지(1852. 3. 5), Friedrich Adolph Sorge에게 보

낸 편지(1881. 6. 20), Ferdinand Lassalle에게 보낸 편지(1858. 6. 10), *The Letters of Karl Marx* trans. by. S. K. Padover, New Jersey, 1979, pp. 79ff., 339ff., 428ff.
19 Cf. F. Engels, "American Travel Notes", *Letters to Americans*, pp. 291ff.
20 Cf. F. Naumann, *Asia*, Berlin-Schöneberg, 1899, pp. 142ff.
21 Th. Mergel, "Gegenbild", p. 364.
22 Ibd., pp. 368ff.
23 노르베르트 엘리아스, 박미애 옮김, 『문명화 과정』 I, 한길사, 1996, 105~148쪽.
24 Cf. Rüdiger vom Bruch et al. eds., *Kultur und Kulturwissenschaften um 1900*, Stuttgart, 1989, pp. 9ff.
25 서구 문명으로 인한 문화적 하향평준화의 악영향을 비판한 랑벤(J. Langbehn)의 *Rembrandt als Erzieher*(1890)와 만(Thomas Mann)의 *Betrachtungen eines Unpolitischen*(1918)이 특히 독일 교양시민층의 독자들에게 큰 영향력을 주었다.
26 나인호, 「'민족적 사회주의'의 정치」, 65쪽 참조.
27 G. Roth, *Politische Herrschaft*, p. 185.
28 K. Lamprecht, *Americana*, pp. 38f.(G. Roth, *Politische Herrschaft*, p. 190에서 재인용).
29 Cf. Rüdiger vom Bruch et al. eds., *Kultur und Kulturwissenschaften um 1900*.
30 F. Trommler, "Aufstieg", p. 669.
31 바이마르 시기 독일 영화사에 대한 총괄적인 묘사는 Jost Hermand / Frank Trommler, *Die Kultur der Weimarer Republik*, Frankfurt a. M., 1988, pp. 261~298.
32 Cf. Anton Kaes, "Massenkultur und Modernität", F. Trommler ed., *Amerika und die Deutschen*, pp. 651ff.; 고급문화로서 독일 영화의 발전과 관련한 이론적 논의는 이상면, 「초기의 영화 논쟁」, 『비교문학』 27, 2001, 79~104쪽.
33 A. Kaes, "Massenkultur und Modernität", pp. 654~657, 661; J. Hermand / F. Trommler, *Die Kultur der Weimarer Republik*, pp. 269ff.
34 A. Kaes, "Film in der Weimarer Republik", idem. et al., *Geschichte des deutschen Films*, Stuttgart, 1993, p. 70; idem, "Massenkultur und Modernität", pp. 660f.
35 Cf. Anton Kaes, "Massenkultur und Modernität", pp. 651ff.; 이상면, 「초기의

영화논쟁」, 79~104쪽.
36 F. Trommler, "Aufstieg", pp. 670f.; cf. G. Schwan, "Das deutsche Amerikabild", p. 7: "미국의 사회문화적 삶에 대해 공감을 갖는 지식인의 수는 그다지 많지 않았다."
37 Cf. Hans Mommsen, "Die Auflösung des Bürgertums seit dem späten 19. Jahrhundert", J. Kocka ed., *Bürger und Bürgerlichkeit im 19. Jahrhundert*, Göttingen, 1987, pp. 288~315.
38 A. Kaes, "Massenkultur", pp. 657ff.
39 Ibd., p. 659.
40 G. Schwan, "Das deutsche Amerikabild", p. 8에서 재인용.
41 A. Kaes, "Massenkultur", p. 662.
42 Ibd., p. 663.
43 G. Schwan, "Das deutsche Amerikabild", p. 8.
44 Cf. J. Hermann / F. Trommler eds., *Die Kultur der Weimarer Republik*, pp. 49ff.
45 *Ibd.*, pp. 52f.
46 Cf. *ibd.*, pp. 54f.
47 *Amerikareise deutscher Gewerkschaftsführer*, Berlin, 1926, p. 5.
48 Cf. *ibd.*, pp. 94, 128, 135, 194, 251f.
49 J. Hermann / F. Trommler eds., *Die Kultur der Weimarer Republik*, pp. 55f.
50 *Ibd.*, pp. 49ff.
51 G. Schwan, "Das deutsche Amerikabild", p. 9.
52 J. Hermann / F. Trommler eds., *Die Kultur der Weimarer Republik*, p. 55.
53 G. Schwan, "Das deutsche Amerikabild", p. 9.
54 Klaus Schwabe, "Anti-Amerikanism within the German Right 1917~1933", *Amerikastudien* 21/1, 1976, pp. 89~107, 특히 pp. 102f.
55 F. Trommler, "Aufstieg", p. 670.
56 Ibd., pp. 669f.; K. Schwabe, "Anti-Amerikanism", pp. 96f.
57 Cf. ibd., pp. 97ff.
58 Cf. Hans Dieter Schäfer, "Amerikanismus im Dritten Reich", Michael Prinz / Rainer Zitelmann, *Nationalsozialismus und Modernisierung*, 2. Aufl., Darmstadt, 1994, pp. 199~215.
59 Cf. G. Schwan, "Das deutsche Amerikabild", pp. 13f.; K. Schwabe, "Anti-Amerikanism", pp. 99f.; F. Trommler, "Aufstieg", p. 672. 참고로 히틀러는 할

리우드 영화의 직배를 금지시켰다.
60 Cf. K. Schwabe, "Anti-Americanism", pp. 106f.
61 Jeffrey Herf, *Reactionary Modernism*, Cambridge, 1984.
62 *Ibd.*, pp. 226f.
63 Cf. G. Schwan, "Das deutsche Amerikabild", p. 10.
64 F. Trommler, "Aufstieg", p. 669.
65 Ibd., 675; 토마스 퀴네 외 지음, 조경식 / 박은주 옮김, 『남성의 역사』, 솔, 2001, 289~322쪽.
66 G. Schwan, "Das deutsche Amerikabild", pp. 14f.

4. 여자

01 라인하르트 코젤렉, 한철 옮김, 「비대칭적 대응개념의 사적·정치적 의미론」, 『지나간 미래』, 문학동네, 1998, 142쪽과 비교할 것.
02 칼 쇼르스케, 김병화 옮김, 『세기말 비엔나』, 생각의 나무, 2007, pp. 18f. 세기말 모더니즘은 모더니즘의 한 형태로 이해될 수 있다. 피터 게이에 의하면, 모더니즘은 이미 19세기 중엽 이후로 전 유럽과 미국에 걸쳐 진행된 '문화혁명'으로서 그림, 소설, 시, 드라마, 음악과 댄스, 그리고 건축, 디자인, 영화에 이르는 예술의 전 분야를 포괄한다. "이단성 위에 새로운 이단성을 겹겹이 쌓아가는 것"이 이들 모더니스트 예술가들의 특징이었다. Peter Gay, *Modernism. The Lure of Heresy*, New York / London, 2007.
03 Wolfgang Schamle, *Geschichte der Männlichkeit in Europa 1450~2000*, Wien / Köln / Weimar, 2003, pp. 9~24.
04 *Ibd.*, pp. 130f.
05 *Ibd.*, p. 147.
06 *Ibd.*, pp. 147~155.
07 조지 L. 모스, 서강여성문학연구회 옮김, 『내셔널리즘과 섹슈얼리티』, 소명출판, 2004, 55쪽.
08 조지 L. 모스, 이광조 옮김, 『남자의 이미지』, 문예출판사, 2004, 19~22쪽.
09 조이한, 『그림에 갇힌 남자』, 웅진지식하우스, 2006, 110쪽.
10 Michael Meuser, *Geschlecht und Männlichkeit. Soziologische Theorie und kulturelle Deutungsmuster*, 2. Aufl. Wiesbaden, 2006, pp. 21~31에서 재인용. 모이저는 퇴

니스의 *Gemeinschaft u. Gesellschaft*와 *Der Begriff der Gemeinschaft*를 분석하여 이 사회학자의 남녀 개념 사용을 상세하게 재구성하고 있다.

11 *Ibd.*, 31.
12 조지 L. 모스, 『남자의 이미지』, 21쪽.
13 게오르그 짐멜, 「성문제에서의 상대성과 절대성」, 가이 오크스 역편, 김희 옮김, 『게오르그 짐멜: 여성문화와 남성문화』, 이화여대 출판부, 1993, pp. 155f. 또한 Michael Meuser, *Geschlecht und Männlichkeit*, p. 33를 볼 것.
14 Gerald N. Izenberg, *Modernism and Masculinity. Mann, Wedekind, Kandinsky throuth World War I*, Chicago / London, 2000.
15 조지 L. 모스, 『남자의 이미지』, 268, pp. 310ff.
16 조이한, 『그림에 갇힌 남자』, pp. 200f.
17 Gerald N. Izenberg, *Modernism and Masculinity*, p. 222.
18 조지 L. 모스, 『남자의 이미지』, pp. 124f.
19 칼 쇼르스케, 김병화 옮김, 『세기말 비엔나』, 302~309쪽.
20 위의 책, 329쪽.
21 A. Strindberg, *The Father: A Tragedy in Three Acts; and, A Dream Play*, Arlington Heights, III, 1964, pp. 40, 56, Gerald N. Izenberg, *Modernism and Masculinity*, p. 1에서 재인용.
22 Cf. 서영건, 「중세 카스티야 유대인 남성의 여성성—시드의 노래를 중심으로」, 『서양중세사연구』 19, 2007, 67~96쪽.
23 카를 슈미트, 김효전 옮김, 『정치적인 것의 개념』, 법문사, 1995, 40쪽.
24 Gerald N. Izenberg, *Modernism and Masculinity*, p. 219에서 재인용.
25 Misha Kavka, "The 'Alluring Abyss of Nothingness': Misogyny and (Male) Hysteria in Otto Weininger", *New German Critique* 66, 1995, pp. 123~145, 특히 p. 125.
26 Susan C. Anderson, "Otto Weininger's Masculine Utopia", *German Studies Review*, 19/3, 1996, pp. 433~453. 특히 p. 433.
27 Otto Weininger, *Geschlecht und Character* (original: 1904), reprint of 3rd edition, München, 1980, passim.
28 Susan C. Anderson, "Otto Weininger's Masculine Utopia", pp. 433~453.
29 남성동맹에 관한 입문서로서는 Helmut Blazek, *Männerbünde. Eine Geschichte von Faszination und Macht*, Berlin, 2001.

30 지그문트 프로이트, 이윤기 옮김, 『종교의 기원』, 열린책들, 2003, 357~361쪽.
31 브뤼어에 대한 간략한 전기는 Jürgen Plashues, "Hans Blüherein Leben zwischen Schwarz und Weiß", *Jahrbuch des Archivs der deutschen Jugendbewegung*, Bd. 19, 1999~2001, pp. 146~185.
32 Hans Blüher, *Die deutsche Wandervogelbewbegung als erotisches Phänomen. Ein Beitrag zur Erkenntnis der sexuellen Inversion*, Berlin-Tempelhof, 1912, p. 102.
33 *Ibd.*, pp. 5~12.
34 *Ibd.*, p. 14.
35 니콜라우스 좀바르트, 「남성동맹과 정치문화」, 토마스 퀴네 외, 조경식/박은주 옮김, 『남성의 역사』, 솔, 2001, 211쪽.
36 Ernst Jünger, D*er Arbeiter. Herrschaft und Gestalt*(original: 1932), Stuttgart, 1982, p. 246.
37 *Ibd.*, passim. 또한 니콜라우스 좀바르트, 「남성동맹과 정치문화」, pp. 231f.
38 조지 L. 모스, 『남자의 이미지』, 268쪽.
39 위의 책, 294쪽.
40 위의 책, 303쪽에서 재인용.
41 Helmut Blazek, *Männerbünde*, pp. 254~293, 특히 pp. 273ff.
42 조지 L. 모스, 『남자의 이미지』, pp. 310ff.
43 Jean Paul Sartre, *Der Pfahl im Fleische*, Reinbek, 1987, PP. 93f.
44 Daniel Jonah Goldhagen, *Hitlers willige Vollstrecker. Ganz gewöhnliche Deutsche und der Holocaust*, Berlin, 1996, p. 292, 631.
45 Cf. Kriss Ravetto, *The Unmaking of Fascist Aesthetics*, Minneapolis, 2001, PP. 53~96.

5. 역사

01 Johan Huizinga, "A Definition of the Concept of History"(1936), R. Klibansky / H. J. Paton eds., *Philosophy and History: Essays presented to Ernst Cassirer*, New York: Harper & Row, Harper Torchbooks, 1963, pp. 1~10 참고할 것.
02 "Geschichte, Historie", *GGB*, Bd. 2, pp. 653ff.
03 헤로도토스, 박광순 옮김, 『역사』 상, 범우사, 1995, 23쪽.

04 오홍식, 「그리스인의 역사서술」, 김진경 외, 『서양고대사강의』, 한울, 1996, 197쪽에서 재인용.
05 아리스토텔레스 외, 천병희 옮김, 『시학. 호라티우스 시학, 플라톤 시론』, 문예출판사, 1991, 60쪽 이하.
06 류샤오펑, 조미원 외 옮김, 『역사에서 허구로. 중국의 서사학』, 길, 2001, 73~96쪽.
07 위의 책 79, 128, 134쪽.
08 위의 책, 135~137쪽.
09 라인하르트 코젤렉, 한철 옮김, 『지나간 미래』, 문학동네, 1998, 46쪽을 참고할 것.
10 "Geschichte, Historie", pp. 610f.
11 ibid., p. 612.
12 Raymond Williams, *Keywords. Vocabulary of Culture and Society*, 2nd ed., New York: Oxford University Press, 1983, p. 146.
13 헤로도토스, 『역사』, 23쪽.
14 오홍식, 「그리스인의 역사서술」, 198쪽.
15 라인하르트 코젤렉, 『지나간 미래』, 47쪽 이하.
16 Wolfgang Hardtwig, *Geschichtskultur und Wissenschaft*, München, 1990, pp. 13f.
17 *Ibid.*, pp. 48~52, 293.
18 한영우, 『역사학의 역사』, 지식산업사, 2002, 18~22쪽; 류샤오펑, 『역사에서 허구로—중국의 서사학』, 97~153쪽을 참고할 것.
19 이하 "Geschichte, Historie", pp. 647ff.를 참조함.
20 ibid., p. 649; 오홍식, 「그리스인의 역사서술」, 205쪽.
21 "Geschichte, Historie", p. 651.
22 라인하르트 코젤렉, 『지나간 미래』, 62~63쪽에서 재인용.
23 역사가 부단한 진보의 과정이라는 운동 개념으로 바뀐 데는 새로운 경험들의 연속, 더 나아가 새로운 시대의 연속으로 점철된 서양인들의 근대 경험이 반영되어 있다. 근대 초 이후 서양인들은 부단한 변화와 단절을 경험했는데, 특히 프랑스 대혁명 이후 이것이 더욱 가속화되었다. 그런 가운데 현대사 서술이 매우 어려워지거나 불가능하게 되었다. 현재가 너무 빠르게 변하고 있다는 생각 때문이었다. 이와 상응하여 역사 진행의 역동성과 일회성이 더욱 강조되었다. 예를 들어 혁명 전에 쓰이던 '역사 일반'이라는 말이 '역사의 진행 과정'이라는 새로운 유행어로

대체되었다는 사실이 이를 증명한다.
24 특별히 '발전' 및 '진화' 같은 역사적 시간의 범주들은 단순히 과거 사건이 되풀이되지 않는다는 생각뿐만 아니라, 더 나아가 자신들의 미래에 대한 기대지평과 과거의 경험공간의 간격이 점점 더 벌어진다는 인식을 표현하고 있다. '발전' 혹은 '진화'는 과거의 경험과 미래의 기대 사이의 엄청난 간극을 매개하는 개념이다. '발전 속도'나 '진화 단계', 혹은 '근대화' 같은 익숙한 표현을 통해 알 수 있는 것처럼, 사람들은 비로소 이 개념을 통해 역사적 경과 과정이나 사건에 내재하는 시간과 일회적 순간, 또는 특수한 기간이나 서로 다르게 진행되는 시간의 지속을 추적할 수 있었다.
25 "Geschichte, Historie", pp. 666~691, 695~706.
26 이하는 ibid., pp. 659~668; 『지나간 미래』, 310~316쪽을 참조할 것. 류샤오펑에 의하면 역사라는 서사 장르와 문학이라는 허구적 글쓰기는 대조적이다. 역사가 연속성, 병렬, 우발성, 인과성을 특징으로 하는 반면, 문학은 하나의 중심플롯에 의해 일관적으로 통합되고 조직된 통일체이다. 류샤오펑, 『역사에서 허구로—중국의 서사학』, 67쪽.
27 류샤오펑, 『역사에서 허구로—중국의 서사학』, 68쪽.
28 Wolfgang Hardtwig, *Geschichtskultur*, pp. 22ff.
29 Hayden White, *Metahistory. Die Historische Einbildugskraft im 19. Jahrhundert in Europa*, Frankfurt a. M.: S. Fischer, 1991, 특히 pp. 553~564.
30 "Geschichte, Historie", pp. 691~695, 706~715; 『지나간 미래』, 290~309쪽.

6. 자본주의 정신

01 예컨대 마이클 노박, *The Spirit of Democratic Capitalism*(이화수 옮김, 『민주자본주의 정신』, 인간사랑, 1990); 루드비히 폰 미제스, *Economic Policy / The Anti-Capitalistic Mentality*(김진현 옮김, 『자본주의 정신과 반자본주의 심리』, 한국경제연구원, 1995); 야마모토 시치헤이, 『일본 자본주의 정신』(김승일 / 이근원 옮김, 범우사, 1998; 양창삼, 「공맹 사상과 유교자본주의」, 『경영학사』 20, 1999, 19~47쪽; 함재봉, 『유교 자본주의 민주주의』, 전통과 현대, 2000; 박우희, 『한국 자본주의의 정신』, 박영사, 2001.
02 Harry Ritter, "Capitalism", idem, *Dictionary of Concepts in History*, New York et al., 1986, pp. 25~31; M.-E. Hilger, "Kapital(VI. Kapitalismus)", *GGB*,

1982, pp. 442~454.
03 Inho Na, *Sozialreform oder Revolution. Gesellschaftspolitische Zukunftsvorstellungen im Naumann-Kreis 1890~1903/1904*, Marburg, 2003, pp. 116~119.
04 Harry Ritter. "Capitalism", M. -E. Hilger, "Kapital(VI. Kapitalismus)" 참조.
05 Cf. Berhard vom Brocke, ed., *Sombarts 'Moderner Kapitalismus'*, München, 1987, pp. 42f., 84f.
06 1870년대 이후 독일 사회를 양분시킨 미래국가 논쟁에 대해서 Lucian Hölscher, *Weltgericht oder Revolution. Protestantische und sozialistische Zukunftsvorstellungen im deutschen Kaiserreich*, Stuttgart, 1989, pp. 378~435.
07 Lucian Hölscher, "Industrie (IX)", *GGB* 3, 1982, pp. 289ff. 참조.
08 "농업 국가냐 산업 국가냐" 논쟁에 대해서는 Kenneth D. Barkin, *The Controversy over German Industrialization 1890~1902*, Chicago / London, 1970 참조.
09 이 용어를 처음 사용한 프릿츠 링어(Fritz Ringer)에 의하면 '근대주의자'는 근대화를 숙명으로 여기고 근대에 순응하려는 사람들이다.
10 이런 점들로 인해 슈퇴커의 전기를 쓴 나치 역사가 프랑크(Walter Frank)는 슈퇴커를 히틀러의 선구자로 묘사했다. Walter Frank, *Hofprediger Adolf Stoecker und die chrislichsoziale Bewegung*, 2. Aufl., Hamburg, 1935. 선동 정치의 근대적 의미에 대해서는 David Blackbourn, "The Politics of Demagogy in Imperial Germany", *Past & Present* 113, 1986, pp. 152ff. 참조.
11 슈퇴거에 대한 근래의 평가는 Günther Brakelmann et al., *Protestantismus und Politik. Werk und Wirkung Adolf Stoeckers*, Hamburg, 1982; 슈퇴커 운동의 정치사적 의의는 Thomas Nipperdey, *Deutsche Geschichte 1866~1918*, Bd. II, München, 1992, pp. 333~337 참조; 슈퇴커에 대한 상세한 전기는 그의 정치적 동지였던 D. Oertzen이 쓴 *Adolf Stöcker. Lebensbild und Zeitgeschichte*, 2 Bde, Berlin, 1910를 볼 것.
12 슈퇴커는 원래 개신교 사회회의를 사회개혁을 기치로 사회민주당에 대항하는 대중 정당으로서 계획했다. 그러나 그의 의도와는 다르게 이 기구는 곧 자유주의자들까지 참여하는 부르주아지 사회개혁운동의 학술 토론장으로 변화되었다. 슈퇴커의 의도에 대해서는 P. Göhre, *Die evangelisch-soziale Bewegung*, Leipzig, 1986, p. 145. 개신교 사회회의에 대한 근래의 전반적인 재평가는 E. I. Kouri, *Der Deutsche Protestantismus und die Soziale Frage 1870~1919. Zur Sozialpolitik im*

Bildungsbürgertum, Berlin, 1984 참조.
13 좀바르트의 전기에 대해 자세한 내용은 Friedrich Langer, *Werner Sombart, 1863~1941. Eine Biographie*, München, 1994 참조.
14 베버의 전기에 대해 자세한 내용은 Marianne Weber, *Max Weber. Ein Lebensbild*, Tübingen, 1984 참조. 특히 베버의 정치적 발전 과정에 대해서는 Wolfgang J. Mommsen, *Max Weber und die deutsche Politik, 1890~1920*, 2. Aufl., Tübingen, 1974 참조.
15 James J. Sheehan, "Deutscher Liberalismus im postliberalen Zeitalter 1890~1914", *Geschichte und Gesellschaft* 4, 1978, pp. 29ff.
16 Cf. Authur Mitzman, "Persönlichkeitskonflikt und Weltanschauliche Alternativen bei Werner Sombart und Max Weber", W. J. Mommsen / W. Schwentker eds., *Max Weber und seine Zeitgenossen*, Göttingen, 1988, pp. 137~146.
17 슈몰러는 좀바르트의 박사학위 지도교수였다.
18 Dieter Krüger, *Nationalökonomen in wilhelminischen Deutschland*, Göttingen, 1983 참조.
19 이에 대해 Max Maurenbrecher, "Klarstellung", *Die Hilfe* 9 / 33, 1903, pp. 4f.
20 좀바르트의 나우만-괴레운동에 대한 기대는 그의 『Sozialismus und soziale Bewegung im 19. Jahrhundert』(Jena, 1896) 마지막 장에 잘 나타나 있다. 사회민주당 내 베른슈타인 등 이른바 수정주의자들에 대한 호감은 "Mein Leben und Werk"(1933), Berhard v. Brocke ed., *Sombarts 'Moderner Kapitalismus'*, pp. 428~434 참소.
21 베버가 나우만의 민족사회협회 내에서 행한 급진 민족주의적 계몽 작업이 실패로 끝났음은, 베버가 농업이민 노동자 문제와 관련해 행한 "폴란드인은 짐승"이라는 발언과 이에 이은 격한 반론들(*Protokoll über die Vertreter-Versammlung aller National-Sozialen in Erfurt* vom 23. bis 25. Nov. 1896, pp. 47ff.), 그리고 조음(Sohm)이 나우만에게 보낸 1896년 11월 24일자 편지(Nachlass Naumann Nr. 131, BA Postdam, Bl. 26ff.)에서 "막스 베버는 유감스럽게도 전혀 다른 관점에 서 있는 것 같소. 그는 이 점을 제외하고는 뭔가를 할 수 있는 사람인데 말이요" 라는 구절에 잘 나타나 있다. 또한 극도의 신경쇠약으로 인해 교수직을 사직했을 때 베버 부부의 참담한 심정에 대해서는 Marianne Weber, *Max Weber*, pp. 276f.

22 Jeffrey Herf, *Reactionary Modernism. Technology, Culture, and Politics in Weimar and the Third Reich*, Cambridge, 1984, pp. 130~151; Rolf P. Sieferle, *Die Konservative Revolution. Fünf biographische Skizzen*, Frankfurt a. M., 1995, pp. 74~105.

23 Hartmut Lehmann, *Max Webers 'Protestantische Ethik'*, Göttingen, 1996, p. 95 참조.

24 베버는 "내 논문 중 본질적으로 사실적인 주장을 담고 있는 단 하나의 문장도 지우거나, 변형시키거나 약화시키거나, (…) 다른 것을 부연하지 않았다"라고 1920년의 제2판에서 강조하고 있다. Max Weber, *Die protestantische Ethik und der "Geist" des Kapitalismus*(이하 PE로 약함) ed., by K. Lichtblau / J. Weiß, Bodenheim, 1993, p. 158.

25 Aolf Stöcker, *Christlich-Sozial. Reden und Aufsätze*, 2 Aufl., Berlin, 1890, p. 379.

26 *Ibid.*, p. 368.
27 *Ibid.*, p. 379.
28 *Ibid.*, p. 360.
29 *Ibid.*, p. 364.
30 *Ibid.*, p. 365.
31 *Christlich-Sozial*, pp. 359~369에 재수록 됨.
32 M. Imhof, *"Einen besseren als Stöcker finden wir nicht". diskursananalytische Studien zur christlich-sozialen Agitation im deutschen Kaiserreich*, Oldenburg, 1996, pp. 48ff., 61ff.와 비교할 것.

33 *Christlich-Sozial*, pp. 359~369.
34 *Ibid.*
35 *Christlich-Sozial*, pp. 6ff., 22ff., 194ff. 인용은 *Reden und Aufsätze. Mit einer biographischen Einleitung ed., by R. Seeberg*, Leipzig, 1913, p. 216.

36 Adolf Stöcker, *Sozialdemokratie und Sozialmonarchie*, Leipzig, 1891, pp. 4f.

37 Wolfgang Mommsen, *Max Weber und die deutsche Politik*, pp. 1~96과 비교할 것. 베버는 특별히 역사가 트라이취케(Treitschke)의 급진적 민족주의에 영향을 받았다.

38 *Protokoll über die Vertreter-Versammlung aller National-Sozialen(1896)*, pp. 47ff. 참조.

39 슈퇴커가 나우만에게 보낸 편지(1895. 6. 8), Th. Heuss, *Friedrich Naumann. Der Mann, das Werke, die Zeit*, 2 Aufl, Stuttgart / Tübingen, 1949, p. 531에서 재인용.
40 Thomas Nipperdey, "Religion und Gesellschaft: Deutschland um 1900", *Historische Zeitschrift* 246, 1988, pp. 591~613 중 p. 613. 베버는 종교적으로 특히 어머니의 독실한 칼뱅주의적 신앙의 영향을 받아 금욕적 에토스 속에서 성장했다. 그러나 베버 가족의 종교적 분위기는 전통적 교리로부터 자유로운 문화 프로테스탄티즘에 의해 각인된 것이었다. 이에 대해서는 Marianne Weber, *Max Weber*, pp. 107~111 참조.
41 원래 *Archiv für Sozialwissenschaft und Sozialpolitik* 20, 21권(1904 / 1905)에 실린 논문이었는데, 1920년 『종교사회학 총서』에 확대된 형태로 수정 재수록되었다. 양 판본의 비교는 앞서 인용한 M. Weber, *Die protestantische Ethik und der "Geist" des Kapitalismus* ed., by K. Lichtblau / J. Weiß)를 볼 것. 베버의 이 저작은 오늘날까지 논쟁에 논쟁을 거듭하고 있다. 이 저작에 대한 비판과 그에 대한 베버의 대응은 Johannes Winckelmann ed., *Max Weber. Die protestantische Ethik II. Kritiken und Antikritiken*, 4 Aufl, Gütersloh, 1982.
42 *PE*, pp. 12ff.
43 베버는 '윤리'와 '에토스'를 거의 동의어로 쓴다. 실례로 1904 / 1905년판에서 그가 즐겨 쓴 '윤리'라는 용어는 1920년판에서는 많은 곳에서 '에토스'로 대체된다. *PE*, p. XV 참조.
44 *PE* 15, p. 162 참조.
45 제1판의 "직업관념(Berufsidee)"이 2판에서는 "직업개념(Berufskonzeption)" 내지 "직업윤리(Berufsethik)"로 대체된다.
46 베버는 결론 부분에서 '자본주의 정신' 개념의 이런 의미상의 변화를 강조하기 위해 프랭클린의 설교를 다시 한 번 인용한다. *PE*, pp. 152f.
47 1920년판을 텍스트로 한 『프로테스탄티즘의 윤리와 자본주의 정신』(박성수 옮김, 제2판, 문예출판사 1998)의 저자서문(8쪽). Lichtblau / Weiß가 편집한 책에는 1920년판의 서문이 빠져 있다.
48 베버는 특히 좀바르트를 의식해서 근대 유대인의 자본주의를 정치 및 투기와 결합된 모험가적 '천민자본주의'로 규정하면서, 합리적 경영과 노동의 합리적 조직화에 기반을 둔 퓨리탄의 자본주의와 대비시킨다(*PE*, p. XXII. 1920년 판에 첨가된 내용을 위한 주석 48, 380, 386, 390, 434 참조). 예를 들어 "유대교의 에

토스는 천민자본주의의 에토스이다."(주석 386). 베버의 반유대주의에 대해서는 Michael Spöttel, *Max Weber und die jüdische Ethik*, Frankfurt a. M., 1997.
49 *PE*, pp. 152ff.
50 말년의 베버는 근대문화 발전에 대해 이제 "미래에 다가올 모든 예속의 구조물"이 합리적으로 완성되었다고 진단하면서 더욱 비관적이 되었다. Detlev Peukert, *Max Webers Diagnose der Moderne*, Göttingen, 1989, pp. 83~91.
51 *PE*, pp. 1~10. 베버의 『프로테스탄트 윤리』에 나타난 반가톨릭적 관점과 그 시대적 배경에 대해 Hartmut Lehmann / Gunther Roth eds., *Weber's Protestant Ethic. Origins, Evidence, Contexts*, Cambridge, 1993에 있는 Paul Münch(pp. 51~72)와 Thomas Nipperdey(pp. 73~82)의 글을 볼 것.
52 *PE*, pp. 34~52, pp. 82ff.
53 베버의 루터교에 대한 종합적 비판의 요지는 루터교가 권위주의에 순응하는 멘털리티를 양산해왔다는 것이다. 이에 대해 H. Lehmann / G. Roth eds., *Weber's Protestant Ethic*에 실린 Friedrich. W. Graf(pp. 27~51)의 글을 볼 것.
54 영국은 베버에게 독일의 미래를 위한 모델이었다. *Ibid.*, pp. 83~122 참조.
55 *Ibid.*, pp. 1f.
56 Werner Sombart, *Der moderne Kapitalismus*, 1. Aufl. 2 Bde., Leipzig, 1902 / 2. Aul. 3 Bde., München / Leipzig, 1916~1927. 이 글에서는 2판(이하 *MK*)을 인용함, *MK*, pp. 1f.
57 Werner Sombart, *Der Bourgeois. Zur Geschichte des modernen Wirtschaftsmenschen*(original: 1913), Reinbeck bei Hamburg, 1988, p. 192.
58 좀바르트의 『근대 자본주의』가 관세 논쟁 당시의 자유주의 정치가들에게 어떤 의미로 수용되었으며 어떤 역할을 했는지, 무엇보다 나우만의 서평(Berhard vom Brocke, *Sombarts 'Moderner Kapitalismus'*, pp. 107~123)에서 확인할 수 있다.
59 *MK*, 1. Bd., p. 327.
60 *Der Bourgeois*, 5, pp. 187~271.
61 *Luxus und Kapitalismus*(이상률 옮김, 『사치와 자본주의』, 문예출판사, 1997) 참조. 또한 아래의 미주 66번 참조.
62 *MK*, 1. Bd., pp. 327ff.
63 *Der Bourgeois*, p. 192.
64 *ibid.*, p. 346.
65 *MK*, Bd. 1. pp. 896ff., Bd. 2, pp. 3ff., XIff.; *Der Bourgeois*, pp. 187ff., 341ff.

66 Werner Sombart, *Händler und Helden*, München et al., 1915, p. 28, passim.
67 상인 정신의 확산과 '고도자본주의'로의 촉진 과정에서 유대인의 역할에 대해 *MK*, Bd. 1, 896ff; 이에 대한 자세한 설명 및 퓨리타니즘과 유대 정신의 동일시에 대해서는 *Die Juden und Wirtschaftsleben*, Leipzig, 1911; 좀바르트의 반유대주의에 대해서는 Paul R. Mendes-Flohr, "Werner Sombart's : The Jews and Modern Capitalism", *Leo Baeck Institute Year Book*, XXI (1976), pp. 87~107.
68 *MK*, 3. Bd., p. 1017.
69 *Händler und Helden*, p. 145.
70 *Ibid.*, passim.
71 좀바르트 자신이 스스로 20세기 전환기를 노이로제의 시대로 묘사했다. Joachim Radkau는 자신의 책(*Das Zeitalter der Nervosität. Deutschland zwischen Bismarck und Hitler*, München, 1998)에서 좀바르트의 명제를 발전시켜 1870년대에서 나치 독일까지를 노이로제의 시대로 파악한다.

참고문헌

1. 개념사 사전

Otto Brunner/Werner Conze/Reinhart Koselleck eds., *Geschichtliche Grundbegriffe. Historisches Lexikon der politisch-sozialen Sprache in Deutschland*, Stuttgart, 1972~1998. 모두 8권(7권은 내용. 1권은 인덱스). 이후 인덱스가 추가되어 현재 모두 9권이다. 이중 5개 항목이 한림대학교 한림과학원이 기획한 『코젤렉의 개념사 사전』(푸른역사, 2010)으로 국내에 번역·출간되었다. 1권: 『문명과 문화』(외르크 피쉬, 안삼환 옮김), 2권: 『진보』(라인하르트 코젤렉/크리스티안 마이어, 황선애 옮김), 3권: 『제국주의』(외르크 피쉬/디터 그로/루돌프 발터, 황승환 옮김), 4권: 『전쟁』(빌헬름 얀센, 권선형 옮김), 5권: 『평화』(빌헬름 얀센, 한상희 옮김).

Rolf Reichardt et al. eds., *Handbuch politisch-sozialer Grundbegriffe in Frankreich 1680~1820*, München, 1985~. 이 사전의 프로젝트는 현재도 진행 중인데, 2000년까지 20권이 나왔다.

Raymond Williams, *Keywords. Vocabulary of Culture and Society*, Oxford, 1판: 1976, 2판: 1983.

한림대학교 한림과학원, 『한국개념사총서』, 소화, 2008~. 현재까지 5권이 출간되었다. 김용구, 『만국공법』; 박상섭, 『국가/주권』; 김효전, 『헌법』; 박찬승, 『민족/민족주의』; 박명규, 『국민, 인민, 시민』.

이 밖에 철학적 개념사 연구를 위해서는 Joachim Ritter et al. eds., *Historisches Wörterbuch der Philosophie*, 13vols., Basel/Stuttgart, 1971~2005가 유용할 것이다.

2. 개념사 잡지

Contributions to the history of concepts
『개념과 소통』

3. 주요 논저

Algazi, Gadi, "Otto Brunner—'Konkrete Ordnung' und Sprache der Zeit", P. Schöttler ed., *Geschichtsschreibung als Legitimationswissenschaft 1918~1945*, Frankfurt a. M., 1997, pp. 166~203.

Ball, Terence, *Transforming Political Discourse: Political Theory and Critical Conceptual History*, Oxford, 1988.

Ball, Terence/Farr, James/Hanson, Russell L. *Political Innovation and Conceptual Change*, Cambridge, 1989.

Busse, Dietrich/Herrmann, Frittz/Teubert, Wofgang eds., *Begriffsgeschichte und Diskursgeschichte. Methodenfragen und Forschungsergebnisse der historischen Semantik*, Opladen, 1994.

Conze, Werner, "Vom 'Pöbel' zum 'Proletariat'", Hans Urlich Wehler ed., *Moderne deutsche Sozialgeschichte*, Köln/Berlin, 1966, pp. 111~136.

Dipper, Christof, "Die 'Geschichtlichen Grundbegriffe'. Von der Begriffsgeschichte zur Theorie der historischen Zeiten", *Historische Zeitschrift* 270, 2000, pp. 281~308.

Feres, João Júnior, "For a Critical Conceptual History of Brazil: Receiving Begriffsgeschichte", *Contributions to the history of concepts* 1/2, Oct. 2005, pp. 185~200,

Feres, João Júnior, "The History of Counterconcepts: 'Latin America' as an example", *History of Concepts Newsletter* 6, pp. 14~19.

Feres, João Júnior, "The Semantics of Asymmetric Counterconcepts: The Case of 'Latin America' in the US", *Anales of the Iberoamerikanska Intstitutet* 7/8, 2005, pp. 83~106.

Hampsher-Monk, Iain/Vree, Frank Van/Tilmans, Karin, *History of Concepts: Comparative Perspectives*, Amsterdam, 1998.

Helmuth, Eckhart/Ehrenstein, Christoph v., "Intellectual History Made in Britain: Die Cambridge School und ihre Kritiker", *Geschichte und Gesellschaft* 27, 2001, pp. 149~172.

Hölscher, Lucian, "The Theory and Method of German 'Begriffsgeschichte' and Its Impacts on the Construction of an European Political Lexicon", *History of Concepts Newsletter* 6, Spring 2003, pp. 3~7.

Koselleck, Reinhart et al., "Drei bürgerliche Welten?", Hans Jürgen Puhle ed., *Bürger in der Gesellschaft der Neuzeit. Wirtschaft-Politik-Kultur*, Göttingen, 1991, pp. 14~58.

Koselleck, Reinhart, "Some Reflections on the Temporal Structure of Conceptual Change", Willem Melching/Wyger Velema eds. *Main Trends in Cultural History*, Amsterdam/Atlanta, 1994, pp. 7~16.

Koselleck, Reinhart, *Kritik und Krise. Eine Studie zur Pathogenese der bürgerlichen Welt*, Frankfurt a. M., 1973.

Koselleck, Reinhart, *Preußen zwischen Reform und Revolution*, Stuttgart, 1989.

Koselleck, Reinhart ed., *Historische Semantik und Begriffsgeschichte*, Stuttgart, 1979.

Koselleck, Reinhart, "sozialgeschichtr und Begriffsgeschichte", Wolfgang Schieder/ Volker Sellin eds., *Sozialgeschichte in Deutschland*, I, Göttingen, 1986, pp. 89~109.

Koselleck, Reinhart, *Begriffsgeschichten: Studien zur Semantik und Pragmatik der politischen und sozialen Sprache*, Frankfurt am Main, 2006.

Koselleck, Reinhart, *The Practice of Conceptual History. Timing History, Spacing Concepts*, Stanford, 2002.

Koselleck, Reinhart, *Vergangene Zukunft. Zur Semantik geschichtlicher Zeiten*, Frankfurt a. M., 1979(한철 옮김, 『지나간 미래』, 문학동네, 1998).

Koselleck, Reinhart, *Vom Sinn und Unsinn der Geschichte. Aufsätze und Vorträge aus vier Jahrzehnten*, ed. by v. Carsten Dutt, Frankfurt am Main, 2010.

Koselleck, Reinhart, *Zeitschichten. Studien zur Historik*, Frankfurt a. M. 2000.

Koselleck, Reinhart, *Zur politischen Ikonologie des gewaltsamen Todes. Ein deutsch-französischer Vergleich*, Basel, 1998.

Koselleck/Jeismann, Michael eds., *Der politische Totenkult. Kriegerdenkmäler in der Moderne*, München, 1994.

Lehmann, Hartmut/Richter, Melvin eds., *The Meaning of Historical Terms and Concepts. New Studies on Begriffsgeschichte*, Washington, D. C., 1996.

Melching, Willem/Velema, Wyger eds., *Main Trends in Cultural History*, Amsterdam/ Atlanta, 1994.

Palonen, Kari, "The Politics of Conceptual History", *Contributions to the History of Concepts* 1/1, 2005, pp. 37~50.

Reichhardt, Rolf, *The Bastille. A History of a Symbol of Despotism and Freedom*, Durham, 1997.

Richter, Melvin, *The History of Political and Social Concepts: A Critical Introduction*, Oxford, 1995(송승철·김용수 옮김, 『정치·사회적 개념의 역사—비판적 소개』, 소화, 2010).

Schöttler, Peter, "Sozialgeschichtliches Paradigma und historische Diskursanalyse", J. Fohrmann/H. Müller eds., *Diskurstheorien und Literaturwissenschaft*, Frankfurt a. M. 1988, pp. 159~199.

Sebastián, Javiér Fernández et. al., "Conceptual History. Memory, amd Identity: An Interview with Reinhart Koselleck", *Contributions to the History of Concepts* 2/1, 2006, pp. 99~127.

Skinner, Quentin, "Language and political change", Terence Ball/James Farr/ Russell L. Hanson eds., *Political Innovation and Conceptual Change*, Cambridge et. al., 1989, pp.6~23.

Williams, Raymond, "Mining the Meaning: Key Words in the Miner's Strike", *Resources of Hope. Culture, Democracy, Socialism*, ed. by Robin Cable, London/New York, 1989, pp. 120~127.

Williams, Raymond, *Culture and Society 1780~1950*, New York, 1982.

Williams, Raymond, *The Country and the City*, London, 1973.

류칭펑/진관타오, 한지은/양일모/송인재 역, 『중국 근현대사를 새로 쓰는 관념사란 무엇인가 1. 이론과 방법』; 『중국 근현대사를 새로 쓰는 관념사란 무엇인가 2. 관념의 변천과 용어』, 푸른역사, 2010.

마루야마 마사오/가토 슈이치, 임성모 옮김, 『번역과 일본의 근대』, 이산, 2003.

박근갑 외, 『개념사의 지평과 전망』, 소화, 2009.

이나부 아키라, 서혜영 옮김, 『번역어 성립 사정』, 일빛, 2003.

하영선 외, 『근대 한국의 사회과학 개념 형성사』, 창비, 2009.

찾아보기

가

가다머(Hans-Georg Gadamer) 48, 129, 136
가터러(Johann C. Gatterer) 313
가토 슈이치(加藤周一) 152
강단 사회주의 336, 338
『개념과 소통』 13
『개념사 논고』 19
『개념사 지도』 107, 108
『개념어 사전』 186
개신교 사회회의 336, 338
개인주의 106, 218, 234, 352
『개혁과 혁명 사이의 프로이센』 132
게오르그(Stefan Georg) 290
경제적 아메리카니즘 240, 247, 248, 250, 251, 254, 256
경험공간 23, 78, 79, 113, 127, 128, 136, 160, 164~166
계몽주의 37, 77, 122, 131~133, 169, 182, 193, 210, 213, 220, 322, 340, 341
계몽주의 역사철학 131, 132, 193, 194, 195, 197, 318, 319, 325
계열관계 88~91
고대인과 근대인의 논쟁 154
고전적 역사주의 120, 121, 165, 166
『공산당 선언』 126, 291
공시적 분석 59, 60, 69
공자 306, 311
공화주의 41, 79, 146, 160, 229
관념사 12, 35~39, 93, 109
『관념사 사전』 35
『관념사 잡지』 35
『관용과 계시』 129
괴레(Paul Göhre) 338
괴를리츠(Görlitz) 123
교양화 195, 201, 211, 213
『교육자로서 렘브란트』 215
『국가와 교회법에 대하여』 212
굼브레히트, 한스 울리히(Hans-Urlich Gumbrecht) 85, 172, 175
그라프, 빌헬름(Wihlem Graf) 130
근대 사회사 작업단 120
『근대 자본주의』 332, 350
근대적 유대인 340~343
기능적 반의어 88~91
기대지평 23, 79, 113, 136, 150, 157, 160, 166
기독교 36, 47, 54, 115, 116, 192, 193, 197, 225, 247, 253, 262, 263, 310, 335, 336, 342

찾아보기 393

기독교사회노동자당 335, 341
기민당-기사련 연합 225
기본(Gibbon) 322
기어츠, 클리포드(Clifford Geertz) 15, 30
기조, 프랑소아(François Guizot) 196, 198, 200, 201

나

나우만(Friedrich Naumann) 235, 237, 338, 339
『나의 생애와 업적』 249
나치즘 136, 180, 292
남성동맹 286~291, 293
남성성 259, 262~265, 268, 269, 272, 273, 281, 283, 285, 286, 292, 294~296
남성적 파시즘 292
남자의 재탄생 266
『노동자들』 291
『논어』 306
농부동맹 334, 336
뉴라이트 대안 교과서 170
『뉴욕 헤럴드 트리뷴』 50
니체(Friedrich Nietzsche) 29, 135, 234

다

다문화주의 담론 47
단위관념 36, 37
달러 제국주의 251~253
담론사 40, 42~45, 48, 102, 151
대문자 역사(the History) 23, 155, 312
대안적 근대 180, 343
대중매체 43, 107, 117, 189, 259
대중민주주의 107, 217, 222, 229, 244, 257, 333, 336, 348
『도덕의 계보』 29
도즈 계획 241, 248
동성애자 43, 286, 289, 297
동아시아 기본개념의 상호소통사업 13, 19

뒤몽(Louis Dumont) 187
드로이젠(Gustav Droysen) 313, 315
디퍼, 크리스토프(Christof Dipper) 120
딕스(Otto Dix) 274

라

라블레(F. Rabelais) 31
라이하르트, 롤프(Rolf Reichardt) 18, 19, 22, 42~44, 48, 55, 68, 69, 83~85, 87~89, 92, 109, 189
『라틴 민족과 게르만 민족의 역사들』 317
라틴아메리카 19, 20, 114~117
람프레히트(Karl Lamprecht) 231, 238
랑(Fritz Lang) 280
랑벤(Julius Langbehn) 215
랑케(Leopld v. Ranke) 120, 133, 317
러브조이, 아서(Arthur O. Lovejoy) 35~37
로젠베르크, 한스(Hans Rosenberg) 128
『롤랑의 노래』 225
뢰비트, 카를(Karl Löwith) 129, 136
루소(Jean J. Rousseau) 144, 210, 211, 216
루터교 335, 347
룩셈부르크, 로자(Rosa Luxemburg) 272
룩크만, 토마스(Thomas Luckmann) 85
뤼제브링크(Hans-Jürgen Lüsebrink) 18
르낭(Ernest Renan) 52, 53, 214
르낭, 에르네스트(Ernest Renan) 52, 53, 214
르네상스 73, 154, 192, 266, 283, 309, 310
리터(Harry Ritter) 186
리터, 요아힘(Joachim Ritter) 16
리프크네히트(Wilhelm Liebknecht) 232, 236

마

마루야마 마사오(丸山眞男) 152
마르크스(Karl Marx) 232~234, 326, 349
마르크스주의 94, 110, 251, 252, 331, 332, 339
마이네케(Friedrich Meinecke) 35, 36, 39, 120

마키아벨리(Machiavelli) 310
『막데부르그 차이퉁』 229, 230
만, 토마스(Thomas Mann) 215, 219
만, 하인리히(Heinrich Mann) 123
말안장의 시기 135, 139
말안장의 시대 143, 151
맨체스터주의 331, 342
메스티소 115, 117
<메트로폴리스> 280
명칭론적 분석 57, 78
「모던이란 무엇이냐」 176
모스(George Mosse) 294
모이저(Michael Meuser) 270
몸젠, 테오도르(Theodor Mommsen) 30
무신론 31~33, 46, 341, 343
무정부주의자 31, 32
문명의 시대 210, 219
문명화의 사명 28, 204, 205, 218, 352
문턱의 시대 143, 151
「문화 정책」 205
문화사 92, 93, 111, 122, 194, 196, 197, 221, 223, 231, 238, 349
문화사회학 110, 111
『문화와 사회 1780~1950』 101
『문화와 아나키』 214
문화적 근대주의 255
문화적 반미주의 253
문화적 비관주의 137
문화적 아메리카니즘 239, 240, 243, 244, 247, 250
문화제국주의 205, 239
물질주의 36, 218, 253, 291, 341, 343, 346, 352, 354
뮌스터베르크(Hugo Münsterberg) 230
『미국인』 230
미국-스페인 전쟁 229, 237
미라보 후작(Marquis de Mirabeau) 195
『미래의 땅: 혹은 독·미 양국은 서로에게서 무엇을 배울 수 있는가?』 231
미헬(Robert Michel) 231
민족 공동체 46, 139, 202, 244, 293, 297

민족분리주의 224
민족사회주의 137, 338, 339
민족사회협회 45, 237
민족자유당 337
민족적 사회주의 45, 46
민족주의 26, 28, 44~46, 63, 92, 135, 136, 139, 170, 206~208, 215, 216, 221, 223, 244, 252, 253, 268~270, 281, 290~292, 296, 337, 339, 343, 347, 348, 353~355
민주주의 52, 55, 72, 74, 98, 102~104, 106, 107, 117, 146, 155, 160, 170, 171, 200, 219, 236, 250, 251, 291, 292, 297, 351
민주화 55, 145, 151, 219, 244, 247, 272

바

바스티유 55, 84, 89~92
바이닝어(Otto Weininger) 284, 285
바이마르 공화국 228, 240, 247, 249, 252
바이스(Hilde Weiss) 252
박정희 독재 52
반공주의 59
반근대주의 135, 137, 255
반더포겔 288
반동적 근대주의 137, 256, 339, 348
반유대주의 227, 253, 280, 331, 336, 341~343, 353, 354
반파시즘 수용소 124~126
발견적 해석 절차 61
발허(Jakob Walcher) 252
배금주의 46, 331, 340~342, 345, 346, 352, 354
백색 사회주의 249, 252
「백인의 짐」 226
버클(Henry Thomas Buckle) 201
베르거, 페터(Peter L. Berger) 85
『베를리너 로칼안차이거스』 229
베를린 아방가르드 245
베버, 막스(Max Weber) 129, 135, 230, 329, 335~340, 344~351, 354, 355
벤야민, 발터(Walter Benjamin) 118

벨러(Hans-Urlich Wehler) 27, 30, 121
벨쉬(W. Welsch) 184
보수주의 135~137, 179, 180, 215, 216, 220, 230, 236, 243, 253, 258, 297, 331, 333~336, 338, 342, 347, 348, 354
볼, 테렌스(Terence Ball) 18
볼테르(Voltaire) 322
부룬너, 오토(Otto Brunner) 17, 63
부르주아지 55, 78, 99, 132, 137, 190, 200, 230, 233, 234, 263, 264, 266, 268~270, 273, 274, 280, 288, 290~292, 296, 297, 332, 334~336, 344, 347, 351, 353~355
부세, 디트리히(Dietrich Busse) 42
『북과 남』 205
『불평등 기원론』 210
뷜로(Bülow) 내각 333
브레히트(Bertolt Brecht) 246, 247
블룬츨리(Caspar R. Bluntschli) 200, 202, 204
블뤼어(Hans Blüher) 288~290
「비대칭적 대응개념의 사적·정치적 의미론」 115
비대칭적 반대개념 20, 23, 47, 69, 70, 114, 117, 118, 226, 227, 262, 263, 269, 272, 281, 286, 296
비동시적인 것의 동시성 74, 185, 321
비스마르크 229, 333, 337
비인간 47, 115, 224, 263, 297
『비판과 위기 시민세계의 질병의 기원』 122, 131
빙켈만(Johann Joachim Winckelmann) 268

사

사료의 언어 30, 31, 33, 34
사마랑 311
사민당 225, 230, 249
사업 정신 351, 352
『사치와 자본주의』 350
사회계약설 144
『사회과학 및 사회 정책지』 338
사회민주주의 55, 146
사회사적 개념사 17, 22, 100, 120, 134, 139, 141

사회사적 의미론 68, 69, 85, 86
사회적 민주주의 55
사회주의 46, 62, 79, 92, 110, 111, 123, 144, 146, 160, 202, 216, 232, 233, 236, 249, 251~253, 257, 259, 266, 280, 281, 291, 331, 332, 334~336, 338, 342, 343, 355
사회진화론 169
산업자본주의 사회 62
산업주의 65, 66, 103, 106, 333, 348
산업혁명 102, 103, 142, 150, 222, 232, 320, 323, 331
산업화 64~66, 142, 149, 176, 213, 272, 330, 333, 341, 344
<살로메> 275, 277
<살인자, 여인들의 소망> 282
상인 정신 218, 352
새로운 남자 265, 266
새로운 아담 266
샤르트르(Jean Paul Sartre) 294
샤르티에, 로저(Roger Chartier) 15
『서구의 몰락』 243
서발턴 20, 114, 118
성 바르텔레미 85
성 아우구스티누스 315
『성과 성격』 284
성도착 43, 289
『성의 역사』 43
성찰적 역사주의 22, 164, 166
『세계시민적 의도에서 고찰한 보편사의 이념들』 211
세기말 모더니즘 265, 273, 284
『세기말 비엔나』 265
세비야의 이시도루스 308, 310
세속적 금욕주의 345, 346
섹슈얼리티 262, 270, 282, 288
소련 50, 59, 124, 125, 127, 128, 247
소쉬르(Fernand de Saussure) 81
쇠틀러, 페터(Peter Schöttler) 82, 83
쇼르스케(Carl E. Schorske) 265, 277
술이부작(述而不作) 306
쉬더, 테오도르(Theodor Schieder) 128, 129

슈몰러, 구스타프(Gustav Schmoller) 338
슈미트, 카를(Carl Schmitt) 129~131, 134, 139, 263 282
슈바베, 클라우스(Klaus Schwabe) 255
슈어츠(Carl Schurz) 230
슈타인, 루드비히(Ludwig Stein) 205
슈타인브뤼헨 127
슈퇴어(Ernst Stöhr) 282
슈퇴커(Adolf Stöcker) 335, 336, 340~344, 354
슈트린트베르크(August Strindberg) 278
슈트크(Franz von Stuck) 275
슈펭글러(Oswald Spengler) 219, 220, 243
슐츠, 하이너(Heiner Schultz) 62
스칼(Georg v. Skal) 230
스키너(Quentin Skinner) 15, 18, 35, 40, 81, 98, 100, 101
시간의 단절 165
시간의 성층 165, 166
『시골과 도시』 101, 102
시대정신 157, 179, 213, 343
시민사회 77, 78, 191, 207, 208, 236, 273
『시민사회의 역사에 관하여』 195
시민정신 351, 352
시민혁명 76, 142, 150, 222
『시학』 304
식민주의 27, 29, 118
신기원적 일회성 158
신남성 268, 284~286
신문화사 14, 15, 30, 33, 66
『신시대』 230
신여성 273, 274, 280, 283, 285
실레(Egon Schiele) 273
실재론 물신주의 64
실존주의 철학 129, 294

아

아날 학파 74, 223
아놀드, 매튜(Matthew Arnold) 214
아래로부터의 개념사 108

아리스토텔레스 77, 304, 305, 321
아메리카 신드롬 249
『아메리카나』 231
『아메리카와 아메리카니즘』 252
『아버지』 278
『아베와 포드 자본주의의 유토피아들』 252
아비투스 226
아이슬러, 루돌프(Rudolf Eisler) 16
아이첸버그(Gerald Izenberg) 273
아일랜드, 로드(Rhode Island) 98
알가치, 가디(Gadi Algazi) 138
야나부 아키라(柳父章) 173, 174
야만인 47, 114, 116, 203, 204, 262, 263
야스퍼스, 카를(Karl Jaspers) 129
양성성 280, 288
『어느 비정치적인 자의 관찰들』 215
어의론적 분석 177
『어째서 미국에는 사회주의가 없는가?』 231
어휘통계학 15, 54, 87
언어 행위 14, 39, 40, 42, 44, 45, 53, 69, 74~76, 78, 81, 82, 96
언어와 시학을 위한 독일 아카데미 130
언어와 역사 13, 57, 110, 130, 136
언어의 사회사 39, 59, 69
언어적 전환 14, 17, 121
언어혁명 20, 22, 102, 142, 143, 150, 152, 153
에토스 35, 345~348, 354
에픽테트(Epiktet) 14
엘리아스(Norbert Elias) 206~209
엥겔스(Friedrich Engels) 232~235, 326
여성 해방운동 272
여성 혐오증 284
여성성 256, 262~264, 269, 272, 280, 281, 283~286, 289, 290, 295, 297
여성적 민주주의 292
『여행기』 267
『역사 기본개념. 독일의 정치·사회적 언어사전』 17, 18, 41, 44, 62, 70, 72, 73, 82, 84, 99, 119, 120, 134, 135, 143, 153
역사 도상해석학 82
역사 비극 350, 351, 355

역사 일반 56, 148, 179, 312
역사기호학 82, 92
역사들(historiai) 304
역사신학 38, 197
『역사용어 바로쓰기』 37
역사의미론 13, 15, 16, 33, 39~41, 70, 93, 95, 96, 100, 134
역사적 사실의 장 89
역사적 상대주의 157, 178, 320, 323
역사적 시간 22, 142, 147, 152~156, 158, 165, 166, 177, 178, 180, 181, 319, 320, 323
역사적 시대 153, 157, 158, 171, 176, 331
역사적 실재 14, 15, 28, 29, 31, 33, 48, 49, 64, 141, 314
역사적 진실 30, 33, 323
역사주의 학파 338
역사허무주의 219
『역사』 303, 309
영웅 정신 218, 352, 353
예술 102, 104~107, 130, 187, 191, 211, 218, 244, 273, 283, 284, 293, 328, 353
『예술과 과학에 대한 담론』 210
『오디세이』 303
오리엔탈리즘 112, 227
오스트발트(Wilhelm Ostwald) 230
옹켄(Hermann Oncken) 230
완전문화 203
용어사 12, 16, 177
운동 개념 79, 147, 153, 155, 158, 160, 161, 178, 194, 318
『운라트 교수』 123
웹, 베아트리체(Beatrice Webb) 272
윌리엄스, 레이먼드(Raymond Williams) 22, 68, 69, 92~102, 106~111
윙어(Ernst Jünger) 291
유광렬 175
유대 정신 342, 352
<유디트> 278
유럽 정치사전 프로젝트 18
유럽(서양)중심주의 112, 114, 197, 203, 221, 321
「유럽의 문명」 196

유럽인 의식 198, 201, 202, 206, 221, 224
유토피아 131, 132, 144, 160, 161, 180, 232, 233, 235, 247, 249, 252, 257, 265, 284, 285, 326, 329, 337
융커 334, 335
의미론적 상징 45, 46, 329
『의미를 캐기』 111
의미의 장 88, 89, 99, 172, 282
이게-파르벤 241
이교도 47, 115, 116, 225, 262, 263, 275, 310
이념사 12, 16, 35, 39, 42, 80, 82, 83, 88, 109, 121, 134, 189
이에링(Herbert Ihering) 246
『인간 정신의 진보에 관한 개요』 195
『인간의 벗』 195
인격성 218, 353
인구와 산업 담론 151
인문주의 73, 129, 154
인종 28, 29, 47, 72, 108, 115, 117, 205, 220, 237, 244, 255, 266, 280, 289, 290~292, 296, 342
인터내셔널 355
『일리아드』 303
일원론주의자 동맹 230
1848/49년 혁명 228
1848세대 232, 233

|자|

자연법 이론 210
자유방임주의 331
『자유에 이르는 길』 294
『자치통감』 311
자코뱅주의 103
잘츠(Arthur Salz) 251
재즈 240, 243, 245, 247
적색 사회주의 249
『전진』 230
전체주의 50, 224
전통적 이념사 35, 189

절대주의 35, 76, 131~133, 207, 236, 266~268
정당사회학 231
정치·사회적 개념사연구회 19
정치적 유토피아주의 132, 180
정치적 인간학 134
『정치적 혁신과 개념의 변화』 18
제3제국 123, 127, 135, 254, 257, 258
제국주의 27~29, 169, 200, 204, 205, 216, 218, 222, 226, 229, 236~239, 244, 251~253, 260, 323, 344, 347
제트킨(Clara Zetkin) 251, 252
젠더 262, 270, 277, 282
조르게(Friedrich Sorge) 230
조옴, 루돌프(Rudolph Sohm) 45, 46
존재의 대연쇄 37
좀바르트, 니콜라우스(Nicolaus Sombart) 130
좀바르트, 베르너(Werner Sombart) 130, 217, 218, 221, 231, 329, 332, 335~340, 348~355
종교 32, 33, 35, 46, 52, 73, 85, 123, 129, 131, 144, 154, 191, 193, 199, 202, 208, 213, 218, 234, 288, 294, 303, 325, 342, 343, 347~349, 351~353
즉자 대자적 역사 312
『지나간 미래』 153
지적 아노미 현상 21
진보낙관주의 161, 169, 197, 219~222, 355
진보냉소주의 219
진보적 아방가르드 258, 259
진보주의 135, 179
진즈부르그, 카를로(Carlo Ginzburg) 33
짐멜(Georg Simmel) 272
짐젠(Hans Siemsen) 245
집합단수 148, 155, 158, 312~318, 323~325, 327

차

차일러, 마르틴(Martin Zeiller) 267
찰스턴 댄스 240
철과 귀리 334

『철학 개념사전』 16
『철학 역사사전』 16
철학적 의미론 16, 36
철학적 해석학 48, 129
첼라리우스(Cellarius) 165, 181
초인 47, 115, 262, 263, 297
『춘추』 311

카

카(E. H. Carr) 299
카세트 효과 173
카에스(Anton Kaes) 242
카프리비(Caprivi) 내각 333
칸트, 임마누엘(Immanuel Kant) 162, 208, 211~213, 216, 325
칼뱅주의 345, 347
케스팅, 하노(Hanno Kesting) 130
케임브리지 학파 15, 18, 19, 22, 35, 39, 41, 43, 44, 68, 81, 82, 88, 100, 102
코린트(Lovis Corinth) 275
코울리지, 사무엘(Samuel Tayler Coleridge) 212, 213
코젤렉, 라인하르트(Reinhart Koselleck) 12, 16~23, 33, 35, 39, 41~45, 48~51, 53, 54, 57, 59, 62, 63, 68~88, 92, 97~102, 108, 112~115, 117, 119~137, 139~143, 145, 150~155, 158~166, 177, 179~182, 184, 312
코젤렉, 아르노(Arno Koselleck) 123, 124
코코슈카(Oskar Kokoschka) 278, 282
콘체, 베르너(Werner Conze) 17, 120, 129, 132, 134, 135, 137, 139~141
콩도르세 후작(Marquis de Condorcet) 195
퀸, 요하네스(Johannes Kühn) 129, 136
크라카우어(Siegfried Kracauer) 247
『클라데라다치』 292
클렘, 빌헬름 328
클림트(Gustav Klimt) 277, 278
키케로(Cicero) 77, 307, 310
키플링(Ruddyard Kipling) 226, 227

타

타자 부정의 역학 263
탈근대적 근대 184
탈근대주의 170
텐느(Hippolyte A. Taine) 214
테일러주의 247, 248
토테미즘 287
통시적 분석 60
통합관계 88~91
퇴니스(Ferdinand Tönnies) 269, 270
투키디데스(Thucydides) 304, 310
트뢸취, 에른스트(Ernst Troeltsch) 129

파

파시즘 160, 292, 297
팔로낸, 카리(Kari Palonen) 135, 139
팜므 파탈 274~278, 280, 297
퍼거슨(Adam Ferguson) 195
페르시아 전쟁 226, 302, 312
페브르, 뤼시앵(Lucien Febvre) 31~33
『포드냐 마르크스냐』 252
포드주의 247~252, 256
포스트구조주의 122
포스트모더니즘 48, 122, 161, 184
포스트모던 역사학 324
『포시쉐 차이퉁』 229
포콕, 존(John Pockock) 15, 18, 35, 81, 151
폴렌츠(Wilhelm v. Polenz) 230
폴리비오스(Polybios) 315
<푸른 천사> 276
푸코, 미셸(Michel Foucault) 15, 41, 43, 44, 48, 87
퓨리타니즘 345, 348, 352, 355
『프랑스 정치·사회 기본개념 편람』 18, 84
프랑크(W. Frank) 232
프랭클린(Benjamin Franklin) 344, 345
프로이트(Sigmund Freud) 286, 288
『프로테스탄트 윤리와 자본주의 정신』 329, 339, 344

프롤레타리아 56, 62, 140
프리드리히 대왕(Friedrich der Grosse) 311
플라톤 37, 80
플레스너, 헬무트(Helmuth Plessner) 129, 130
피쉬(Jörg Fisch) 216
피어하우스, 루돌프(Rudolf Vierhaus) 130
<피에타> 278

하

하위주체 20, 70, 112, 113, 116, 117, 297, 298
하이네(Heinrich Heine) 234
하이데거, 마르틴(Martin Heidegger) 129
한국적 민주주의 52
한림과학원 19
할리우드 영화 240, 242, 243, 260
할펠트(Adolf Halfeld) 252, 253
해밀턴(Hamilton) 98
『핵심어. 문화와 사회의 어휘』 93, 94, 98, 99, 101, 102, 107, 108
『행동』 253
허프, 제프리(Jeffrey Herf) 255, 256
헤겔 16, 38, 315, 349
헤로도토스(Herodotus) 302~304, 309
헤르더 사전 209
헤세(Hermann Hesse) 243
헤이든 화이트(Hayden White) 119, 324
헬레네인 47, 114, 116, 262, 263
혁명적 사회주의 110, 281, 334, 338
『현대 민주주의에서 정당의 사회학』 231
호메로스(Homeros) 303
호아오 페레스(João Feres Júnior) 19, 20, 22, 43, 68, 69, 112~118
호이징가(Johan Huizinga) 300
홉스봄, 에릭(Eric J. Hobsbawm) 123, 142
황화론 237
휠셔, 루치앙(Lucian Hölscher) 18, 64
히르쉬펠트(Magnus Hirschfeld) 289
히틀러 123, 226, 254, 259, 284, 292~294
힘러, 하인리히(Heinrich Himmler) 293